尖閣問題総論

第二五九号、第二六一号、第二六二号、第二六三号、一九七二年八月、一〇月、一一月、一二月＝参61）、緑間栄（沖縄国際大学教授）『尖閣列島』（ひるぎ社　一九八四年三月＝参64）、浦野起央《たつお》（日本大学名誉教授）『【分析・資料・文献】尖閣諸島・琉球・中国――日中国際関係史』（三和書籍　二〇〇二年一二月）、『【増補版】【分析・資料・文献】尖閣諸島・琉球・中国――日中国際関係史』（三和書籍　二〇〇五年五月＝参71）などの力作がある。奥原・尾崎・緑間・浦野の著述は、わたしの知る限り、もっとも全面的かつ詳細な研究であり、（若干の誤植に気をつけさえすれば）決定版と言ってよい。本書の記述は、浦野収集の資料を参照している。

また、二一世紀に入ると、芹田健太郎『日本の領土』（中央公論社　二〇〇二年六月＝参70）、原田禹雄《のぶお》『尖閣諸島　冊封琉球使録を読む』（榕樹書林　二〇〇六年一月＝参75）があり、原田は明《みん》史・清《しん》史史料に関する決定的な解を示しており、日本国内および中国側の「尖閣諸島＝古来から中国領」論を根底から覆《くつがえ》している。

しかし惜しむらくは、これらの名著は入手しにくく、あまり知られていない。わたしは、研究者の端くれとして研究史を重視するが、尖閣問題を語る人々がこうした研究史をあまり尊重していないのはもったいないし、間違っていると考える。そこで、本書ではこれらの到達点を必要に応じて紹介するが、わたしにも少しはこれらに追加できることもある。

中国の二〇一二年九月反日騒動後、中国は相変わらず声高に連日、「釣魚島は中国の固有の領土」という主張を執拗にくり返している。この大宣伝と、問題の所在を明らかにしない日本マスコミのピンボケ報道のせいで、少なからぬ日本人は何が正しいのか、かならずしも確信が持てないでいる。人間は、誰でも自分の知らないことを言われると、知らなかったことにコンプレックスを感じて説得力を感じてしまったり、真実でないことを本当だと信じこんでしまったり、真実を本当ではないのではないかと疑ったりする。また、ウソも百回つけば本当に思えてくるとも言う。的確な判断力が求められるのであるが、それには的確な判断材料の提供が必要なのである。

さて、「尖閣諸島」問題とは何であろうか。

「島名」1　まず、島名問題からややこみいっている。

その列島名称は、「中国語名」では「釣魚島列嶼《れつしょ》」(中国呼称)、「釣魚台列嶼」(台湾呼称)などであるが、日本では「尖頭列嶼」、「尖閣群島」、「尖閣列島」、「尖閣諸島」などが使用されてきた。一九七〇年代には「尖閣列島」が用いられていたが、一九七二年以降の外務省公文書では「尖閣諸島」となっており(尾崎重義、『レファレンス』=参61)、本書では引用以外はこれを用いる。

「尖閣列島」という名称も、一九〇〇年に沖縄師範学校の黒岩恒が命名したとされているが、それ以前から用いられていたことは一八九四年の笹森儀助『南島探検』で指摘されており、黒岩自身が一八八六年の『海軍水路部水路誌』(寰瀛《かんえい》水路誌)第一巻下第一〇編に「尖閣列島」の名があると述べている(『レファレンス』)。

なお、奥原敏雄「尖閣列島の領有権と『明報』論文」によれば、「竹島」問題で見られるように、「魚釣島《うおつりじま》」と「久場島《くばじま》(黄尾嶼《こうびしょ》)」の島名呼称が入れ替わっている場合があるという。ヨーロッパ諸国の海図で魚釣島は「Tiausu」、「久場島（黄尾嶼）」を「Hoapinsu」と記載しているものが多いという。尾崎重義も、フランス人ゴービュの地図（一七五二年）、同じくフランス人ラ・ペルーズの地図（一七八七年）を例にとって島名に入れ替わりがあることを指摘している（『レファレンス』）。

尾崎重義の紹介によると、尖閣諸島の琉球／沖縄名には次の説がある。

牧野清によれば、いまでも八重山《やえやま》の古老は尖閣諸島を「イーグンクバジマ」と呼ぶ。魚釣島は「イーグン島」と呼ばれる。「イーグン」とは、魚を突いて取る銛《もり》のことで、島の形からきたものらしい。

久場島は、「クバ」（ビロー）の群生によって名づけられたらしい。

東恩納寛惇は、尖閣諸島は「ユクン・クバシマ」と呼ばれ、「ユクン」は魚島、「クバシマ」は「蒲《こ》葵《ば》島」の意と説明しているという。

それに対して藤田元春によれば、沖縄県人は魚釣島を「ユクン・クバシマ」と呼ぶ。「ユクン」とは、「ユークの」という意味で、「琉球《ユーク》のクバ島」の意である。大城永保・黒岩恒・宮島幹之助は、魚釣島を「ヨコン」と呼ぶ。

大島らによれば、黄尾嶼は「コバ（久場・胡馬）島」と呼ばれていたが、「近年」（明治期）、「黄尾嶼をヨコン、魚釣島を久場島」と呼ぶようになった、という。

宮良当壮によれば、「イグン（イーグン）は八重山（特に与那国《よなぐに》島）方言で銛、やす、魚桟」の意、「ユクン」も同義で、八重山地方では現在、「魚釣島はイーグン」、「黄尾嶼はクバシマと呼ばれるが、元来は魚釣島がクバシマ」、「黄尾嶼がイーグンまたはユクン」だったという（以上、『レファレンス』）。

　無人島なので、呼称に混乱が見られるわけである。

　高橋庄五郎（参59）の、尖閣諸島の中国名は尖閣諸島が中国領であることの証拠という見解に対して、緑間栄は「尖閣列島の唐名の呼称がただちに国際法上の法的証拠にはなりえない」（緑間六六頁＝参64）とする。

　各種「地図」に関しては、尾崎重義の記述が詳しい（『レファレンス』）。

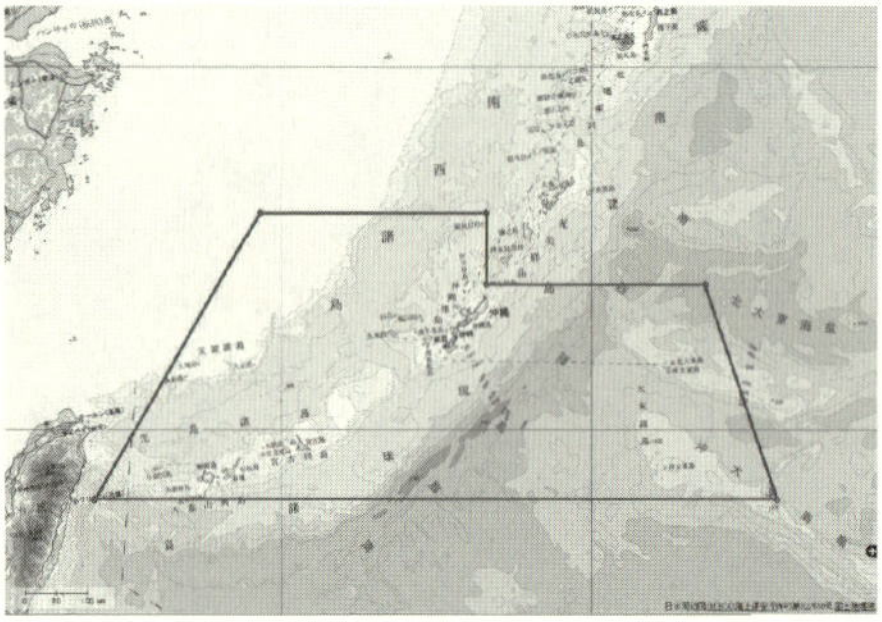

（日本外務省ホームページ。以下、日本外務省ＨＰと略称する）

尖閣諸島の位置

まず、尖閣諸島とは、どこにあり、どのくらいの面積があるのか。

沖縄の西南方四二〇km、石垣島の西北方一七五km（図1）、中国福建省福州市から四二〇kmの距離にあり、台湾の北部・基隆《キールン》からは約一九〇km、東経一二三度二〇分～一二四度四〇分、北緯二五度四〇分～二六度〇〇分の海域に存在する五島からなるが、位置、面積は資料によりやや異なる。

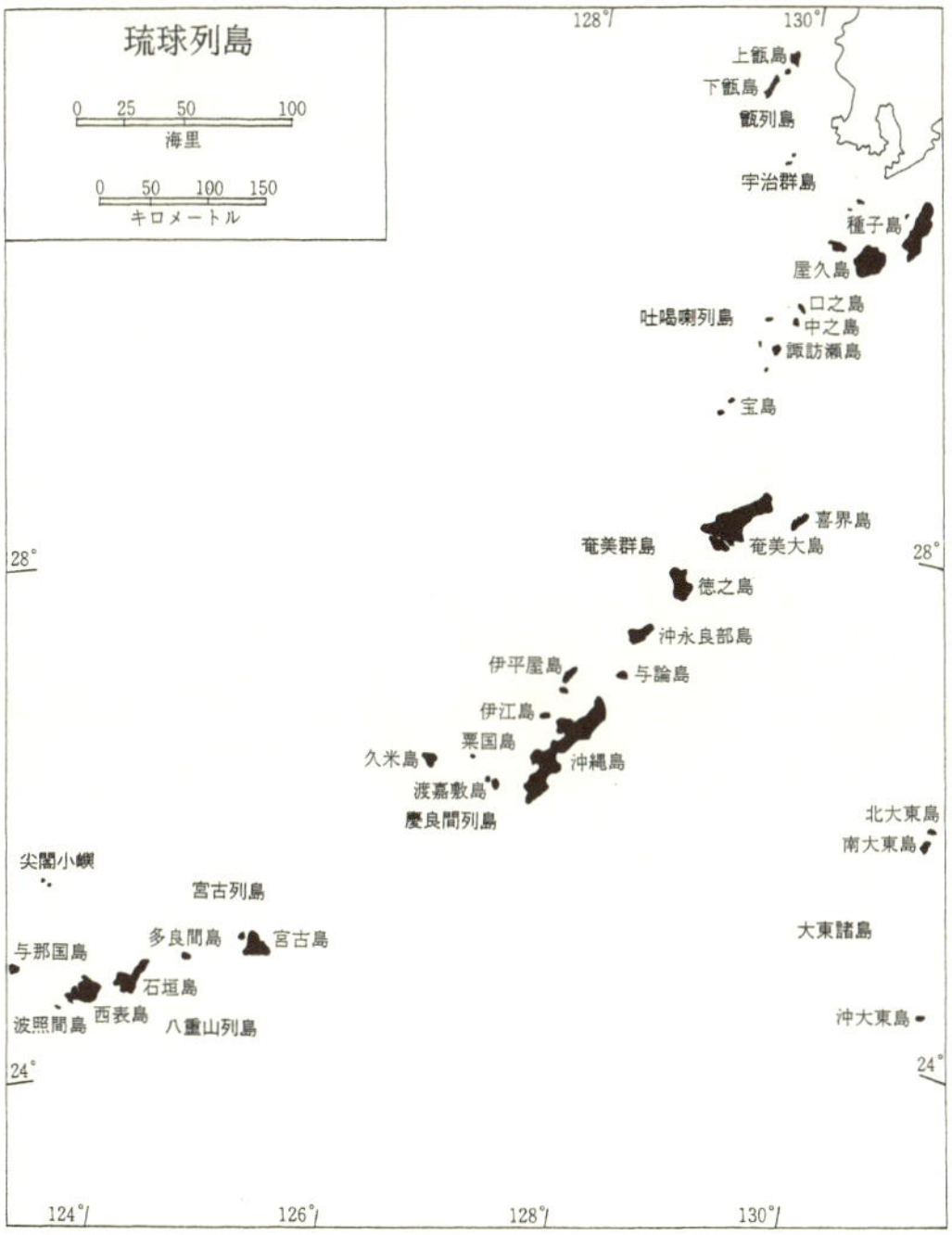

図1．琉球列島／南西諸島
沖縄県立図書館史料編集室編集『沖縄県史　資料編1　民事ハンドブック沖縄戦1（和訳編）』那覇出版社　1995年3月

その位置は、日本外務省ＨＰによれば、次の通りである。

表１．尖閣諸島の位置

「北緯二十八度東経百二十四度四十分
北緯二十四度東経百二十二度
北緯二十四度東経百三十三度
北緯二十七度東経百三十一度五十分
北緯二十七度東経百二十八度十八分
北緯二十八度東経百二十八度十八分
北緯二十八度東経百二十四度四十分」（日本外務省ＨＰ）

中国国務院文書（本書Ⅱ‐10＝参87）では、「東経一二三度二〇分――一二四度四〇分、北緯二五度四〇分――二六度〇〇分」となっており、範囲が異なる。

奥原敏雄によれば、沖縄本島の那覇空港から南西航空ＹＳ11で約一時間で石垣島に着く。石垣島から船で「南南西」（北西）に一七五㎞、平均七ノットの速度で約一四時間で尖閣諸島の主島、魚釣島に到着する。

尖閣諸島の面積　尖閣諸島の面積も、資料によって異なる。

表2．尖閣諸島の面積

島名＼出典	原田禹雄（参75）	中国国務院文書（参89）	『中国は脅威か』（参102）
魚釣島（和平山、和洋島、ホアビンス島。琉球名：イーグン、ユクン、ヨコンジマ、ユクンジマ。中国名：釣魚島、ホアビーサン）最高三六二m（緑間八一頁）	三・八〇km^2	三・九一km^2	三・八二km^2
久場島《くばしま》（チァウス島。琉球名：イーグンクバシマ、クバシマ、コウビショウ。中国名：黄尾嶼《きびしょ》）最高一一七m（緑間八一～八二頁）	〇・八七km^2	〇・九一km^2	一・五五km^2
南小島（琉球名：シマグワー、鳥島）最高一二九m（緑間八二頁）	〇・三五km^2	―	〇・四〇km^2
北小島（琉球名：シマグワー、鳥島）最高一四九m（緑間八二頁）	〇・三一km^2	―	〇・三〇km^2
大正島（久米赤島、ラレー岩。琉球名：クミアカシマ、せきびしょう。中国名：赤尾嶼《せきびしょ》、嵩尾嶼）最高八四m（緑間八二頁）	〇・〇五km^2	〇・〇六五km^2	〇・〇六km^2
総面積	五・四八km^2	五・六九km^2	六・二四km^2

『中国は脅威か』（参102）によれば、このほかに三岩礁（沖の北岩〈中国名：黄麻嶼。○・○五平方キロメートル〉、沖の南岩〈別称、Pinnacle. ○・○五平方キロメートル〉、飛瀬《とびせ》〈○・○一平方キロメートル〉）があり、米粒のように小さな日本の島々である。米粒のようにと言うのは、原田を基準として計算すると、日本の総面積約三七・八万㎢に対して○・○○○○○一四四％、中国の総面積約九六三・四万㎢に対して○・○○○○○○五％にすぎないからである。

表3．尖閣諸島の地番

魚釣島	沖縄県石垣市字《あざ》登野城二三九二番地（地番が付いたのは一九〇二年）。一九〇九年、古賀村誕生。元所有者、古賀善次、栗原和子。二〇〇二年、日本政府借り上げ。二〇一二年、国有化。
久場島	沖縄県石垣市字登野城久場島二三九三番地。元所有者、古賀善次、現所有者、栗原和子。一九七二年から二〇年間、日本防衛庁借り上げ。一九九二年、さらに二〇年借り上げ。米軍射爆場だが、一九七九年からは訓練は行なわれていない。
大正島	沖縄県石垣市字登野城大正島二三九四番地。国有地。米軍射爆場。
北小島	沖縄県石垣市字登野城北小島二三九一番地。元所有者、古賀善次・栗原弘。二〇〇二年四月、日本政府借り上げ。二〇一二年、国有化。
南小島	沖縄県石垣市字登野城南小島二三九〇番地。元所有者、古賀善次。二〇〇二年四月、日本政府借り上げ。二〇一二年、国有化。

沖の北岩	土地台帳に記載なし。官有地。危険で上陸できない。
沖の南岩	土地台帳に記載なし。官有地。危険で上陸できない。
飛瀬	土地台帳に記載なし。官有地。危険で上陸できない。

（浦野五～八頁、二〇七頁など）

一九八〇年ごろには日本総理府の世論調査で約八〇％の日本人が「中国は好き」と答えていたが、二〇一二年四月、言論ＮＰＯの調査では八四％の日本人が「中国は嫌い」と答えた。日本では、一方では同年九月の反日騒動に反発が強まり、二〇一三年調査では九〇％の日本人が「嫌中感」を示したが、その一方で新聞もテレビ報道も見ない少なからぬ若者たちはまるで他人事ででもあるかのように、無関心なのである。日本の各大学では、二〇一三年度中国語履修希望者が軒並み減少した。

また、もし日本は主張すべきことを主張するという意味での「外交交渉」を主張するなら、中国側の「釣魚島（尖閣諸島）＝中国の固有の領土」という主張の論点すべてについて、正面から一つ一つ徹底的に議論をしておく必要であるだろうが、インターネット（参90）など一部を除いて日本の政府もマスコミも政党も学者もそのような取り組みをかならずしもしていないようである。日本外務省のホームページ（ＨＰ）は、かなり網羅的であり、国内国外への発信活動については、遅ればせながら重い腰を上げ始めてはいるとはいえ、機敏さに欠け、不十分である。政党としては積極的に発言している日本共産党の議論も問題点を含んでいる（後述、本書Ⅳ－１参照）。

二〇一二年九月反日騒動以後も、本書「Ⅵ．尖閣関連参考文献」に一部拾ったように、いくつかの「領土問題」本、「尖閣諸島問題」本が出ている。これらについては、必要に応じて論及する。

まず、尖閣諸島についての中国の主張は何か、日本の主張は何か、その骨子を見ておこう。

中国の主張「釣魚島／釣魚台＝中国の固有の領土」の骨子

中国の主張を示す主要文書は、次の三つである。

一．一九九六年『法制日報』掲載劉文宗論文（本書Ⅱ－6－1参照）。

二．一九九六年『人民日報』掲載鍾厳論文（本書Ⅱ－6－2参照）。

三．二〇一二年九月「中国国務院新聞事務室」の文書（二〇一二年九月二六日『人民日報』、新華社北京九月二五日電。以下、「中国国務院文書」と略称。日本語版がインターネットでも読める）に従来の主張がまとめられている。その要旨は、次の通りである（本書Ⅱ－10参照）。

（1）「釣魚島は古来、中国の領土」である。
①明朝時代に琉球王国に使いした船などが「釣魚島」を見た、②島に名をつけた、③書物に記録した、④釣魚島およびその付属諸島は琉球王国外にあったので明朝の領土だ、⑤明朝は釣魚島を「海防」の範囲としていた、⑥中国は早くから釣魚諸島で生産活動（漁業）を行なっていた、⑦清朝は釣魚島を管轄していた、⑧従って釣魚島は日本の主張するような「無

主の地」ではなく、国際法上の「先占」権はなりたたない（参87）。

（2）一八九五年一月日本の閣議決定は、公開されなかったので、国際法上の「先占」権は成立せず、尖閣諸島を「日清戦争中に秘かに盗み取った」（二〇一二年九月国連総会楊潔篪《ようけつち》中国外交部長演説）。

（3）「反ファシズム戦争」（第二次世界大戦／東アジア太平洋戦争）において連合国はカイロ「宣言」（会議）・ポツダム宣言で日本が不当に取得した領土を放棄することを要求し、日本はポツダム宣言を受け入れたのだから、尖閣は台湾・澎湖諸島とともに中国に返還されるべきだった（二〇一二年九月楊潔篪等）。

日本の主張　「尖閣諸島＝日本の固有の領土」の骨子

日本外務省は、尖閣諸島問題についての「基本見解」を次のように述べている。

「尖閣諸島が日本固有の領土であることは歴史的にも国際法上も明らかであり，現に我が国はこれを有効に支配しています。したがって，尖閣諸島をめぐって解決しなければならない領有権の問題はそもそも存在しません」（日本外務省ＨＰ）。

日本政府の主張は、「日本外務省ＨＰ」に表明されている。その骨子は以下の通りである。

（1）日本政府は一八八五年以来、尖閣諸島実地調査により「無主の地」であることを確認し、一八九五年一月、国際法の「先占権」原則に則り、これを領有した、以来、日本は尖閣諸島を領有してきた。

（2）日清戦争の結果、締結された下関条約は、「台湾・澎湖諸島」の「割与」を定めたが、そこに尖閣諸島は含まれていない。尖閣諸島の取得は、日清戦争処理とは無関係である。

（3）一八九五年～一九七〇年の七五年間、清朝・中華民国・中華人民共和国は、尖閣諸島についてまったく主張も抗議もしなかった。一九六九年、国連エカフェの発表後、一九七〇年代に入ってはじめて中華民国・中華人民共和国は、領有権を主張し始めた。

（4）カイロ「会議」・ポツダム宣言の「放棄すべき領土」のうちに尖閣諸島は入っていない（日本外務省HPほか＝参92）。

本書の目的　本書は、二〇一二年九月反日騒動のあとをうけて、尖閣諸島問題にしぼり、改めて議論の全体像と問題点を整理することをめざす。尖閣諸島問題は、多くの場合、日中ナショナリズムの衝突ととらえられている。ナショナリズムの衝突という側面は確かにあるが、現実政治と学問研究が直結する接点なのであり、ナショナリズム問題のみに単純化・矮小化すべきではないのである。学問的論理的検討を行なわなければ、知的腐敗を免れないだろう。

事柄は、琉球史、明清史、台湾史、日清戦争史、国際法、第二次世界大戦の戦後処理、沖縄返還協定、日本外交など広範囲に及ぶ。わたしの守備範囲は、わずかに中国近現代史の一端にとどまるので、守備範囲外の問題についてはそれぞれの専門家の識見に学ばなければならない。未見の資料も少なからず残っているが、さしあたりわかる範囲で検討する。地図の類は、わたしは大部分、研究史上指摘されているものに依拠しており、現物確認を行なっていないが、当然、現物確認すべきである。知らないことは今後の検討課題とするとともに、識者のご教示、議論への参加をお願いしたい。

日本人の中には、日本の主張と中国の主張のどちらが正しいのかわからないと感じている人々も少なくない。正しい主張でも繰り返し言わないと、ウソに負けてしまうこともある。そこで、二〇一二年九月反日騒動をうけて、中国側の主張が正しいのかどうかを一つ一つ検討してみたい。

以下、Ⅰ．尖閣諸島問題をめぐる歴史、Ⅱ．「尖閣諸島＝中国領」論の系譜、Ⅲ．党国家主義と「近代国家」の枠組み、Ⅳ．日本のマスコミ論調と尖閣シミュレーション、Ⅴ．結論、を述べる。巻末に、Ⅵ．尖閣関連参考文献、Ⅶ．尖閣関連資料を付す。

なお、引用文中の〔　〕内は齋藤による注であり、引用文中その他のゴチ・ルビも齋藤による。

I　尖閣諸島問題をめぐる歴史

「尖閣諸島」問題を理解するには、関連する歴史をある程度は知っておく必要がある。

尖閣諸島は、遠く中国地域明《みん》朝・清《しん》朝の時代にも、また一九四〇年以降から現在に至るまでも無人島であるが、日本政府は一八九五年一月一四日、日清戦争の末期に領有を決定し、日本人が居住を開始して一九四〇年まで居住し、生産活動を行なっていた。明朝とマンジュ（満洲）族清朝が尖閣諸島の領有を主張したことはなく、日本人の居住期間およびその後も一九七〇年に至るまで、清朝も中華民国（一九一二年樹立）も中華人民共和国（一九四九年樹立）も、尖閣諸島について公式に領有を主張したことはまったくなかった。

しかし、中華民国（台湾）と中華人民共和国は一九七〇年から領有権を主張し始め、中華人民共和国政府は現在、「日本が釣魚島を盗んだ」と非難している。「盗んだ」と言うなら、尖閣諸島は明朝・清朝のものであったことが論証されなければならないのだが、そのような論拠はあるのだろうか。

1. 琉球国・明朝・清朝

日本の本州・九州と南西諸島の関係については、七二〇年に完成したとされる『日本書紀』の巻第二十二「推古《すいこ》天皇　豊御食炊屋姫《とよみけかしきやひめの》天皇《すめらみこと》」に次の記載がある。現代語訳で見てみよう。

「二十四年（西暦六一六年）春一月に桃・李《すもも》の実がなった。三月、掖玖《やく》（屋久島）人が三人帰化してきた。五月、屋久島の人が七人帰化した。秋七月、また屋久島の人が二十人来た。前後合せて三十人。すべて朴井（岸和田辺か）に住まわされたが、帰郷を待たず皆死んでしまった」（『日本書紀（下）』一〇八頁＝参4）。

「二十八年秋八月、屋久島の人が二人、伊豆の島に漂着した」（『日本書紀（下）』一一〇頁）。

浦野起央《たつお》は、「掖玖人」を「琉球人」としているが（浦野八七頁）、「掖玖《やく》」と読むなら宇治谷《うじたに》孟《つとむ》訳のように「屋久島人」とするのが正しいのだろう。ただ、「掖」の音は「えき、やく」であり、「玖」の音は「きゅう、く」なので、「掖玖」が「屋久島」のみを指したかどうか、あるいは琉球を指した可能性があるのかどうかは検討の余地がある。

江戸時代の儒学者、新井白石（源君美《きんみ》）も、『南島志』で『隋書』に「夷邪久国人」という記述があること、『日本書紀』に「掖玖《やく》」とあることを引き、それは「琉求（琉球）」のことであると記している。『南島志』現代語訳者の原田禹雄《のぶお》は、真境名安興の『沖縄一千年史』が「掖玖《やく》」は「琉求」と書いていることを訳文の注に記載している（『新井白石　南島志　現代語訳』榕樹社　一九九六年四月＝参19）。

続く『日本書紀』巻第二十三「舒明天皇　息長足《おきながたらし》日《ひ》広額《ひろぬか》天皇《のすめらみこと》」の「元年」（六二九年）には、次の記載がある。

「夏四月一日、田辺連《たべのむらじ》を掖玖《やく》（屋久島）に遣わした。この年、太歳己丑」（『日本書紀（下）一〇八頁』）。

「三年春二月十日、掖玖《やく》の人が帰化した」（『日本書紀（下）一一八頁』）。

以後、南西諸島からの入貢や帰化が続き、七三五年、太宰府《だざいふ》は南島に遣使を送り、標識を建設したという（浦野八七頁、八九頁）。

日本の本州・九州と南西諸島の間には、古くから連絡・往来があったのだということがわかる。中国地域では、隋《ずい》王朝が滅び、唐《とう》王朝が興起した頃である。

地理概念と国家概念の区別　中国地域には、いくつもの集団――それは便宜的に「民族」と呼ばれる――がさまざまな王朝を建ててきた。周《しゅう》王朝は羌《きょう》人（チベット系）とされるし、中国地域最初の「統一帝国」と呼ばれる秦王朝も中原の部族ではなく、「西戎《せいじゅう》」集団だった。隋王朝・唐王朝も一部鮮卑《せんぴ》系とされる。宋《そう》王朝も一部テュルク系沙陀《さだ》族の可能性があり、元《げん》王朝はモンゴル王朝であり、元朝を倒したのは「漢族」と呼ばれる集団の明王朝であったが、「漢族」とは、とらえどころのないファジーな集団である。この明朝を倒したのは、マンジュ（満洲）族の清王朝だった。清朝は「漢族」にとっては異民族だったので、「反満」意識が形成され、辛亥革命——「中華」民国の樹立につながってゆくことになる。ところが、「近代国家」概念（中華民国、中華人民共和国）としての「中国」を地理概念としての「中国」と混同して「近代国家」中国の領域は昔からの「固有の中国の領土」と思いこんでいる場合が少なくないことは注意を要する（齋藤道彦『アジア史入門』＝参80）。

『隋書』によれば、隋朝の煬帝《ようだい》の臣朱寛が六〇七（大業三）年と六〇八年に「流求」に至った（参3）。浦野は、「流求」は「琉球」を指すとする（浦野八七頁）。『隋書』の「流求」は「台湾」を指すとする説が中国史学会では主流であるが、『大明一統志』（参5）によれば、隋の大業年間（六〇五〜一六）に「琉球」に人を派遣したことがあり、「本朝（明）の洪武年間（一三六八〜九八）にこの国（琉球）は三つに分かれて、中山王、山南王、山北王になった」、と『隋書』の記述を「琉球」（沖縄）と解しており、ここからは「琉球」（沖縄）だということになるが、ここでは二説あるという理解でよいだろう。

台湾には王朝は成立しなかったが、沖縄には王朝が成立した。琉球国（琉球王国とも呼ばれる）が成立したのは、一一八七年ごろ、舜天が中山（沖縄本島中部）の中山王に即位したのが始まりとされる。一四世紀中頃には、沖縄本島に北山（山北）・中山・南山（山南）という三王国が成立した。

明朝期

明朝（一三六八～一六四四）の洪武帝（在位一三六八～一三九八）は、北山（山北）・中山・南山（山南）の三者に王号を送り、中山王は一三七二年に初めて明朝に入貢した。三王国は、明の朝貢国となった。

明朝は、一四〇四年に初めて冊封使を送ってきた。中山の按司《あじ》（領主）尚巴志《しょうはし》（一三七二～一四三九）は一四二九年頃、三王国を統一し、琉球国を成立させた。琉球の人々は当然、明朝の冊封使船が来るはるか以前から尖閣諸島を知っていたに違いない。近年の研究によれば、沖縄人は縄文人であるという。

琉球から明朝への進貢船は当初、一年一貢とされ、のちには二年一貢とされた。琉球王朝は、進貢船のほかに接貢船、接封船、謝恩船、慶賀使船、護送船などを送り、使船は明代に一七一回送られ、明朝は冊封船を一五回、清朝は八回、合計五〇〇年間に二三回送ってきた（『レファレンス』）。足利義教《あしかが》は一四四一年、薩摩《さつま》の島津忠国に琉球国を与えた（浦野八八頁、九四頁）。

一方、琉球が初めて明朝に進貢使を派遣したのは、一三七二（洪武五）年であり、「一八七九（明治一二）年」まで続き、計二四一回にのぼった（浦野五四～五五頁）。明朝・清朝からの琉球冊封使の琉球渡来は、明朝時代に一五回ないし一六回、清朝時代に八回、計二三回ないし二四回であった。

明の永楽帝（一三六〇～一四二四）は、雲南出身のムスリム（イスラーム教徒）で宦官《かんがん》の鄭和《ていわ》（一三七一～一四三四頃）に一四〇五年から一四三三年にかけて七回、南海大航海を行なわせたが（『アジア史入門』

一六六頁）、鄭和がわざわざ尖閣諸島近辺を通過したなどということは遠回りなのだから、当然ありえない。

薩摩藩の島津家久は江戸時代の一六〇九年四月五日、琉球国を制圧した（浦野九五頁）。一方、琉球は明朝・清朝を宗主国とした（『アジア史入門』二二五頁）。

清朝時期（一六四四〜一九一一）

マンジュ（満洲）族清朝の康熙帝《こうきてい》（一六五四〜一七二二）は一六八三年、澎湖《ほうこ》諸島を攻撃し、ついで台湾の鄭《てい》氏を降伏させ、翌一六八四年、「福建省」の管轄下に「台湾府」を設置した（『アジア史入門』一七九頁）。

一八四四年、フランス船が琉球に来航し、通商を求めた（浦野三九頁）。

一八四五年六月、イギリス軍艦サマラン号が尖閣諸島海域を測量した（浦野三九頁）。

一八五三年六月三日、「黒船」で幕末の日本に現れたアメリカ東インド艦隊司令官マシュー・カルブレイス・ペリー（Matthew Calbraith Perry）が一八五四年六月、琉球に現れ、七月一一日、修好条約を締結した（浦野三九頁、九九頁）。

徳川幕府時代の尖閣諸島調査としては、美里間切《まぎり》の役人大城永保が一八五九年に久米赤島・久場島・魚釣島の地勢・植物・鳥類を探査した（浦野三九頁、四〇頁、一二八頁）。

徳川時代における琉球の謝恩使上京は、二〇回に達した（浦野八七頁）。

明治維新（一八六八年）**以後**

日本政府は一八七一（明治四）年、「琉球国」を鹿児島県に編入し、一八七二（明治五）年、「琉球藩」を設置して外務省直轄とし、琉球国王尚泰を琉球藩主とした（浦野一〇四頁）。

日本海軍は一八七三（明治六）年、琉球・台湾海域を測量したが、尖閣諸島海域には及んでいなかった（浦野三九頁）という。

日本政府は一八七三年三月、久米《くめ》・宮古《みやこ》・石垣《いしがき》・西表《いりおもて》・与那国《よなくに》の五島に国旗掲揚を命じた（浦野一〇四頁）。

一八七三年作成の柳樽悦編『台湾水路誌』は、イギリス版『シナ水路誌』の抄訳で、尖閣諸島に関する記述があり、魚釣島は「甫亜賓斯島（ホアビンス）」、南小島と北小島は「尖閣島（ピンナックル）」、黄尾嶼《こうびしょ》は「地亜烏斯島（チアウス）」、赤尾嶼《せきびしょ》は刺例字島（ラレイジ）」となっていた（浦野七六頁）。

これによれば、英語 pinnacle の訳語に発する「尖閣」という名称が用いられているが、「魚釣島」の名称はまだ用いられていない。

一八七四（明治七）年、琉球は日本政府内務省の管轄となった（一九七〇年九月一七日「琉球政府声明」。浦野七五頁、二二八頁）。

一八七四年一〇月の海図「清国沿海諸省図」は、「イギリス人が書いた清国沿海図および清人が編算した大清一統図」によったもので、朝鮮・琉球群島・米亜哥列島（宮古）とともに、「和平山」（魚釣島）・「黄尾嶼」（久場島）・「赤尾嶼」（大正島）が画かれていた（浦野七六頁）。

一八七五（明治八）年三月、琉球の尚泰王が清朝に進貢使を派遣した。日本政府は七月一四日、冊封停止措置をとった（浦野六三頁）。

伊地知知貞『沖縄志』（一八七七年）には、尖閣群島・釣魚台等の記載はなかった（楊仲揆書一四八頁＝参57）。

日本陸軍参謀局の木村信卿編「大日本全図」（一八七七年）には、尖閣諸島は記入されていない（浦野七七頁）。

明治政府はさらに一八七九（明治一二）年四月四日、「琉球藩」を廃止して「沖縄県」を設置し、本格的測量が開始された（浦野三九頁）。清朝は、「沖縄県」の設置に抗議したが、沖縄の帰属問題は日清戦争（一八九四～一八九五）によって決着した（『アジア史入門』）。「決着」とは、一八九五年から一九四五年まで六〇年間にわたって、清朝も中華民国も中華人民共和国もそれを問題にしたことはなかったということである。

しかし当時、清国が「抗議」したということは、琉球は清国のものという領有権の主張につながる可能性を含んでいた。琉球は、江戸時代に薩摩に服属する一方、清朝との間に朝貢・冊封関係があったことがその根拠だが、すでにアヘン戦争に敗北して南京条約が結ばれ（一八四〇～一八四二年）、清仏戦争（一八八四～一八八五年）に敗北してベトナムがフランスの植民地となり、イギリスがビルマを領有し（一八八五～一八八六年）、さらに日清戦争後には朝鮮が「独立」に向かうという「中華秩序」の崩壊過程に見られるように、歴史が大きく前近代から近代に転換してゆく中にあって、琉球の清朝への服属関係の維持・確認を求める清朝の要求はアナクロニズムでしかなかった（『アジア史入門』）。

一八七九年の柳田赳編「大日本全図JAPAN」には尖閣諸島の「和平山 Wahensan」(魚釣島)・「黄尾嶼」(久場島)が日本領土として記入された(浦野三九頁)。このほか、「凸山 Nakadaka San」(南小島、北小島などの総称)、「嵩尾嶼《すうびしょ》」(赤尾嶼、大正島)の名があった(浦野七六頁)。

一八七九年の松井忠兵衛編「大日本全県図」英文版でも、「和平山 Wahensan」(魚釣島)・「黄尾礁」(久場島)・「嵩尾嶼」(赤尾嶼、大正島)・「凸島」が日本の版図の中にあった(浦野七六～七七頁)。

一八七九年日本内務省地理局刊行「大日本府県管轄図」には、琉球諸島の中に尖閣諸島があり、魚釣島は「花瓶《かへい》島」の名で出てくる。それは、Hoa-pin-sun の翻訳だった(浦野七七頁)。

「琉球分島案」　一八八〇(明治一三)年、琉球帰属をめぐる日清間の対立について、日本が清国における通商権を得るかわりに、①宮古《みやこ》・八重山《やえやま》両島を清国に割譲する、②沖縄本島は日清両属とする、③奄美《あまみ》群島は日本領とするという「三分島案」が提案され、日清両国は二分案でいったん合意したが、最終的に清国側の反対で流れた(参33、浦野一一九～一二〇頁)。

日本政府内務省地理局『大日本全図』(一八八〇年、一八八一年)には、尖閣諸島は記入されていない(浦野七七頁)。

日本の地図に、尖閣諸島が日本領として記入されるのは一八七九年～一八八一年が転換点になっているようである。

奥原敏雄によれば、**一八八一**(明治一四)年の**「大日本府県分轄図」**は沖縄県の中に尖閣列島を含めている(『朝日アジアレビュー』一九七二年夏号)。楊仲揆も、尖閣群島という用語はおそらく明治一四年（一八八一年）に内務省地理局編印の「大日本府県分割図」で初めて用いられた（一九七〇年八月二二日『中央日報』）と言っている。浦野起央《たつお》によれば、一八八一（明治一四）年の「大日本府県管轄図」の沖縄県図には、「魚釣島」と「黄尾嶼」が記入されている（浦野七七頁）。「魚釣島」の名が地図に用いられるのは、これが初めてであろうか。以上の「大日本府県分轄図」・「大日本府県分割図」・「大日本府県管轄図」は、同じものだろう。

福岡県八女《やめ》郡の古賀辰四郎《こがたつしろう》は一八八四（明治一七）年三月、大阪商船「永康丸」で尖閣諸島を探検し、「黄尾嶼《こうびしょ》」（久場《くば》島）に上陸した。以後、古賀は石垣島を根拠地として尖閣諸島でアホウ鳥の羽毛や魚介類の採取、鰹節《かつおぶし》の製造などに従事した。古賀は一八八五（明治一八）年、「黄尾嶼」（久場《くば》島）の開拓許可を沖縄県令に申請した（浦野一二八頁、一三一頁）。

一八八四年一〇月一日、フランス軍は一八六三年に開港された台湾の基隆《キールン》を占領したが、一八八五年に撤収した。

日本政府内務省は一八八五年一月、沖縄県令西村捨三に命じて尖閣諸島の現地調査をさせた（浦野一二八頁）。

沖縄県職員石沢兵吾は一八八五年九月二一日、「久米赤島」・「魚釣島」の調査を行ない、一一月四日、報告書を提出した（浦野四〇頁、一二九頁）。

沖縄県令西村捨三は一八八五年九月二二日、内務卿あて上申書で、一〇月に「出雲《いずも》丸」が帰ってくるので、これを使って「とりあえず実地踏査」し、その結果をご報告するので、「国標取り建て等の儀なお御指揮を請いたく」と上申した（本書Ⅱ-4-3参照）。

沖縄県令は一八八五年一〇月二一日、出雲丸による尖閣諸島の実地調査を行ない、一一月二日、調査報告を提出した（浦野四〇頁、一三〇頁）。

久米慶長『沖縄県管内全図』（一八八五年）には「魚釣島」の記載があるが、同年の『沖縄、宮古八重山諸島地質見取図』には釣魚島・尖閣群島の記載はない（楊仲揆書一四八頁＝参54）。

賀田貞一編「日本沖縄宮古八重山諸島見取図」（一八八五年）には、「魚釣島」と「黄尾嶼」が記入されている（浦野七七頁）。

海軍水路部は一八八六年三月、『寰瀛《かんえい》水路誌』に尖閣諸島に関する調査結果を発表した（『朝日アジアレビュー』）。

一八八六（明治一九）年の下村孝光編「大日本測量全図並五港之全図」には、「和平山」（魚釣島）・「凸列島」（南・北二小島など）・「黄尾礁《しょう》」（久場《くば》島）・「嵩《すう》尾嶼」（赤尾嶼《せきびしょ》、大正島）の記載がある（浦野七七頁）。吉川秀吉編「洋語挿入大日本輿地図」も、同じである（浦野七七頁）。

日本軍艦「金剛」は一八八七（明治二〇）年八月、日本軍艦「海門」は一八九二（明治二五）年八月に尖閣諸島に対する本格的な調査を行なった（『朝日アジアレビュー』、浦野七七頁、一三一頁）。ただし、二〇一二年四月台湾外交部条約法律司文書は、「海門」による調査は中止され、行なわれなかったと指摘しているが（本書Ⅱ-8）、確認できない。

清朝は、日清戦争開始八年前の一八八六年、「台湾府」を「台湾省」に昇格させた（『アジア史入門』）。

一八八八（明治二一）年の海図「日本——自鹿児島海湾至台湾」には、「魚釣島」・「尖閣群島」の記入がある（浦野七七頁）。ここでも、「尖閣群島」の名が用いられている。

沖縄県知事は一八九〇年一月一三日、内務大臣に標杭建設を再度上申した（『朝日アジアレビュー』）。

一八九〇（明治二三）年の嵯峨野彦太郎編「大日本全図」では、魚釣島は花瓶島となっている（浦野七七頁）。

一八九一年（明治二四年）、伊沢矢喜太（熊本県）が沖縄漁民とともに魚釣島・久場島に渡り、海産物とアホウ鳥の鳥毛を採取したが、気象条件などのため、長くはとどまれず、石垣島にもどった（奥原敏雄、『朝日アジアレビュー』）。

一八九三年（明治二六年）、花本某ほか三名の沖縄漁民が永井・松村某（熊本県）と久場島に赴いたが、食料が尽きて失敗した（『朝日アジアレビュー』）。同年、伊沢矢喜太が再び渡島し、採集に成功するが、帰路、台風に会い、中国大陸の福州に漂着した（参59）。同年、野田正（熊本県）ら二〇人近くが魚釣島・久場島に伝馬船で向かったが、風浪のため失敗した（『朝日アジアレビュー』）。

一八九三年、永井喜右衛門太・松村仁之助が黄尾嶼でアホウ鳥の羽毛を採取した。同年、伊沢矢喜太が魚釣島・久場島でアホウ鳥の羽毛を採取した（浦野一三一頁）。

沖縄県知事は一八九三年、内務大臣に尖閣諸島の所轄決定と標杭建設について三度目の上申を行なった。

2．日本の尖閣諸島領有から東アジア太平洋戦争終結まで（一八九五年～一九四五年）

2－1．明治後期／清朝時代

日清戦争（一八九四～九五年）　朝鮮では東学党の乱（一八九四年）が発生し、朝鮮王朝は清朝に出兵を要請した。日本は、朝鮮王朝の出兵要請に応じた清朝の朝鮮に対する出兵が天津条約（一八八五年）が規定した朝鮮出兵のさいはお互いに相手国に事前に通知するという日清間の取り決めに対する違反であることを咎めて、朝鮮に出兵し、日清戦争（中国名＝甲午戦争）が開始された。日清戦争は、主として朝鮮をめぐる日清間の対立が戦争に発展したものなので、日本による清朝に対する侵略戦争として始められたものではなく、また日本が一方的に「発動」したわけでもなかった。日本陸軍は、朝鮮の牙山《がざん》で清朝軍を破り、戦線を広げ、マンジュ（満洲）の遼東半島から遼西に兵を進めた。日本海軍は、清朝北洋艦隊を壊滅させ、一八九五（明治二八）年二月、山東半島の威海衛《いかいえい》を占領した。

日本、尖閣諸島領有　日本政府は一八九五（明治二八）年一月一四日、尖閣諸島を領有し、国標を建てることを閣議決定した（国立公文書館所蔵＝参83）。この決定は、『官報』には掲載されていないし、『万朝報《よろずちょうほう》』・『都新聞』等でも報道されていない。

日本政府は一月二一日、沖縄県知事に対し、一月一四日の閣議決定に基づいて尖閣諸島に標杭を建設すべく指令した。

この閣議決定で、言及されていたのは魚釣島と久場島（黄尾嶼）だけだった（豊下五九頁＝参101）。続く沖縄県八重山《やえやま》郡への編入措置にも、赤尾嶼《せきびしょ》は含まれていなかった（豊下五九頁）という。

李鴻章《りこうしょう》狙撃　日清交渉の清朝代表・李鴻章は一八九五年三月二四日、談判所であった馬関（下関）の春帆楼から宿舎に帰る途上、凶漢にピストルで撃たれ、顔面左眼下をかすめ（一八九五年三月二八日『都新聞』）、負傷するという不祥事が発生し、犯人はその場で取り押さえられた（一八九五年三月二五日『都新聞』）。李鴻章は、一命を取りとめた。李鴻章狙撃の犯人・小山豊太郎は一八九五年三月三〇日、山口地方裁判所において「無期徒刑」の判決を受けた（一八九五年四月二日『都新聞』）。日清両国は一八九五年三月三一日、「休戦定約」を公布した（一八九五年四月二日『都新聞』）。李鴻章の息子の李経方（日本の新聞では「芳」）は、李鴻章全快まで「談判代辨《だいべん》（代理）」の電命を受け（一八九五年四月二日『都新聞』）、四月七日、全権大臣に任命された（一八九五年四月九日『都新聞』）。

馬関《ばかん》（下関《しものせき》）講和条約　日本と清朝は一八九五年四月一七日、馬関（下関）で講和条約を結んだ。この条約で、日本は清朝に遼東半島・台湾・澎湖《ほうこ》諸島を「割与」させた（『アジア史入門』）。

＊わたしは、認識不足から『アジア史入門』で「日本呼称下関条約」、「中国呼称馬関条約」と書いたが、当時、日本では地名は「馬関」とも「下の関」とも呼ばれていた。やや不正確であったのでここで訂正する。しかし現在、日本では「下関条約」と呼ばれ、中国では「馬関条約」と呼ばれているという点は間違いではない。

一八九五年五月一〇日（光緒二一年三月二三日）「勅令」は、「下《しも》の関」で締結された講和条約を公布した（一八九五年五月一六日『都新聞』）。

台湾・澎湖諸島は一八九五年六月二日、日本に引き渡された。この間の経緯において、日清どちらの側も尖閣諸島には言及しておらず、尖閣諸島は「割与」対象には入っていなかった。日本が台湾・澎湖諸島の「割与」を認めさせたことは、当時の戦争処理の慣例に基づくものではあったが、今日の視点から言えば、帝国主義的行為であったと言えよう。

一八九五年の水谷延次編「大日本全図」は、尖閣諸島を日本の版図に入れている（浦野七七頁）。

日本政府は、一八九六（明治二九）年三月五日「勅令第一三号」により沖縄に郡制を敷き、四月一日施行した。

奥原敏雄は、沖縄県知事が一八九六年四月、尖閣諸島を八重山郡に所属させた、と説明している（『朝日アジアレビュー』）。

浦野起央《たつお》は、「尖閣諸島の行政区画」が「沖縄県八重山《やえやま》郡尖閣群島」となり、沖縄県知事は魚釣島・久場島・南小島・北小島を国有地と決定した（浦野一三三頁）と述べている。

豊下楢彦は、魚釣島と久場島の国内法上の領土編入措置が完了したのは一八九六年四月一日勅令で「八重山郡」に編入されたときである（豊下五九頁）と言っている。

この「勅令第一三号」は、正確には「三月五日付け発布、三月七日『官報』掲載、四月一日施行」である。

井上清は、「勅令第一三号」によって尖閣諸島が「八重山郡に所属」したという点について異を唱えており、「勅令第一三号」には「尖閣群島」の名は書かれていないと主張している（本書Ⅱ-4-3、二三三頁参照＝参60）。

「勅令第一三号」に尖閣諸島が書かれていないのは事実である。しかし、日本の外務省も法学者たちもこの「勅令一三号」問題については特にコメントしていない。

日本政府は一八九六年九月、古賀辰四郎に国有地、尖閣諸島の開拓許可を与え（一九一〇年一月三日『沖縄毎日新聞』）、「三〇年間無償貸付け」とした。

古賀は一八九六年九月、当初五〇人、一八九八年、五〇人、一八九九年、二九人、一九〇〇年、二二人」の労務者を尖閣諸島に派遣した（山田友二年表、『朝日アジアレビュー』）。

古賀辰四郎は一八九七年三月、出稼ぎ移民三五名を尖閣諸島に送りこんだ（一九一〇年一月一日『沖縄毎日新聞』＝参36）。古賀は一八九七（明治三〇）年、尖閣諸島の開発に着手し、埠頭《ふとう》を建設し、カツオ節等海産物加工工場や宿舎を建造した（浦野一三八頁）。

古賀は、一八九七（明治三〇）年から大阪商船「須磨丸」（一六〇〇トン）をチャーターし（一九一〇年一月三日『沖縄毎日新聞』）、毎年数十人の季節労働者を送りこんだ（『朝日アジアレビュー』）。前記山田年表と少し食い違いがある。

古賀は、農作物も植え、一九〇九（明治四二）年までに九九戸二四八人が移民し、「古賀村」が生まれた（一九一〇年一月八日『沖縄毎日新聞』、浦野一三八頁）。

清朝は、日清戦争の敗北（一八九五年）をうけ、一八九八年、近代化をめざす「戊戌《ぼじゅつ》の変法」に取り組んだが、わずか百日で「戊戌の政変」が起こり、挫折した（『アジア史入門』二一五頁）。

台湾総督府民生部文書課発行の台湾総督府第一統計書は一八九九年、彭佳嶼《ほうかしょ》（アギンコート島）を台湾の極北とした（インターネット「『釣魚島』主権不属中華民国」＝参91）。

古賀は一九〇〇年五月三日～二〇日、尖閣諸島に「永康丸」を派遣した。調査団には、古賀依頼の宮島幹之助、校命によって沖縄県立師範学校教諭黒岩恒、八重山島司野村道安が参加した（山田友二年表）。

臨時沖縄県土地整理事務局は一九〇一（明治三四）年五月、尖閣諸島の実地調査を行なった（浦野一三八頁）。

ドイツ Andress Handatlas 第四版一四〇頁には、釣魚嶼《しょ》・花瓶《かへい》嶼の記載がある（楊仲揆書一四八～一四九頁）。同じく楊仲揆《き》の言うドイツ「考伯」発行の「標準世界図」（一九〇〇年）には、「尖閣群島」の名はあるが、島の名は「釣魚嶼、花瓶嶼等」としている（楊仲揆書一四八～一四九頁＝参54）。

Andress Handatlas とドイツ「考伯」発行「標準世界図」は、同じものか？

清朝時代には、台湾島の北側に所在する「棉花嶼《しょ》・花瓶嶼・彭佳《ほうか》嶼」の三島は「台湾の行政区域の中に含まれていなかった」が、日本統治下の「明治三四年（一九〇一年）か、あるいは明治三八年（一九〇五年）のいずれかの時点で基隆庁の行政範囲に含められたようである」（尾崎重義、『レファレンス』）という。

これらによれば、これら三島はこのとき以来、台湾に行政的に組みこまれたのである。

沖縄県は一九〇二（明治三五）年一二月、尖閣諸島を「石垣島大浜間切《まぎり》（「間切」は行政区画単位）登野城村」の行政管轄とした。沖縄県は同年同月、臨時土地整理事務局により列島に対する最初の実地測量を行なうとともに、各島の正確な縮尺図を作成した。この測量に基づき、魚釣島・久場島・南小島・北小島の四島（国有地）は、石垣島の土地台帳に正式に記載された（『朝日アジアレビュー』、浦野一三八頁）。

福岡県鉱山監督署は一九〇七（明治四〇）年八月一九日、古賀辰四郎に尖閣諸島での燐《りん》鉱採掘願を許可した（浦野一三八頁）。

熊本県営林局は一九〇八（明治四一）年七月一三日、尖閣諸島四島の国有林台帳を沖縄県から引き継いだ（浦野一三八頁）。同年、「沖縄県島嶼特別町村制」が施行され、尖閣諸島の地番は「八重山《やえやま》村字《あざ》登野城」となった（浦野一三四頁）。

2-2．大正・昭和／中華民国時代（一九一二年〜一九四五年）

清朝は、辛亥《しんがい》革命によって倒され（『アジア史入門』二四四〜二四五頁＝参38）、一九一二年一月一日成立した中華民国はその後、一九四九年に中国共産党軍に追われ、台湾に移動したが、それまでの三八年間に尖閣諸島の領有を主張したことはやはりなかった。

一九一四（大正三）年、八重山村は石垣・大浜・竹富・与那国に四分割され、尖閣諸島は「八重山郡石垣村」に編入された（浦野一三四頁）。

日本海軍水路部は一九一四年四月、測量船「関東丸」で尖閣諸島の実地測量を行なった。日本海軍水路部は一九一五年五月にも、測量船能野丸で尖閣諸島の実地測量を行なった。日本海軍水路部は一九一七年にも、尖閣諸島の実地測量を行なった。

奥原敏雄によれば、一九一五年頃、尖閣諸島への労働者の長期派遣が止まった。それは、「基隆《キールン》の台湾肥料会社へのグアノ（鳥糞）の積出船価が第一次大戦のため高騰し採算ベースに乗らなくなったことと、鳥も採集の対象となっていた阿呆鳥が濫獲や猫害等によって極端に減少してしまったから」であったが、「魚釣島、南小島などでのカツオ節製造、カツオ鳥、アジサシなど海鳥の剥製、森林伐採のための事業が継続され、季節労働者が太平洋戦争直前まで列島で働いていた。この事業が終止符をうったのは、わが国の石油需要が逼迫し、船舶用燃料が配給制となり、事業を困難なるものとしたからであった」（『中国』一九七一年六月号＝参51）という。

「現（一九七二年）琉球中央図書館正門にかけられている大正五年（一九一六年）出版の『沖縄県管内全図』」には、釣魚台・尖閣群島は記載されていない（楊仲揆書一四九頁）。

古賀辰四郎は、一九一八年八月一五日に死去し、その事業は次男の古賀善次《ぜんじ》に継承された（浦野一三六頁）（図2）。

図2．1918年古賀善次たち
（「154枚の写真」インターネット）

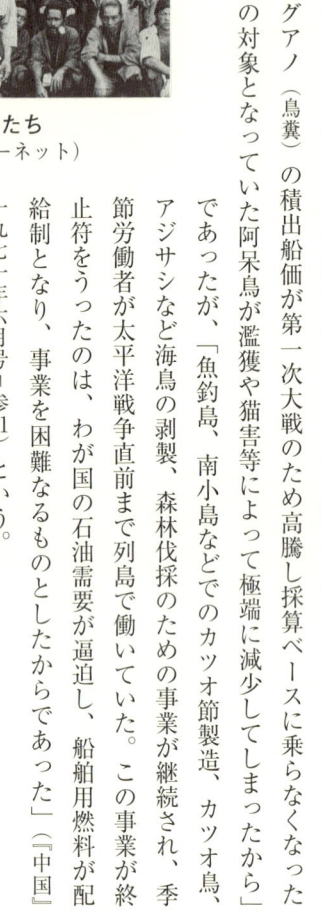

「中華民国駐長崎領事感謝状」　一九一九（大正八）年、中華民国福建省の漁民三一人が遭難し、魚釣島に漂着した。同島で活動中の古賀善次らは彼らを救助し、中国漁民たちは中華民国に送還された（奥原敏雄＝参51）。

「中華民国駐長崎領事馮冕《ふうめん》」は一九二〇年五月二〇日付けで、救助に当たった石垣村長豊川善佐・古賀善次・玉代勢孫伴・松葉ロプナストに対し、漁民三一人が遭難し、「日本帝国沖縄県八重山郡尖閣列島和洋島（魚釣島）」に流れ着いたさい、救助してくれたことについて四名それぞれに「感謝状」を出した。奥原敏雄によれば、現存するものは当時、石垣村雇でその後同村助役となった「日本帝国沖縄県八重山郡石垣村の雇主玉代勢孫伴君」あての「感謝状」だけ（石垣市資料室保管、『朝日アジアレビュー』）とのことだったが、高橋和夫（高橋和夫三五頁＝参83）および宝島本（小西・加藤一七頁＝参97）では写真入りで「日本帝国沖縄県八重山郡石垣村村長豊川善佐」あての「感謝状」が八重山博物館にあることが明らかにされた。

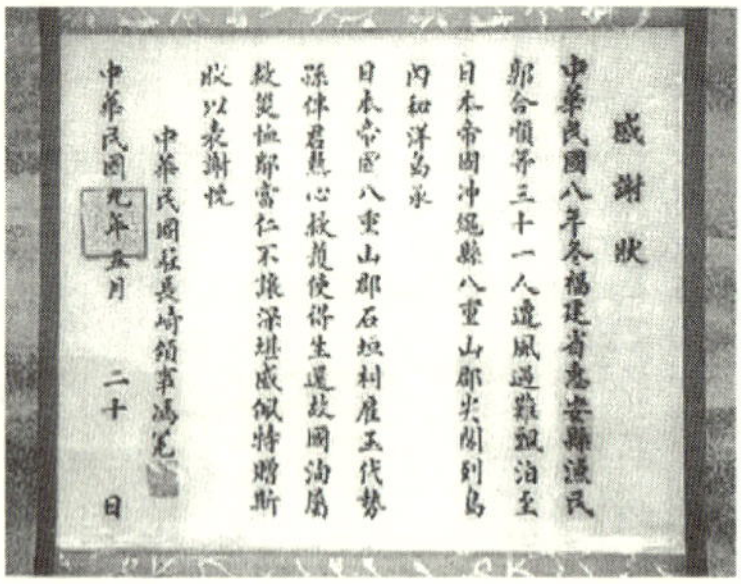
感謝狀
中華民國八年冬福建省惠安縣漁民
郭合順等三十一人遭風遇難飄泊至
日本帝國沖繩縣八重山郡尖閣列島
內和洋島承
日本帝國八重山郡石垣村雇玉代勢
孫伴君熱心救護使得生還故國洵屬
救災恤鄰當仁不讓深堪感佩特贈斯
狀以表謝忱
中華民國駐長崎領事馮冕
中華民國九年五月　二十　日

「中華民国駐長崎領事の感謝状」

「中華民国八年冬，福建省恵安県の漁民である郭合順ら三一人が，強風のため遭難し，日本帝国沖縄県八重山郡尖閣列島内和洋島［魚釣島］に漂着した。

日本帝国八重山郡石垣村の玉代勢孫伴氏の熱心な救援活動により，彼らを祖国へ生還させた。救援において仁をもって進んで行なったことに深く敬服し，ここに本状をもって謝意を表す。

中華民国駐長崎領事　馮冕

中華民国九年〔一九二〇年〕五月二〇日」（日本外務省ＨＰ）

これは、中華民国が尖閣諸島を日本領と認識していた材料のひとつである（本書Ⅱ - 6 - 2参照）。

『沖縄県治要』（一九二一年六月）には、釣魚台・尖閣群島の記載はない（楊仲揆書一四九頁）。

日本政府は一九二一年七月二五日、「赤尾嶼《せきびしょ》」を「大正島」と改めた（浦野二七一頁）。「久米赤島（大正島）」は一九二一年七月二五日、国有地に指定された（山田友二年表、浦野一三九頁、豊下五九頁）。

沖縄県維新史料編纂会編印、県警察所所長辻本正一郎寄贈（現東京大学図書館蔵）「沖縄管内地図」（一九二三年）には、釣魚台・尖閣群島の記載はない（楊仲揆書一四九頁）。

小川琢治編『日本地図帖』（一九二四年）は、「わが国（中華民国）漁民の呼称である尖閣群島」を記載しているが、各小島の名は書いていない（楊仲揆書一四九頁）。

一九二六年九月、尖閣諸島の三〇年の無償貸与期間が終わり、古賀善次は日本政府に地租を納入した（浦野一三七頁）。

沖縄営林署は一九三一年、尖閣の測量を行ない、農林省は資源調査を行ない、気象局は測候所を建設した（浦野一三三頁）。

尖閣諸島は一九三二年まで国有だったが、古賀善次は一九三二年三月、日本政府から尖閣国有地四島の払い下げを申請し、三月三一日認可された（浦野一三七頁）。

イギリス出版のJoseph' Reference Atlas参考地図R65は、釣魚台を中華民国版図に入れている（楊仲揆書一三六頁）という。

一九三七年七月七日の盧溝橋事件をきっかけとして日中全面戦争が始まった。

日本政府農林省は一九三九年五月一三日〜六月四日、資源調査団を派遣した（浦野一三三頁）。

大日本地理学会発行『大日本府県別地名集録』（一九三九年）には、「釣魚嶼・花瓶嶼・尖閣諸島」の名はないという（一九七〇年八月三〇日台湾『自立晩報』馬廷英論文、楊仲揆書一四九頁、浦野一三四頁）。

馬廷英はまた、同論文で「尖閣諸島というのは、日本学者が戦後に台湾漁場の一つのTiau-su（釣嶼）とHwa-pin-su（花瓶嶼）に変えた新しい名前にすぎない」（浦野一三四頁）と断じているが、一八七四年に「尖閣島」、一八八八年に「尖閣群島」の使用例があることは、すでに見た（本書二六頁）。

一九四〇年、南台航空の阿蘇号が魚釣島に不時着し、旅客機の乗客一三名を救助するため、八重山警察署の警官が現地に急行した（『朝日アジアレビュー』）。

一九四〇年、尖閣諸島は無人島化したが、奥原敏雄は古賀辰四郎・善次親子の一八九六年以来の尖閣諸島の有効利用の事実は「一般に列島などに対して国際法上要求される実効的支配の程度をはるかに上まわって、わが国がこれをおこなってきたこととなる」と主張している（『朝日アジアレビュー』）。

イギリス首相ウィンストン・チャーチルとアメリカ大統領フランクリン・ローズベルト（「ルーズベルト」とも）は、一九四一年八月九日から一二日まで会談し、アメリカとイギリスは八月一四日、領土拡大の意図をもたないとする「大西洋憲章」に調印した。カイロ「会議」宣言と合わせて、「領土不拡大原則」と呼ばれる。その対象はヨーロッパ地域と意識されていたと言われるが、「カイロ宣言」は明らかに日本を対象としている。

日本軍は一九四一年一二月八日、マレー・コタバル上陸、ハワイ真珠湾攻撃により東南アジア戦争、太平洋戦争に戦線を拡大した。

日本は一九四三年九月二一～二九日、尖閣諸島で気象測候所設置の予備調査を行なった（浦野一三二頁）。

中華民国国防最高委員会のもとに設置された国際問題討論会は一九四二年四月、「中日問題解決の基本原則」において「琉球は日本に帰属する」と明記した（豊下五六頁）という。

一九四三年一一月二二日にはカイロ「会議」（ローズベルト・チャーチル・蔣介石）が開かれ、

ローズベルトが蔣介石に「琉球を望むか」ときき、蔣介石は「琉球の共同占領および米中共同での国際信託統治ならば賛成する」と答えた（豊下五七頁）とされている（本書Ⅱ‐9参照）。カイロ「会議」宣言の内容は一二月一日に発表された。一九四五年二月四日〜一一日には、ヤルタ会談（ローズベルト・チャーチル・スターリン）が行なわれた（本書Ⅱ‐4‐5参照）。

米軍は一九四五年三月二六日、沖縄慶良間《けらま》諸島に上陸し、四月一日、沖縄本島に上陸しさらに宮古群島、八重山群島、奄美《あまみ》大島群島に占領を展開し、尖閣諸島を含む沖縄を一九七二年まで掌握した。

浦野起央によれば、一九四五年六月三〇日、台湾に疎開途中の石垣町民一八〇人が米軍機の銃撃で魚釣島に漂着し、八月一三日、救出されたというが（浦野一四〇頁）、奥原敏雄一九七〇年論文によれば、一五〇人中五〇人が栄養失調その他で死亡した（参48）。

3. 東アジア太平洋戦争終結後（一九四五年〜一九六八年）

一九四五年七月二六日には、「ポツダム宣言」（米・英・中華民国）が発表され、日本は同年八月一四日、ポツダム宣言を受諾して連合国に降伏し、九月二日、降伏文書に調印した。

中華民国国民政府（中国国民党独裁政権）は一九四五年八月二九日、台湾省行政長官兼警備総司令を任命した（豊下四〇頁）。

中華民国は同年九月二〇日、台湾省行政長官が「組織条例」を公布し、一〇月二九日、正式接収手続を行ない、台湾省の最北端は台湾北東部五六㎞にある彭佳嶼《ほうかしょ》とし、尖閣諸島は含めなかった（『月刊学習』二〇一二年一一月号＝参102）。

台湾では同年一〇月二五日、日本軍の降伏を受け入れる受降式が行なわれた（『アジア史入門』）。中華民国は、同日には台湾を正式に中華民国の領土に組み入れたが、尖閣諸島を中国領に編入する措置は取らなかった（豊下四〇頁）。

連合国最高司令部（ＧＨＱ）は一九四六年一月二九日、北緯三〇度以南の南西諸島を日本から分離した（山田友二年表）。

沖縄には、日本の敗戦後すぐ「琉球アメリカ軍政府」が設置され、一九四六年には日本人を含む「沖縄民政府」が発足した。琉球アメリカ軍政府は一九五二年、「琉球列島アメリカ民政府」に改編され、さらにそのもとに「琉球政府」が設置された。琉球政府立法院の議員は公選で、行政府主席はアメリカ民政府長官が任命した。

一九四六年一月二九日ＧＨＱ覚書で、米軍は北緯三〇度以南の諸島は日本の行政管轄外とし、尖閣諸島もその中に含まれた（浦野一四一頁）。同日、日本外務省が連合国最高司令部に提出した「南西諸島一覧」には、赤尾嶼《せきびしょ》・黄尾嶼・北島・南島・魚釣島の名をあげて尖閣諸島が含まれ、沖縄県に含めていたが、連合国の一員であった中華民国が抗議を行なった形跡はまったくない（芹田一一七頁＝参70）という。

中華民国国民政府は、一九四六年から四七年にかけて「琉球の領土主権の中国への返還」を主張した（豊下五七頁）。中華民国国民政府は、東アジア太平洋戦争の終結にあたり、尖閣諸島の名をあげて要求したことはなかったが、一九四七年、「琉球」（沖縄）は「中国の領土」と主張した（本書Ⅱ－1参照）。これが、今日の「尖閣諸島」問題の伏線となった。

しかし、戦後、中華民国で編修された文献は、台湾本島からやや北の彭佳嶼を台湾省最北端としていた。台湾および北京で発行された地図も、尖閣諸島を中国領に含めず、琉球群島の一部とした（芹田二一八頁）。

一九四九年一〇月一日、中華人民共和国が樹立されたが、中華人民共和国政府（中国共産党独裁政権）も成立以来、一九七一年まで尖閣諸島について領有を主張したことはなかった。日本政府の中華人民共和国承認は、二三年後の一九七二年九月になる。

琉球大学は、一九五〇年三月～四月、一九五二年三月～四月、一九五三年七月～八月、一九六三年五月の四回にわたって尖閣諸島の生態学術調査を行なった（浦野一四九頁）。

中華人民共和国外交部「領土問題要綱草案」（一九五〇年五月二五日）　誕生したばかりの中華人民共和国外交部は一九五〇年五月二五日、「対日和約（対日講和条約）における領土部分の問題と主張に関する要綱草案」を作成した。

同「要綱草案」は、「琉球の返還問題」の項で「琉球は北・中・南の三つに分かれ、中部は沖縄諸島、南部は宮古《みやこ》島と八重山諸島（尖頭諸嶼《しょ》）」と述べ、「尖頭諸嶼」（尖閣諸島）は琉球の一部とし、「琉球の境界画定問題」の項で、「尖閣諸島を台湾に組みこむべきかどうか検討の必要がある」と述べ、「釣魚島」という名称は用いず、「尖閣諸島」と呼んでいた。同文書は、北京の中華人民共和国外交部檔案館《とうあんかん》に収蔵されており、非公開扱いとなっているが、時事通信がそのコピーを入手した（二〇一二年一二月二八日『しんぶん赤旗』）。

なお、記事中の「尖閣諸島」の原文は「尖閣諸嶼」と見られる。中華人民共和国外交部は、この時から「琉球の返還」を日本に要求するかどうか、「尖閣諸島」を「台湾に組みこむべきかどうか」という問題をたて、検討を開始したが、その結論は一九七一年一二月まで持ち越されたのであった（本書I-4参照）。中国は、この文書の存在を認めたものの、この文書には「署名」がないとの理由で取り上げる価値がないかのように扱ったが（二〇一三年一月一日『朝日新聞』）、この文書の重要性は否定しがたい。

朝鮮戦争　朝鮮民主主義人民共和国は一九五〇年六月二五日、朝鮮の統一をめざして三八度線を突破し、大韓民国に攻めこんだ。朝鮮戦争の勃発である。同年九月一五日、国連軍の旗を掲げた米軍が仁川《インチョン》に上陸した。これに対し、「中国人民志願軍」が一〇月一九日、鴨緑江《おうりょくこう》を渡り、米軍と交戦するに至った。一九五三年七月二七日、朝鮮休戦協定が成立した。朝鮮戦争では、米中は引き分けであった。

「群島組織法」　一九五〇年八月四日公布の米軍政府第二二号「群島組織法」は、八重山群島の範囲に尖閣諸島を含めた（『朝日アジアレビュー』）。一九五〇年九月一日施行の「群島組織法」は、宮古島群島に大正島を、八重山群島に他の諸島を含めた（浦野一四一頁）。「アメリカ大英百科全書」（ブリタニカのことであろう）末巻地図部分（二四頁、二八頁）は、釣魚台を「わが国」（中華民国）版図に入れている（楊仲揆書一三六頁）という。

「サンフランシスコ平和条約」　朝鮮戦争中の一九五一年九月三日、「サンフランシスコ平和条約」（略称、「サ条約」）が締結された。中華民国も、新たに成立した中華人民共和国も、ソ連も、サンフランシスコ講和会議には不参加であった。

「サ条約」第二条（b）は、「日本国は、台湾及び澎湖諸島に対するすべての権利、権原及び請求権を放棄する」とした。

同条約第三条は、尖閣諸島の名はあげていないが、「北緯二九度以南の南西諸島（琉球諸島及び大東《だいとう》諸島を含む）……を合衆国を唯一の施政権者とする信託統治制度の下におくこととする国際連合に対する合衆国のいかなる提案にも同意する」とされた（本書Ⅶ-12参照）。

こうして、尖閣諸島は沖縄と共に日本本土から切り離され、一九五一年、久場島と大正島は米軍占領下に置かれ、米軍射爆場となった（浦野一四五頁）。

ダレス米国代表発言　サンフランシスコ講和会議において、ダレス米国代表は、「琉球諸島及び日本の南及び南東の諸島」について、連合国の間には意見の違いがあったが、「合衆国は、最善の方法は、合衆国を施政権者とする国連信託統治制度の下にこれらの諸島を置くことを可能にし、日本に残存主権を許すことであると感じました」と発言した（日本外務省ＨＰ、本書Ⅶ-13参照）。

米軍占領下尖閣諸島は琉球の一部　緑間栄は、「サ条約」第三条が尖閣諸島の名を明示的にはあげていないが、米国民政府布告第一一号「琉球列島の地理的境界の再指定」（一九五一年一二月一九日公布）第一条、米国民政府布告第二七号「琉球列島の地理的境界」（一九五三年一二月）、米国民政府布告第六八号「琉球政府章典」（一九五二年二月二九日公布）が尖閣諸島を含み、米国民政府布告第一二五号「琉球列島出入管理令」（一九五四年二月一一日公布）、布令一四四号「刑法並びに訴訟手続法典」（一九五五年三月一六日公布）が尖閣諸島を適用範囲としていること、米国は沖縄の軍事占領において、連合国最高司令官総司令部の「外郭地域の行政分離に関する覚書」（一九四六年一月二九日）に対して日本外務省が提出した「南西諸島観一覧」が尖閣諸島を沖縄県の範囲に含めていること、米国民政府布令第二二号「群島組織法」（一九五〇年八月四日公布）が行政区域に尖閣諸島を含めているなど旧沖縄県の行政地域をそのまま引き継ぎ、尖閣諸島も島名を列記して沖縄県の範囲として扱ったことを指摘している（緑間一一〇～一一二頁）。

「日米安保」　日本とアメリカは一九五一年九月、「サ条約」締結と同時に「日米安全保障条約」を締結し、一九六〇年、改訂延長された。

アイゼンハワー大統領発言　「岸信介総理大臣とアイゼンハワー大統領との一九五七年共同コミュニケ」においても、「琉球及び小笠原諸島に対する施政権の日本への返還について」、「大統領は、日本がこれらの諸島に対する潜在的主権を有するという合衆国の立場を再確認した」（日本外務省ＨＰ、本書Ⅶ‐15参照）。

つまり、一九五〇年代にはアメリカ政府は尖閣諸島を含む沖縄に関する日本の「残存主権」、「潜在的主権」を認めていたのであった。

沖縄祖国復帰運動　一九五一年、「沖縄群島議会」は日本復帰を決議し、同年、「日本復帰促進期成会」が発足し、一九六〇年、「沖縄県祖国復帰協議会」となり、一九六〇年代に活発な運動が推進された。一九六八年には、琉球政府主席公選が実現し、屋良朝苗《やらちょうびょう》が当選した。

国共内戦に敗北し台湾に移動した中華民国政府は、一九五二年二月からの日本との講和交渉では琉球（沖縄）の帰属問題は提起しなかった（豊下五七頁）。

中華民国政府が琉球の領土要求をやめたのは、国共内戦に敗北したという条件のもとで、①アメリカがすでに沖縄を占領し利用していること、②アメリカの反共東アジア戦略による支援を必要としていたこと、③日本との国交関係を維持する必要があったこと、などのためだろう。

演習地域指定　一九五一年、久場島（黄尾嶼）・大正島（赤尾嶼）に、米海軍の爆撃演習海域が設定され、久場島は特別演習地域（永久危険区域）に指定された。（演習地域指定にとどまったということか？）　国有地の大正島は一九五六年四月一六日以降から演習地域に指定され、民有地である久場島は一九五八年に軍用地基本賃貸契約が結ばれた（緑間一一五頁）。

「琉球政府章典」　琉球政府設置法である一九五二年二月二九日の米国民政府布令第六八号「琉球政府章典」第一条は、琉球政府の政治的地理的管轄区域を定め、その中に尖閣諸島を含めた（『朝日アジアレビュー』）ことはすでに触れた。

「日華平和条約」　日本と中華民国は一九五二年四月、「日華平和条約」を締結し、国交関係を維持した。これについて、日本外務省HPは次のように述べている。

「日華平和条約において、日本はサンフランシスコ平和条約第二条に基づき、台湾及び澎湖諸島等に対する全ての権利等を放棄したことが承認されていますが、日華平和条約の交渉過程ではこのような経緯からも尖閣諸島の領有権は一切議論されていません。このことは、尖閣諸島が従来から日本の領土であることが当然の前提とされていたことを意味します。」（日本外務省HP）

「琉球政府」発足　一九五二年四月一日、奄美・沖縄・宮古・八重山群島を統合する「琉球政府」が発足した（浦野一四二頁）。

『人民日報』（一九五三年一月八日）**記事「尖閣諸島は琉球諸島の一部」**

一九五三年一月八日中国共産党機関紙『人民日報』記事「琉球諸島人民の米国占領反対闘争」は、次のように書き、その中で日本名「尖閣諸島」を使用して報道した。

「**琉球諸島**は、我が国（注：中国。以下同様）の台湾東北部及び日本の九州南西部の間の海上に散在しており、**尖閣諸島**、先島諸島、大東諸島、沖縄諸島、大島諸島、トカラ諸島、大隈諸島の七組の島嶼からなる。それぞれが大小多くの島嶼《とうしょ》からなり、合計五〇以上の名のある島嶼と四〇〇

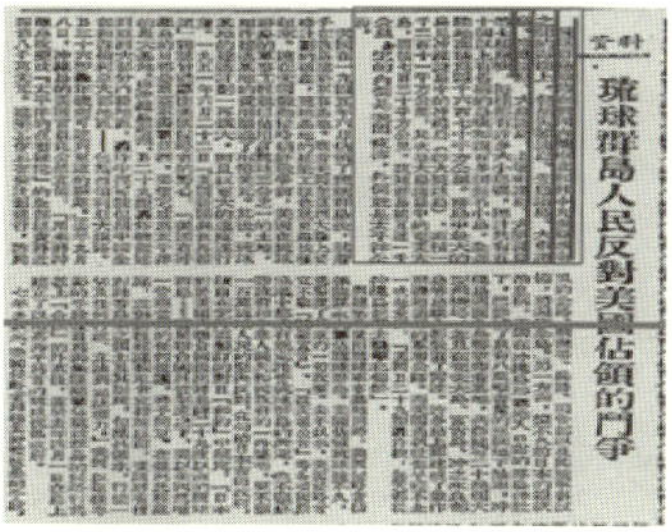
琉球群島人民反對美國佔領的鬥爭

あまりの無名の小島からなり、全陸地面積は四六七〇平方キロである。諸島の中で最大の島は、沖縄諸島における沖縄島（すなわち大琉球島）で、面積は一二一一平方キロで、その次に大きいのは、大島諸島における奄美大島で、七三〇平方キロである。琉球諸島は、一〇〇〇キロにわたって連なっており、その内側は我が国の東シナ海（中国名：東海）で、外側は太平洋の公海である。」（日本外務省ＨＰ）。

この当時、中国共産党の対外政策は「向ソ一辺倒、親ソ反米」戦略をとっていた。この記事は、この当時の中国共産党の認識では尖閣諸島は日本領であったことを示している。

一九五三年『中華人民共和国分省地図』は、尖閣諸島を中国領土に入れていない（浦野七九頁）。

奄美《あまみ》群島返還　奄美群島は一九五三年一二月二五日、「奄美返還協定」が発効し、日本に返還された（『レファレンス』）。

「琉球列島の地理的境界」等　一九五三年一二月二五日の米民政府布告第二七号「琉球列島の地理的境界」および一九五五年四月九日の米民政府布告第一四四号「刑法並びに訴訟手続法典」第二部第一章第九条は、いずれも尖閣諸島を適用範囲に含めた（『朝日アジアレビュー』）。

このように、アメリカの施政権は、尖閣諸島を含む「サ条約」第三条の地域の領有権が日本に帰属しているという前提のもとで行使された（『朝日アジアレビュー』）。

「米華相互防衛条約」　アメリカと中華民国は一九五四年一二月、「米華相互防衛条約」を締結した。

「第三清徳丸」事件　一九五五年三月二日、日本船「第三清徳丸」（一五・三九トン）が「国籍不明」ジャンク船二隻に銃撃され、乗組員九名中三名が行方不明となった。琉球立法院は三月五日、米民政府・日本政府ならびに国際連合等に対し事件の調査を要望する決議を行なった（参51、『朝日アジアレビュー』）。奥原敏雄が引用している邱《きゅう》宏達（台湾国立政治大学客員教授・国際法）論文（「釣魚台列嶼問題研究」）によれば、この「国籍不明ジャンク船」は「中国の帆船」であった（『朝日アジアレビュー』）。

この事件後、沖縄の漁民はこの海域への出漁を控えるようになったという。

「刑法並びに訴訟手続法典」　一九五五年四月九日米民政府布令第一四四号「刑法並びに訴訟手続法典」第二部第一章第九条も、尖閣諸島を適用範囲に含めた（『朝日アジアレビュー』）。

久場島、軍用演習地化　アメリカは一九五五年、民有地である久場島を空軍の、それ以降は海軍の軍用演習地として使用した。（前出四五頁と日付にずれがある。）

「この周辺海域が危険海域となり、沖縄漁民の漁業活動が不可能になったこと」、一九五五年第三清徳丸がこの海域で「国籍不明船」から銃撃を受けたことなどによって、「沖縄漁民は身の危険をさけるため同列島周辺で操業を中止」した（緑間七五頁）。

米民政府は一九五八年七月、久場島については琉球政府を代理人として所有主である古賀善次との間に基本契約賃貸借契約を結んだ。米民政府は、賃貸料を年額五七六三ドル、一九六三年以降は一万〇五七六ドル支払ってきた（『朝日アジアレビュー』）。琉球政府は、この契約以前から古賀善次所有の四島に対し、固定資産税を徴収してきたが、賃貸料収入に対してもあらたに源泉徴収を行なった（『朝日アジアレビュー』）。

大正島、軍用演習地化　一九五六年四月一六日以降、日本国国有地の大正島（赤尾嶼）を海軍軍用演習地として使用した（『朝日アジアレビュー』）。

日本の国連加盟　一九五六年一二月、日本の国連加盟が承認された。

中華人民共和国発行の『中国省別地図』（一九五六年第一版、一九六二年版）には、釣魚島が「尖閣列島」と表記されていたが、それは日本軍占領中に刊行された地図を「踏襲」したか、「影響」されたものだったと鍾厳《しょうげん》（本書II-6-6-2）は釈明している（一九九六年一〇月一八日『人民日報』。浦野二七一頁にも所収）。

要するに、地図というものはいろいろあり、領土領有の決定的根拠にはできないということを認めたことを意味するが、鍾厳本人がそれを意識していたかどうかは定かではない。

「高等弁務官」設置　一九五七年には、沖縄統治の最高責任者としてアメリカ軍人の「高等弁務官」が置かれた。

「高等弁務官布令二〇号」　「米民政府」は一九五八年七月一日、「高等弁務官布令二〇号」に基づ

き、私有地の久場島（黄尾嶼）について、所有者古賀善次と「軍用地基本賃貸借契約」を結んだ。米民政府は、これに基づき、年額五七六三ドル九二セントを支払い、一九六三年からは「一万〇五七六ドル」を支払ってきた（参71）。なお、山田友二年表では「一万一一〇四ドル」（『朝日アジアレビュー』）である。

また、琉球政府は古賀善次所有の四島に対し固定資産税を賦課し徴収した（芹田一二九～一三〇頁＝参70）。

一九五八年中華人民共和国発行『世界地図集』は、「尖閣」を中国領に含めていない（浦野七九頁）。

台湾漁民1　一九五〇年代末から、台湾漁民が尖閣諸島海域に来て漁業や海鳥卵の採取に従事する者が急増した。一九六五年以降は、年間三〇〇〇隻に達する台湾漁船が操業していたと言われる（『レファレンス』）。

中華民国内政部審査・認定の『台湾省五市十六県詳図』（一九六〇年）は、台湾の付属島嶼として七六島を明記し、その範囲は「北緯二一度四五分二五秒（南は恒春七星岩）から二五度三八分（北は基隆《キールン》彭佳嶼《ほうかしょ》に至る）にある」とした。これには、台湾の北限は基隆彭佳嶼であって、尖閣諸島は含まれていない（浦野四四頁）。

中華民国内政部が一九六〇年に作成した「台湾省五市一六県詳図」には、台湾付属島嶼として七六島嶼《とうしょ》が記載されているが、尖閣諸島は含まれていなかった（豊下三九頁）。

沖縄県石垣市は一九六一年四月一一日、尖閣諸島に対し固定資産税のための現地調査を行なった

（浦野一四五頁）。

予備調査　ケネス・O・エマリーと新野弘は一九六一年の予備調査で、東シナ海における石油資源の可能性を示唆した（浦野四〇頁）。

毛沢東発言　毛沢東は、一九六一年一〇月七日および一九六四年一月二七日に「日本の領土沖縄」と述べた（石井明＝参79）。

一九六五年『台湾省地方自治誌要』第五章（行政区域）は、「明鄭《ママ》（「明代」の誤植だろう）及び清代の行政区画は、鶏籠島《けいろうとう》を台湾省の北限としている」、「戦後の台湾省の極北を彭佳嶼（基隆市）の北端としている」（奥原敏雄、『中国』一九七一年六月号）という。ただし、清代後期には「台湾省」が設置されていたが、明代には台湾自体が「外国」で、「台湾省」は存在しない。これは、奥原の間違いなのか、『台湾省地方自治誌要』の記述の間違いなのかは現物で確認するほかない（参51）。

一九六五年台北発行『世界地図集　第一冊　東亜諸国』は、尖閣諸島を中国領土に入れていない（浦野七九頁）。

「文化大革命」　一九六六年、中国は「文化大革命」局面に入り、国内は一〇年に及ぶ大混乱に陥った。同年一〇月二六日、日本の日中友好協会は毛沢東と文化大革命を礼賛する「日中友好協会正統本部」と文化大革命を礼賛しない「日中友好協会」とに分裂した。

CCPO設置　国連アジア極東経済委員会（ECAFE　エカフェ）は一九六六年、「アジア沿海鉱物資源共同探査調整委員会（CCPO）」を設置し、東シナ海の海底鉱物資源探査を援助することとした（高橋庄五郎、『朝日アジアレビュー』）。

佐藤栄作・蔣介石会談　佐藤栄作首相は一九六七年九月、台湾を訪問し、沖縄返還に関する了解を蔣介石に求めたが、蔣介石は支持も反対も明言しなかった（豊下五七頁）。

学術調査（一九六七〜一九六八年）　新野弘は一九六七年、論文「中国東海と朝鮮海峡の海峡地層および石油展望」を発表した（高橋庄五郎）。

アメリカは、新野弘論文に基づいて一九六七年から一九六八年にかけて秘かに調査した（高橋庄五郎）。

アメリカは一九六八年六月、エカフェからの依頼により、空中から磁気探査を行ない、黄海・東シナ海・南海の大陸棚に豊富な石油埋蔵の可能性を確認した（高橋庄五郎）。

一九六八年七月、日本総理府・琉球大学・琉球政府合同の尖閣諸島学術調査が行なわれた（浦野一四九頁）。

つまり、日本は一九六一年以来、学術調査を行なってきたのである。一九六八年まではそれほど注目していたわけではなかったが、中華民国（台湾）・中華人民共和国に比べれば、もっとも早く尖閣諸島に関心をはらったのだということになる。

一九六八年『中華民国年鑑』は、「台湾省の極北を彭佳嶼、極東を綿花嶼としている」（奥原敏雄、『中国』一九七一年六月号）という。

台湾人不法上陸者退去命令　琉球政府は一九六八年八月一二日、南小島の巡検を行ない、不法上陸者四五名に退去命令を出した（山田友二年表）。

琉球政府出入国管理庁の調査により、一九六八年八月一二日、南小島で台湾人のサルベージ会社、興南工程所によるパナマ船籍沈船「シルバー・ピーク号」（一万トン）の解体作業が行なわれており、台湾漁民六〇人がテント小屋を作って住みついていることが判明し。琉球政府は彼らを退去させた。これについて、中華民国政府からはいかなる抗議も行なわれなかった。その後、台湾人労働者は入域手続を行ない、高等弁務官からの許可を受け、八月三〇日に再入域した（緑間七六〜七九頁）。

日本外務省は、尖閣諸島地域における台湾漁民等による領海侵入、不法上陸等が頻発したことに関し、一九六八年八月三日付けの外務省発在東京アメリカ大使館あて口上書で、米国政府が侵入者の取締りとこうした侵入の再発防止のため必要な措置をとるよう要請したのに対し、米側は侵入者の退去等の措置をとった旨回答した（日本外務省ＨＰ）。

米・日・韓・台共同調査　一九六八年九月、エカフェの斡旋により、米・日・韓・台の共同調査が行なわれた（高橋庄五郎）。ケネス・Ｏ・エマリーらは、エカフェの協力を得て、アジア海域沿岸鉱物資源共同調査委員会（ＣＣＯＰ）事務局と共同して、米海軍海洋局・日本・韓国・台湾が派遣した地質学者の協力のもとに作業を進めた（浦野四一頁）。

軍用機哨戒・巡視艇パトロール　米民政府は、一九六八年一〇月から不法入域を取り締まるため、軍用機による尖閣諸島海域の哨戒を開始し、琉球政府も巡視艇による定期パトロールを実施した（山田友二年表）。

米海洋調査船海底調査　一九六八年一〇月〜一九六九年にかけて、東シナ海海域でアメリカ海洋調査船R・V・ハント号による大規模な海底調査を実施し、石油埋蔵の可能性があると報告した（高橋庄五郎、浦野四一頁）。

中華民国政府、琉球領有要求　奥原敏雄によれば、中華民国政府は魏外交部長が一九六九年三月一四日の立法院で琉球列島の帰属はカイロ宣言・ポツダム宣言などにより、連合国によって決定すべきもので、アメリカと日本のみによって決定すべきではないと発言した（『中国』一九七一年六月号）という。これによれば、中華民国の琉球領有要求は、石油資源の存在を知ってから尖閣諸島領有要求をし始めた中華人民共和国よりも早くからその考えを持っていたようだが、アメリカは特に反応しなかったものと見られる。

4．一九六九年エカフェ発表から一九七二年日中国交樹立まで

エカフェが一九六九年四月、尖閣諸島近辺に石油等の資源が埋蔵されている可能性があると発表すると、一九七〇年以降、中華民国（台湾）と中華人民共和国は「釣魚台／釣魚島」は「中国の固有の領土」と主張し始めた。

五島標識設置　沖縄県石垣市長らは一九六九年五月九日、魚釣島・久場島・大正島・北小島・南小島の五島にコンクリート製の行政管轄を示す標識を設置した（高橋庄五郎ほか）（図3）。

図3．コンクリート製の標識
（「154 枚の写真」インターネット）

　これに対して、一九九六年鍾厳論文は「一九六九年、米軍占領下の琉球政府の公文書と掲示板」には、「黄尾嶼《こうびしょ》・赤尾嶼《せきびしょ》などの島名が使用されていた」（一九九六年一〇月一八日『人民日報』。浦野二七一～二七一頁にも所収）という。しかし鍾厳論文はまた、一九六九年五月以降、「琉球の石垣市長の指示に基づき、日本側は、釣魚島に標識の柱を立てるとともに、再び黄尾嶼を『久場島《くばじま》』と改め、赤尾嶼を『大正島』と改称した（参68）、とも言っている。

大見謝恒寿《おおみじゃこうじゅ》、鉱業権出願　那覇在住の大見謝恒寿は、一九六一年当時から沖縄・宮古・八重山周辺海域の石油・天然ガス調査を行なってきたが、一九六九年二月二日～三日に尖閣諸島周辺海域での鉱業権五二一九件を出願し、一二月に尖閣諸島大陸棚における石油鉱床説明書を提出した（勝連哲治、『中国』一九七一年六月号＝参51。浦野一五〇頁）。鉱業権出願は、大見謝に続いて日本本土の石油開発公団事業本部が七六一〇件を申請し、さらに沖縄の新里景一が一万一〇七三件を申請し、三つどもえで争われることとなった（勝連哲治）。

　しかし、そうこうしているうちに中華民国・中華人民共和国が尖閣諸島の領有権を主張するようになり、石油・天然ガス開発どころではなくなった。

日本政府、海底地質調査　日本総理府学術調査が一九六九年五月〜七月および一九七〇年五月〜六月に尖閣諸島付近の海底調査を行なった（浦野一四九頁）。

日本政府は、「東海大学に委託して一九六九年から一九七〇年にかけて二度、尖閣諸島海域の海底地質調査を実施」し、「海底新第三紀堆積層が尖閣諸島を中心に約二〇㎞の広がりがあり、その層厚も三〇〇〇m以上と判明した」（浦野一頁）。

一九七〇年『中華民国国民中学地理教科書』は、尖閣諸島を中華民国領土に入れていない（浦野七九頁）という。これと同じものと思われる一九七〇年『中学地理教科書』では、「釣魚台列嶼」は日本領と記載されている（豊下三九頁）という。

在米華人「釣魚台保衛行動委員会」　一九七〇年一月二九〜三〇日、在米華人の「釣魚台保衛行動委員会」が、ワシントンの駐米日本大使館、ロサンゼルス・サンフランシスコの総領事館、ニューヨーク、シアトルなどで抗議デモを行なった（『中国』一九七一年六月号）。現台湾総統（任期二〇〇八〜二〇一四年）馬英九は、このときの活動家であり、『怒海油争：東海海床の境界区分と外国人投資の法律問題』が博士論文のテーマで、一九八五年に改題の上、台湾正中書局から出版された。

中華民国外交部、釣魚台領有権主張開始か　中華民国外交部は一九七〇年四月一〇日、「釣魚列島（尖閣列島）は、わが国領土の一部分であり、わが国はしばしば外交ルートを通じ米国政府」に対し、占領終結の時点で同列島をわが国に返還するよう要求してきた」（『中国』編集部＝参51）と述べているが、「占領終結の時点で同列島をわが国に返還するよう要求してきた」という点を裏付ける資料を見かけない。

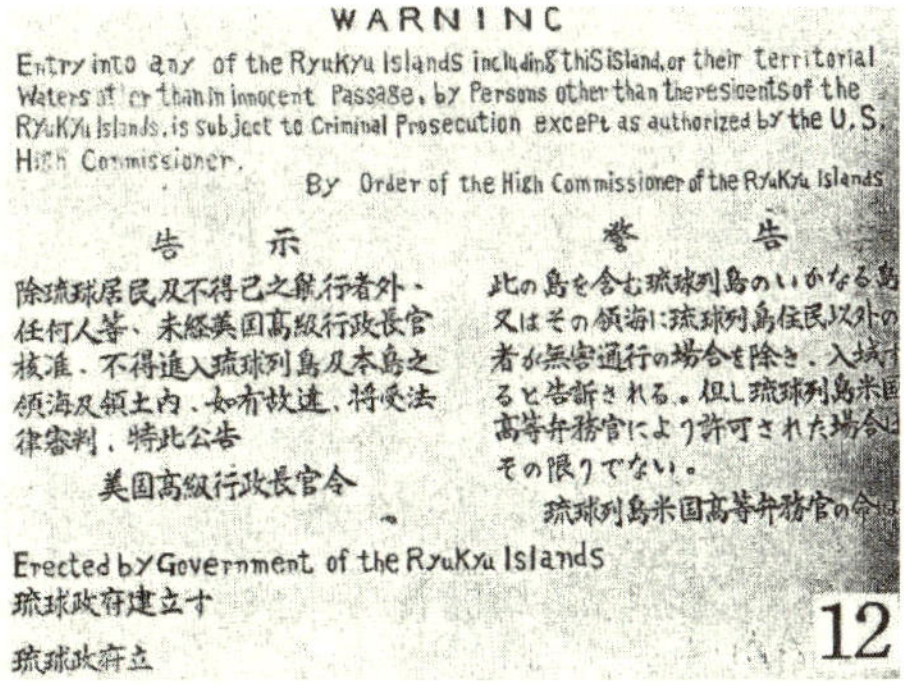

図4．警告板（「154枚の写真」インターネット）

警告板設置　米民政府と琉球政府は一九七〇年「五月八日～一三日」、尖閣諸島に領域表示板を設置したという（高橋庄五郎、芹田一三二頁）。山田友二年表では、米民政府は一九七〇年七月一日、不法入域者に対する警告版を五島（魚釣島・久場島・大正島・南北小島）に設置した（『朝日アジアレビュー』）。緑間栄・浦野起央によれば、米民政府は一九七〇年「七月七日～一六日」、警告版を魚釣島に二本、久場島に二本、大正島に一本、北小島に一本、南小島に一本設置したとのことで（緑間一二二頁、浦野一四五頁）、高橋庄五郎とは日付けにずれがある（図4）。

日本総理府は、第二次調査「尖閣列島海底地質調査」団（団長＝星野通平東海大学教授）を派遣した（高橋庄五郎）。

中華民国政府、釣魚台領有主張　中華民国政府は一九七〇年七月一七日、アメリカの「パン・パシフィック・ガルフ社」（「ガルフ・オイル社」の子会社）に台湾の北東海域、「北緯二五度から二七度、東経一二一度から一二五度までの五万五〇〇〇平方km」の、尖閣諸島を含む海域での石油探査試掘権を許可した（浦野一頁）。

「中国石油公司《コンス》」（台湾）は一九七〇年七月末、米系「亜美和（アモコ）」および「海湾（ガルフ）公司」と、台湾北方海域大陸棚第一区・第二区の石油資源の探査、採掘に関する契約を締結、八月一三日には米系「台湾大洋探勘公司」と、台湾北方海域大陸棚第三区の石油資源の探査、採掘に関する契約を締結した（山田友二年表）。

これらは、日本と中華民国が国交関係を維持している時期のものであったが、中華民国政府が釣魚台（尖閣諸島）領有を主張する最初の行動であった。つまり、尖閣諸島付近の海底石油資源に最初に反応したのはまず日本であり、続いて中華民国が動いたという経過であった。

愛知外相発言　この事態に対して、日本の愛知揆一《きいち》外務大臣は一九七〇年八月一〇日、参議院沖縄・北方特別委員会で「尖閣列島はわが国南西諸島の一部であり、『国府』（中華民国政府を指す）とガルフの契約は無効」と答弁した（高橋庄五郎）。

アメリカ、「尖閣諸島は琉球群島の一部」と表明　アメリカ駐日大使館スポークスマンは一九七〇年八月一二日、尖閣諸島は琉球群島の一部分であり、日本に返還されると発言した（楊仲揆論文＝参50）。

日本政府の方針　日本政府は一九七〇年八月一七日、①琉球米民政府を通じて、尖閣列島が現在、米民政府の統治下にあり、沖縄とともに日本に返還されることを再確認する、②琉球政府に対し、尖閣列島の領有権を表明するよう要請する、③現在、琉球政府に対して鉱区権を申請している石油資源開発株式会社に早急に調査権を認めるよう働きかける、との方針を決定した（高橋庄五郎）。

琉球政府、態度表明　これをうけて琉球政府屋良《やら》主席は一九七〇年八月一八日、記者会見で「尖閣列島は石垣市に属する日本領であり、これを内外に明らかにするため早急に琉球政府の公式見解をまとめたい」と語った（高橋庄五郎）。

中華民国、大陸棚条約批准　中華民国立法院は一九七〇年八月二一日、「ジュネーブ大陸棚条約」を、第六条（大陸棚の境界画定について中間線方式を規定）を留保して批准した（山田友二年表、『レファレンス』）。

「海域油田探査・採掘条例」　中華民国政府立法院は一九七〇年八月二五日、「海域油田探査・採掘条例」を採択した（山田友二年表、『レファレンス』）。

琉球政府立法院決議（一九七〇年九月一日発表）　中華民国政府の動きに対し、米軍占領下の琉球政府立法院は一九七〇年八月三一日、「尖閣列島の領土権防衛に関する決議」を採択し、九月一日に発表した。

中華民国国旗撤去　一九七〇年九月二日、中華民国水産試験所の「海憲丸」が魚釣島に接近し、同島に「青天白日満地紅旗」（中華民国国旗）を立て、領土権を主張した。琉球警察は一五日、米民政府の指示でこれを撤去した（山田友二年表、緑間一二二頁、浦野一六四頁）。

中華民国、領有主張　中華民国外交部長魏道明は一九七〇年九月四日、立法院秘密会で「釣魚台列島は中華民国に属する」と初めて領有主張を表明した（山田友二年表、浦野一六四頁）。

琉球政府一九七〇年九月一〇日声明　琉球政府は一九七〇年九月一〇日、「尖閣列島の領有権お

よび大陸棚資源の開発主権に関する主張」を発表した（山田友二年表）。

アメリカ、「中立と不関与」方針へ　一九七〇年九月一〇日、マクロフスキー米国務省報道官は、「サ条約第三条によって米国施政権を有する南西諸島は、北緯二九度以南のすべての島を指すこと。それには尖閣列島がふくまれ、七二年中にその施政権を日本に返還すること。この問題に主張の対立があるときは、関係当事者間で解決さるべきこと」と表明した（山田友二年表）。アメリカの尖閣諸島主権問題についての政策転換と見られる。

しかし尾崎重義は、「〔サンフランシスコ平和〕条約で用いられた言葉は、尖閣諸島も含まれるように意図されていた。したがって、平和条約に基づいて、米国政府は琉球列島の一部として尖閣諸島に対して施政権を行使しているが、琉球列島に対する潜在主権は日本にあるものと考えられる」と解釈している（『レファレンス』）。

また、緑間栄も、マクロフスキーは「この条約〔サ条約〕により米国は尖閣諸島を琉球諸島の一部として治めているが、琉球諸島に対する潜在主権は日本にあるものと考えている」（緑間一一三頁）と述べている。

マクロフスキー発言の原文確認が必要であるが、その後の事実経過は「潜在主権」の承認ではなく、主権問題は「関係当事者間で解決さるべきこと」と説明されていった。

徳本栄一郎「アメリカから見た尖閣『秘密のファイル』」（『文藝春秋』二〇一二年一二月号＝参103）によれば、アメリカは一九七〇年代初めに尖閣諸島の主権について「中立と不関与」という方針を確立したという。後述の豊下楢彦は、ニクソン政権は「遅くとも一九七一年はじめまでには、あえて『中立の立場』を選択していた」（豊下五三頁）と見ているが、一九七一年よりも少し早いようである。

アメリカの尖閣主権についての「中立」選択の理由について、豊下楢彦は、ニクソンが一九六七年には「中国を国際社会の外に永遠に置いておくべきではない」と考え、六九年一月の大統領就任演説でもそうした方向性を示唆したが、アメリカが対中接近をはかるのは①ベトナム戦争の泥沼化と②一九六九年の中ソ軍事紛争を受けて、ニクソンが一九六九年八月に国家安全保障会議で「現状においてはソ連がより危険な国家であり、もし中国が中ソ戦争で『粉砕』されれば米国の国益に反する」と表明したことに示されている（豊下五三頁）、という。

中国現代史から見ても、中国が反ソ反米戦略から反ソ第一に転換するきっかけは一九六九年の中ソ軍事衝突であった。それは、アメリカの対中政策に変化が起こる時期と重なっているが、アメリカの尖閣主権「中立」政策への転換がそれによって説明できるかどうかはさらに検討が必要であり、やや短絡的かと思われる。アメリカが米ソ対立基軸から米中関係基軸に転換するのは、一九九一年ソ連崩壊以後、一九九〇年代中国経済の離陸（take off）以後のことである。

アメリカ政府は一九五〇年代には、尖閣諸島に関する日本の「残存主権」、「潜在的主権」を認めていたが（本書Ⅰ‐3、四三、四四頁）、エカフェによる石油情報以後、あるいはアメリカは後述（Ⅳ‐2‐2）の石油利権への思惑からか政策を変更し、日本と中華民国に二股をかけたのかもしれない。アメリカは、この方針を今日まで継承しており、一九七一年の中華人民共和国の国連加盟以降はこれに中華人民共和国が加わり、三つ股政策になっているのかもしれないが、これはもちろん、ひとつのありうる推測にとどまる。

中華民国国旗撤去　琉球警察本部は一九七〇年九月一五日、三人の警察官を魚釣島に派遣し、同島に掲げられた中華民国国旗「青天白日満地紅旗」を撤去した（奥原敏雄、『中国』一九七一年六月号）。日本の海上保安庁巡視艇「ちとせ」は一九七〇年九月一五日、魚釣島に掲揚されていた中華民国の「青天白日満地紅旗」を撤去した（浦野一五二頁）。

琉球政府一九七〇年九月一七日声明　尾崎重義（『レファレンス』）および緑間栄（緑間二一〇頁）によれば、琉球政府は一九七〇年九月「一七日」、声明「尖閣列島の領有権について」を発表した。浦野一五頁によれば、琉球政府声明「尖閣列島の領有権について」は「九月一日」としているが、誤植か。要旨は、次の通りである。

①台湾国民政府は、尖閣列島は国民政府の領有と主張し、パーシフィックガルフ社に鉱業権を与えたが、これは領土権の侵害である。
②琉球列島の範囲は、アメリカの統治基本法である「琉球列島の管理に関する行政命令前文」に規定されている。
③尖閣列島は一四世紀には存在が知られ、一三七二年から一八六六年までの約五〇〇年間、琉球中山王朝と中国とは朝貢・冊封関係にあり、朝貢船・冊封船が福州・那覇間を往来し、列島中

の魚釣島などは航路の目標であった。

④当時、島々は釣魚台・黄尾嶼・赤尾嶼などと呼ばれ、沖縄では釣魚台、黄尾嶼はユクン、クバシマ、赤尾嶼は久米赤島と呼ばれた。久場島はチャウス島、魚釣島は和平山とも呼んだ。同列島は明治二八年〔一八九五年〕まで「いずれの国家にも属さない領土として、いいかえれば国際法上の無主地であった」。

⑤「一四世紀以来尖閣列島について言及してきた琉球及び中国側の文献のいずれも尖閣列島が自国の領土であることを表明したものはありません。これらの文献はすべて航路上の目標として、たんに航海日誌や航路図においてか、あるいは旅情をたたえる漢詩の中に便宜上に尖閣列島の島嶼の名をあげているにすぎません。」

⑥林子平の「『三国通覧図説』が依拠したのは、『中山伝信録』である」。林は魚釣島などを「中国領として色分けして」いるが、「伝信録の航海図からはこれらの島々が中国領であることを示すいかなる根拠も見出しえない」。

⑦「沖縄県知事は明治一八年〔一八八五年〕九月二二日、はじめて内務卿に国標建設を上申するとともに、出雲丸による実地踏査を届け出ています」。

⑧さらに、「一八九三年〔明治二六年〕一一月」、沖縄県知事が「同県の所轄方と標杭」の建設を内務及び外務大臣に上申」したので、「一八九四年〔明治二七年〕一二月二七日内務大臣より閣議提

出方について外務大臣に協議したところ、外務大臣も異議がなかった」ので、「一八九五年（明治二八年）一月一四日閣議は正式に、八重山群島の北西にある魚釣島、久場島を同県の所属と認め、沖縄県知事の内申通り同島に所轄標杭を建設せしめることを決定し、その旨を同月二一日県知事に指令」した。

⑨「さらに、この閣議決定に基づいて、明治二九年四月一日、勅令一三号を沖縄県に施行されるのを機会に、同列島に対する国内法上の編入措置」が行なわれた。「沖縄県知事は、勅令一三号の『八重山諸島』に同列島が含まれるものと解釈して、同列島を地方行政区分上、八重山郡に編入させる措置をとった」、この措置は「たんなる行政区分上の編入にとどまらず、同時にこれによって国内法上の領土編入措置がとられたことになった」。

⑩「編入された尖閣列島の範囲」は、「明治二八年一月の閣議決定は、魚釣島と久場島に言及しただけで」あったが、「久米赤島を除く他の小諸島及び岩島は、国際法上当然にわが国の領有意思が及んでおります」。「久米赤島」は閣議決定がなぜ言及しなかったのか「明らかではありませんが、明治一八年及び二三年の沖縄県知事の上申は、魚釣島及び久場島とともにつねに久米赤島にも触れており、また、明治二八年の閣議において原案のとおり決定をみた閣議提出案には県知事の上申通り沖縄県の所轄と認めるとして、久米赤島をとくに除外する理由は何も述べていません」。「日本外交文書においても、久米赤島の編入は、当然に編入されたものとして扱わ

れております」。
⑪この琉球政府声明は、上述の尖閣諸島の地番を記述している（本書「はじめに」参照）。
⑫国府の尖閣諸島領有主張は、「沖縄の現在のような地位（アメリカ占領下であること）に乗じて日本の領土権を略取しようとたくらむもの」であるが、「残念ながら琉球政府には外交の権限がなく、どうしても日本政府並びに米国政府から中華民国と交渉をもってもらう外ありません」（『朝日アジアレビュー』、浦野二二六〜二三〇頁）

台湾省議会決議　中華民国台湾省議会は一九七〇年九月三〇日、「釣魚台主権維持・擁護決議」を採択した。その論点は、次の通りである。

①釣魚台に対する中華民国の領土主権は歴史的連係、地理的位置、地質構造、台湾住民の継続的使用および法理から明白だ。
②一九四三年カイロ宣言、一九四五年ポツダム宣言から、琉球列島の最終的地位は主要同盟国によって決定されるべきだ（浦野二八頁）。

香港「釣魚台防衛運動」　イギリス領香港では、イギリスによる中華人民共和国への一九九七年の香港返還に至るまで「中国」への「祖国復帰運動」は起こらなかったが、一九七〇年には「釣魚台防衛運動」が開始された。

「海域石油鉱保留区」設置　中華民国は一九七〇年一〇月一五日、台湾海峡および東シナ海大陸棚に「海域石油鉱保留区」を設置したと発表した（山田友二年表）。

日・韓・台、共同開発合意　日・韓・台三国連絡委員会は一九七〇年一一月一二日、東シナ海大陸棚石油資源共同開発についての原則的合意が成立した（山田友二年表）。

一九七〇年学術調査　九州大学・長崎大学合同調査隊は一九七〇年一二月二日〜一五日、尖閣諸島の地質・生物相・海鳥・水産昆虫類の調査を行なった（山田友二年表）。

北京放送・『人民日報』、尖閣諸島領有権主張開始　北京放送は一九七〇年一二月四日、日・韓・台三国の東シナ海大陸棚石油資源共同開発計画を非難し、尖閣諸島は中国に属するとの新華社報道を伝えた（奥原敏雄、『中国』一九七一年六月号）。尾崎重義によれば、同日付『人民日報』が「日本軍国主義が中国と朝鮮の海底石油資源を収奪するものである」と非難した（『レファレンス』）。

中華人民共和国によるはじめての尖閣諸島領有権主張である。

「海洋開発研究連合委員会」設置　日韓、日華両協力委員会は一九七〇年一二月二一日、日・韓・台三国による東シナ海大陸棚石油資源共同開発推進機関として「海洋開発研究連合委員会」の設置を決定した（山田友二年表）。

『人民日報』・北京放送の主張　一九七〇年一二月二九日『人民日報』は、評論員名で「米日反動派によるわが国の海底資源略奪を決して許さない」と表明した（山田友二年表）。北京放送は一九七〇年一二月三〇日、「釣魚群島は一五五六年に胡宗憲が倭寇討伐総督に任命された当時、その防衛範囲にあった」と主張した（浦野一五六頁）。

中華民国外交部、日本に申し入れ　中華民国外交部は一九七一年二月中旬、「台北の日本大使館を通じて日本政府に対し、尖閣諸島は地理的にも歴史的にも台湾の領土であり、日本の主張には同意できないという公式の申し入れを行なっている。『国府』が日本に対して正式に領有権を主張したのは、これが最初である。」（『レファレンス』）。

中華人民共和国側は一九七一年三月一日、「日中覚書貿易交渉会談コミュニケ」で「日・蔣・朴《パク》連絡委員会は、こともあろうに中国に近い浅海海域の資源を共同開発することを決定したが、これは中国の主権に対するあからさまな侵犯」だ（山田友二年表）と主張した。

琉球大学は一九七一年三月〜四月、尖閣諸島の植物・海鳥・地質・海洋動物の学術調査を行なった（浦野一四九頁）。

日本外務省筋は一九七一年四月四日、「沖縄返還協定」の中の返還区域内に尖閣諸島を含めることで日米間に合意が成立したと語った（山田友二年表）。

石油開発中止　プレイ米国務省報道官は一九七一年四月九日、①「東シナ海、黄海の石油開発をめぐって、日本、中国、国府、韓国の四カ国の主張が対立しているため、米国政府は、米国の石油会社パシフィック・ガルフ社に対して、同海域で石油開発を進めることは好ましくないとして、開発中止を申し入れた。また、同社の調査船を東シナ海から引揚げさせた」、②「米国は尖閣諸島を含む南西諸島の施政権を一九七二年中に日本に返還する。しかし、尖閣諸島の領有権をめぐる紛争は、当事者間の話し合いによるか、あるいは当事者が希望するならば、第三者の裁定によって解決するのが望ましい」と発表した（山田友二年表、『レファレンス』。浦野一五七頁では「一〇日」）。以後今日に至るまで、尖閣諸島近海の海底資源開発は停止されたままである。

アメリカ国防省覚書　これに対して、アメリカ国防省は一九七一年沖縄返還協定（六月）が締結される前の三月に国務省に送った覚書で、「一九四四年に発行された陸軍地図サービス地名索引」には「尖閣列島を沖縄の一部」と記載しているとし、このことは「尖閣列島に対する日本の主張に尊厳を与えており、米国が採っている中立の立場に反している」と主張した（豊下五二頁）。

中華民国外交部主張　中華民国外交部は一九七一年四月一〇日、「釣魚台列嶼はわが国領土の一部であるから、米国による管理終了の時点で、わが国に返還すべきである」という趣旨のスポークスマン談話を発表した（『レファレンス』）。

一九七一年五月一日『人民日報』は、釣魚島は台湾の東北海域にあるとして領有権を主張し、日米「沖縄返還協定」で釣魚島が沖縄返還区域に含まれることに抗議した。これは、日本と中華人民共和国との間にまだ国交関係がない時期のものであった。

中華民国外交部は一九七一年六月一一日、「琉球群島の地位問題に関する中華民国政府外交部の声明」を発表、アメリカが「釣魚台列嶼」および「帰属未定の琉球諸島」を日本に移管することに抗議した。

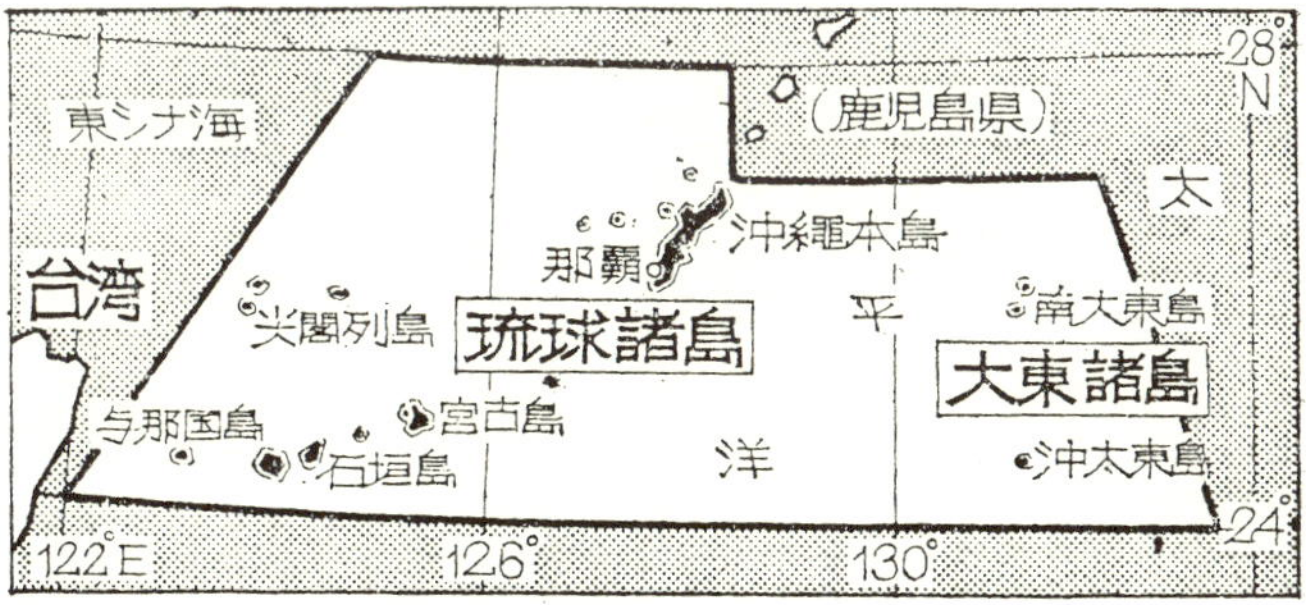

図５．「返ってくる沖縄県の位置」（『季刊沖縄』第57号）

「沖縄返還協定」　一九七一年六月一七日、尖閣諸島を含む「沖縄返還協定」が日米間で締結され、一九七二年五月一五日、発効した。「沖縄返還協定」第一条二は、沖縄の範囲を「平和条約三条に基づく米国の施政下にある領土で、一九五三年一二月二五日の民政府布告第二七号に指定されているとおり」であるとして、その範囲を緯度・経度で明示し、尖閣諸島はその中に入っていた（日本外務省ＨＰ）。大正島・久米島は、米軍に貸与された（図５）。

米中接近　アメリカ政府は、朝鮮戦争以来の「中国」（中華人民共和国）封じこめ政策を転換し、米中接近・中ソ分断をはかった。キッシンジャー米大統領補佐官は一九七一年七月九日、秘かに訪中した。キッシンジャーは、そのさい、日米安保条約は日本が大々的に再軍備するのを防ぐために必要と説明し、中華人民共和国政府はそれを受け入れて従来の日米安保反対から日米安保支持に態度を転換した。中国政府はさらに、対ソ戦略構築のため、従来の自衛隊反対から自衛隊支持に態度を転換し、日中国交樹立のための条件整備を行なった。

一九七一年七月一六日には、ニクソン米大統領の訪中計画が発表され、世界に衝撃を与えた。わたしは、このニュースをオランダできき、驚いた記憶がある。米中は、対ソ戦略で利害が一致したのである。

中華人民共和国、国連加盟　第二六回国連総会は一九七一年一〇月二五日、中華人民共和国の加盟案を可決し、翌二六日、中華民国は国連から脱退した。中華人民共和国は、建国二二年にして国際社会への参加が認められることになった。

「中華人民共和国外交部声明」　中華人民共和国外交部は一九七一年一二月三〇日、「釣魚島などの主権に関する中華人民共和国外交部声明」を発表し、釣魚島（尖閣諸島）は「中国の固有の領土」と公式に表明した（本書Ⅱ‐3参照）。

これは、文革の混乱の渦中にあって国家機構が半ば麻痺するという状況にあっても中華人民共和国外交部は一定の機能を保持していたのだということを示している。中華人民共和国外交部は、一九五〇年に尖閣諸島問題の位置づけについての検討を提起していたが、検討が進展することはなく、反米戦略下では「沖縄の日本復帰を支持する」、「尖閣諸島は沖縄に属する」との立場を表明していたが、石油資源の存在を知り、中華民国の主張を検討し、「沖縄返還協定」が締結されようとしているという状況に対応し、「尖閣諸島は台湾に付属する」との立場をとることと決定したのであろう。

CIA報告書　一九七一年に作成されたCIAの報告書（二〇〇七年秘密指定解除）には、尖閣諸島は一般的に琉球諸島の一部と考えられている、との記述に加え、尖閣諸島の主権に対する日本の主張は強力であり、その所有の挙証責任は中国側にあるように思われると記述されている（日本外務省HP）。

「台湾宜蘭《ぎらん》県」所属　中華民国政府は一九四五年台湾接収後、釣魚台列島を管轄内に帰属させる措置はとらなかった。中華民国宜蘭県政府は一九七二年二月一〇日、釣魚台列島は行政院の正式決定により宜蘭県の管轄に帰属させられたとの教育庁の通知を受け取ったと発表した（山田友二年表）という。

しかし、わたしの手元にある一九九五年一〇月印刷の中華民国封筒の背面に記載されている郵便番号によると、「釣魚台列嶼」は「二九〇」となっていて、宜蘭県には所属しておらず、山田年表は誤りと見られる。なお無人島に郵便番号をつける意味は、不明である。

民進党陳水扁《ちんすいへん》候補を破って総統に当選したばかりの台湾の馬英九は二〇〇八年六月一三日、「釣魚台列嶼」を「宜蘭県頭城鎮大渓里《とうじょうちんだいけいり》」に組み入れると発表した（黄銘俊二八五頁＝参103）。頭城鎮は沖合に亀山島《きざんとう》を望む台湾東北部の小さな田舎町である。

なぜ距離としては最短距離になる基隆《キールン》市に所属させなかったかは不思議であるが、尖閣諸島近辺での漁業が一番活発だったのが宜蘭県だったからということのようである。

これに対し、日本政府は二月一七日、抗議を行なった。沖縄は米軍占領下にあり、米民政府ランパート高等弁務官は二月二四日、琉球政府屋良主席に対し、「沖縄漁民の尖閣諸島周辺への出漁はこれまで通りに行なってかまわない」と言明した（山田友二年表）。

なお、中華人民共和国は二〇一三年現在、「尖閣諸島は台湾の付属島嶼」と主張しているが、尖閣諸島の行政管轄については何も語っていない。

琉球立法院決議　琉球立法院は一九七二年三月三日、日米両国政府に対し「中華民国政府、中華人民共和国政府の誤った主張に抗議し、その主張をただちにやめさせるよう要請する」との決議を全会一致で可決した（『朝日アジアレビュー』山田友二年表）。

国連論争　一九七二年三月三日、国連海底平和利用委員会で中華人民共和国代表安致遠は、尖閣諸島に対する中国の領有権を主張し（『朝日アジアレビュー』に収録）、日本の小木曽大使はただちに反論した（山田友二年表）。

「日本外務省基本見解」　日本外務省は一九七二年三月八日、「尖閣諸島の領有権についての基本的見解」を発表した。その要旨は、次の通りである。

「(1) わが国は、明治一八年（一八八五年）以降、再三の現地調査を経て、尖閣列島が無人島であるのみならず、清国の支配が及んでいる痕跡がないことを慎重に確認した上で、明治二八年（一八九五年）に現地に標杭を建設する旨の閣議決定を行って、わが国領土に編入した。これは、先占権の行使である。

(2) 同列島は、明治二八年五月発効の下関条約第二条に基づき、わが国が清国より割譲を受けた台湾および澎湖島嶼には含まれない。

（3）サンフランシスコ平和条約で日本が放棄した領土には、尖閣列島は含まれない。この地域は、南西諸島の一部として米国施政下に置かれていたもので、一九七一年沖縄協定によって日本に返還される地域に含まれる。

（4）中国が尖閣列島を台湾の一部と考えていなかったことは、平和条約第三条に基づき米国の施政権下に置かれた地域に同列島が含まれている事実につきなんらの異議を唱えなかったことからも、明らかである。

（5）従来、中華民国および中華人民共和国政府がいわゆる歴史的、地理的、ないし地質的根拠として挙げている諸点は、いずれも同列島に対する中国の領有権の主張を裏付けるに足る国際法上の有力な根拠とはいえない」（浦野二～三頁）。

『朝日新聞』社説　『朝日新聞』は一九七二年三月二〇日、「尖閣列島とわが国の領有権」と題する要旨次の「社説」を発表した。

①一九七二年三月三日、国連海底平和利用委員会で中華人民共和国代表が尖閣列島は「中国の固有の領土」と主張し、日本代表は「日本以外のいかなる国も、その領有権を主張しえない」と反論した。

②「尖閣列島は、国際法上、わが国の実効支配が及んできた日本の領土であり、それをくつがえ

すに足る疑義はまったく存在しない」。

③一九六九年エカフェが尖閣列島付近に石油があると発表してのち、国府（台湾）、中国は領有権を主張し始めた。

④中国の「主たる論拠は、第一に尖閣列島は歴史的、地理的に台湾の一部である」、「第二に日清戦争で台湾が日本に割譲されるのにともない、日本領土に編入されたものであり、従ってポツダム宣言を受諾した日本は、台湾とともに尖閣列島も中国に対して放棄した」というものだ。

⑤尖閣列島は琉球や中国の古文書に記録されているが、「尖閣列島を自国の領土として明示した記録はこれらの文献には見当らず、領土の帰属を争う余地なく証明するような歴史的事実もない。」

⑥「尖閣列島が中国大陸の大陸ダナの上にあるとする領有の根拠は、もともと海底の区域を対象とする大陸ダナ権原と領域主権とを混同したもの」だ。

⑦一八九五年に日本が領有を決定したが、「当時、清朝政府が異議を申し立てなかった」し、「日清講和交渉の場はもちろんのこと、前大戦終了後の領土処理の段階でも意思表示」しなかった。

⑧サンフランシスコ平和条約締結時、「沖縄に対する施政権の範囲を定めた米民政府布告二七号のなかに尖閣列島の存在が明示された」。

⑨「尖閣列島の領有問題と大陸ダナ海底資源の開発とは別個の問題であり、切離して取扱うこと

が、事態を円満に解決する方策」だ。

福田外相発言　日本政府福田外務大臣は一九七二年三月二一日、参議院沖縄・北方領土問題特別委員会でアメリカが尖閣諸島の領有権問題に対して「中立」の態度をとっていることについて「アメリカの態度は逃げ腰であり、非常に不満」と批判した（山田友二年表）。

各政党・新聞見解　自由民主党は一九七二年三月二八日、日本社会党は四月一三日、『東京新聞』は三月二〇日、『日本経済新聞』は三月五日、『産経新聞』三月七日、『毎日新聞』三月九日、『読売新聞』は三月一〇日、『朝日新聞』は三月二〇日、「尖閣諸島は日本の領土」との見解を発表した（『レファレンス』）。

日本共産党見解　日本共産党は一九七二年三月三〇日、「尖閣列島にかんする日本共産党の見解」を発表した。要旨は、次の通りである。

①一九七二年三月三日沖縄立法院の「尖閣列島が日本の領土であることは明白な事実であった、領土権を争う余地はまったくない」との決議について、「わが党はこの主張を妥当なものと考えてきた」。
②日本政府による一八九五年の領有決定は「尖閣列島にたいする最初の領有行為」であり、「一九七〇年までの七五年間、外国からこれに異議が公式にもちだされたことはない」。

③一八九六年、久場島に「古賀村」が生まれた。
④尖閣領有と日清戦争は関係ない。カイロ宣言、ポツダム宣言の中にも尖閣は入っていない。
⑤一九四五年以降、大正島と久場島は米軍射爆場となったが、尖閣列島も沖縄全面返還闘争の対象である。
⑥中国側文献に中国住民が居住した記録はない。明朝の海上防衛区域に含まれていたとの主張は「領有とは別個の問題」である。中華人民共和国と台湾の地図にも尖閣列島の記載はない。「大陸棚」は海底資源の問題で「島の領有とは別問題」だ。
⑦久場・大正両島の米軍射爆場撤去を要求する（一九七二年三月三一日『赤旗』。浦野二四三〜二四五頁にも所収）。

こうして、一九七〇年から一九七二年にかけて尖閣問題に関する日本の立場の基本的な骨格が形づくられたのであった。中国側の主張については、Ⅱ章で検討する。

5. 一九七二年日中国交樹立から一九九二年「領海法」制定以前まで／日中友好の二〇年

日本国内「尖閣諸島＝中国領」論

一方、日本でも「尖閣諸島は中国領」と主張する人々もいた。

日本国際貿易促進会は一九七二年三月七日、「〝尖閣列島〟を中国から窃取する策動に反対し、領有権問題の正しい理解を広める」との「計画」を採択した（山田友二年表＝参59）。日本国際貿易促進会の高橋庄五郎は、『朝日アジアレビュー』一九七二年夏号に「いわゆる尖閣列島は日本のものか――〝歴史は回答する〟」を発表した（本書Ⅱ‐5参照）。

一九七二年四月一七日、荒畑寒村・井上清・小田切秀雄・羽仁五郎らは「日帝の尖閣列島略奪阻止のための会」を結成し、「尖閣列島は日清戦争で日本が強奪したもの」と主張した（『レファレンス』）。

一九七二年七月七日、中国文化大革命礼賛に走った日中友好協会正統本部は、「尖閣諸島は中国領」と主張した（『レファレンス』）。

井上清は、「釣魚列島（尖閣列島）等の島嶼は中国領土である」（『日中文化交流』一九七二年二月号）を発表、中華人民共和国では一九七二年五月四日『人民日報』がその中国語全訳を掲載した。井上はさらに、「釣魚列島（尖閣列島等）の歴史とその帰属問題」（『歴史学研究』一九七二年二月号）を発表し、一九七二年五月四日『光明日報』は、その中国語全訳を掲載した。井上は続いて『中国研究月報』一九七二年六月号に「釣魚諸島（「尖閣列島」など）の歴史とその領有権（再論）」を発表し、これに一部手を加えて単行本『釣魚諸島の史的解明　「尖閣」列島』（一九七二年一〇月）にまとめた（参60、本書Ⅱ‐4参照）。この単行本も、三種類の中国語訳が出ている。

「竹入メモ」　日中国交正常化を前にして一九七二年七月二五日、公明党竹入義勝委員長と周恩来の会談が行なわれ、「周恩来が尖閣に触れる必要はないと発言した」という「竹入メモ」が作成された。

この発言は、「棚上げ」方針という面だけが語られているが、豊下楢彦は「今後尖閣諸島の問題を本格的に議論する時期が来るであろうとの意思が表明されている」（豊下四九〜五〇頁）と指摘している。鋭い指摘である。その時期は、二〇年もたたない一九九二年に訪れた。

日中国交樹立　日本と中華人民共和国は一九七二年九月二九日、「日中共同声明」を発表し、国交を樹立した。「日中共同声明」は、尖閣諸島が日本に所属するのか中華人民共和国に所属するのかについては触れなかった。

日中国交樹立に伴い、日本と中華民国は国交を断絶し、「日華平和条約」は失効した。中華人民共和国にとっては、①第一にソ連主敵論に立つ対ソ戦略上、米日との連携を確立することが最優先課題だったのであり、②第二に日本との国交を樹立して日本の資本・技術を利用して中国経済の立て直し、発展を図る必要があったのであり、尖閣諸島の領有問題はそれに比べれば些細な問題、と位置づけられていたのである。

南小島・北小島譲渡　一九七二年、古賀善次は南小島・北小島を栗原国起に譲渡した（浦野一三七頁）。

「尖閣諸島領有決死隊」　一九七三年五月一二日、日本の右翼団体「尖閣諸島領有決死隊」が魚釣島に上陸した（浦野一六七頁）。

南沙紛争　中華人民共和国は一九七四年一月五日、南ベトナムとの間での南シナ海における南沙紛争で強硬な態度を取った（緑間二九頁）。

西沙紛争　中華人民共和国は一九七四年一月一九日、二〇日、南ベトナムとの間での南シナ海における西沙紛争で「厳しい」態度を取った（緑間二九頁）。

「日韓大陸棚共同開発協定」調印　一九七四年一月三〇日、東シナ海の「日韓大陸棚共同開発協定」が調印された。中国は、東シナ海大陸棚は大陸の自然延長であるとの主張をし、この大陸棚分割は中国に対する侵犯行為だと主張した（浦野三頁）。

ベトナム戦争終結　一九七五年四月三〇日、南ベトナム解放民族戦線は南ベトナムの首都サイゴンを陥《おと》し、ベトナム戦争は終結し、米軍によるベトナム介入は失敗に終わった。

文革終結　一九七六年九月、毛沢東が死去し、一〇月、毛沢東夫人江青ら「四人組」が逮捕され、一〇年続いた文化大革命は事実上終結した。

古賀善次死去　一九七八年三月五日、古賀善次が死去し、妻花子が栗原国起への遺産継承を確認し、四月、古賀花子は魚釣島を栗原国起に譲渡した（浦野一三七頁）。

中国「漁船」領海侵犯　日中平和友好条約締結という日程を前にして、一九七八年四月一二日、中華人民共和国国旗を立て武装した上海・天津・青島船籍の中国「漁船」一〇八隻〜一四〇隻が尖閣諸島周辺に現れ、一三日〜一五日にわたって四〇隻が「尖閣列島はわが国の領土」という看板を掲げ、日本領海を侵犯した（緑間二九〜三〇頁、浦野一六七頁）。

矢吹晋は、一九七八年四月の中国漁船一〇〇隻の領海侵犯は「反鄧小平グループが漁船騒動を組織した」(『尖閣問題の核心』七七頁＝参107)と見る。一つのありうる可能性であるが、そうであるかどうか確証はなく、真相はいまだ不明である。

アメリカ国家安全保障会議レポート　アメリカ国家安全保障会議は一九七八年四月一七日、レポートを提出し、尖閣諸島問題について「一九七二年の立場を再確認」した(参103)。主権問題についての「中立」姿勢の継続である。

「日中平和友好条約」　一九七八年八月一二日、「日中平和友好条約」が締結された。同条約第一条は、「すべての紛争を平和的手段により解決し、武力による威嚇に訴えない」と規定した。

このさい、鄧小平はにこにこ笑って「この前の(四カ月前の中国漁船、尖閣諸島領海侵犯事件)は偶発事故だ。もう絶対やらん」と言ったという(園田直〈当時、外務大臣〉『世界　日本　愛』七八頁　第三政経会一九八一年五月＝参62)。まるで、悪さをしたワルガキが言い訳を言っているかのようだが、鄧小平はこのときは日中平和友好条約締結を優先課題としていたのである。

一九七八年、日本右翼団体「日本青年社」は、魚釣島に上陸し、第一灯台を建設した(浦野三頁、五頁)。このとき、放った山羊がその後増殖し、生態系の崩壊が問題となった(浦野二〇七頁)。

中共一一期三中全会　中国共産党第一一期三中全会は一九七八年一二月、「階級闘争」の終了を宣言し、経済の「改革開放」路線への転換を決定した。

これが、今日の中国の経済発展の出発点となった。

米中国交樹立　アメリカと中華人民共和国は一九七九年一月一日、日本に続いて国交を樹立した。

中越戦争　中華人民共和国は一九七九年二月～三月、ベトナムに「教訓」を与えると称して中越戦争をしかけ、ベトナムに侵攻し、カンボジアの紅衛兵、ポル・ポト政権を支援した。東南アジアへの影響力の確保が目的の軍事行動であった。中国は、ベトナムから撤退後、「首都ハノイを占領することもできた」と威嚇した。

一九七九年一一月一五日、ソ連機が尖閣諸島上空を侵犯した（浦野一六〇頁）。

対中ODA開始　日本政府の大平正芳首相は一九七九年一二月五日、一九七九年度分として五〇〇億円の円借款を中国に対して供与すると表明した。対中政府開発援助（ODA）の開始である。これは、中国の経済発展に大きな支援となった。

「台湾関係法」　アメリカが中華民国から中華人民共和国に乗り換えたことにより、アメリカと中華民国の間の「米華相互防衛条約」は一九七九年一二月三一日、失効したが、アメリカは国内法として「台湾関係法」を制定し、これを根拠に台湾支援を続けた。

第三次国連海洋法会議は一九八二年四月三〇日、「国連海洋法条約」を採択した（緑間八三頁）。

日本右翼団体「日本青年社」は一九八二年八月、魚釣島に上陸し、一九八八年六月、第二灯台を建設した（浦野三頁）。

中国、海洋権益主張　中国海軍司令員（総司令官）劉華清は一九八五年、「近海積極防衛戦略」を提唱し、中央軍事委員会の決議で、領土主権と海洋権益の擁護が初めて公式に承認された（石平一一八頁＝参102）。

「三一四中越海戦」（中国側呼称）　ベトナム海軍は、南シナ海で南沙群島の中国名「永暑礁《しょう》、華陽礁、赤瓜《せきか》礁」を占領した。中国海軍は一九八八年三月一四日、「五〇二編隊」を出動させ、これらの島々を奪取した（楊中美二一〇頁＝参108）。

一九八八年一月一日、古賀花子が死去し、遺言で栗原国起が遺産を継承した（浦野一三七頁）。

六・四軍事弾圧　一九八九年六月四日、中華人民共和国では民主化を要求する学生らに対して六・四軍事弾圧が行なわれ、欧米各国は中国に経済制裁を加えた。

「世界の工場」化　日本は、率先して中国に経済援助を再開し、鄧小平の「改革開放」「社会主義市場経済」化政策を援助した。これは、二〇〇〇年代までに三兆円を超え、その後の中国経済発展の重要な資金源となった。中国は「世界の工場」と呼ばれるようになり、中国経済は「離陸」（take off）した。

一九九〇年一〇月二一日、台湾船二隻が日本の領海を侵犯した（浦野一七一頁）。

ソ連崩壊　一九九一年一二月二一日、ソ連は崩壊し、一九四五年以来の米ソ対立時代は終わった。一九七二年から一九九二年までは、日中友好の二〇年であった。

6.「領海法」制定から二〇一一年までの対立発生（一九九二年〜二〇一一年）

中華人民共和国の「領海法」制定に先立ち、一九九一年、尖閣諸島海域で操業中の日本漁船に対し、「国籍不明船」（一部は中国船と確認された）による発砲・臨検・襲撃事件が多発、中国海軍高速艇による威嚇発砲事件が発生した（浦野三頁）。

「領海法」制定　中華人民共和国は一九九二年二月二五日、第七期全国人民代表大会常務委員会第二四回会議で「中華人民共和国領海および接続水域法」（略称「領海法」）を制定し、同法第二条で中国名「釣魚島」（尖閣諸島）は「中国の領土」と規定した。一九七二年に周恩来、一九七八年に鄧小平が発言したいわゆる「棚上げ」方針を鄧小平・中国政府が公式に放棄したのである。この政策転換は、一九九一年一二月にそれまでの中国の主敵であったソ連が崩壊したことによって、中国にとって日本自衛隊と米軍の軍事配置上の必要性が低下したどころか邪魔者に逆転し、中国の「国益」追求の障害物化したためと見られる。

これは、重大な問題であったが、日本政府はいちおう形式的にこれに「抗議」したにとどまった。これ以後、尖閣諸島は日中両国の紛争事項となった。中国共産党は、政権基盤としてナショナリズムを政策の主軸に据え、マルクス主義的立場からの「日本人民も日中戦争の被害者」という言葉は言わなくなった。

この中国の政策転換は、一九九一年一二月のソ連の崩壊、一九九〇年代における世界資本の中国集中、中国の「世界の工場」化、中国経済の離陸と軍事大国化の開始、日本のバブル経済の崩壊による長期停滞と政治的混迷という世界構造の枠組の変動過程の中で起こったことだった。

一九九二年、尖閣諸島海域で「国籍不明船」による日本船に対する発砲事件が三四件発生した（浦野一七二頁）。

一九九三年、尖閣諸島海域で「国籍不明船」による日本船に対する発砲事件が二五件発生した（浦野一七二頁）。

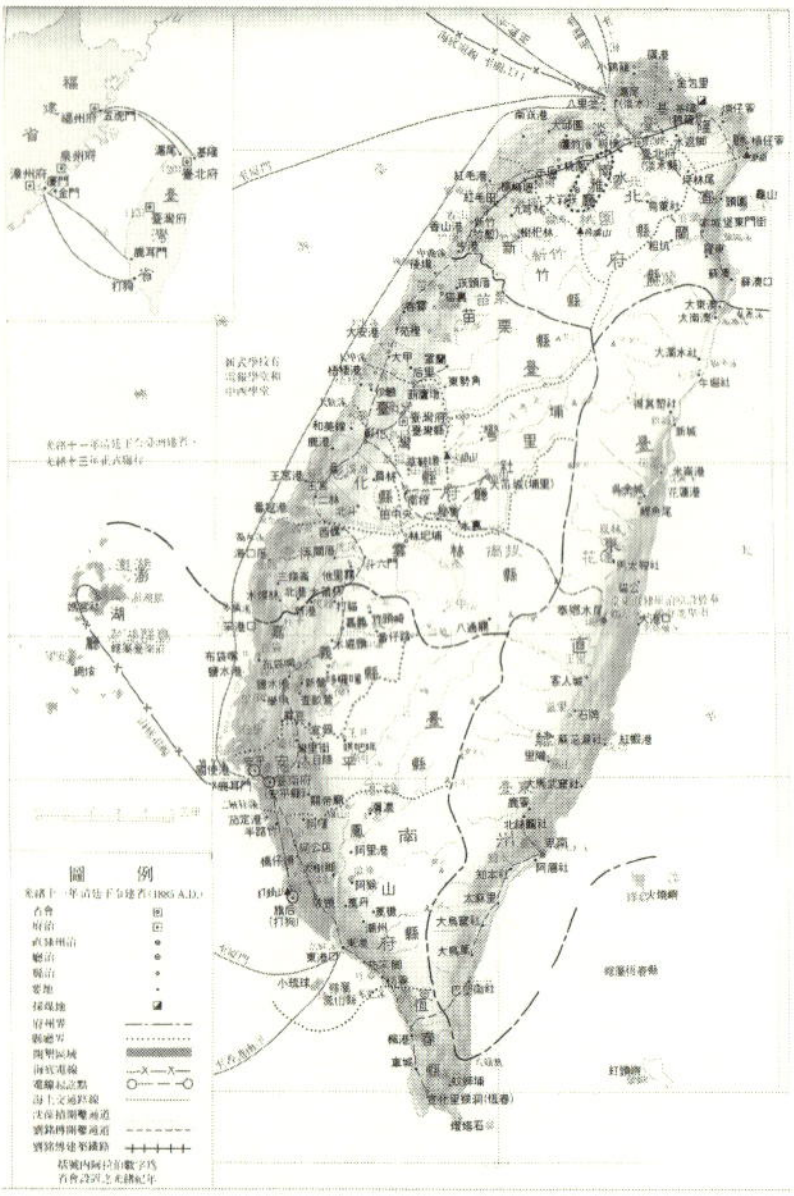

図６．清代台湾地図

清代・台湾回収時、1950 年、1972 ～ 1979 年各地図の台湾の範囲は同じ

台湾が尖閣諸島（釣魚台列嶼《しょ》）の領有を主張したのちに出版された國立編譯館主編・國立編譯館中等學校歴史地図集編審委員会『中等學校本國歴史地圖集　全一冊』（國立編譯館一九九三年八月）所収「地方自治實施後臺湾省行政区画圖」等には、「釣魚台列嶼」は収められていない。

同じく台湾の郭啓元編絵『彩色版國中認識臺湾歴史篇／中國歴史圖表

通鑑』（南一書局　発行年月未記入）所収「今日所知臺湾南島語系各族分布圖」、「清領時代前期臺湾行政区演変圖」、「沈葆楨《しんほうてい》治臺時期」圖、「十大建設位置圖」等にも、「釣魚台列嶼」は収められていない（図6）。

中国共産党中央は一九九四年八月二三日、「愛国主義教育実施要綱」を制定し、思想・政策・政権のよって立つ基盤を実質的に「マルクス主義」から「愛国主義」（ナショナリズム）に転換した。

一九九五年五～六月、尖閣諸島海域の日中大陸棚管轄分岐海域では中国国家海洋局の資源調査船による大規模な活動が行なわれた（浦野四頁）。

中華人民共和国は一九九六年三月八日、台湾の総統選挙での李登輝当選を阻止するため、台湾の基《キー》隆《ルン》沖、日本の与那国島付近の海上にミサイル三発を打ちこんだ。中華人民共和国はさらに一九九六年六月八日、七月二九日には、核実験を実施した。

一九九六年六月、第二次保釣運動が香港・台湾・ワシントン・北京で行なわれた。九月、香港・台湾の「全球華人保釣大連盟」突撃隊が尖閣諸島海域に突入した。一〇月五日には、その第二陣が魚釣島に上陸し、中華民国国旗と中華人民共和国国旗を立てた（浦野四頁、黄銘俊一〇四頁）。

日本の海上保安庁は一九九六年七月一六日、日本の右翼団体「日本青年社」五名が魚釣島に上陸し、灯台を建てたことを確認した。同社はさらに九月九日、台風で破損していた魚釣島の灯台を再設置した。

一九九六年九月一五日、香港で尖閣諸島問題での抗議集会が開かれ、八〇〇〇〇人が参加した。九月二六日には、日本領海に侵入した香港抗議船から四名が尖閣上陸をめざして海に飛びこみ、突撃隊長デビッド・チャン（陳毓《いく》祥）が溺死《できし》した。

一九九六年一〇月七日、香港・マカオ・台湾の活動家の船が日本領海に侵入し、四名が上陸し、五星紅旗（中華人民共和国国旗）と青天白日満地紅旗（中華民国国旗）を立てた。

中華人民共和国海洋調査船は、一九九六年、一九九七年、一九九八年と連続して日本領海を侵犯した。

一九九六年一〇月一八日中国共産党機関紙『人民日報』は、「釣魚島の主権帰属について」を発表、釣魚島は「中国の領土」と主張した（本書Ⅱ - 4参照）。

一九九七年五月、日本の新進党国会議員が魚釣島に上陸した。

同年一一月、中華人民共和国海洋調査船「向陽号」が尖閣諸島海域で日本領海を侵犯した。

同年、中国の軍事力強化に対抗して「日米防衛ガイドライン」が採択された。

一九九八年六月、「中華人民共和国専管経済区及び大陸棚法」が制定された（浦野二一九頁）。

江沢民国家主席は一九九八年一一月、来日し、歴史問題での日本の反省を強い口調で要求し、反発を買った。

「外国」調査船による異常な行動は、一九九八年で中国船一四件、一九九九年、中国船三〇件、台湾船一件、二〇〇〇年（一二月三日現在）、中国船二〇件に及んだ（浦野四頁）。

日中は二〇〇〇年二月二七日、「日中新漁業協定」に調印した。

二〇〇〇年中国人民解放軍総参謀部測絵局《そくかい》編刊『中華人民共和国地図集』は、尖閣諸島を中国領土に入れていない（浦野七九頁）という。

江沢民発言　中華人民共和国の江沢民は二〇〇一年一月頃、中央軍事会議において「台湾海峡はかならず一戦がある」（楊中美二六四頁）と発言した。

小泉純一郎首相は二〇〇一年八月一三日、靖国神社に参拝し、中国はこれに抗議した。

アメリカは二〇〇一年一二月、尖閣が攻撃されれば、日本を支持すると表明し、尖閣諸島は日米安保の適用対象であることを確認した。

「国防教育法」　中華人民共和国は二〇〇一年、「国防教育法」を制定した。二〇一〇年末までに全国二万校以上の小・中学校で「少年軍事学校」が開設され、高校・大学で実施されている軍事訓練には毎年二〇〇〇万人が参加している（石平一一八頁）とされる。

日本政府総務省は二〇〇二年一〇月、古賀に対し、尖閣三島（魚釣島・北小島・南小島）の借地料を支払った（東郷一三六頁＝参84）。

李登輝発言　李登輝元台湾総統は二〇〇二年九月一六日、「尖閣諸島は日本領」と発言し、九月二四日『沖縄タイムズ』がこれを報道した（浦野二〇八頁）。

二〇〇三年六月二三日、中国と香港の活動家が「日本政府が尖閣諸島三島（魚釣《うおつり》島・北小島・南小島）の民有地借り上げを行なったことに抗議」して尖閣諸島への上陸をめざしたが、上陸できなかった（浦野二一二頁）。

中国人活動家上陸　二〇〇四年三月二四日、七名の中国人活動家が魚釣島に上陸し、「出入国管理法違反」で沖縄県警に逮捕され、那覇に連行されたが、福岡入国管理局那覇支局は二六日、七名を上海に強制送還した。

二〇〇四年反日騒動　二〇〇四年七月、重慶でのサッカー・アジアカップ試合で反日騒動が起こった。

二〇〇四年一〇月中旬に中国青島を出航した中国海軍の漢級攻撃型原子力潜水艦一隻が沖縄本島と宮古島の間を通ってグアム島に接近したのち、石垣島付近にもどり、一一月一〇日、尖閣諸島海域の領海を侵犯し、さらに宮古島と石垣島の日本領海を侵犯した（浦野二一六頁）。

二〇〇五年反日騒動　二〇〇五年四月、北京サッカー試合や上海などで反日騒動が起こり、「日本人」であることを理由とした日本人に対する暴行事件が起こった。日本の国連常任理事国入り反対をめざした動きと見られた。中国政府は、中国国内外で日本の国連常任理事国入りを阻止する動きを行ない、アメリカも日本の国連常任理事国入りに反対した（参74）。

二〇〇六年一〇月、安倍晋三首相が訪中し、「あいまい化戦略」で日中関係は「正常化」された。

二〇〇七年一月九日、日本の防衛庁は防衛省に昇格した。

二〇〇八年反日騒動　中国各都市で反日騒動が起こった。胡錦濤《こきんとう》国家主席が二〇〇八年五月、訪日した。同月、中国公船は日本領海を侵犯した。

馬英九発言　中国国民党の馬英九台湾総統は二〇〇八年六月一八日、総統府記者招待会で、「釣

魚台を守るために一戦を惜しまない」（黄銘俊六八頁＝参103）とぶち上げた。

二〇〇八年一〇月、中国の新型駆逐艦が初めて津軽海峡を通過し、日本を周回した（石平一二二頁）。

二〇〇八年一一月、中国の新型駆逐艦四隻が沖縄本島と宮古島の間を抜けて太平洋に進出した（石平一二二頁）。

中華人民共和国海洋調査船二隻は二〇〇八年一二月八日、尖閣諸島沖の日本領海を侵犯し、九時間半航行した（東郷一三六頁）。


「実効支配」実績目標　二〇〇八年一二月一〇日の中国各紙は、中華人民共和国国家海洋局海監総隊の孫書賢副隊長が「領有権の争いがある海域では国際法上『実効支配』の実績が重要」、「中国も（主張するだけではなく）管轄海域内で存在感を示し、有効な管轄を実現しなければならない」と語ったと報道した（東郷一三六頁）。中国が尖閣諸島付近の領海を侵犯するのは、「実効支配」の「実績」づくりが目的であると公表したわけである。日本の元外交官東郷和彦（京都産業大学世界問題研究所長）は、この発言に「仰天した」、「行き着く先は、武力衝突の道しか残っていない」と語っている（東郷一三六〜一三七頁）。その通りの事態となったのである。

中華人民共和国政府は二〇〇九年、「中華人民共和国海島保護法」を公布し、海島の保護・開発・管理制度を確立し、海島の名称の確定と公布について規定を作った。

二〇一〇年三月、中国の新型駆逐艦六隻が沖縄本島と宮古島の間を抜けて太平洋に進出した（石平一二二頁）。

二〇一〇年四月、中国の新型駆逐艦と潜水艦計一〇隻が沖縄本島と宮古島の間を抜けて太平洋に進出した（石平一二二頁）。

二〇一〇年七月、中国の「国防動員法」が施行された（石平一二七頁）。

中華人民共和国漁業監視船二隻は二〇一〇年八月二四日、尖閣諸島付近の領海を侵犯し、九月二五日には尖閣諸島周辺の排他的経済水域で無届けの調査活動を行なった（東郷一四一頁）。

二〇一〇年九月七日、尖閣諸島付近の日本領海に侵入した中国漁船が日本の海上保安庁巡視船に体当たりするという事件が起こり、巡視船二隻が破損した（小西・加藤七四頁＝参97）。日本は、同船船長を逮捕したが、国内法による処罰をせずに釈放した。しかも、日本のマスコミはこれを中国漁船と海上保安庁船の「衝突」と報道し、中国船による「意図的な体当たり」であったという事実を伝えることを避けた。

中華人民共和国は二〇一〇年、「海島保護法」によって尖閣諸島を含む島々を国家管理地（国有）とした（石平一五九頁）。尖閣諸島を「国有化」したのは、中国のほうが早いのである。

日本の二〇一〇年一二月「防衛計画の大綱」は、こうした中国の動きに対応し、国防の重点を南方にシフトした（東郷一四一頁）。中国側は、日本のこうした動きを「軍国主義の復活」、「日本政治の右傾化」と報道した。

二〇一一年一月二七日、中国漁業監視船「漁政二〇一」が尖閣諸島付近の接続水域内を航行した（石平六五頁）。

二〇一一年三月九日、中国漁業監視船「漁政二〇二」が尖閣諸島付近の接続水域内を航行しているのが確認された（石平六六頁）。

二〇一一年三月二六日、東シナ海の日中中間線付近で、中国国家海洋局所属の海洋調査船搭載ヘリコプターが海上自衛隊護衛艦「いそゆき」に急接近した（石平六六頁）。

二〇一一年六月八日、中国海軍の艦艇八隻が沖縄本島と宮古島の間を通過した、と日本の防衛省が発表した（石平六七頁）。

二〇一一年八月一七日頃、中国空軍戦闘機が東シナ海の日中中間線を越え、海上自衛隊情報収集機を追尾した（石平六七頁）。

7. 二〇一二年領海侵犯常態化

二〇一二年が二〇一一年までとは区別される重大な転換の年となったことは、ほぼ衆目の一致するところである。

二〇一二年三月一六日、中国の海洋調査尖閣諸島・監視船二隻が尖閣諸島沖の日本領海内に侵入した（石平一三二頁）。

中華人民共和国政府は、「中華人民共和国海島保護法」（二〇〇九年公布）に基づき二〇一二年三月、釣魚島およびその部分の付属島嶼の標準名称を公布した。

石原慎太郎都知事は二〇一二年四月一六日、尖閣諸島を東京都が購入するとの計画をアメリカで発表した。

中国共産党対外連絡部長王家瑞《おうかずい》は二〇一二年五月二一日、日本の民主党江田五月《さつき》元参議院議長と会談し、尖閣諸島は「中国の核心的利益」と発言した（石平八一頁）。

野田佳彦首相は二〇一二年七月七日、尖閣諸島「国有化」方針を発表した。

中国国土資源部（省）国家海洋局「海監総隊」孫書賢副総隊長は二〇一二年七月一一日、「もし日本が釣魚島問題で挑発し続けるなら、一戦も辞さない」と発言した（石平八七頁）。

中国海軍の尹卓《いんたく》少将は二〇一二年八月八日、日本が自衛隊を出動させることがあれば、「中国海軍は、座視して、手をこまねいていることは絶対にしない」と述べた（孫崎2012四四頁）。

香港「保釣運動」活動家数名は八月一五日、魚釣島に上陸して逮捕されたが、処罰はされずに強制送還となった。

丹羽《にわ》宇一郎中国大使の公用車が八月二七日、北京で襲撃されるという事件が起こった。

胡錦濤《こきんとう》国家主席は九月九日、ＡＰＥＣ（アジア太平洋経済協力会議）で野田佳彦首相に対し尖閣国有化に反対を表明した。

尖閣三島国有化決定　日本政府は二〇一二年九月一〇日、閣議で尖閣三島（魚釣島・北小島・南小島）の国有化を決定した。

「領海基線」公布　中華人民共和国政府は同日、「釣魚島およびその付属島嶼の領海基線を公布した」と声明した（張百新一三二一～一三二三頁＝参98）。これは当然、日本政府による尖閣諸島国有化をうけて作成されたものではなく、かなり前から準備され、発表のタイミングをうかがっていたものであり、この機会を利用したものである。

アメリカは、しばらく沈黙していたが、八カ月後の二〇一三年五月六日、米国防総省は「議会向け年次報告書」で中国による「領海基線」の設定は「国際法に合致しない」との態度表明を行なった。これに対し、中国外交部（外務省）華春瑩《かしゅんえい》副報道局長は二〇一三年五月七日、これは「国際法に完全にかなっており」、「中国の軍事脅威論をあおっている」と「反論」した。

日本政府は九月一一日、尖閣三島を二〇億五〇〇〇万円で購入した。その意図は、国が直接管理することによって日中間の紛争の発生を防止すること、つまり日本政府は実効支配を強化するようないかなる行為もしない、日本人の上陸もさせない、何もしないことを保証する、というものであった。

そのことは、中国当局はわかっていたに違いないが、これを利用することに決めたのである。ジョセフ・ナイ米元国防次官も、中国は「誰の日にも明らかな野田首相の尖閣購入のわけを無視することに決めた」（『中央公論』二〇一三年四月号＝参112）と明快に指摘している。

中国政府はただちに日本政府に「抗議」したほか、全国青年連合会・全国学生連合会などが「抗議」声明を発表し（人民日報北京九月一二日電）、中華全国総工会・中華全国婦女連合会などが「抗議」声明を発表した（人民日報北京九月一三日電）。

中華人民共和国政府は二〇一二年九月一三日、国連事務総長に対し「釣魚島およびその付属島嶼の領海基線の座標表と海図」を提出した。

中華人民共和国外交部は九月一三日、国連大陸棚限界委員会に中国の「排他的経済水域」を、日中中間線を越え、沖縄トラフまでとする「**大陸棚自然延長案**」を提出すると発表した。

「**中国共産党中央海洋権益維持工作指導小組**」　反日騒動に先立ち、「中国共産党中央海洋権益維持工作指導小組」が九月一四日、設置された。組長は、二〇一二年一一月の中国共産党第一八回大会で党総書記・党軍事委員会主席に選出される習近平であった。この小組は、無線・テレビ電話で直接現場の監視船や部隊にリアルタイムで指揮ができる（二〇一三年二月四日『朝日新聞』）という。設置したのは、中国共産党中央委員会政治局常務委員会であるに違いない。これは、政治局常務委員会のもとに尖閣諸島問題を含む西太平洋問題全体を取り仕切る専門部局となったのであり、以後常態化する中国公船による領海侵犯および中国航空機による領空侵犯、日本自衛隊艦船に対する火器管制レーダーの照射などはすべて習近平の直接指揮下に置かれた可能性が高いということである。

中国政策科学研究会彭光謙少将は二〇一二年九月一四日、「自衛隊が釣魚島（尖閣諸島）に上陸すれば、一線を越えたことになる。軍はいつでも使命を履行できる」と述べた。中国人民解放軍徐光裕少将は、「海上自衛隊が釣魚島の一二海里内に入るか、中国の民間船を攻撃すれば、断固として軍事行動を取る」と述べた（孫崎 2012 四三頁＝参106）。

二〇一二年九月反日騒動　中国各都市では、反日騒動が九月一五日、五〇都市で始まり、一八日までに計一〇〇都市とも一二五都市とも言われるが、日本企業・店舗が襲撃され、山東省青島のジャスコ黄島店（被害額五〇億円と言われる）、湖南省長沙市の平和堂（被害額三五億円と言われる）、江蘇省蘇州の泉屋百貨その他が打ち壊され、放火され、商品が略奪された。中国在留の日本人および日本車を運転していた中国人も暴行を受けた。九月一六日には、広州・日本総領事館の入っているホテルに暴徒が侵入した（図7、8、9）。騒動は、九月一九日には一斉にひいた。始まり方といい終わり方といい、きわめて統制のとれた動きだったのは当然で、政治局常務委員会のもとに設置された「中国共産党中央海洋権益維持工作指導小組」（組長＝習近平）が陣頭指揮をとっていたのである。

図7．「出ていけ日本！釣魚島はわれら中国のものだ」ステッカー　２０１２年10月

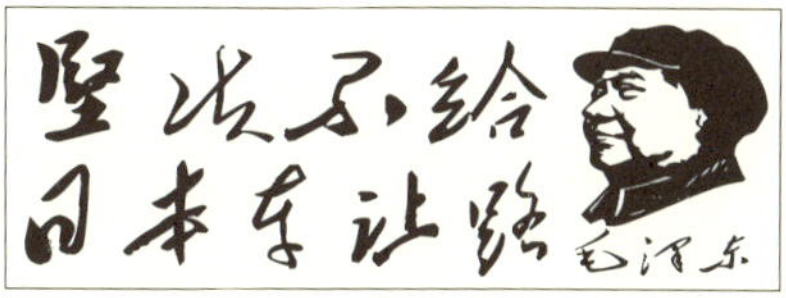

図８．「日本車には断乎道を譲らない、毛沢東」ステッカー　2012年10月

図９．「日本車は中国製なんだぞ！」ステッカー　2012年10月

二〇一二年九月二九日は、日中国交正常化四〇周年にあたっていた。その祝賀行事が予定されていたにもかかわらず、九月一〇日の日本政府による尖閣諸島国有化決定をきっかけとして、中国では日中国交樹立以来、最大規模の反日騒動が組織されたが、これだけに目を奪われてはならない。パネッタ米国防長官は九月一八日（豊下一五頁では一七日）、①尖閣は日米安保の適用対象である、②アメリカは領土紛争についていずれをも支持しない、と表明した。従来方針の確認である。

中華人民共和国梁光烈国防相は、中国訪問中のパネッタ米国防長官との会談において、「（軍は）さらなる行動を起こす権利を留保している」と述べた（九月一九日『日本経済新聞』。孫崎 2012 四三頁による）。

日本共産党は、この発言は「武力行使の示唆と理解されるもの」と言い、「中国側に自制を求めた」（『月刊学習』二〇一二年一一月号＝参99）という。

北京に所在する中国国家図書館は、所蔵の『使琉球録』、『中山伝信録』、『琉球入学聞見録』、『籌《ちゅう》海図編』、『武備志』、『重修台湾府志』、向達校注『両種海道針経』、井上清『釣魚島：歴史と主権』、『釣魚島等島嶼の歴史と帰属問題』（井上書を二冊としている）などの尖閣諸島関連史料の展示会を行なった（二〇一二年九月一八日『人民日報』）。

柳条湖事件（九・一八。一九三一年）記念日の九月一八日には大規模な反日騒動が起こると予想されていたが、起こらず、それ以降は、街頭での反日騒動は収まった。中共中央政治局常務委員会が、騒動を停止させたのである。

九月一八日には中国の漁船団一〇〇〇隻が来ると報道された。それは、実行されなかったものの、七〇〇隻は東シナ海日中中間海域まで来ていた（山田吉彦。石平一六三頁）という。

二〇一二年九月二五日には、台湾漁船等四〇～五〇隻が尖閣領海を侵犯したが、その資金は中国が提供したと言われる。

二〇一二年九月二六日『人民日報』は、中国国務院新聞事務室の文書を発表し、従来の中国側の論点を集大成した（新華社北京九月二五日電。本書Ⅱ‐10参照）。

楊潔篪《ようけつち》演説　中華人民共和国外交部長楊潔篪は二〇一二年九月二七日、国連総会での演説で「日本は釣魚島を盗み取った」と非難した。

二〇一二年一〇月一五日には上海で、日本語で会話していた日本人と中国人が暴行を受けた。

アメリカ政府クリントン国務長官は二〇一二年一〇月、民主・共和両政権の四人の元政府当局者（アーミテージ元国務副長官、ジョセフ・ナイ元国防次官補、ハドレー元国家安全保障担当大統領補佐官、スタインバーグ前国務副長官）を東京・北京に派遣した。ジョセフ・ナイによれば、中国「首脳部」は「日本は右翼軍国主義ナショナリズムの時代に入りつつある。尖閣買い上げは、カイロ・ポツダム両宣言を含む第二次大戦の合意をないがしろにする過程を始めようとする日本の意図的な動きだ」と語ったという（『中央公論』二〇一三年四月号）。

中共第一八回党大会　中国共産党第一八回大会は二〇一二年一一月一五日、習近平を総書記とする七名の中央委員会政治局常務委員会を選出した。

領空侵犯　二〇一二年一二月一三日には、中国海監航空機がはじめて尖閣諸島領空を侵犯し、日本側は自衛隊機F15戦闘機八機をスクランブル発進させる事態となった。中国は、「中国機の飛行は正当な行為であり、自衛隊機が中国領空を侵犯した」と主張した。独善にもほどがある。アメリカ政府は直接、中国に対し、尖閣諸島は日米安保の適用対象と伝えた。

中国国内における二〇一二年九月反日騒動の暴力行為も問題ではあるが、それよりももっと重要なのは九月以来、中国漁船・海洋監視船・漁業監視船が頻繁に日本の尖閣領海を侵犯し、一二月一三日、領空侵犯まで始めたことである。中国は、中国の領空を飛んだまでだとうそぶき、警戒に飛び立った自衛隊機が中国領空を侵犯したと非難した。事態は、次第に深刻化しつつある。

アメリカ議会下院は二〇一二年一二月二〇日、「第三者による一方的行動は、日本が尖閣諸島の施政権を持っているというアメリカの認識にいかなる影響も与えない」、日米安全保障条約が尖閣諸島に適用されることについて「条約に基づく日本政府への責任を再確認する」との条項を含む「二〇一三会計年度（二〇一二年一〇月～二〇一三年九月）国防権限法案追加修正案」を可決し、上院も翌二一日、可決した。事態の重大性を認識したアメリカ議会の意思表示であった。

南沙群島　現在、南沙群島二三五島（礁・沙・灘中を含む）のうち、ベトナムが三〇、フィリピンが一〇、中華人民共和国が七、マレーシアが三、インドネシアが二、台湾が二、ブルネイが一を把握している（楊中美一一二頁）。

軍事威嚇と領海侵犯常態化方針　中華人民共和国全国海洋工作会議は二〇一三年一月一〇日、沖

縄県尖閣諸島周辺海域でのパトロールの常態化を決定した。それは、日本領海侵犯を持続的に行なうとの方針の明示である。

二〇一三年一月一四日中国人民解放軍機関紙『解放軍報』は、軍総参謀部が全軍に「戦争の準備をせよ」という指示を出したことを伝えた（二〇一三年二月四日『朝日新聞』）。これも、現状では北朝鮮なみの軍事威嚇レベルに属するが、戦争にいつ突入するかわからないほどの瀬戸際状況にあることは軽視すべきではない。

二〇一三年一月一八日、岸田文雄外務大臣とアメリカのクリントン国務長官との会談において、クリントン国務長官が尖閣問題に関連して「日本の施政権を損なおうとするいかなる一方的な行為にも反対する」と中国の戦争挑発行為に反対を表明した。これは、尖閣戦争を未然に防止する上で重要な平和への貢献となることが期待されたが、中国側の挑発行為はとどまるところを知らないようである。

米軍は二〇一三年一月一〇日、尖閣諸島空域で空中警戒管制機（AWACS）を飛行させていたが、中国空軍南京軍区戦闘機「殲《せん》10」二機が接近し、執拗に追尾した（二〇一三年二月六日『朝日新聞』）。中国海軍東海艦隊（司令部、浙江省寧波《ニンポー》）は二〇一三年一月一七日、東シナ海でミサイル演習を実施した。同月二九日、北海艦隊（司令部、山東省青島）の艦艇三隻が西太平洋で演習を開始した。中国軍関係者は、「すでに日本との臨戦態勢に入った」と語った（二〇一三年二月六日『朝日新聞』）。

火器管制射撃用レーダー照射

中国軍艦は二〇一三年一月一九日、護衛艦「おおなみ」発進のへリコプターに火器管制射撃用レーダーを照射したと見られる。

二〇一三年一月二九日、中国山東省青島を出航した北海艦隊の艦艇と推定されている中国軍艦フリゲート艦は二〇一三年一月三〇日、東シナ海の尖閣諸島北方百数十㎞の公海上で目視可能な三キロ地点から海上自衛隊護衛艦「ゆうだち」に火器管制射撃用レーダーを照射した。日本政府はこれに「抗議」したが、中国政府は「知らない」ととぼけた。日本政府は「抗議」するだけではなく、「責任者の処罰」を要求すべきであった。この中国軍艦は一月三一日、沖縄本島と宮古島の間を通過した（二〇一三年二月六日『朝日新聞』）。

この行為は、戦争中に戦闘行為としてするものであり、平時には考えられないほどの異常事態であった。中国軍は、日本自衛隊に向けて銃の引き金に指をかけたのだ。少し指を引くだけで、戦争の開始となる。

中国中央テレビ（CCTV）は二〇一三年二月六日、七日、「今日関注」（今日の関心）という番組で「中国軍艦に対する自衛隊護衛艦による執拗な追尾に『礼は往来を尚《とうと》ぶ』」との表現で「お返しをしただけだ」と解説していたが、二月八日、中国国防部は事実そのものを否定し、「一方的に虚偽の状況を発表し、日本政府高官が無責任な発言を行なった。『中国脅威論』を煽《あお》り、国際世論を誤った方向に導いた」、「最近、日本側は中国軍の正常な訓練活動を歪曲し、泥を塗るような事実と異なる発言をしている」、「捏造《ねつぞう》だ」としらを切った。

二〇〇八年毒餃子事件の否認に続くものだが、否認すれば事実が消えるわけではない。否認すれば、事実そのものがなくなるという中国的特色のある「中国脅威論」批判の理屈である。中国は、現実に東シナ海・南シナ海の平和を脅かしており、「脅威」となっている。

二〇一二年九月から二〇一三年一月までで、中国公船による日本の接続水域への進入は計九二日、四六二隻、うち日本領海侵犯は計二五日、二〇一二年中国機に対する航空自衛隊戦闘機のスクランブル回数は九一回、領空侵犯一回に達している（二〇一三年二月四日『朝日新聞』）。中国による戦争挑発は、じわじわと深刻化している。

中華人民共和国は二〇一三年三月九日、今後、尖閣諸島に対する測量調査を行なう計画があると発表した。

まさに、ジョセフ・ナイ元米国防次官補が言うように「単なる無人島をめぐっての小競り合い以上のことが起きつつある」（『中央公論』二〇一三年四月号）のである。

二〇一二年～二〇一三年は、一九四五年以降の日本戦後史を画する年となった。鄧小平は一九八〇年代に「韜光養晦《とうこうようかい》」＝「鷹《たか》は爪《つめ》を隠さなければならない」という趣旨の発言をしていたが、中華人民共和国という鷹はついに爪をむき出し始めたのである。この明々白々たる現実に、目をつぶってはならない。

日本と台湾は二〇一三年四月一〇日、日台漁業協定を締結した。これは、台湾漁民の不満を解消するためには大局的には正しいが、沖縄漁民が操業の安全に不安があると訴えており、さらに沖縄漁民の操業権を保障する措置について台湾との合意が必要である。

二〇一三年四月二三日、中国公船が二〇一二年九月以来最多の八隻が同時に尖閣領海に侵入し、中国軍戦闘機も尖閣諸島に接近した日本の保守系団体メンバーが乗る漁船に接近した。

中華人民共和国は二〇一三年七月二二日、公安部辺防部・農業部魚政局・海関総署緝私局を統合して「中国海警局」を設立し、東シナ海・南シナ海の管轄担当を一本化し、そのもとに北海・東海・南海の三分局を設置した。

アメリカ上院本会議は二〇一三年七月二九日、沖縄県尖閣諸島をめぐる中国の挑発行為などを牽制する決議を全会一致で採択した。その要点は、①中国による日本艦艇への火器管制レーダー照射など危険な出来事が多発している、②アメリカ政府は日本の施政権を損なう尖閣へのいかなる一方的な行為にも反対する、③アメリカは日本の施政下にある領土への攻撃には日米安全保障条約に基づき対応する、④南シナ海・東シナ海の現状変更のために軍事力や強制力、脅迫手段を使うことを非難する、⑤米軍が「航行の自由」を守り、平和と安定を維持するための活動を支持する、というものであった。中国の東シナ海・南シナ海における行動の危険性に関する民主党・共和党の認識は一致していることを示している。

Ⅱ 「尖閣諸島＝中国領」論の系譜

「釣魚島（尖閣諸島）＝中国の固有の領土」論は、①まず、一九四七年『中報』・中華民国国民政府などによる「琉球」（沖縄）に関する「領土」主張が前奏曲となった。

その後二〇年にわたる空白時期があり、一九六九年に石油・天然ガスの存在が発表されると、「釣魚島＝中国領」論の論陣が張られるに至った。

その主なものは、②一九七〇年中華民国政府による釣魚島領有の主張、楊仲揆《き》論文、郭《かく》生論文、邱《きゅう》宏達論文、③一九七一年一二月中華人民共和国外交部声明、④日本国内では一九七二年二月〜一〇月の井上清による議論、⑤一九七二年夏の高橋庄五郎による議論などであった。

一九七二年に日中国交樹立が実現すると、しばらく議論は鎮まったが、中国による一九九二年「領海法」の制定後、再び活発化し、⑥一九九六年には『法制日報』劉文宗論文、同年『人民日報』鍾厳論文が現われ、⑦二〇〇〇年代に入ると、日本国内の井上・「中国」エピゴーネン（追随者）たちの議論が現われ、⑧二〇一二年四月には台湾外交部条約法律司文書、⑨中国での「琉球帰属」論の検討、⑩二〇一二年九月の「中国国務院文書」、⑪二〇一三年五月『人民日報』論文と続いている。「中国国務院文書」は、現状での中国の主張の集大成と言ってよい。

1. 中華民国「琉球返還」要求（一九四七年）

日中戦争終了後の一九四七年一〇月、中華民国上海の新聞『申報』は「琉球〔沖縄〕は中国に返還されるべきだ」と主張し、次のように書いている（図10）。

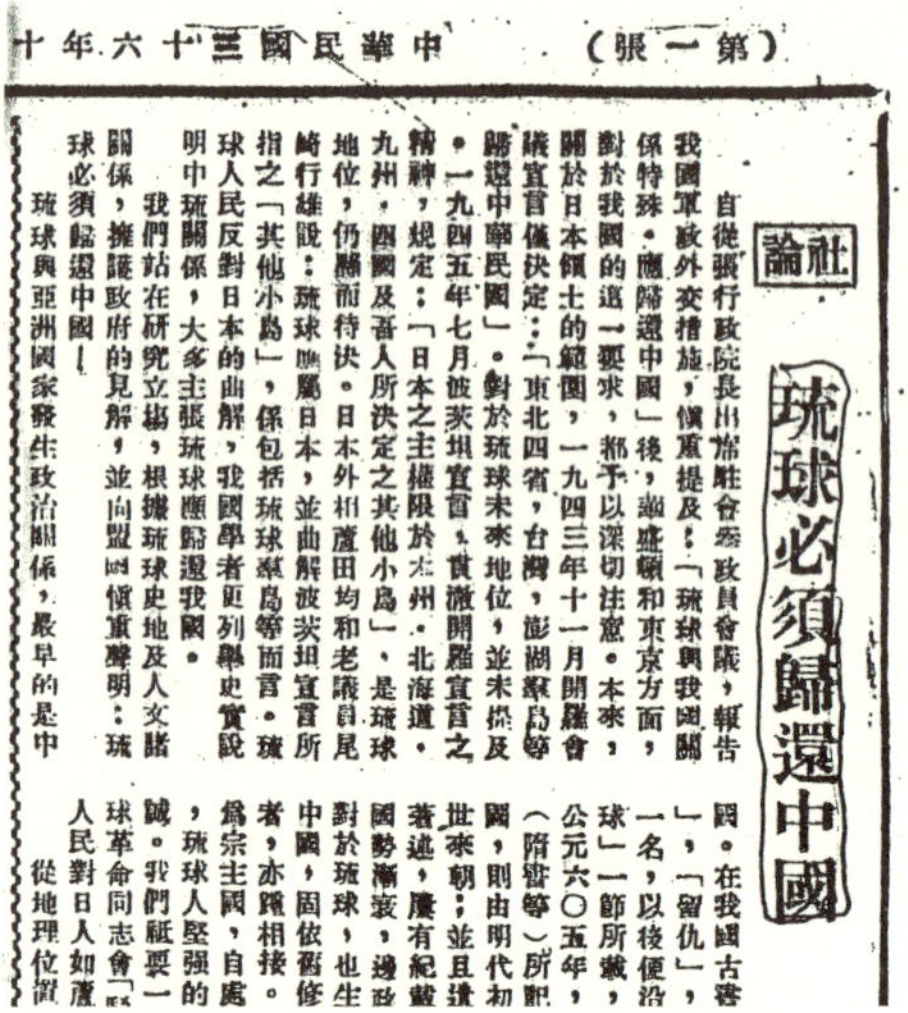
中華民國三十六年十　（第一張）

社論

琉球必須歸還中國

自從張行政院長出席駐會委員會議，報告我國軍政外交措施，愼重提及：「琉球與我國關係特殊。應歸還中國」後，華盛頓和東京方面，對於我國的這一要求，都予以深切注意。本來，關於日本領土的範圍，一九四三年十一月開羅會議宣言僅決定：「東北四省，台灣，澎湖羣島等歸還中華民國」。對於琉球未來地位，並未提及。一九四五年七月波茨坦宣言，貫澈開羅宣言之精神，規定：「日本之主權限於本州，北海道，九州，四國及吾人所決定之其他小島」，是琉球地位，仍懸而待決。日本外相蘆田均和老議員尾崎行雄說：琉球應屬日本，並曲解波茨坦宣言所指之「其他小島」，係包括琉球羣島等而言。琉球人民反對日本的曲解，我國學者更列舉史實說明中琉關係，大多主張琉球應歸還我國。

我們站在研究立場，根據琉球史地及人文諸關係，擁護政府的見解，並向盟國愼重聲明：琉球必須歸還中國！

琉球與亞洲國家發生政治關係，最早的是中國。在我國古書」，「留仇」，一名，以後便沿球」一節所載，公元六〇五年，（隋書等）所記國，則由明代初世來朝；並且遣著述，屢有紀載國勢漸衰，邊政中國，固依舊修對於琉球，也生者，亦踵相接。爲宗主國，自處，琉球人堅強的誠。我們祇要一球革命同志會「人民對日人如蘆從地理位置

図10. 『申報』社論（1947年10月23日）
「琉球は中国に帰還すべし」

「張〔群〕行政院長は国民参政会駐会委員会〔参46〕に出席し、わが国の軍政・外交措置について報告し、慎重に『琉球とわが国の関係は特殊であり、中国に返還すべきものである』と言及したが、ワシントンと東京方面はわが国のこの要求に対して深く注意を払った。本来、日本の領土の範囲は、一九四三年一一月のカイロ会議の宣言がわずかに『東北四省、台湾、澎湖《ほうこ》群島等は中華民国に返還する』と決定していただけで、琉球の未来の地位についてはまだ提起されていなかった。一九四五年七

月、ポツダム宣言によってカイロ宣言の精神が貫徹され、『日本の主権は本州・北海道・九州・四国およびわれらが決定するその他の小島に限られる』と規定した。これは、琉球の地位は依然として解決待ちだということである。日本の外相芦田均《ひとし》と老議員尾崎行雄《ゆきお》は、琉球は日本に属していると言い、ポツダム宣言が指す『その他の小島』は琉球群島等を含むと曲解した。琉球人民は、日本の曲解に反対し、わが国の学者はさらに史実を列挙して中（中国）・琉（琉球）関係を説明し、大多数は、琉球はわが国に返還すべきだ！と主張している。」（一九四七年一〇月二三日『申報』社論＝参34）。

ここでは、カイロ宣言でもポツダム宣言でも「琉球」（沖縄）の帰属は「解決待ち」で、「琉球は中国領」とは言っていないことを認めており、この点に関する限りは常識的な判断を行なっている。ましてや、カイロ宣言・ポツダム宣言は、「尖閣諸島＝中国領」などとも言っていないのであり、『申報』社論は事実上それを認めているのである。

しかし、中華民国国民政府は一九四七年、「琉球」に対する所有権を主張したのであった。

「琉球は中国のもの」である理由　『申報』社論は、琉球が中国のものであると主張し、その理由として次の三点をあげる。

①中国の古書において、隋は「流求」と称し、唐は「琉求」、「留仇《きゅう》」あるいは「流虬《きゅう》」とし、元代に初めて「琉球」という名称が現れ、以後今日まで用いられている。ブリタニカは、「琉球」

の項で中国と琉球は六〇五年（煬帝《ようだい》大業元年）に関係が始まった、と書いている。
②琉球が中国の「属国」となったのは明代初葉に始まり、年々入貢し、官生を派遣し、記録もある。琉球は、清代中葉には中国を「宗主国」とし「藩属」し、中国に対する「忠誠」は変わらなかった。最近、「琉球革命同志会」の「日本の野心に反駁する」は、芦田均・尾崎行雄の主張を批判した。
③地理的には琉球は台湾と同じく「中国の肩」である。

以上の主張にコメントする。

①中国地域で「琉球」（沖縄）を何と呼ぼうと、それが中国地域王朝の領土であったことを証明するものではまったくない。中国と琉球の関係が始まったという記述は、琉球が中国領であることを意味するものではない。

②琉球と明朝の朝貢・冊封関係は、明朝の領土であったことを意味するものではない。朝貢・冊封関係とは、当時の一種の上下関係ではあるが、明朝は琉球に対して軍隊の駐留も徴税もしたことはなかったのであり、琉球は独立国であった。

「琉球革命同志会」とは、石井明によれば、「台湾省琉球人民協会」（理事長＝喜友名嗣正《きゆなつぐまさ》、中国名＝蔡璋《さいしょう》）を母体として設立され、中国国民党に支援された台湾のひも付き組織である（参79）。石井はこの団体は「一九四八年七月設立」としているが、一九四七年一〇月二三日『申報』には記述されているので、設立時期はもっと早いことになる。琉球革命同志会は、「琉球国民党」を結成し、さらに「沖縄社会党」を結成したとのことで、中国国民党が沖縄を吸収することをめざした工作の一つと見られる。

③琉球が「中国の肩」というのは、勝手な主張にすぎず、琉球が中国のものであることを意味しない。

琉球が中国の領土という主張は、アナクロニズムの大中華主義思想にほかならない。次に見る井上清（本書Ⅱ－4）は、琉球王国が一七世紀に島津藩に「征服」されたあとも「なお独自の国家として存在」（井上九〇頁＝参60）していたと認めている点では、中華民国の主張とは違いがある。

2．一九七〇年中華民国の主張

尖閣諸島近辺に石油が埋蔵されている可能性についてのエカフェによる一九六九年発表ののち、中華民国は一九七〇年に尖閣諸島に対する領有権の主張を開始した。既述のように、中華民国政府は一九七〇年七月一七日、アメリカのパン・パシフィック・ガルフ社（ガルフ・オイル社の子会社）に台湾の北東海域、尖閣諸島を含む海域での石油探査試掘権を許可した。

2－1．一九七〇年八月二〇日『台湾新生報』の主張

『台湾新生報』は、「中国石油公司（台湾の会社）が米国数社と契約して台湾東北方の尖閣群島で進めている海底石油探査について、日本外務省は、『尖閣群島は沖縄諸島の一部である』として、わが国の当該島付近の石油探査権利に異議を表明している」として、次のように反論する。

> ①「尖閣群島の海底にある石油鉱床は、わが大陸の揚子江、黄河から海に流出した大量の沖積物が長い間に沈殿して形成したもの」、「大陸棚」である。
> ②「わが国の漁民は、頻繁《ひんぱん》に該島に赴《おもむ》いて操業している。」
> ③「日本は、ポツダム宣言およびサンフランシスコ平和条約に基づいて国外の地を再取得することはできない（浦野二三一～二三二頁）。

これについてコメントする。

①について言えば、地球の現在の形状の形成は自然の営みによるものであり、中華民国あるいは殷王朝以来の王朝史や近代国家による国境とは何の関係もない。揚子江の流出物を作り出したのは中華民国やあるいは中華人民共和国ではない。「大陸棚」問題とは資源主権の問題であり、尖閣諸島の領有権問題とは区別すべきである（この件は、本書Ⅱ－2－1参照）。

②漁民の操業は、領有権の根拠にはならない。また、奥原敏雄も言うように、戦前の台湾漁民による操業は「日本人」としての操業であり、戦後は「私人」としての操業であって、「国際法上の領有

権主張の根拠」にはなりえないものである（『朝日アジアレビュー』）。

③尖閣諸島は、日本が一八九五年以来領有しているので、「国外の地を再取得」するわけではない。

2－2．楊仲揆・郭生・邱宏達

2－2－1．楊仲揆論文

楊仲揆《ようちゅうき》（台湾・中国文化学院琉球研究所所長）は、一九七〇年八月二二日、二三日中国国民党機関紙『中央日報』に「尖閣群島問題」（参50）を発表した。

楊仲揆は、この論文で「釣魚台」という呼称は使わず、「尖閣群島」と呼んでいる。楊仲揆は「尖閣群頭（「頭」は「島」であろう）」は台湾漁民の呼称と述べており、台湾漁民の尖閣諸島海域への出漁は日本による領有以降のことと見られている。台湾漁民は、日本名でこれらの島々を呼んでいたということである。

楊仲揆は、アメリカが一九七〇年八月一二日に尖閣諸島は琉球群島の一部であり、日本に返還されると発言し、「『尖閣群島』がニュースとなるのは中華民国政府がアメリカ太平洋海湾石油公司（つまり、パシフィック・ガルフ石油会社）と連合して尖閣群島一帯海底油源を探査したからだ」とのニュースを紹介し、「米・日が琉球の引き渡しについて一九七二年に実施することを予定している」ので、尖閣群島の主権については、それ以前に「決定しなければならない」と言い、自分は「琉球に数年暮らしたことがあり」、「日本で資料調査を行なったことがある」という立場で尖閣群島問題を論ずる、と切り出す。

楊仲揆の尖閣群島論は、（1）地理関係、（2）中琉〈中国・琉球〉史籍の記載、（3）日本史籍の記載、（4）日本人の企み、（5）標柱設置、からなる。

（1）楊仲揆は、尖閣群島〈釣魚島・飛瀬島・北小島・南小島・大北小島・大南小島・黄尾嶼《こうびしょ》〈日本名・久場島《くばじま》〉・赤尾嶼《せきびしょ》〈日本名＝大正島〉〉は、「大陸棚の先端に位置」し、「中琉航路の指標・避難港」だった、と言う。

これは、その限りで比較的客観的な記述である。「尖閣群島」と言っても、一般の台湾人にはなじみがなく、紹介の必要があったための説明だろう。

「島名」2　（2）楊仲揆は、まず島の名称についてこう書いている。

「尖閣群島という用語は、おそらく明治一四年〈一八八一年〉に内務省地理局編印の大日本府県分割図で初めて用いられた。しかし、同図には詳しい島名は書かれていない。『中央日報』本月〈一九七〇年八月〉一八日掲載の『尖閣群島案内』によれば、船長戚桐欣《せきとうきん》氏はわが国の漁民は『尖頭群頭〈「群島」だろう〉』と呼んでいるが、いつからそう呼び、どういう由来でそう呼ぶのかわからないと言っている。」

これも、その限りで客観的記述であり、尖閣諸島について『中央日報』も台湾漁民も「釣魚台」と呼んでいないのは興味深い。ただし、浦野起央《たつお》によれば、一八八一（明治一四）年「大日本府県管轄図」の沖縄県図には、「魚釣《うおつり》島」と「黄尾嶼《こうびしょ》」が記入されている（浦野七七頁）。

楊仲揆／明清《みんしん》・琉球・日本史料八点

「尖閣諸島＝中国領」論で明清・琉球・日本史料を証拠としてあげるのは、楊仲揆が最初であろう。楊仲揆は、「釣魚島・黄尾嶼や赤尾島等は、わが明清両朝の琉球冊封天使」の記載に最初に見える」とし、次の五点の明清史料をあげている。

①陳侃《ちんかん》『使琉球録』（参7）、②向象賢《しょうぞうけん》（羽地朝秀）『中山世鑑』（参14）、③郭汝霖《かくじょりん》『重編使琉球録』（参10）、④程順則《ていじゅんそく》（名護寵文）『指南広義』（参17）、⑤林子平《はやししへい》『三国通覧図説琉球国部分図』（参23）。

「天使」とは、「天子（皇帝）が遣わした使者」の意である。

清朝冊封使・周煌《こう》によれば、冊封使で「使録を作ったのは、明の陳侃からはじまる」（参22）とあるが、楊仲揆の著書『中国・琉球・釣魚台』によれば、陳侃以前の使録は「礼部（明朝行政機構の一つ）の失火のため」失われたという（楊仲揆書二五七頁＝参57）。

楊仲揆書では、⑥鄭舜功《ていしゅんこう》『日本一鑑』（参8）、⑦汪楫《おうしゅう》『使琉球録』（参16）、⑧徐葆光《じょほうこう》『中山伝信録』（参18）の三点を付け加えている。同書の論旨は、『中央日報』論文とほとんど同じである。

奥原敏雄／明清・琉球・日本史料五点

これに対して、日本の奥原敏雄（参51、59）は、明清・日本文書について一九七一年、一九七二年に次の五点をあげた。

①陳侃『使琉球録』、②郭汝霖『重刻《ママ》使琉球録』（参10）、③向象賢『中山世鑑』（参14）、④程順則『指南広義』（参17）、⑤林子平『三国通覧図説』（参21）。

つまり、楊仲揆のあげた五点に対応したのである。

尾崎重義／明清・琉球・日本史料二四点　日本の尾崎重義（参61）は、明清・日本文書について一九七二年に次の二四点をあげた。

①『両種海道針経』（『順風相送』を含む）、②陳侃『使琉球録』、③郭汝霖『重刻《ママ》使琉球録』、④鄭舜功『日本一鑑』、⑤蕭崇業《しょうすうぎょう》・謝杰《しゃけつ》『使琉球録』（参11）、⑥夏子陽《かしょう》・王士楨《てい》『使琉球録』（参12）、⑦『羅源《らげん》県志』、⑧胡靖《こせい》『杜《と》天使冊封琉球真記奇観』（参13）、⑨張学礼『使琉球記』（参15）、⑩汪楫『使琉球雑録』、⑪徐葆《ほう》光『中山伝信録』、⑫『寧徳《ねいとく》県志』、⑬『明史』、⑭周煌《こう》『琉球国志略』（参22）、⑮林子平『三国通覧図説』、⑯林鴻年《りんこうねん》・高人鑑の「使録」は散佚したが、その針路は⑲に引用されている、⑰李鼎《てい》元『使琉球記』（参24）、⑱斉鯤《せいこん》・費錫章《ひせきしょう》『続琉球国志略』（参25）、⑲趙新・于《う》光甲『続琉球国志略』（参26）、⑳『重纂福建通志』（一八三八年）、㉑『厦門志』（一八三九年）、㉒『続修台湾府志』（乾隆二八年）、㉓『続修台湾県志』（嘉慶《かけい》一二年）、㉔厳従簡《げんじゅうかん》撰『殊域周咨録《しゅいきしゅうし》』（推定＝万暦〈一五七三～一六一九〉初年）。

尾崎は、このうち③と⑧は日本では見ることができないとしており、③はアメリカ国会図書館蔵とのことだが、今では原文閲読も可能で、原田禹雄《のぶお》訳を読むこともできる。なお、郭汝霖『重刻……』は『重編……』とも表記される。
芹《せり》田健太郎（参70）も、二〇〇二年に尾崎があげた史料のうち一三点をあげているが、人名・書名六つに誤りがある（本書二八三頁参照）。

胡靖『杜天使冊封琉球真記奇観』　尾崎・芹田・原田禹雄が取り上げた胡靖史料を見ると、胡靖らの冊封船は六月四日、广石《げんせき》（福建省長楽県）から出発し、梅花所（福建省長楽県）を経て五虎門から大海に出、八日薄暮、姑米《くめ》山（久米島）に至った。姑米山の夷官（琉球の役人）が冊封船の到着を馬歯山（慶良間《けらま》諸島）に狼煙で知らせ、馬歯山が中山に伝えた。翌日、舟は那覇港口に至った、と記述している。冊封使録であるが、ここには釣魚嶼《しょ》についての記述もなく、どこまでが中国領でどこからが琉球領であるかなどという記述もない。従って、「釣魚嶼＝中国領」論者がこの史料に言及することはない。

琉球・那覇《なは》から福州への進貢《しんこう》船は、合計二四一回（明朝時代一七三回、清朝時代六八回）行っており、明朝・清朝からの冊封船は「二三回」、那覇に来ており、答礼の琉球謝恩使船も二三回福州へ行っている（緑間八七〜八八頁）。

陳侃『使琉球録』1　このうち、第一回目から第一〇回目の冊封使の記録は存在しないので、最古の冊封使録は、陳侃『使琉球録』ということになる（図11）。楊仲揆は『中央日報』論文では、冊封使録の中からはこれと郭汝霖の二点だけを取り上げている。

図11. 陳侃『使琉球録』

①陳侃『使琉球録』は、嘉靖一三年（一五三四年）に次のように書いている。

（琉球の那覇をめざして中国大陸の福州を出発した船は同年五月）「一〇日（当然、陰暦）、南風ははなはだ早く、舟は飛ぶがごとくだが、流れに乗ってくだったわりにあまり揺れず、平嘉山《へいかざん》を過ぎ、釣魚嶼《ちょうぎょしょ》を過ぎ、黄尾嶼《こうびしょ》を過ぎ、赤嶼《せきしょ》を過ぎ、見る見る……一昼夜で三日の道のりを兼ね、夷舟（琉球船）は追いつけず、後方に見えなくなった。一一日夕、古米山《くめじま》（久米島）が見えたが、すなわち琉球に属するものである」（仲按ずるに〔「楊仲揆が注釈すると」の意〕、琉球親日正史の一つ『中山世鑑』もまた陳侃使録のこの数段を採録している）。

なお、「古米山（久米島）」は、地元沖縄方言では「くみじま」とのことだが、通常の呼称は「くめじま」なので、「くめじま」とふる。

「冊封使録」の性格　楊仲揆は『中央日報』論文では「冊封使録」の性格について定義していなかったが、著書『中国・琉球・釣魚台』では「冊封使録」は「公文書」と規定し、陳侃が記載したことは「法律的効力」があるのだと主張する（楊仲揆書二五七頁）。奥原敏雄は、この楊仲揆『中国・琉球・釣魚台』は見ていないようであるが、楊仲揆はこの本で奥原批判を行なっており、奥原が冊封使録による島の命名は「国家の領土としての命名ではない」としているが、「使録は公文書である」（楊仲揆書二六一頁）ので、「中国人がもっとも早くこれらの列島を発見し、」「使用」し、「命名したことを証明できるのだ」（楊仲揆書二六一頁）と主張する。

しかし、「使録」とは冊封使の記録、航海日誌・相手国（琉球国）の観察の記録、つまり大部分、紀行文である部分と冊封儀式に関する皇帝への報告書という部分から成るが、ここに書かれたことのすべてが明朝の「国家」意思を表わす「公文書」と見ることはできないし、明朝による尖閣「領有意思」を示すものなどでもない。

冊封使の知識は琉球人から

尾崎重義は、陳侃『使琉球録』について次の点を指摘している。

「陳侃《かん》は、往路の船中において、久米島が琉球に属すること、伊平島もまた琉球領であること、琉球を経て日本に至る航路があることなどを、一々琉球人の乗員に問い質して知識を得ている。このことから容易に連想されることは、途中の『釣魚嶼《しょ》』、『黄毛嶼』、『赤嶼』についても琉球人の乗員より知識を得ていたのではないかということである。陳侃の航海以前に、これらの島の存在が中国人に良く知られており、明確に名前も定まっていたと見ることは、……当時の事情からいってかなり無理があるように思われる。やはり、陳侃がその航海中にこれらの島を実見したとき、これらの島がどう呼ばれているかを同船の舟夫（おそらく琉球人の舟夫）にたずね、それをそのまま漢字で表現したものが『釣魚嶼』、『黄毛嶼』、『赤嶼』という島名であろう。中・琉間の交通が始まってから、これらの島の存在は、往来する双方の側の水夫、とりわけ往来の頻繁な琉球人舟夫によって知られていたが、彼等は文筆のあるものではないため、陳侃が渡航するまで記録されなかったのである」（『レファレンス』）。

理にかなった説得力のある推定である。

陳侃は久米島以西が「中国領」とは言っていない　尾崎はまた、久米島は琉球領と認識されていたが、「それより手前の尖閣諸島については、何も語っていない」（『レファレンス』）という点を指摘している。

尾崎はさらに、楊仲揆があげていない冊封使録の張学礼撰『使琉球記』が「これ、琉球北山と日本の交界」と記述している例、徐葆光《ほう》『中山伝信録』が「八重山《やえやま》は、これ琉球の極西南の属界」と記述している例、『続修台湾府志』（乾隆《けんりゅう》二八年刊）・『続修台湾県志』（嘉慶一二年刊）などの地方志や『沿海険要図説』（余宏淦著　光緒二八年）などに「閩《びん》〔福建〕・浙《せっ》〔浙江〕の交界」、「広東との交界」、「澎《ほう》・厦《か》の分界」などの表現が見られ、どことどこの境界であるかを明示しているのに対し、陳侃らは久米島まで来て、「問いて琉球の境内なるを知る」のであって、「赤尾嶼《せきびしょ》で自国の領域が終わるというような認識を全く持っていなかったことが知られる」（『レファレンス』）と指摘している。

緑間栄も、「陳侃は久米島からは琉球領に属するということを琉球人から聞き知ったわけだが、それより手前の島（赤嶼）についてては何もふれていない」、釣魚・黄尾・赤尾などが「どこの領土であるのかまでは文面から明らかでない」（緑間五三頁）と指摘している。

正常な判断力のある人なら誰でもわかるきわめて常識的な話である。楊仲揆は、次に②嘉靖四一年、郭汝霖が琉球に使いしたさいの記録を引用する。

郭汝霖《かくじょりん》**『重編使琉球録』、「赤嶼者界琉球地方山」**

「五月二九日、梅花（所）に至り、大洋に開《で》る。……三〇日、黄茅を過ぎ、閏《うるう》六月一日、釣魚嶼を過ぎ、三日、赤嶼《しょ》に至る。赤嶼は、琉球地方を界する山である……」。

楊仲揆は、「赤嶼は、琉球地方を界する山」という表現が「赤嶼以西は中国領」であることの証拠と言いたいのだが、郭汝霖《かくじょりん》はそのようなことは何も言っていない。

奥原敏雄はすでに一九七一年に、「赤嶼が中国（明《みん》）と琉球とを界する中国省境の島と解することは困難であり、むしろこの部分の意味は、文章を素直に読めば、赤嶼より先の島は、琉球領であると言っているにすぎない」（『中国』一九七一年六月号＝参51）と指摘している。

井上清は、『歴史学研究』論文で奥原を批判して次のように言っている。

「ここまでが中国領である、これから先は琉球領であると文字上に明記していないから、その使節には赤嶼は中国領だとの認識がなかったとは、決していえない。まして、彼等が無主地とみなしていたなどと、何を根拠にいえよう。この問題は古人の中国文を、まるで現代の国際法の条文を解釈するように、こう書いてないことは即ちこういう意味に解釈せられるというような論法では、解決されない。中国文の文勢文脈の意味が大切である。」（参53）

「使節はまぎれもなく中国領の福州から出発して、まぎれもなく中国領の台湾の北を通り、やはり中国領であることは自明の花瓶嶼や彭佳礁を通り、やがて釣魚、黄尾を過ぎて赤尾に到ったので、感慨をこめて、これが琉球地方を界する山だと書いた。この文勢文脈は、赤嶼までが中国領であることは自明として、ここから先が琉球領だといっている、と解するのがふつうであろう。中国文の大家の教を受けたい」（参53）。

わたしは、国際法はど素人である上、「中国文の大家」などでもさらさらないが、わたしの考えでは井上の思いこみは「ふつう」ではなく、病膏肓《やまいこうこう》の間違いであるが（本書Ⅱ－4－2で後述）、台湾は明朝領ではないことだけは先に言っておこう。

なお、井上は一九七〇年九月「琉球政府声明」中の名詞の誤記をていねいに指摘しているので、井上の『歴史学研究』論文にも「汪楫」を「王楫」・「枉楫」、『中山世鑑』を『中山正鑑』とする誤植があることを指摘しておこう。些末ではあっても、正確を期することは、大事なことだ。

楊仲揆は、『中国・琉球・釣魚台』（参57）で奥原の指摘に対し、奥原は「日本人」で、「中国人はそう読むのだ」（楊仲揆書二六二頁）と反論している。奥原は、楊仲揆のこの反論は読んでいないようである。楊仲揆は、「赤尾嶼まで中国領」という独断に立っているのでそう読むのではないか。

尾崎重義は一九七二年に、「郭汝霖は、赤尾嶼をもって琉球地方の境界をなす島であると述べ、それより手前（琉球外）の島については何も語っていない」（『レファレンス』）と指摘している。

緑間栄も、「赤尾嶼を界するとは赤嶼を含めて琉球領であるということでもなく、赤尾嶼までを明国領と言うわけでもなく、界するの意味は明確でない」（緑間五四頁）と指摘している。正常な読み方であろうと思われる。

楊仲揆論文の『朝日アジアレビュー』訳が、ここを「赤嶼は、琉球地方とを界する山」としているのは訳しすぎで、「赤嶼は、琉球地方を界する山」とすべきだろう。わたしの理解では、中国語のこの書き方では琉球地方とどこを「界する」のかはファジーなのである。

楊仲揆の理解の当否は今後の検討にさらにゆだねるとして、緑間はさらに、「ここでの『界する』という意味には、法的概念としての国境の界という意味なのか、単に地理的な概念のさかいの意味なのか」（緑間五四頁）というもっと重要な問題を問いかけている。当然に、「単に地理的な概念のさかいの意味」に解される。

徐葆光《ほうこう》『中山伝信録』、「琉球西南方界上鎮山」　尾崎重義は、郭汝霖《かくじょりん》の「赤嶼は、琉球地方を界する山」という文章も、徐葆光『中山伝信録』の「琉球の西南方界上の鎮《ちん》山」という文章も、「当時久米島までが琉球領であり、従って尖閣諸島が琉球領ではないとしている点で一致するが、しかし、それより進んで尖閣諸島が中国領であるとは決して言っていないのである」（『レファレンス』）と指摘している。

楊仲揆の「尖閣群島」定義　楊仲揆論文は、「たいていの冊封使は福州を出発し、まず基隆《キールン》を目標（すなわち鶏籠山《けいろう》）とし、しかるのち順次、彭家山《ほうかざん》（平嘉山、彭佳山）、花瓶嶼《かへいしょ》、釣魚嶼、黄尾嶼等に至る。これがいわゆる尖閣群島地区である」、と「尖閣群島地区」の範囲を定義する。

楊仲揆は、「彭家山（平嘉山、彭佳山）、花瓶嶼」を「尖閣群島」に含めており、日本側の定義とも中華人民共和国側の定義とも異なっている。

程順則《ていじゅんそく》『指南広義』　楊仲揆は、次に③「清初の琉球籍華人系学者」程順則《ていじゅんそく》が福建・琉球の老船乗りの話に基づいて書いた『指南広義』から引用する。

「福州から琉球に行くには閩《びん》安・鎮《ちん》山・五虎門・東沙外から大洋に開《で》、単辰《しん》針〔方角表示〕を用いること十更《こう》、鶏籠山《けいろう》（山を見たら山北より過ぎる。以下皆同じ）花瓶嶼《かへいしょ》・彭家山に〔方角を〕取り、乙卯《おつぼう》ならびに単卯針を用いて十更、釣魚台に〔方角を〕取り、単卯《ぼう》針を用いること四更、黄尾嶼に〔方角を〕取り、甲寅《こういん》針を用いること十更、赤尾嶼《せきびしょ》に〔方角を〕取り、乙卯《おつぼう》針を用いること六更、姑米山《くめじま》に〔方角を〕取り、（琉球西南界上の鎮山である）……」（参50）

「山」は「島」を意味するので、「姑米山」の場合、「しま」とルビをふる。「更」は距離の単位で、一般に六〇里である。一里は、五六〇m前後である。

しかし、程順則があげている釣魚台・赤尾嶼などの島名は福州・那覇間の航海の目印として書かれているのであって、それらが「中国領」などとは書いていないのである。

林子平《はやししへい》1　楊仲揆は、次に④林子平『三国通覧図説琉球国部分図』を取り上げ、次のように述べている。

> （林子平は）「宮古・八重山・釣魚台・黄尾山・赤尾山等を詳しく列挙し、とりわけ宮古・八重山の二カ所について、支配権が琉球に属していると註記しており、側面から釣魚台等は琉球に属していないことを説明している。」

これも、「宮古・八重山の二カ所について、支配権が琉球に属している」と書いてあることは、何ら「釣魚台等は琉球に属していない」＝「中国領」ということを証明するというほどのものではないことは、正常な思考力を持っていれば明らかなことである。

奥原敏雄は、「林子平が魚釣台が琉球領でないといったこと以上の意味、たとえば列島が中国領であると認めていたとする推論を下すことは適当でない」（『中国』一九七一年六月号＝参51）と批判しているが、この批判は不十分である（本書Ⅱ-4-2参照）。

尾崎重義は、林子平の地図は色分けがされており、琉球については『中山伝信録』に依拠したもので、「久米島までを琉球領とし、それより以遠の諸島嶼はすべて中国領であると認識したものと思われる」（『レファレンス』）と述べているが、林子平《はやししへい》地図の色分けは国別を意味するものではない。

そもそも林子平の地図は不正確の一語に尽きるもので、尖閣諸島が中国領であることの証拠には全然ならないことは、本書Ⅱ-4-2井上清の項で述べる。

楊仲揆は、以上①〜④を根拠として、次の結論を述べる。

（イ）「いわゆる尖閣群島（あるいは尖頭群島）は、古くから中・琉の海上航路の指標であり、もろもろの中国の史籍にもっとも早く見られる。」

「尖閣群島は古くから中・琉の海上航路の指標」だという点については、わたしもその通りだと思う。

楊仲揆の結論の二。

（ロ）「中国の天使（天子の使い）の記載および清初の琉球の学術著作（『指南広義』）は、どれも前後して釣魚台等の島群がもともとわが国の所有であることを指摘しているか、あるいは側面から説明している。これらの人々は皆姑米山《くめじま》が琉球の地の境界であると説明しており、郭汝霖が『赤嶼《せきしょ》は琉球地方を界する山《しま》である』と言っているが、その意味は赤嶼がわれ（中国）との境界を接する山《しま》であると言っているのである。」

奥原敏雄は、すでに一九七一年に「筆者が『冊封諸使録』（原文「便録」は「使録」の誤植）、日本及び琉球の古文書を検討した結果えた結論は、琉球王朝時代、尖閣列島が琉球領でなかったという事実だけであって、それ以上に列島が中国領であったとする直接的立証は勿論、間接的な推測も下しえないという結論である」、陳侃『使琉球録』・程順則『指南広義』などの「二つの古文書から導きうる結論は、……久米島より手前の赤尾嶼などが中国領であるか否かをこれらの古文書から結論づけることは、推測的にせよ不可能である」、「楊氏の論理の中には、中国領か琉球かを決定する前に、両国のいずれにも属さない場合がありうることを最初から無視しているところに問題がある」（『中国』一九七一年六月号）と指摘している。

まことに常識的で、理にかなった判断である。

また、琉球人もこれらの島々を早くから、遅くとも明朝人が知ったより前から知悉《ちしつ》しており、それなりの名称を付けていたと見られるが、文書への記録がないことは今のところ事実である。

これらの「使録」がこれらの島々を単に「航海の目印」として記録しているにすぎないことは、楊仲揆も認めていたわけで、この点に疑問の余地はない。

「釣魚嶼《しょ》・赤尾嶼まで中国領」という独断の始まり

しかし、「久米島までが琉球であり、それより西方は尖閣諸島を含めて中国領」であるという独断は、この楊仲揆論文から始まる。そして、井上清を経て**中国共産党もこの「独断」を利用することを決め**、今日に至ってもこのあまりにも馬鹿げた屁理屈《へりくつ》を四〇年以上にわたって押し通し、変える気もないのである。

楊仲揆の結論の三。

（ハ）「いわゆる尖閣群島は、わが台湾北部沿海区とともに季節風と黒潮の通路にあり、おのずからわが漁民の生計をはかる重要な領域となっており、琉球人がこの島に来ようとすればかならず遠回り、逆風、逆流となり、数十年の経営を積み上げても成果がないことは疑いない。」

ここには、①尖閣諸島は台湾漁民の生計の場であるという主張、②琉球から尖閣諸島へは逆風・逆流で来にくい、③琉球からは逆風、逆流なので何も成果をあげることはできない、という三点の主張がある。

①台湾漁民が尖閣諸島近海まで操業しに行くようになったのは、戦前は日本統治時代の一九一〇年代であり、戦後は一九五〇年代以降のことであったと指摘されている。

風向きは季節によって変化する　②海流は、季節によってあまり変化しないが、風向きは季節によって変化し、冊封使はそれを利用し、春から夏にかけて西南の風を利用して福州から琉球の那覇に向かい、秋から冬にかけて東北の風を利用して那覇から福州に帰ったということは、陳侃の『使琉球録』などに記載されている。楊仲揆はこれを読んでいるはずだが、無視したのであれば、あまりにも強引な史料操作である。

③古賀親子の経営は、それなりに成功したということが無視されている。

それはともかく、台湾漁民が漁場として利用してきたということも、逆風、逆流という点も、尖閣諸島が中国領であるということの証明にはならない。

（2）楊仲揆は、「尖閣群島および釣魚島等の名称は、日本語の史料にも政府文献にも見られない」とし、明の万暦《ばんれき》三七年、薩摩《さつま》の島津氏は琉球を攻略し、三八年、全琉球の島嶼土地を測量し、「宮古・八重山およびその付近の諸島をまわったが、釣魚島等には行かなかった」と言う。

これは、おそらくその通りだろう。

楊仲揆は次に、明治一〇年（一八七七年）、伊地知貞馨著『沖縄志』付図に記載はない、と言う。さらに、日本は明治一二年（一八七九年）、琉球を併合し、明治一四年（一八八一年）、内務省地理局編印の「大日本府県分割図」には初めて「尖閣群島」の名が出たが、「釣魚島」は記載されていない、と言う。

これらも、日本の領有決定以前のことなので、当然そうなのだろう。

また、日本の領有決定後の大正一〇年（一九二一年）『沖縄県治要覧』には、「釣魚島あるいは尖閣群島」の記載はなく、大正一二年（一九二三年）沖縄県維新史料編纂会編印「沖縄管内地図」や「多くの日本全図および琉球全図」にも「尖閣群島」の記載はない、『沖縄県物産検査所年報』、『一九六五年臨時国勢調査報告』、「日本沖縄宮古八重山諸島地質見取図」、日本国会図書館蔵『琉球統計』（沖縄県八重山役所調査）にも「尖閣群島および釣魚島は記載されていない」と指摘する。

これらは、わたしは未見なので現物確認は今後の課題となるが、これらに記載されていなくても、日本の領有を否定する材料ではない。おそらく、尖閣諸島は無人島なので、それほど重要な島々だという認識はなかったからだろう。

島名記載のない地図だけ集めても証明にならない　しかし大事なことは、尖閣諸島を記載した地図もたくさんあるのであり、研究方法・姿勢の問題として、資料は全体を俯瞰《ふかん》すべきで、尖閣諸島の記載のない地図だけ集めても証明にならないということである。

奥原敏雄は、「大体作成される地図の用途、縮尺程度によって極端に小さな島嶼が省略されることは、なにも尖閣列島にかぎったことではない」（『中国』一九七一年六月号）と指摘している。これは、まったく当たり前の常識である。

「琉球分島案」2

楊仲揆は、明治年間に日清が琉球の帰属について協議したさい、アメリカのグラント元大統領が「琉球を三分」する案で調停し、日本は一旦同意したが、清朝側が拒否したことがあったが、この協議では「尖閣群島あるいは釣魚島が話題になることはなかった」のは「当時、日本政府はまだこの島を知らなかったか、あるいは知っていてこれが中国領域であることを確認していたか、あるいは少なくとも無人の岩礁で語るに値しないと思っていたかであることがわかる」と言っている。

「語るに値しない」と思っていたのは、日本政府のみならず、清朝も同じだっただろう。日清双方は当時、尖閣諸島は「無人の岩礁で語るに値しないと思っていた」と考えるのが常識的で、ここに日本政府が「中国領域であることを確認していた」可能性をまぜこむのは、根拠がなく、論理的でない。

しかし、楊仲揆は「それゆえわれわれは、いわゆる尖閣群島は初めから中国に属しており、琉球に属していなかったと確認できる」と結論する。

こんな非論理的な論法には、誰も納得しない。これは論理不在、説得力ゼロの結論であり、落第論文だと言わざるをえない。

(4)は、「(甲)釣魚島」、「(乙)久場島」からなる。

(甲)楊仲揆は、日本政府の尖閣諸島領有決定の経過を要旨次のように述べている。

古賀辰四郎が一八八四年、「魚釣島・久場《くば》島(黄尾嶼《こうびしょ》)一帯で鳥の羽や貝殻などを採集して沖縄県に報告した。翌年、沖縄県知事は秘かに日本政府に同地の調査を申請し、国境標識を建てようとしたが、日本政府は」「日清間が琉球問題で争っていたのでこれを保留した。」一八九〇年、沖縄県知事はまた国標建設を申請したが、日本政府はまた据え置いた。一八九四年末になって、内務卿が閣議に出したが、決められず、翌年一月になって閣議決定した。一八九五年とは、日清戦争で清国が敗北し、台湾を割譲した年である。

国標建設「躊躇」問題1　楊仲揆論文は、ここで、二年後の一九七二年に井上清がより詳しく語ることになる日本政府の「国標建設躊躇」問題に、すでに簡単にではあるが触れている。楊仲揆は、『中国・琉球・釣魚台』でもこの問題を繰り返している（楊仲揆書二六〇〜二六一頁）。

これについては、尾崎重義は、すでに「内務卿が、法的に見て、尖閣諸島を沖縄県の所轄とし、国標を建立することは何等問題ではないとするのに対して、外務卿は、これをもっぱら政治的に捉える」、つまり外務卿の「清国の疑惑」を招くことを避けるという角度から国標建設を当面、保留するという判断は「政治的」判断だった、と見ている。

妥当で理に適《かな》っている。

（乙）楊仲揆は、久場島利用経過を要旨次のように述べる。

古賀は一八九七年、久場島開墾の許可を得て、翌年、二八名の労務者を移住させ、一九〇〇年には二二名を移住させ村落が形成された。しかし、「大正中期にはまた撤退し、久場島はまた無人島になった。」 昭和初年、古賀善次は「戦前、釣魚島に設立した鰹節《かつおぶし》工場と海鳥関係の各種事業を経営した。それは、またしても成功しなかったが」、古賀善次は「今に至るもなお同島の所有権を主張しているとのことである」。「日本の琉球・八重山等の公式文献、例えば人口統計、物産等についてはなにも記録を残していないようである。」

まず、これらがすべて事実としても、日本の尖閣諸島領有の当否を左右する材料ではない。なお、古賀が久場島等の開墾許可を日本政府から受けたのは「一八九六年」である。

しかし奥原敏雄はすでに、「国勢調査、統計、物産記録などに尖閣列島に関した記述のない場合があるのは、列島渡海者が、移住者ではなく一年交代の労働者であること、古賀氏の経営する商店が、那覇《なは》と石垣にあり、そのため列島での物産の集計や収益が、那覇及び石垣での他の収益、集計に算入されること、とくに古賀氏の事業は、尖閣列島のみにかぎられていたわけではないから、おそらく他の地域からの同種の物産と混入され、記録や統計上に尖閣列島としては別個に記載されなかった」（『中国』一九七一年六月号）と指摘している。

なるほど、納得である。

逆に、中国側には何か尖閣列島に関する「国勢調査、人口統計、物産記録などの記述」はあるのだろうか。もちろん、あるはずもない。

（5）楊仲揆は、「日本人の尖閣群島に対する試みが次々に失敗したのは、その自然条件に反したからである」とし、「それに反して、わが台湾の漁民は」「同群島で各種の作業を停止したことがない」と述べている。

これは、まったく事実に反する。

奥原敏雄は、琉球人が尖閣「列島への渡海や移住に失敗したのは、渡航の時期や季節風、自然環境などを無視したこともあったが、最大の理由は、資本もなく、しかも伝馬船か沖縄で用いられているサバニといった刳《く》り船で列島に渡ろうと試みたからで」、古賀辰四郎が「事業に成功したのは」、「綿密な事業計画と収益計算にしたがって、大規模な資本を列島に投じたから」であって、古賀の第一次大戦中および第二次大戦中の挫折の理由は自然災害によるものではなく、経済的社会的な理由によるものであり、「日本人は尖閣列島の利用に失敗していない」と反論している。また、戦後列島の利用が減少した理由としては、①尖閣四島が私有地であった、②古賀善次が病弱・高齢で後継者もいなかった、③大正島と久場島が米軍演習地域に指定された、④一九五五年第三清徳丸事件が起こり、現地漁民は生命の危険を感じたことをあげている（『中国』一九七一年六月号）。

台湾漁民2　次に、台湾漁民は尖閣諸島付近で漁業を行なったことはあっても、古賀村に類するような組織的かつ長期にわたる尖閣諸島の利用を行なったことはないのである。

しかし、楊仲揆は続けて、「われわれは、事実上、昔から今まで自然に順調に長期に同群島を領有してきたのは、わが閩《びん》〔福建〕浙《せつ》〔浙江〕台〔台湾〕沿岸の漁民同胞なのであると言うことができる」と結論する。

無茶苦茶な論法である。

第一に、台湾「漁民が操業」したことは、中華民国の尖閣諸島「領有」の証明ではない。日本の漁民が南極近辺まで操業しに行っても、日本はそこが日本の領海だと主張したことはない。

第二に、二〇世紀に台湾漁民が尖閣諸島近辺で操業したことは知られているが、奥原敏雄によれば、「福建省、浙江省の漁民が〔尖閣〕列島付近で慣習的に操業していた事実は、今のところはまだ実証されていない」（『中国』一九七一年六月号）という。

尾崎重義は、「基隆《キールン》を根拠とする鰹《かつお》漁業は、明治四三年〔一九一〇年〕の創業当時は、基隆港より五浬の圏内に限られていた」（『レファレンス』）と指摘している。

第三に、奥原敏雄によれば、台湾漁民の尖閣諸島付近での漁業操業は台湾日本統治時代の大正時代から始まったと見られており、そうであればそれは「日本国民」としての操業であったと解釈される（『朝日アジアレビュー』）とする。

尾崎によれば、「大正五年には遠く尖閣諸島の赤尾嶼付近にまで出漁するようになり、魚釣島や赤尾嶼の近海は、台湾北部漁民の遠海漁場となった。同諸島周辺では、主として鰹漁業など発動機船による漁業がなされ、従業者も内地人（鰹の場合は宮崎県人）が比較的多かったようである。その多くは、発動機船で早朝来て、夕方には帰航するものであった。また、これは発動機船が普及してからの現象であり、台湾が日本領となる明治二八年（一八九五年）以前には台湾漁民が尖閣諸島周辺まで操業に来ていた事実はない」（『レファレンス』）という。

発動機船の使用が尖閣諸島海域までの出漁を可能にしたのであり、それがなかった清朝時代には出漁は考えられなかったのだろう。

奥原によれば、「一九一八年」『日本水路誌』には「毎年五月から八月の期間基隆港より発動機艇をもって此島付近に鰹漁に来るものもあるも、多くは早朝来って夕刻には出港寄港（台湾へ帰港）するを常《つね》とす」（『中国』一九七一年六月号）とある。

緑間栄も、一九一九年の『日本水路誌』に基づいて、同様の記述をしており、「その頃漁業に従事していた漁民の多くは日本から台湾に渡って来た人々が主であり、台湾人は雇用されて従事していたのである」（緑間七四～七五頁）という。

奥原によれば、同様の記述は一九四一年の『水路誌』にもあるが、「当時基隆《キールン》には、日本本土から台湾に渡ってきた網元が多数おり、かれらが大部分の漁船（とくに発動機艇）を所有していたというところから、尖閣列島へ赴《おもむ》いた漁船及び漁民の多くが、本土からの渡島日本人であることは想像にかたくない」（『中国』一九七一年六月号）と述べている。

これらの指摘に対する中国・台湾側からの反論は、見られない。大正期以前における明清時代の台湾漁民の尖閣諸島付近での漁業操業の記録は提出されていないようである。

楊仲揆は、「未確認」としつつも一九六八年の鉱床発見後、日本政府は「わが漁民」を追い出し、一九六九年、尖閣群島に表面には「八重山《やえやま》尖閣群島魚釣島《うおつりしま》」、裏には「沖縄県石垣市字《あざ》登野城二三九二番地　石垣市建立」と書かれた標柱を建て、一九七〇年七月には大規模学術調査団を派遣した、などと指摘し、以上の事実は「明治二八年以来七四年間、日本人民と政府があいついで尖閣群島に画策してきたことの全梗概である」と述べ、最後に「われわれは、たとえ同無人群嶼《しょ》の主権について要求を提出しなくても、同群島はわが大陸棚の先端にあり、水深二〇〇m以内にあるので、大陸棚条約によってわれわれは尖閣群島付近の海域資源の探査・開発に確かな権利を持っているのである」と結んでいる。

「大陸棚」問題　この大陸棚問題は、いささか厄介《やっかい》である。事柄は国際法の領域の問題であり、わたしはど素人なのでまず素人論議をさせてもらえれば、国際法上の「大陸棚」なる観念は、帝国主義国の植民地領有権同様の不当で不合理な主張である。大陸棚とは本来、地理概念で、大陸から海域に張り出した海底部分を指す用語であるが、国際法ではかならずしもこれと同じではない。国際法では、近代国家が地球の陸上をほぼ完全に国境で区切ったのと同じように海域を領海・公海などに区分し、大陸および島の延長上の水深二〇〇mより浅い部分はその水域に接する陸地上の国家に排他的権利を認める、というものである。

わたしがこれを「不当で不合理」と言うのは、近代国家の領土は耕作や建設など人工的寄与がある程度主張できるかもしれないが、海底の形成には何の貢献もしたことがないのに、どうして国家主権が認められるのかということである。国家の権限が認められるとしても、せいぜい領海の範囲までであろう。国際法の考え方は、近代国家の領域と地理的形状を混同するところにある。尖閣諸島は、長江（揚子江）からの堆積物などという主張があるが、中国地域人はそれに何か貢献したことがあるだろうか。

しかし、この「大陸棚」に関わる問題とは、「資源」であり、「領土」ではない。尖閣諸島が中国大陸棚にあるということが、尖閣諸島が中国領であると言っているわけではない。

また、台湾からの距離的近接という理由による「尖閣諸島は台湾の付属地」という主張も、中国の領有権の根拠にはならないだろう。距離だけで言えば、尖閣諸島は台湾からの距離より石垣島からの距離の方が少し近い。

さて、国際法学者の見解を聴こう。

林司宣（法政大学講師）は、すでに『季刊沖縄』一九六九年一二月号で「尖閣列島周辺の大陸棚境界画定問題」を詳細に論じているが、ここでは「大陸棚に対しては、沿岸国はその探査および天然資源開発のために主権的権利を行使する」、「この権利は排他的」である、「大陸棚の境界はまず当事国間の合意によって決定すべき」との規定を見ておけば十分である。なぜなら具体的判断はケースバイケースとなっているからである。

緑間栄は、中華民国政府は「沿岸国の大陸棚に対する主権的権利と領土主権とを混同している」（緑間八一頁）、「国際法上の無主物に対する先占の領土取得の対象は、海面上に突出島嶼に対してだけであって、領土の自然の延長線上の海底および地下にはおよばない」（緑間八二頁）、「尖閣列島が国際法上の島嶼であることを無視して、中国の大陸棚の一部であると主張し、かつ同列島の領有権と大陸棚の資源を探査および開発する権利があると主張することは認められない」（緑間八二頁）と指摘している。

素人考えでも、間違ってはいないようである。

広部和也（埼玉大学助教授・国際法）によれば、大陸棚とは「大陸の陸地沿岸から連なる海底のゆるやかに傾斜した部分で、海岸から水深二〇〇ｍぐらいまでの地域」である。アメリカは一九四五年九月、「大陸棚の地下および海床の天然資源に関する合衆国の政策の宣言」（トルーマン宣言）を発表し、①（アメリカに接続する）大陸棚の地下および海床の天然資源の保存と利用を目的として合衆国の管轄と統制に服するものと見なす、②大陸棚が他国と共通する場合は、その境界は両国により公平な原則に従って決定される、③大陸棚の上部水域の公海としての性格と自由航行の権利には影響を及ぼさない、という原則であった（『朝日アジアレビュー』）。

国際連合は一九五八年、海洋法会議を開催し、これと基本的に同じ考えの「大陸棚に関する条約」を含む四つの海洋法条約を採択した。この規定は、条約未加入国も法的に拘束される。この大陸棚は、地理学的概念と同じではなく、それ以外でも一定範囲の海底区域も大陸棚に含まれる。天然資源には、石油などの鉱物資源や真珠貝・サンゴ・海藻などの定着生物資源も含まれる。同一の大陸棚に相対する場合は中間線とする、等々で、個別ケースごとに判断は分かれるのだ（『朝日アジアレビュー』）、という。

「西太后《せいたいこう》詔書」問題　楊仲揆は、香港の雑誌『祖国』一九七二年二月号に「釣魚台問題重要補充資料」を発表し、その中で以下の「西太后詔書」を取り上げた。楊仲揆は、同資料を『中国・琉球・釣魚台』（一九七二年五月）に収録した。ところが、同資料を訳出した『朝日アジアレビュー』一九七二年夏号は「『中国・琉球・釣魚台』中の〝未発表重要資料〟を香港発行の雑誌『祖国』が紹介したもの」と注記した。『祖国』での発表の方が『中国・琉球・釣魚台』より早いので間違いだろうが、なぜこのような間違いが発生したのか不明である。

それはともかく、楊仲揆によれば、一八九三年、清朝の官僚盛宣懐《せいせんかい》が釣魚台・黄尾嶼・赤嶼の三島に薬草の海芙蓉《かいふよう》を採りにゆき、それで作った錠剤を慈禧太后《じきたいこう》（西太后）に進上したところ、薬効があり、西太后はほうびとして盛宣懐にその三島を与えるとの詔書を与えた、とされる。

この「詔書」には、盛宣懐の子、盛恩頤《い》が娘の盛毓《いく》真（徐逸《じょいつ》）に与えたという「一九四七年一二月五日付け書状」が添えられている。この二点を盛宣懐の孫娘である徐逸が一九四七年に公表したとされるもので、これを尖閣諸島が清朝の領土であった根拠とするのである。

わたしは、『祖国』をコピーで入手したので、写真なのかコピーなのか確認できないが、『中国・琉球・釣魚台』の現物で確認したところ、慈禧太后（西太后）「詔書」と盛恩頤が徐逸に与えたという「一九四七年一二月五日付け書状」はいずれも写真ではなくコピーであるので、とりあえず説得力が低下する。

また奥原敏雄によれば、この詔書は「光緒十九年十月」とあるだけで日付がない、「お墨付きに名を借りて商売の宣伝用に作らせたもののよう」（『朝日アジアレビュー』）であり、玉璽《ぎょくじ》も正規のものと異なる（浦野八三〜八五頁）と疑問を呈している。

緑間栄は、「日本の関係者は今のところ同詔書の実物に接した人はいない」（緑間六七頁）、「古文書や歴代冊封使録には、清国が尖閣列島を自国の領土であると記述した文献はない」、「清国が尖閣列島の領有意志をもって、この詔書を盛氏に与えたのであるならば、日本に抗議の機会はあった。」この詔書告示は、日清戦争開始以前の「一八九三年」だった。しかし、何も「抗議、領土主張もおこなっていない」（緑間六八頁）、したがって、これは「国際法上の領有権を主張する法的根拠の証拠価値として採用することはできない」（緑間七〇頁）と結論している。

中国語正字（繁体字）版インターネット「反脳保釣運動大本営」（参95）によれば、虞《ぐ》正華は『歴史月刊』一九九七年一一月号で、次のように指摘している。

①皇帝・皇后がみずから上諭を書くとき、末尾に「欽此《きんし》」（「これを奉ぜよ」の意）という二字はありえず、「欽此」があるのは軍機処が書いたときの「上諭檔《じょうゆとう》」であり、冒頭はかならず「内閣奉上諭」あるいは「内閣奉旨」である。この詔書は格式に間違いがある。

②この上諭にある「慈諭《じゆ》」という二字はかならず改行すべきなのに改行していない。
③この詔書に用いられている「慈禧太后之宝」という印章が押されているが、清代の公文印章には満漢文が並列され、漢文のみということはありえない。
④光緒一九年盛宣懐の官職名は「太常寺少卿」なのにこの詔書では「太常寺正卿」となっている。
⑤清朝には土地を与える規定はない。

これらの諸点から見て、この詔書は「偽造史料」である、とこのインターネット文書は結論している。

清は雍正帝《ようせいてい》（一六八七～一七三五年）の一七二九年、軍機処に軍事・政治の大権を集中した（『アジア史入門』）。

楊仲揆が提出した「西太后《せいたいこう》詔書」は信用しがたいというのが、常識的な見方である。中国大陸は古来、『古文周礼《しゅらい》』（参1）が偽作であったように偽造品の天国である。本物だと主張するなら、公開し、専門家の検証にゆだねるべきであろう。

楊仲揆『中国・琉球・釣魚台』での奥原敏雄への反論は七点に及ぶが、ほとんど『中央日報』論文論旨の繰り返しで、反論のていをなしていない。

楊仲揆論文には、のちの「釣魚島＝中国領」論に見られる「釣魚島は明清の海上防衛範囲だった」、「カイロ宣言・ポツダム宣言で釣魚島は中国に帰った」といった論点は提起されていない。

『明報』資料室編論文

「中国の会」の月刊誌『中国』一九七一年二月号に訳載された香港の月刊

誌『明報』資料室編「釣魚台列島はわれわれのもの」(『明報』一九七〇年一〇月号)は、楊仲揆論文とほぼ同内容であるが、ここからいくつかの点を拾っておこう。

①台湾漁民生活問題　『明報』論文は、釣魚台列島が「もし日本にとられたら漁船三〇〇〇隻の生活問題が起こるだろう」と言う。台湾宜蘭《ぎらん》県の一九六九年の総水揚げ高は、五万六〇〇〇トン、サバだけで一万七〇〇〇トンで、そのうち尖閣諸島漁場の分は一万二〇〇〇トンであるという。

領土問題と漁業問題は区別できるので、台湾漁民の尖閣諸島付近での操業に配慮することはできるだろう。二〇一三年四月に締結にこぎつけた日台漁業協定はそうした立場からのものである。ただし、この協定では、沖縄漁民の安全と操業権が保障されていないという声があがっており、日台双方の当局者がていねいに配慮すべきである。

②「最高裁判決」問題

> 月刊『明報』資料室編「釣魚台列島はわれわれのもの」には、「日本の最高裁はある判決の中で、釣魚台列島が台北州の管轄であることを確定している」(『中国』一九七二年二月号)と書いている。

奥原敏雄は「だいたい尖閣列島の領海内は、戦前戦後を問わず漁業権が設定されているような水域ではなかった」こと、戦前であれば「最高裁判所」ではなく、「大審院」であること、「その前に事件が下級審で審理されたはず」なのに、そのことに「まったく触れていない」こと、「台北州の管轄に属し、尖閣列島の一部でない島嶼―花瓶嶼あたりを魚釣島か久場島と錯覚したものと思われる」(『中国』一九七一年六月号）と指摘している。

また、黄銘俊『規復釣魚台』所収の蔡翼論文も、「一九四一年」、「沖縄県政府は『尖閣列島』の管轄問題で台湾総督府のもとにある台北州を争い」、東京の「最高法院」は、「『尖閣列島』の管轄権は台北州にあることになったが、もしも当時の東京最高法院のこの判決が事実であれば（判決書は封蔵されている）、第二次大戦のカイロ宣言、ポツダム宣言および日本の無条件降伏書に基づき」、台湾・澎湖および周辺島嶼（釣魚台列島）は一緒に中華民国に返還されるのである」（黄銘俊六七頁＝参103）と述べている。

しかし、蔡翼の「これが事実であれば」という書き方は、この「判決」を自分で確認していないことを意味している。これは、無責任な議論の仕方である。

要するに、これは根拠不明の話にすぎない。

③中華民国は釣魚台列島を組み入れなかった　『明報』論文は、「台湾が光復し、わが政府が台北州行政区を接収した時、釣魚台列島を管轄内に組み入れなかったのは、誤りだった」と述べている。中華民国が「釣魚台列嶼」の行政区画を「宜蘭県頭城鎮大渓里」に組み入れるのは、二〇〇八年のことだった。

表4．「冊封使録」一覧　ここに「冊封使録」一覧を示す。出典は原田八〜九頁である。林鴻年・高人鑑（一八三八年）を除く。

	実録紀年		世譜紀年		冊封使録
清朝	同治四年	一八六五年	同治五年	一八六六年	趙新『続琉球国志略』
	嘉慶一二年	一八〇七年	嘉慶一三年	一八〇八年	斉鯤・費錫章『続琉球国志略』
	嘉慶四年	一七九九年	嘉慶五年	一八〇〇年	李鼎元『使琉球記』
	乾隆二〇年	一七五五年	乾隆二一年	一七五六年	周煌『琉球国志略』
	康熙五七年	一七一八年	康熙五八年	一七一九年	徐葆光『中山伝信録』
	康熙二一年	一六八二年	康熙二二年	一六八三年	汪楫『冊封疏鈔』『中山沿革志』『使琉球雑録』
	順治一一年	一六五四年	康熙二年	一六六三年	張学礼『使琉球紀』『中山紀略』
明朝	崇禎二年	一六二九年	崇禎六年	一六三三年	胡靖『琉球図記』（『杜天使冊封琉球真記奇観』）
	万暦三〇年	一六〇二年	万暦三四年	一六〇六年	夏子陽『使琉球録』
	万暦四年	一五七六年	万暦七年	一五七九年	蕭崇業・謝杰『使琉球録』
	嘉靖三七年	一五五八年	嘉靖三七年	一五六一年	郭汝霖・李際春『重編使琉球録』
	嘉靖一一年	一五三二年	嘉靖一三年	一五三四年	陳侃『使琉球録』

「実録紀年」は、冊封使任命の年。「世譜紀年」は、冊封礼挙行年。

2-2-2. 郭生論文

郭生「釣魚島等の領土主権と油源開発問題」（香港『七〇年代』一九七一年三月号）は、中華民国の分類でよいかどうか不明だが、楊仲揆《き》論文に類似しているので、ここで取り上げる。『中国』一九七一年二月号に邦訳があり、『朝日アジアレビュー』一九七二年夏号に抄訳がある。

郭生は、まず①釣魚島等は「台湾省の付属島嶼《しょ》」であり、「昔から台湾と一体で中国領土」と主張する。

郭生は、その根拠は述べていないが、この「釣魚島等＝台湾付属島嶼」論はその後、踏襲されてゆく。

次に、②「大正島」という名称は、「日本が中国の台湾省を奪った後に無理にこれらの島につけた名である」、「この島は台湾の付属島嶼の一つで、決してもとから日本あるいは沖縄に属していたものではない」、「カイロ宣言等の国際協定によって」台湾省が中国に帰り、「台湾省の付属島嶼」も中国に帰ったのだ、と言う。

「大正島」が大正時代につけられた名であることは、事実である。しかし、だからと言ってそれが台湾の付属島嶼であることを証明するものではないし、カイロ宣言等に尖閣諸島の名があげられているわけではなく、カイロ宣言とは関係がない。

郭生は、続いて楊仲揆同様、③「中国の古籍の記載」をあげる。陳侃の『使琉球録』から「平《へい》嘉《か》山を過ぎ、釣魚嶼《ちょうぎょしょ》を過ぎ、黄尾嶼《こうびしょ》を過ぎ、赤尾嶼《せきびしょ》を過ぐ」、「一日夕、古米山《くめじま》を見る。すなわち琉球に属するものなり」を引用し、これは琉球の『中山世鑑』に引用されており、郭汝霖の使録にも同様の記載があると言い、「これから見ると、平嘉山、釣魚嶼、黄尾嶼、赤尾嶼はすべて中国の海域にあって、すべて中国の領土であることがわかる」と結論する。

「これから見ると、平嘉山、釣魚嶼、黄尾嶼、赤尾嶼はすべて中国の海域にあって、すべて中国の領土であること」は、わからないのである。楊仲揆論文同様、論理不在のお粗末な落第論文である。

次は、林子平の『三国通覧図説』が「釣魚台等は琉球の範囲に属さないことを指示」していると言う。

林子平の地図は不正確だっただけのことである（本書Ⅱ－4－2参照）。

郭生は、次に程順則の『指南広義』（参17）が「古米山《くめじま》は琉球の境界外であることを明らかにしている」と言う。

しかし、程順則も釣魚嶼や古米山が航海の目印と述べているだけで、古米山（久米島）が中国領だなどとは言っていないのである。

領有決定以前の地図になくても当たり前　次に郭生は、④「日本の史籍と地図にこれらの島はない」とする。

（イ）一六一〇年に島津藩が宮古島・八重山を調べたが「釣魚島などには行っていない」と言う。

これは、日本政府による尖閣諸島領有決定以前のことである。領有決定以前に調査に行っていなくても、その当時の日本地図に尖閣諸島がなくても当たり前のことである。

（ロ）『沖縄志』（一八七九年）付図にも釣魚島などの島はない、と言う。

わたしは現物確認をしていないが、これも日本政府による尖閣諸島領有決定以前の地図である。

（ハ）『沖縄県治要覧』（一九一二年）、沖縄県「維新史料編纂会」編「沖縄管内地図」（一九一三年）、大日本地理学会『大日本府県並に地名大鑑』（一九三九年）、「日本沖縄宮古八重山諸島地質見取図」、『沖縄県物産検査所年報』、『一九六五年臨時国勢調査報告』、日本国会図書館収蔵『沖縄統計表冊』などには、釣魚島や尖閣列島の図や文はない。「これから見ても釣魚などの島は琉球（あるいは沖縄）に属していたこともなければ、さらには日本にも属したことがないことを証明している」と論ずる。

これらは、日本政府による尖閣諸島領有決定以後のものである。わたしは、やはり現物確認をしていないが、島名の記載がないとしても、小島で重視されていなかっただけのことで、ほかに尖閣諸島の島名を記載した資料はたくさんあるのだから、島名の記載がないものだけを集めて「琉球（あるいは沖縄）に属していたこともなければ、さらには日本にも属したことがないことを証明している」などと結論するのは、無茶苦茶の域に属する。

> 郭生は、次に「地質から見た海域の主権」を論ずる。曰《いわ》く、「中国の浅海海域は中国のもので、この浅海海域内の釣魚などの島もまたそうである」、「中国海域の地下資源とその主権は当然中国に帰すべきもの」と言う。

これは、領土と海底資源主権を混同した議論である。大陸棚に存在する島々はすべて沿岸大陸国の領土だなどという国際法は存在しない。また、大陸棚に存在する島々にも海底資源主権を要求する権限があるというのが、世界の常識である。

> 郭生は、「釣魚などの島の周辺海域は昔から台湾人民の主要漁場と避難港の一つ」だったと言う。

台湾漁民が尖閣諸島周辺に出漁するようになったのは、台湾が日本の植民地になった大正時代以降のことで、それ以前にはなかったと指摘されていることは、楊仲揆論文の項で述べた（本書一三一頁）。

郭生は、次に⑤「合作開発」（共同開発）を問題とし、日本が領有権を「暫時『凍結』し」、台湾と海底資源の共同開発を語っていると言い、その「目的」は「軍国主義に基づき資源を略奪」し、これらの島を「日本の版図に入れること」と決めつけ、共同開発に反対している。

資源の「共同開発」論は結局、領有権問題に妨げられる運命にある。領有権問題を棚上げにしたままでは、資源の「共同開発」論は成立しないのである。

郭生／明清・琉球・日本史料五点　郭生は、明清・日本文書について次の五点をあげた。

①陳侃『使琉球録』、②郭汝霖『重編使琉球録』、③向象賢『中山世鑑』、④程順則『指南広義』、⑤林子平『三国通覧図説』。

2-2-3. 邱宏達論文

邱《きゅう》（丘）宏達（台湾国立政治大学客員教授兼台湾大学政治学研究所兼任教授、国際法）「日本の釣魚台列嶼に対する主権問題の論拠の分析」（香港『明報』一九七一年三月号）は、『朝日アジアレビュー』に抄訳が収録されている。

日本・琉球の史籍・地図

（1）邱宏達は、まず「一八九五年以前の日本琉球の史籍および地図のうち釣魚台列嶼の帰属に関する記載」で、「大体において一八九五年（日本が台湾を占領した年）以前に日本で刊行された地図には、ほとんど釣魚台列嶼を琉球の範囲に入れていない」と言い、関口備正編『府県改正大日本地図』（一八七五年）、井出猪之助編『大日本地理全図』（一九世紀出版）、紫金大夫協理総理司蔡鐸献上『中山世譜』（一七〇一年）、琉球『歴代宝案』、西村捨三『南海紀事外編』の名をあげている。

邱宏達は、一八九五年を「日本が台湾を占領した年」と言うのだが、事柄は尖閣諸島の領有問題なのだから、「日本が台湾を領有したのは一八九五年六月以降のこと」で、「尖閣諸島を日本が領有したのは一八九五年一月」と正確に言うべきである。その年以前に出た地図で尖閣諸島を記載したものが少ないことは当たり前である。言い方があいまいなのは、「尖閣諸島領有」が日清戦争の結果であるという印象を与えるためである。

歴史文書の扱い方

続いて邱宏達は、井上馨《かおる》外務卿が一八八〇年一一月一三日に三条太政大臣に提出した文書の付属文書を引用する。それによると、「大清国、大日本国は公同商議し、沖縄島以北が大日本国の管理に属するのを除き、その宮古・八重山《やえやま》二島は大清国の管轄に属する……」（引用文漢文を試訳した）と書かれている。

これは、日清交渉において日本側が提案した「沖縄分島案」と見られる（本書Ⅰ-1参照）。

> 邱宏達はこの文書によって「一八九五年に日本が台湾を占拠する以前には、釣魚台列嶼《しょ》が琉球に属さないことを証明することができる」と言ってしまう。

歴史文書を扱うときには、それがどういう性格の文書であるかを見なければならない。「琉球分島案」は、ただの「案」である。しかも、尖閣諸島には言及していない。それなのに、そんなことには頓着せず文字づらだけから「釣魚台列嶼が琉球に属さないことが証明」できたと思ってしまうとは、邱宏達は「ハーバード大学法学博士」なのだそうだが、ハーバード大学ってたいしたことないんだということがわかる。日本の大学なら落第論文である。しかし、こんな邱宏達にも偉いところがある。

> 邱宏達は、この文書だけでは「反対に該列嶼が中国に属するということを証明することができない」と認めるのである。

この点では、楊仲揆や郭生のお粗末落第論文とは違う。立派である。やはり、「ハーバード大学法学博士」は違う、か。

> 次に邱宏達も、林子平の『三国通覧輿地路程全図』によって「釣魚台列嶼も『赤色』であるから当然中国領土として表わされている」とする。

林子平地図は不正確であった、だけの話である。詳しくは、本書Ⅱ‐4‐2井上清の項で扱う。

日本の領有経過

（2）邱宏達は、「日本の釣魚台列嶼不法占拠の経過」を論ずる。邱宏達は、『日本外交文書』から「久米赤島、久場島、魚釣島の版図編入経過」を引用し、山県有朋《やまがたありとも》内務卿が一八八五年に沖縄県知事から「国標建設」の上申があったことについて井上馨外務卿に意向を尋ね、井上が見合せるよう回答したこと、一八九〇年に沖縄県知事から三島を「同県の所轄」とし、「国標建設」するよう上申があり、一八九四年に内務大臣が外務大臣と協議し、一八九五年に閣議決定に及んだ経過を辿り、一八九三年にも沖縄県知事が領土標識の建立を上申したが、日本政府はこれに応えなかったことは「重要」とする。

この経緯は、その通りである。

邱宏達は、一八九四年の外務大臣文書が「その当時と今日とは事情も相異候《あいことなりそうろう》に付《つき》」としてゴー・サインを出したのは、日清戦争の大勢が決していて「釣魚台列嶼を版図に入れるのに何ら清朝の態度を顧慮する必要がなかった」からだし、「このような状況下で中国がもし日本に対して釣魚台列嶼の不法占拠行為に異議をはさんでも、法律上すでに何の意味もない」と述べている。

これは、清朝が抗議しなかったことを合理化することが目的である。

日清戦争の帰趨は、当時の日本政府が尖閣諸島領有を決定するか否かの判断に影響したとわたしは見るが、清朝に抗議する意思があれば抗議を妨げるものではなかっただろうし、抗議する意思がなかったから抗議しなかったのだろう。

邱宏達は、日本による尖閣諸島領有は「ある程度以上に下関条約中の割譲条項によってその法的根拠を確定したものと認めることができる」と主張する。

「ある程度以上」とは、法律家の言葉づかいとしてはありうるのかもしれないが、われわれ門外漢から見ると、あいまいであり、なぜ「法的根拠を確定したものと認めることができる」のか、納得できない。日清講和条約のどこにも、尖閣諸島に関する言及はないのである。

次に邱宏達は、日本の「先占行為は内閣の決議によるもので、明らかに内部的行為である。この内部のみの非公開的行為は、対外的に効力があるだろうか」と主張する。

閣議決定が一八九五年一月決定の段階では公開されなかったのは事実のようであるが、日本の奥原敏雄のような国際法学者は「公開の必要はない」とし、「国家による領有意思」と「実効支配の事実」が重要であり、実効支配の事実は十分証明されている（『朝日アジアレビュー』）とする。

「勅令第一三号」1

さらに邱宏達は、天皇による一八九六年四月の「勅令第一三号」は「尖閣列島が沖縄に属するとは言っていない」と指摘する。

その通りである。

一八九六年「三月五日」付けの「勅令第一三号」は、内閣官報局が発行した『官報』第三千八百四号（明治二九年〈一八九六年〉三月七日）によれば、「朕《ちん》沖縄県の郡制に関する件を裁可し茲《ここ》に之《これ》を公布せしむ」とあり、「那覇・首里両区の区域を除く外沖縄県を画して左の五郡とす」として、島尻郡、中頭《なかがみ》郡、国頭《くにがみ》郡、宮古郡、八重山《やえやま》郡とした（原文カタカナはひらがなに、旧漢字は常用漢字に改めた。以下、同じ。参37）。久米島・大東島等は島尻郡に所属すると明記されたが、尖閣諸島はその名称は記載されなかった。

ここでは、勅令第一三号の日付は「三月五日」、「公布」は「三月七日」であったことを確認しておこう。

この件を取り上げたのは、邱宏達が最初のようで、その後、井上清がこれを取り上げる。

この点については、日本の外務省・法学者は、尖閣諸島は「八重山諸島」に含まれると解することに疑問はないと説明する。

国際法1　邱宏達は、ラウテルバハト改編・オッペンハイム著『国際法』が「有効な先占には二つの重要な事実すなわち占有と管理の二点が必要である」とし、「日本は公告、植民あるいはその他の行為を行なっていない」とする。

この点も、日本の法学者は「先占と管理」を行なってきたと主張している。

例えば、尾崎重義は①古賀辰四郎による尖閣諸島の利用の実態をあげ、「明治二九年（一八九六年）以後の古賀による尖閣諸島の開拓は、私人によるものであるが、政府の許可と奨励に基づく」ものであり、その活動を通じて国の統治権は有効に尖閣諸島に及んでいた」、②日本政府による尖閣諸島の国有地指定、行政所属指定、地番付与、沖縄県土地整理法の適用と実地測量、海図への記載、測量船による測量、沖縄県営林所による実地測量、国有林野法の適用、沖縄県統計書・県勢要覧等の文書への記載、学術調査の実施、一九一九年の中国漁船遭難救援、一九四〇年民間航空機の不時着に対する八《や》重《え》山《やま》警察署による救援活動、一九四五年漂流石垣町民に対する救出活動などの事例をあげ、「尖閣諸島に対するわが国の統治権の行使には時期によって若干の精粗が見られるが、明治二八年（一八九五年）以後太平洋戦争終了の時まで、わが国の統治権が中断することなく一貫して及んでいたことは疑問の余地はない」（『レファレンス』）と指摘している。

（3）邱宏達は、「日本が再度釣魚台列嶼《しょ》を不法占拠しようとしている根拠」を論ずる。

邱宏達は、①大正四年（一九一五年）の日本の台湾総督府殖産局編纂『水産』に、「『尖閣列島の漁場……台湾を根拠地とする鰹《かつお》漁船……最重要の遠洋漁場の一つ』とあり、またそれに漁場図が付されていて、明白に釣魚島が台湾の『真鰹《まながつお》漁場』の範囲に入っている」とする（「……」は引用者邱宏達による省略）。

この点については、奥原敏雄・尾崎重義がすでに述べているように、一九一五年の台湾は日本領であり、日本国籍者としての操業であったのであり、これをもって「尖閣諸島は台湾の漁場」と言うことはできない（本書一三一～一三二頁）。

邱宏達は、②日本が台湾・釣魚台列嶼を「占拠」していた時期は「沖縄の範囲」に入っており、沖縄返還協定にも釣魚台列嶼は返還の範囲に入っていることを認め、さらに「米国は日本の琉球に対する潜在（剰余）主権を認めている」ことを確認した上で、次のように反論する。

（イ）「日本が釣魚台列嶼を琉球（沖縄）の管轄に帰属」させたのは、下関条約（一八九五年）以後のことで、「日本の国内的な行為」なので、「中国が失地を回復する時の権利を拘束することはできない」。

しかし、日本による領有決定ののちに行政上の管轄を決めたのは領有意思を明示したことであり、管轄している事実を明示することである。

邱宏達は、続けて言う。

（ロ）日本は一九五二年四月二八日に結んだ日華平和条約で「日本は一九四一年一二月九日以前の日中条約の失効を承認した。下関条約も当然この中に入る。」

日本は一九五二年四月二八日に結んだ日華平和条約で「日本は一九四一年一二月九日以前の日中条約の失効を承認した」。その中に「下関条約も当然この中に入る」だろう。しかし、尖閣諸島の日本による領有は下関条約に基づくものではない。

（ハ）「日本が台湾を占領した後も、台湾漁民は長期にわたって該列嶼および付近の漁場を使用した」。

すでに見たように、台湾漁民による尖閣諸島付近への出漁は、大正時代以降のことであり、「日本国民」としての出漁だった（本書一三二頁）とされる。

（ニ）「米国は琉球を日本に『返還』する場合は、ポツダム宣言を決めた中国政府を協議に参加させた上、どの島を返還するか、どの部分を中国に帰還させるか、あるいはその他の処置について決定を行なうべきである。」

しかし、米・英・中・ソによる協議は行なわれなかっただけでなく、一九四五年のアメリカによる沖縄占領に中華民国国民政府は賛成したのであり、抗議も行なわなかった。尖閣諸島を中華民国が要求しだしたのは一九七〇年になってからのことであり、後出しジャンケンにすぎない。

（4） 邱宏達の「結論」。

①「釣魚台列嶼は一八九五年以前においては、琉球群島の一部ではなかった。」

これは、地理的関係と領土的関係の混同である。釣魚台列嶼は一八九五年以前には日本領ではなかったと言うべきで、地理的名称も領土的区分に従属する場合が多い。

②日本による釣魚台列嶼の「不法占拠」は下関条約と「密接な関係」があるが、「筆者の捜収したこの方面の資料はまだ十分とは言えない。」

日本による尖閣諸島の領有と下関条約は、法的には関係がない。邱宏達の「資料」は「不十分」なのではなく、下関条約の理解がまちがっているのである。

③日本側の「先占」論は、「事実上にも法律上にも相当大きな穴がある。」

日本の国際法学者と邱宏達およびその他台湾・中華人民共和国の国際法学者との間には「先占」についての理解に大きな開きがある。どちらの側に「事実上にも法律上にも相当大きな穴がある」のか、公開討論を行なってはいかがであろうか。

④「少なくとも、ある日本の資料には釣魚台列嶼は、一八九五年以前には中国に属したと明示してある。」

「ある日本の資料」とは、林子平地図などを指しているのであろうが、それは不正確な地図だったのであり、尖閣諸島が中国領であることの証拠にはならない（本書Ⅱ-4-2-2参照）。

邱宏達／明清・琉球・日本史料二点　邱宏達は、明清・琉球・日本文書について次の二点しかあげていない（日本地図類等を除く）。

①蔡温『中山世譜』、②林子平『三国通覧図説』。

2-3．中華民国外交部声明（一九七一年）

2-3-1．中華民国外交部声明（一九七一年四月二〇日）

中華民国外交部は一九七一年四月二〇日、次の声明を発表した。

①「中華民国の釣魚台列嶼《しょ》に対する領土主権は、歴史、地理、使用、法理のいかなる観点からいっても、疑問の余地がない。」「第二次世界大戦後、同列嶼は、米国が軍事占領はしたが、当時、

わが政府は、海域安全の共同保衛のため必要な措置として、これを認めた。」
②「しかし、最近、米国政府が、将来、琉球を日本に返還するに当たり釣魚台列嶼もそれに含めようとしているので、わが政府は、これに強力な反対をしている。」
（ほか略。）（浦野二三五～二三六頁）。

これについて、コメントしておこう。
①ここでは、中華民国が尖閣諸島に対する領有権を主張する根拠として「歴史、地理、使用、法理」をあげていること、第二次世界大戦後、アメリカが沖縄を「軍事占領」したことを「必要な措置として、これを認めた」と言っていることに留意しておこう。中華民国は、アメリカによる尖閣諸島軍事占領に同意していたのである。
「歴史、地理、使用、法理」という論法は、その後、中華人民共和国政府によって踏襲される。
②沖縄返還協定が返還の範囲に「釣魚台列嶼」（尖閣諸島）を含めようとしていることに中華民国政府が反対したのは、事実であるが、中華民国が一九四七年に「琉球」（沖縄）の返還を要求していたのとくらべると、一九七一年には「琉球返還」は要求していないという違いがある。

２−３−２．中華民国外交部声明（一九七一年六月一一日）
一九七一年六月一一日、中華民国外交部は、同じく沖縄返還協定に関連して次の声明を発表した。

①カイロ宣言・ポツダム宣言に基づき、「琉球群島の未来の地位は、明らかに主要同盟国によって決定されるべきである」。サンフランシスコ平和条約によって「琉球群島の法律地位およびその将来の処理については、すでに明確に規定されている。」

②「中華民国政府は、米国の釣魚台列嶼《しょ》を琉球群島と一括して移管する意向の声明に対し、とくに驚いている。該列嶼は、台湾省に付属して中華民国領土の一部を構成しているものであって、地理的位置、地質構造、歴史的連係、ならびに台湾省住民の長期にわたる継続的使用の理由に基づき」、「中華民国政府は」「絶対に微小領土の主権を放棄することはできない」（浦野二三五〜二三六頁）。

これについて、コメントしておこう。

①カイロ宣言・ポツダム宣言に基づき、「琉球群島の未来の地位は、明らかに主要同盟国によって決定されるべき」だったかもしれないが、複数「主要同盟国」（米・英・中華民国・ソ連）は琉球の帰属については何ら「決定」せず、「主要同盟国」の一つであるアメリカがこれらを占領し、中華民国はこれを支持したのであった。その後、「主要同盟国」の一つであるアメリカが日本に返還すると「決定」したのである。カイロ宣言・ポツダム宣言が沖縄の帰属について言及していないという事実は、一九四七年『申報』が認めていたことは、すでに見たところである（本書一〇四〜一〇五頁）。

これに対して、一九七一年六月一一日「中華民国外交部声明」は一九七一年四月二〇日「中華民国外交部声明」とは違って中華民国は「琉球」に対する領有権主張を保留しているわけである。

②中華民国政府が「釣魚台列嶼」（尖閣諸島）の領有権を主張する根拠として一九七一年四月二〇日「中華民国外交部声明」同様、「地理的位置、地質構造、歴史的連係、ならびに台湾省住民の長期にわたる継続的使用」をあげていることを確認しておこう。

3.「中華人民共和国外交部声明」（一九七一年一二月三〇日）

中華人民共和国外交部は一九七一年一二月三〇日、「釣魚島などの主権に関する中華人民共和国外交部声明」を発表し、はじめて公式に釣魚島（尖閣諸島）は「中国の固有の領土」と主張した。その論点は、次の通りであった。

（1）米・日両国の国会は「沖縄返還協定」を採択し、「釣魚島などの島嶼《しょ》をその『返還区域』に組み入れた。これは、中国の領土と主権に対するおおっぴらな侵犯」であり、これは「日本の軍国主義復活に拍車をかけるための新しい段取りである」。中国は「沖縄の無条件かつ全面的な復帰を要求する日本人民の勇敢な闘争を支持する」。

（2）「釣魚島などの島嶼は、昔からの中国の領土」で、明《みん》代にこれらの島嶼は「中国の海上防衛区域に含まれて」いた。

（3）「中国と琉球のこの地区における境界線は、赤尾嶼《せきびしょ》と久米《くめ》島との間にある」。

（4）「中国台湾の漁民は、昔から釣魚島などの島嶼で、漁撈に携わってきた」。
（5）「日本政府は、中日甲午戦争（日清戦争）を通じて、これらの島をかすめ取」った。
（6）第二次世界大戦後、日本政府は「台湾の付属島嶼である釣魚島などの島嶼を米国に渡し、米国政府は、これらの島嶼に対していわゆる『施政権』をもっていると、一方的に宣言した」が、これは「非合法」である。
（7）「釣魚島・黄尾嶼・赤尾嶼・南小島・北小島などの島嶼は、台湾の付属島嶼である」。
（8）「中国人民は、台湾を解放する！　中国人民は、かならず釣魚島など台湾に付属する島嶼をも回復する！」（浦野二三九〜二四〇頁）。

これらの論点は、すべて今日まで引き継がれている。これらの主張については、一九七二年井上清、一九九六年『法制日報』論文、同年『人民日報』論文および二〇一二年中国国務院文書に対するコメントの中で取り上げる。

中華人民共和国は、一九五〇年五月に①「琉球（沖縄）の返還」を要求するかどうか、②「尖閣諸島を台湾に付属」させるかどうかを外交部内で問題提起していたが（本書I - 3参照）、「琉球」の帰属については一九五三年一月八日『人民日報』で「日本帰属」と表明し（本書I - 3参照）、「尖閣諸島」も「琉球」の一部としていたが、一九六九年エカフェの調査結果発表をうけ、中華民国の動きや主張の論点も見すえた上で、中華人民共和国としては一九七一年一二月に、①沖縄に関する領土要求は当面、行なわない、②「尖閣諸島は台湾に付属するものと主張する」との結論に達したものと見られる。

これは、中華人民共和国が一九六九年ダマンスキー（珍宝）島での中国軍によるソ連軍奇襲事件を経て反ソ反米戦略から反ソ第一主義に転換したのちの政策選択であり、さらに米・日に接近する戦略に転換する直前の政策であった。翌一九七二年には、ニクソン米大統領訪中（七月）、日中国交樹立（九月）が実現する。

中華民国と中華人民共和国は一九七〇年に尖閣諸島の領有権を主張し始め、一九七一年に尖閣諸島の領有権を公式に主張し始めたのだが、一九六九年国連エカフェの発表後まもなく、そうした主張の検討を内部的に開始し、固め始めたものと思われる。その検討過程は、まだ伏せられたままだが、公開されるべきである。

4．井上清（一九七二年）

井上清（京都大教授）は、一九七二年に集中的に尖閣諸島問題を論じ、尖閣諸島は中国の領土だと主張した。①「釣魚列島（〝尖閣列島〟）等の島嶼は中国の領土である」（『日中文化交流』一九七二年二月一日号＝参53）、②「釣魚列島（尖閣列島等）の歴史と帰属問題」（『歴史学研究』第三八一号、一九七二年二月号＝参53）、③「釣魚諸島（「尖閣列島」など）の歴史とその領有権（再論）」（『中国研究月報』

一九七二年六月号＝参53）を発表し、中華人民共和国では一九七二年五月四日『人民日報』（参58）は『日中文化交流』月刊論文を、同日『光明日報』（参58）が『歴史学研究』論文を全訳した。

井上は、さらに④単行本『釣魚諸島の史的解明――「尖閣」列島』（現代評論社　一九七二年一〇月＝参60）を出した。それは「第一部　釣魚島の歴史と領有権」全一五節と「第二部　日本歴史のなかの沖縄」全四節、全二七八頁からなる。同書の第一部は、『中国研究月報』論文に手を入れたものとのことである。同書第一部は、同じ書名で第三書館（一九九六年一〇月、全一五三頁＝参60）から出ており、後者の方が入手しやすいので、本書ではこれを使用し、引用頁数も一九九六年版による（「井上書」と略称）。

さらに、単行本の中国語訳が三種類出ている（『釣魚列島的歴史和主權問題』香港七十年代雑誌社一九七三年二月。『关于钓鱼岛等岛屿的历史和归属问题』北京　内部资料　一九七三年。『釣魚列島的歴史和歸屬問題』香港　一九九〇年。浦野二三頁＝参68による）。これらとダブるかどうかわからないが（まだ入手できていないので）、贾俊琪译『钓鱼岛的历史与主权』（新星出版社）がある。

初出論文三本と単行本の間には、若干の異同があるが、本書では単行本を主たる検討対象とする。井上によると、尖閣問題に取り組んだのは「日本帝国主義に反対」するためだそうである。井上が、『日本及日本人』一九六九年一二月号と『季刊沖縄』一九七〇年三月号の奥原敏雄論文などを読んでいたかどうかはわからないが、「中国の会」が出していた月刊誌『中国』一九七一年六月号奥原論文「尖閣列島の領有権と『明報』論文」を読んでいることは『日中文化交流』一九七二年二月一日号に書かれており、『朝日アジアレビュー』一九七二年夏号奥原論文を読んでいたことも『中国研究月報』論文に書かれている。井上は、奥原論文を知りながら一九七二年一〇月に井上書を出版したのである。

井上清の議論は、すべて井上が開拓したわけではなく、楊仲揆・邱宏達らの前史があることはすでに見たが、井上清の議論はその後の中華人民共和国の「釣魚島＝中国の固有の領土」論の主な原型になっていると見られている。

ところが、二〇一二年九月反日騒動以降に出た「尖閣」本・「領土」本では、志位和夫（参100）、豊下楢《なら》彦（参101）、石平《せきへい》（参104）、孫崎享《うける》（参106）、横山宏章・王雲海（参108）などが井上書についてまったく論及せずに「尖閣」を論じている。それは、「尖閣」論としてはいかがなものであろうか。井上の果敢な奮闘に対していささか失礼ではあるまいか。また、奥原敏雄（参48、49、51、59）、尾崎重義（参61）、緑間栄（参64）、芹田健太郎（参70）、原田禹雄《のぶお》（参75）らによる的確な「尖閣諸島＝中国領」論批判にもまるで触れることがないということも、失礼な話である。もっと論争史・研究史を大切にすべきである。

井上の議論の骨子は、次のように要約できる。

①釣魚諸島は明代・清代から中国領だ。

②日本の主張する「無主地先占の法理」は成り立たない。

③日清戦争で日本は釣魚諸島を「盗んだ」。

同書は、中国の「釣魚島＝中国領」論に大きな影響力を持ったと見られるので、詳しく検討することにしよう。

4－1．井上の政治的スタンス

中国は、一九六六年から一九七六年にかけて文化大革命を行なっていた。中国共産党毛沢東派は、文革に同調しない日本共産党をアメリカ帝国主義・ソ連修正主義と並ぶ「四つの敵」の一つにまで祭り上げて激しく攻撃していた。当時、毛沢東崇拝・文化大革命礼賛に走った井上は、同じく激しく日本共産党を非難した。その後、中国共産党は文革を毛沢東の誤りと断罪し、さらに中国共産党と日本共産党の関係は一九九〇年代の末に修復されたが、中国共産党は尖閣諸島問題については井上の議論をほとんど踏襲し続けている。

井上は、日本政府・与党・社会党・共産党・『朝日新聞』はじめマスコミ諸紙による「尖閣諸島は日本領」との主張に「日本帝国主義の再起の危険性を強く感じた」（はしがき）と言う。現在、中国が尖閣諸島問題を論ずるときにも、その重点として「日本軍国主義の復活」が強調されている。

井上書第一節「なぜ釣魚諸島問題を再論するのか」

> 井上は、「日本軍国主義の復活に反対と称する日本共産党も、佐藤〔栄作〕軍国主義政府と全く同じく、いやそれ以上に強く、『尖閣列島』は日本領だと主張し、軍国主義とにせ愛国主義熱をあ

おり立てるのに、やっきとなっていた」（井上一四～一五頁）、「社会党も……政府および反中国の日共と全く同じ」（井上一四頁）と言う。

井上は、尖閣諸島に「軍事基地をつくれば、それは中国の鼻先に鉄砲をつきつけたことになる」、「ミサイル基地をつくることもできる」、「潜水艦基地もつくれる」（井上一一頁）、尖閣諸島に関する「歴史的事実と法理」を明らかにすることは「アジアの平和をもとめ、軍国主義に反対するたたかいにとっては、寸刻を争う緊急の重大事」（井上一二頁）と述べ、同書執筆の動機と目的を語っている。

井上は、著書の目的の「第一は釣魚諸島はもともと無主地でなくて中国領であった、ということを確認すること」（井上一六頁）、「第二は、日本がここを領有した経過と事情を明らかにすること」（井上一七頁）だとする。

しかし、日本はその後、今日に至るまでここに軍事基地はつくらなかった。逆に、井上はここが中国領になったら、中国の軍事基地がつくられるとは思わないようである。京都大学には、時々こうした不思議な革命家気取りの学者が現れる。

井上書第二節「日本政府などは故意に歴史を無視している」

日本はいつ領有を主張し始めたのか

井上は、「現在の釣魚諸島領有権争いにおいて、日本側が最初に、公的にその領有を主張したのは、一九七〇年八月三一日、アメリカの琉球民政府の監督下にある琉球政府立法院が行なった、『尖閣列島の領土防衛に関する要請決議』であった」（井上一八頁）とする。

井上は、琉球政府がこの立法院決議をうけ、一九七〇年九月一〇日、声明「尖閣列島の領有権および大陸棚資源の開発権に関する主張」を発表し、九月一七日、声明「尖閣列島の領土権について」を発表したという経緯を辿り、琉球政府九月一七日声明が、

（1）『中山伝信録』『琉球国志略』『琉球国中山世鑑』に釣魚島の名が見えるが、いずれも「尖閣列島が自国の領土であることを表明したものはありません」、林子平の『三国通覧図説』は釣魚台・黄尾嶼・赤尾嶼を中国領であるかのように扱っているが、林が依拠したのは『中山伝信録』であり、この航海図から「これらの島々が中国領であることを示すいかなる証拠も見出しえない」、この列島は「国際法上の無主地であった」と述べていること、

（2）「明治一七年（一八八四年）ごろから古賀辰四郎がこの地でアホウ島の羽毛や海産物の採取事業をはじめた」と述べていること（井上二〇頁）、

（3）「一八九五年（明治二八年）一月一四日閣議決定で、沖縄県知事の上申通り標杭を建設させることにした」と述べていること（井上二〇～二一頁）、

（4）「この閣議決定にもとづいて、明治二十九年四月一日、勅令第十三号を沖縄県に施行されるのを機会に、同列島に対する国内法上の編入措置が行なはれています」（井上二一頁）と述べていること

をあげ、この声明は「ひじょうに多くの重大なごまかしやねじまげがあり、また重要な事実を、故意にかくしている」（井上二一頁）とする。

井上は、「一八八五年（明治一八年）、沖縄県令らがこの地は中国領かもしれないという理由で、直ちにこれを日本領とすることにちゅうちょしたのに対して、内務卿山県有朋《やまがたありとも》が即時領有を強行しようとして」、「これらの島は『中山伝信録』に見える島と同じであっても」、清国船の針路の手がかりにすぎず、「『別に清国所属の証跡は少しも相見へ申さず』（井上二二頁）と主張したことのくりかえしにすぎない」（井上二二頁）と述べている。

ここで井上が「現在の」と言っているのは、「一九六九年以降」の意であろうが、日本政府が尖閣諸島の領有を主張したのは、一八九五年以来のことである。

井上は、頭から「沖縄県令らがこの地は中国領かもしれないという理由で、直ちにこれを日本領とすることにちゅうちょした」と言うが、沖縄県令らの文書は尖閣諸島が「中国領かもしれない」などとは言っていない。井上は、自分の思いこみを歴史資料に書きこんでしまうのである。これは、史料の誤読の部類に属する。

4－2．「明代《みん》・清代《しん》から中国領」論

井上は、日本史研究者で中国史の専門家ではないと自認しているが、明朝・清朝の史料も渉猟して尖閣諸島は中国領であると主張する。

井上清／明清・琉球・日本史料一四点　井上が取り上げた明清・琉球・日本史料は、次の一四点である。

①『順風相送』、②陳侃《かん》『使琉球録』、③郭汝霖《りん》『重編使琉球録』、④程順則『指南広義』、⑤林子平『三国通覧図説』、⑥徐葆《ほう》光『中山伝信録』、⑦羽地按司《あじ》朝秀（向象賢）『琉球国中山世鑑』、⑧胡宗憲『籌海図編』、⑨汪楫《おうしゅう》『使琉球雑録』、⑩夏子陽『使琉球録』、⑪周煌《こう》『琉球国志略』、⑫李鼎元《てい》『使琉球録』、⑬斉鯤《こん》『続琉球国志略』。⑭鄭舜功『日本一鑑』。

このうち、陳侃、向象賢、郭汝霖、程順則、林子平の五点は楊仲揆《き》『中央日報』論文が、鄭舜功、汪楫、徐葆光の三点は楊仲揆書がすでに言及していたが、その他六点は井上の独自の努力によって追加したものなのであろう。

しかし、井上による史料の扱い方についてはすでに国際法研究者、明清史の専門家から厳しい批判が寄せられている（奥原、尾崎、緑間、芹田、原田）。

最初に井上の明清・琉球・日本史料論について取り上げたのは、おそらく奥原敏雄であろうが、奥原は主として井上の主張の論旨を紹介するにとどまっていたので、批判的検討は尾崎・緑間・芹田・

原田らによって行なわれた。

井上の「尖閣諸島＝明代・清代から中国領」論は、「中華人民共和国外交部声明」（一九七一年一二月三〇日）の第②③④項（本書一五九～一六〇頁）に肉付けしようとするものである。

4－2－1．明朝史料

井上書第三節「釣魚諸島は明の時代から中国領として知られている」（井上二四頁）

井上は、次のように書き始める。

> 日共の見解や朝日新聞の社説は、『尖閣列島』に関する記録が『古くから』日本にも中国にも『いくつかある』が、どれもその島々が中国領だと明らかにしたものはないなどと、十分古文献を調べたかのようなことをいうが、実は彼らは古文献を一つも見ないで、でたらめを並べているにすぎない（井上二四頁）。

この叱責は、よく覚えておこう。

> そして、日本側の記録は林子平の『三国通覧図説』（一七八五年）付図「琉球三省并《ならびに》三十六島之《の》図」』だけであるとし、それは明朝冊封副使徐葆光《じょほうこう》の『中山伝信録』の図によったものだ（井上二四頁）、と言う。

『三国通覧図説』が『中山伝信録』の図によったものだということは、すでに一九七〇年九月一七日琉球政府声明が述べていたところである。

さらに、琉球人の文献では、羽地按司《あじ》朝秀（向象賢《しょうぞうけん》）『琉球国中山世鑑』（一六五〇年）、程順則『指南広義』（一七〇八年）があるだけだ（井上二四～二五頁）、「つまり、日本および琉球には、明治以前は、中国の文献から離れて独自に釣魚諸島に言及した文献は、実質的には一つも無かったとさえいえる（井上二五頁）。

井上は、その理由を次のように述べる。

「風向きと潮流」2　「風向きと潮流が、福建や台湾から釣魚諸島へは順風・順流になるので」「琉球からこの島々へは、ふつう近よれもしなかった。したがって琉球人のこの列島に関する知識は、まず中国人を介してしか得られなかった」（井上二六頁）。

井上は、釣魚諸島（尖閣諸島）についての知識は中国人が独占しており、琉球人は知らなかったのだと言うのである。楊仲揆は、「琉球人がこの島（魚釣島）に来ようとすればかならず遠回り、逆風、逆流とな」ると言っていたが、井上はこれを膨らませたのである。それは、誤った認識を膨らませたのである（本書一一四頁）。

『順風相送』　ついで井上は、『順風相送』に「釣魚島」の名が現れると言う（井上二六頁）。

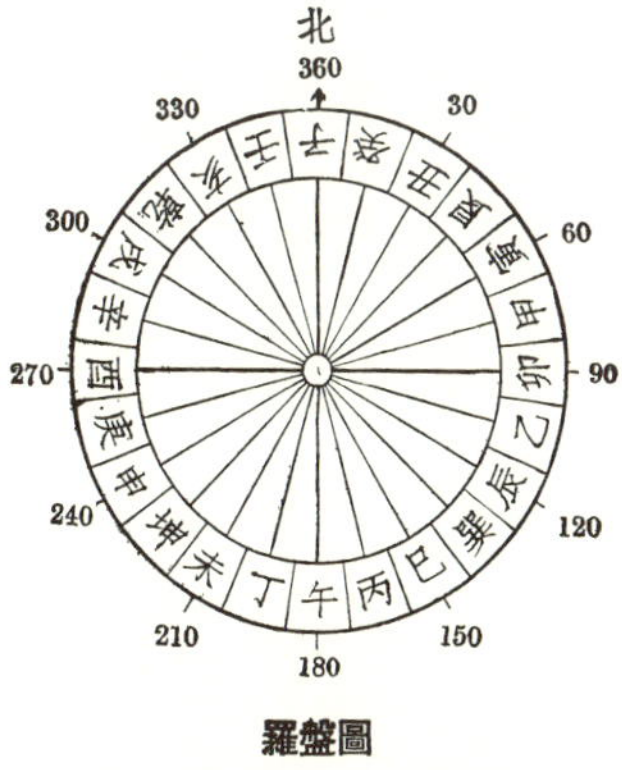

図12.『順風相送』羅針盤図

『順風相送』の原抄本はイギリス・オクスフォード大学ボドリアン図書館所蔵であり、その原本も「鈔《しょう》本」（写本）である。『順風相送』は、三六〇度の方角を二四等分しそれぞれに漢字による名称がつけられている（図12）。

中国側が、もっとも早く「釣魚嶼《しょ》」という島の名の記載があると主張する『順風相送』の出版は、劉文宗（本書Ⅱ-6-1）その他多くは「永楽元年（一四〇三年）出版」としているが、いかなる根拠に基づいているのか説明がない。新華社北京七月一〇日電（記者徐剣梅）によれば、『順風相送』は「永楽年間（西暦一四〇三～一四二四年）」に出版されたとしているが（張百新六〇頁＝参98）、やはり根拠不明である。別に一四三〇年完成説などもある。

『順風相送』は、一読すれば明らかなように、航海法本であり、交趾《こうち》（ベトナム）・カンボジア・シャム（タイ）・マラッカ・ルソン（フィリピン）・琉球・日本などへの航海案内なのであり、領土・領海の範囲を述べた書物ではまったくない。

井上は引用していないが、中国側が、「釣魚島＝中国領」の根拠としてあげるのは、次の記述である。

「乙辰《おつしん》〔の方角〕を用い小琉球頭〔台湾〕に〔方向を〕取る。また、乙辰を用い木山に〔方向を〕取る。北風は東湧開洋し、甲卯《こうぼう》〔の方角〕を用い彭家《ほうか》山に〔方向を〕取る。甲卯および単卯を用い釣魚嶼に〔方向を〕取る。」（『順風相送』＝参6）

「釣魚嶼」（尖閣諸島）だけが特別に明朝の「領有地」などとは書いていないのである。

『順風相送』は、中国が釣魚島を「発見」したり、「命名」したという根拠ではない。『順風相送』を読めば、『順風相送』以前にすで釣魚島についての認識があり、命名があったのだということがわかる。

しかし、尾崎重義が指摘しているように、『順風相送』は陳侃《かん》はじめその後の冊封使録に一切引用されておらず（『レファレンス』）、「一四〇三年」説は疑わしいのである。

尾崎は、『順風相送』を見ることができなかったらしいが（『レファレンス』）、『順風相送』は向達校注『両種海道針経』（中華書局　一九六一年九月＝参6）に収められている。向達は、「一六世紀」の書と推定しており、とりあえずわたしは向達の推定に従う。この点では、井上も向達に従っている。

陳侃《ちんかん》『使琉球録』２（琉球人は水先案内人を務めた）

続いて井上は、明朝冊封史陳侃の『使琉球録』（一五三四年自序＝参7）をあげる（井上二七頁）。陳侃の『使琉球録』は、すでに楊仲揆《き》があげており、井上が「発見」した史料というわけではないが、まず井上が触れていない部分を見てみよう。

一一点にのぼる冊封琉球使録の訳注を行なった原田禹雄《のぶお》の『尖閣諸島　琉球冊封使《さくほうし》録を読む』（参75）は、次のように訳出している。

「（嘉靖《かせい》一二年、一五三三、一一月（もちろん旧暦））この月、琉球国の進貢船が福州に到着したが、私（陳侃）たちはそれをきき、うれしく思った。福建の人々は、（那覇への）航路をそらんじていないので、ちょうど、そのことをしきりに気にやんでいたのであった。」「翌日、また琉球の船が到着したとの知らせがあった。それは（琉球の）世子が長史《ちゃくし》の蔡廷美を迎えによこしたのである。」「長史の謁見の折、世子の口上を申し述べ、また、こんなことを言った。

『世子はまた、福建の人が船の操縦が十分ではないことを心配いたしまして、看針通事一人に、琉球の専員で、航海によく馴れた者三〇人を引率させて派遣し、福建の船員の代わりに航海の仕事をさせることにいたしました』」（原田二九〜三〇頁）。

「長史《ちゃくし》」とは、「明代は進貢担当の（琉球国）久米村《くにんだ》の官職であった」（原田三五頁）。

軍配が井上にではなく、原田にあがったことは明らかである。明朝人より琉球人の方がこの海域に詳しかったのである。「日共」や「朝日新聞」は「古文献を一つも見ないで、でたらめをならべている」（井上二四頁）と啖呵《たんか》を切った井上は、この部分を読まなかったのだろうか。読まなかったのだろう。

原田は、次のように決めている。

「封舟の十倍以上〔の回数〕、明代の進貢船《しんこう》〔琉球船〕は那覇—福州を往還している。尖閣諸島の知識は封舟〔明朝船〕以上に必要であり、集積されていた。その上、封舟の針路を指導したのも琉球の夥長《かちょう》であった。きちんと冊封使録を読んでおれば、井上のこのような根拠のない発想は起こるはずはない」（原田三一頁）。

「封舟」とは、「冊封の詔勅《しょうちょく》を奉安する」船のことである（原田七頁）。「夥長《かちょう》」とは、船舶で羅針盤を司《つかさど》る者である。

「福州から那覇港への航海の経験の全くない冊封使に、その航路や標識島について、丁寧に教示したのは、封舟に貼駕《ちょうが》（添乗）していた、航海に習熟している琉球の看針通事であった。中国語のできる琉球の針路係は、封舟の航路の針路指導者であった」（原田一六頁）。

ところで、尾崎重義がすでに触れているが、島倉竜治・真境名安興『沖縄一千年史』（一一九～一二〇頁。日本大学　一九二三年＝参39）は、一九二三年にこう書いていた。

「冊封使が帰るときには沖縄よりも亦《また》謝恩使として王舅《きゅう》法司官二品を正使とし紫金大夫（従二品）を副使として其他随員船員等百五十名を遣《つか》はししものにて其内《そのうち》十人は水先案内として冊使一

行の両船に冊封使が分乗せしめたり。」

これは、琉球国が明朝に遣わす謝恩使と水夫の話である。

尾崎重義は、すでに一九七二年にこれに言及しつつ次のように書いていた。

「中国人は琉・中間の航路について琉球人より学んでいる」、「冊封船が福建省の首府福州を発《た》つ前に、琉球の接封船がこれを迎えるため福州まで来るのが慣例であった。そして、経験豊かな琉球人の船員（中国人はこれを夷梢《いしょう》と呼ぶ）三〇人を二隻の冊封船に分乗させ、彼等が航路の案内をしながら那覇に向うのである。冊封使が琉球より帰国するときにも、琉球側は、謝恩船を同行させているが、その中一〇名の夷梢が冊封船に二隻に分乗し、水先案内をつとめている」（『レファレンス』）。

緑間栄は一九八四年に、「季節風を利用する航海技術は日本においては、一三世紀末頃から発達し」、「琉球も一四世紀の初めには、季節風を実際に利用するにいたった。とくに福州を開洋し、尖閣列島を通って、琉球へ赴くには、旧暦五月、六月の季節風による時期がもっともよいとされていた」（緑間五八〜五九頁）、「閩《びん》（福建）人のほうがこの海路に熟知していない」（緑間九〇頁）とすでに指摘していた。

琉球人にこの知識がなかったら、二四一回プラス二三回計二六四回も那覇と福州の間を往復した琉球船が福州に行くことは不可能になってしまうし、風向き・潮流が琉球から福州へはただ単に逆風・逆流になるのだったら、那覇にやってきた冊封船は福州に帰れないことになってしまうではないか。

井上は、「日共」や「朝日新聞」は「古文献を一つも見ないで、でたらめを並べているにすぎない」と悪態をついたが、この部分は読んでいなかったのだ。井上の史料利用がつまみ食いにすぎないことがわかる。

井上は、原田禹雄《のぶお》（二〇〇六年）は参考にできなかったが、一九九六年版を出すときには尾崎重義（一九七二年）・緑間栄（一九八四年）は出ていたのだから、当然参照し、明清史料に関するみずからの誤りを正し、自己批判すべきだったのだが、頬かむりしてそれをせず、自己の思いこみにこだわり続けたのは傲慢のそしりを免れまい。また、この思いこみには「中国」に拝跪する卑屈な思想もからんでいたものと思われる。

陳侃『使琉球録』3（久米島は琉球人の故郷だった）

次に陳侃の『使琉球録』から、井上が引用している部分について、井上訳は漢文読み下し（井上二七頁）なので、原田訳の方がわかりやすいから原田訳を引用しよう。

「（嘉靖《かせい》一三年、一五三四、五月）九日、かすかに小さい島が見えた。小琉球である。一〇日、南の風がとても強く航海はまるで飛ぶようであった。海流のままに航行しているのだが、しかし、それほど揺れることもなかった。平嘉山《へいかざん》をよぎり、釣魚嶼《ちょうぎょしょ》をよぎり、黄毛嶼《こうもうしょ》をよぎり、赤嶼《せきしょ》をよぎり、次々とめまぐるしく島影が過ぎていった。一昼夜のあいだに、普通なら三日かかる航程を進んだのである。琉球の船は、帆が小さいので追いつくことができず、後方に見失ってしまった。一一日の夕方、古米山《くめじま》が見えた。つまり、琉球の領土で、琉球の人たちは、船で小太鼓をうち、踊りをおどって、自分の国に帰れたことをよろこんだ」（原田三〇頁）。

原田によれば、「小琉球」は台湾、「平嘉《へいか》山」は彭佳《ほうか》、「黄毛嶼《こうもうしょ》」は黄尾嶼である。ただし、清朝時代の地図には、台湾の東北に「小琉球」を描いたものもあるにはある（台湾故宮博物館蔵）。

「冊封《さくほう》」　原田によれば、「冊封《さくほう》」は、沖縄語では「さっぽう」と発音する。「冊」とは、もともと中国地域王朝の皇帝が諸侯を立てる勅書であり、「冊封」とは皇帝が与えた土地に諸侯を封ずることであったが、周辺地域王朝と上下関係を結び、中国地域王朝が周辺地域王朝の支配者に王位を授ける儀式をも指す（『アジア史入門』）。それは、時代により地域によって内容に幅があるが、いずれも周辺地域王朝が中国地域王朝の領土であることを意味するものではない。

尾崎重義は、厳従簡《げんじゅうかん》編集『殊域周咨《しゅういきしゅうし》録』（一五八二年）巻四「琉球国」が陳侃の文を引用し、久米島について「一一日、夕に至ってはじめて古米山《くめじま》を見、問いて琉球境内なることを知る」とあり、陳侃《かん》は琉球人にきいて久米島が琉球領内であることを知ったのだ（『レファレンス』）と指摘している。

そうだとすれば、尖閣諸島についても同様の事情があったものと推察され、「中国人が尖閣諸島を発見し、命名した」論は崩壊するだろう。

米慶余《べいけいよ》論文　二一世紀に入って中国の『歴史研究』誌二〇〇二年第三期に掲載された米慶余（南開大学教授）論文「釣魚島およびその付属島嶼《しょ》の帰属考――明朝の陳侃『使琉球録』から語る」は、琉球人が「古米山《くめじま》」を見て自分の国に帰ったことを喜んだという陳侃の記述を引用し、陳侃が「中琉〔中国・琉球〕の境界を明確に記載」した、従ってその外部にある釣魚島（尖閣諸島）は「中国の領土」であると論ずる。しかし、陳侃は琉球外は明朝領土とは全然言っていないのである。これは、楊仲揆・邱宏達・井上清同様、論理不在の論法であり、論理にまさに大穴が開いているのである。これも、落第論文である。米慶余は、明朝が尖閣諸島を領有していたしっかりした証拠があるなら当然言及したはずであるが、ないから出せなかったのか、それともそんな必要があるとは考えもしなかったのだろうか。

前近代と近代の違い　前近代には「無主の地」はたくさん存在した。樺太《からふと》（ロシア名＝サハリン）も、日ロ間で一八七五年に樺太千島交換条約が締結されるまではそうだった。井上清・米慶余らは、前近代の王朝時代においては、近代国家とは異なり、世界（地球）はかならずしもかっちりと国境で区分されていたわけではないということを理解していないのである。

郭汝霖《かくじょりん》・李際春『重編使琉球録』　次に井上は、陳侃の次に冊封使郭汝霖の『重編使琉球録』（参10）をあげる。

原田は、『重編使琉球録』について、「現在、琉球の歴史に関する著書のほとんどすべてが、嘉靖四一年としているが、誤りである」と指摘し、「嘉靖四〇年、一五六一」（原田三四頁）と発行年を修正する。緑間栄も、すでに「一五六二年」としていた（緑間九〇頁）。井上はこの「使録」を「一五六一年」としており、一年ずれている。

原田訳では、「使録」筆者名も郭汝霖だけではなく、郭汝霖・李際春『重編使琉球録』（一五六一年自序）である。同じく、井上訳（二七頁）ではなく、原田訳から引用する。

「閏《うるう》五月一日、釣嶼《ちょうしょ》を通過した。三日に、赤嶼《せきしょ》に着いた。赤嶼は、琉球地方を境する島である。更に一日の風で、姑米山《くめじま》があらわれるはずであったが、いかんせん、屏翳《へいえい》（風の神）が風を送らず、ほこりも動かず、潮は平らかで浪は静かになり、海洋の眺望はまことに珍しいものであった」（原田三三頁）。

郭汝霖、「赤嶼者界琉球地方山」2　井上は、陳侃が久米島を「乃属琉球者」（すなわち琉球に属する者）と言い、郭汝霖が赤嶼を「琉球地方を界する山」、「つまり、琉球の領土」と書いていることは「とくに重要」（井上二八頁）とし、次のように述べる。

「なるほど、陳侃使録では、久米島に至るまでの赤尾、黄尾、釣魚などのしまが琉球領でないことだけは明らかだが、それがどこの国のものかは、この数行の文面のみからは何ともいえないとしても、郭が赤嶼は琉球地方を『界スル』山だというとき、その『界』するのは、琉球地

> 方と、どことを界するのであろうか。」「その『界』するのは、琉球と、彼がそこから出発し、かつその領土である島々を次々に通過してきた国、すなわち中国とを界するものでなくてはならない。これを、琉球と無主地とを界するものだなどとこじつけるのは、あまりにも中国文の読み方を無視しすぎる」（井上二九～三〇頁）。
>
> 「これ〔陳侃文書〕も、福州から赤嶼までは中国領であるとしていることはあきらかである」（井上三〇頁）。「陳・郭二使は、赤嶼以西は中国領だ」「と書いてないから、中国領だとの認識が彼らにはなかった。それは無主地だったと断ずるのは、論理の飛躍もはなはだしい」（井上三〇頁）。

井上が、陳侃・郭汝霖の文面からただちに「赤尾、黄尾、釣魚」が中国の領土だと言うわけにはいかないととりあえず考えたのは、学者としてというよりもふつうの頭脳の持ち主なら当たり前のことで、そのような考慮すらない楊仲揆《き》、米慶余《べいけいよ》や次に見る中国国務院文書（本書Ⅱ-10）その他よりはましであったが、常識の世界に踏みとどまりかけた井上はずるっと滑り落ち、結局、（陳侃使録による）久米島の西方、（郭汝霖使録による）赤嶼を含む西方は「中国」領であると断定してしまう。この断定には何の根拠もなく、ここで「中国文の読み方」をひけらかすのはおよそ意味不明である。『歴史学研究』論文ではもう少し意味のわかる書き方をしていたが、単行本ではそれをはしょってしまったのである。「中国文の読み方」は全然関係がなく、井上の断定には久米島の西方、赤嶼を含む西方が「中国」領であるという証明が欠如していることが問題なのである。「論理の飛躍」が問われるのは、井上なのである。

緑間栄は、「赤嶼を『界する』との界は、しきり、さかい、くぎりの意味にも解される。したがってこの『界する』の界が国境を表示したものと解するのは早計である。……赤尾嶼までは中国領であることを明示したものではない」（緑間九〇頁）と注意している。

石井望（長崎純心大学准教授）は、**郭汝霖の『石泉山房文集《せきせんさんぼう》』**（参28）が、琉球航海について書いている一文の中で、「行きて閏《うるう》五月初三日に至り、琉球の境に渉《わた》る。界地は赤嶼《せきしょ》と名づけられる」と書いており、「渉る」は「入る」の意、「界地」は「境界」の意、「赤嶼」は琉球人の命名で、「赤嶼」（赤尾嶼、大正島）は琉球に属すると明朝冊封使が認識していたことを示している（二〇一二年七月一七日『産経新聞』）と言う。

これは、久米島が琉球の西端であるという中国側（および井上）の断定に対する批判の意であろうが、郭汝霖『重編使琉球録』の「赤嶼は琉球地方を界する山」という点は井上も述べており、「赤嶼は琉球地方を界する山」を中国側（および井上）は「赤嶼は琉球の外」と解し、石井は「赤嶼は琉球」と解しているという点に違いがある。「界する」という表現は、琉球側から見れば、「赤嶼は琉球」となろうが、このさい曖昧《あいまい》で、「赤嶼」を「琉球の内」と解するか「琉球の外」と解するかはこの表現からは決め手はないように思われる。大事なことは、「琉球の外」即「中国」というわけではないということである。

胡宗憲『籌《ちゅう》海図編』は航海の目印

次いで井上は、胡宗憲の『籌海図編』（一五六一年序＝参9）

を取り上げる。

> （この図にある）「『鶏籠山《けいろう》』、『彭加山《ほうか》』、『釣魚嶼《ちょうぎょしょ》』、『化瓶山《かへい》』、『貢尾山《こうび》』、『橄欖山《かんらんざん》』、『赤嶼《せきしょ》』などの島々は「台湾の基隆《キールン》から東に連なるもので、釣魚諸島をふくんでいることは疑いない。」「この図は、釣魚諸島が福建沿海の中国領の島々の中に加えられていたことを示している。」「『籌海図編』には「中国領以外」の地域は入っていないので、釣魚諸島だけが中国領でないとする根拠はどこにもない」（井上三二頁）。

『籌海図編』は、基本的に海賊対策で書かれたものだが、「福建使が日本に使いする針路」の項では、まず「小琉球」（台湾）をめざし、「鶏籠嶼および梅花瓶《ばいかへい》・彭嘉山《ほうか》」を過ぎ、東南の風で乙卯針《おつぼう》（方角を表わす）で「釣魚嶼」をめざし、さらに「黄麻嶼」、「赤嶼」を経て「赤坎嶼《かん》」に至り、そこから「古米山《くめじま》」（久米島）・「馬巳山」（馬歯山＝慶良間《けらま》諸島）を経て「大琉球」（沖縄本島）に至る、と述べ、最終目的地である日本の「兵褲山港」に到着する、と説明しているのである。ここにあげられた島々の名がすべて航海の目印であることは、明らかであり、これらがすべて「中国領」だなどと読むことは絶対にできない。

では、『籌海図編』の図が「釣魚諸島＝中国領」と断言できるとする根拠は、どこにあるのか。『籌海図編』その他の文献を「釣魚諸島＝中国領」の根拠とすることについては、すでに尾崎重義・芹田健太郎（芹田一三五～一三七頁）らが批判しているが、ここでは原田の井上批判を見ていこう。

「井上清は、冊封使録とともに、『籌海図編』のここにあげた二つの図を、尖閣諸島が中国固有の領土である証拠としている。」「《……そのどれにも、中国領以外の地域は入っていないので、釣魚諸島だけが中国領でないとする根拠はどこにもない》（井上三三頁）というのである。ここには二つの大きな虚偽がある。示された島のひとつひとつが、現在のどれに当たるかを、いちいち考証もしないでおいて、『籌海図編』に描かれているのは、すべて中国領だとしていることである。国立大学の教授ともあろう立場の人の言うべき言葉ではあるまい。」（原田一一二頁）

「『明史』は、明白に鶏籠山（台湾）を外国列伝に入れており、中国領ではない。従って、『籌海図編』に描かれている島が、すべて中国領であるということは虚偽である」（原田一一一～一一四頁）。

『明史』「外国列伝」の記述は、わたしも確認している（参21）。

原田によれば、『籌海図編』と「表裏一体をなす」鄭若曾《ていじゃくそ》の『海防一覧図』は杜撰《ずさん》で、「台湾左隣に『蝦夷《えぞ》』」（＝北海道）が描かれ（「左隣」というより北西）、「台湾の右隣に『婆利』」（＝インドネシアのバリ島）が描かれているという（原田一一五頁。付図あり）。鄭若曾は、実地調査した上で地図を描いたわけではないのである。

「尖閣諸島は中国領」と言い張る井上は、歴史史料を吟味もせず、駄々っ子のように自分の思いこみをひたすら主張しているだけなのである。

「海上防衛区域」論　井上は、さらに言う。

「一九七一年一二月三〇日の中華人民共和国外交部声明の中に、『早くも明代に、これらの島嶼《しょ》はすでに中国の海上防衛区域にふくまれており』というのは、あるいはこの図によるものであろうか。じっさいこの図によって、釣魚諸島が当時の中国の倭寇《わこう》防衛圏内にあったことが知られる。このことについて、日共の『見解』は、『尖閣諸島は、「明朝の海上防衛区域にふくまれていた」という説もあるが、これは領有とは別個の問題である』などという。」「防衛区域と領有は別だなどというのは、釣魚諸島はどうでもこうでも中国領ではなかったと、こじつけるためのたわごとにすぎない」（井上三二～三三頁）。

奥原敏雄は、「海防図といった性格のものは侵入経路と思われる地域――それが他国の領域であると否とを問わず――を含めるのが普通であるから、海防図に含まれていたという事実そのものは取立てて領有権を主張する根拠となるものではない」（『朝日アジアレビュー』）と指摘している。

尾崎重義は、明朝が「倭寇《わこう》の襲来する進路についても情報を収集していた」、胡宗憲が「尖閣諸島を閩《びん》海に散在する島々の中に加えた」としても、「そのことは、尖閣諸島が当時一般に中国領として見なされていたことを示すことにはならない」と指摘し、さらに『籌海図編』巻四には澎湖《ほうこ》島は記載されているが、台湾・基隆嶼《キールンしょ》・彭佳嶼《ほうかしょ》・尖閣諸島はどれも記載されていない、『羅源県志』（明代一六一四年）、『寧徳県志』（清代　一七一八年）、『重編福建通志』（清代　一八三八年＝参29）にも尖閣諸島は記載されていない、『籌海図編』の本文にさえ「尖閣諸島が当時倭寇防衛範囲に入っていたという記述はない」(『レファレンス』)と指摘している。なお、尾崎は、『重編福建通志』を「一八三八年」としているが、参29によれば「一八三七年」である。

緑間栄も、「尖閣列島が倭寇海賊を撃退するための戦略上、防衛上注意すべき区域として、及び自国船の航路標識として、冊封使録より引用し、地図に記載したものと解すべきではないだろうか。したがって海図に示されていることのみをもって、中国が領有権を主張するのは国際法上の法的証拠として採用することはできない」(緑間五九頁)と結論している。

明朝は、尖閣諸島海域も海上防衛対象としていたと見られているが、海上防衛対象としていたということが即領土・領海であることを意味しないということは、「日共」が言うまでもなく、「釣魚諸島はどうでもこうでも中国領」だとでも言わない限り、一般常識というものである。例えば、中華人民共和国は現在、アフリカのソマリア沖で海賊取り締まり行動を行なっているが、だからと言って、ソマリアが中華人民共和国の領土であったり、ソマリア沖が中国の領海だったりすることを意味しないことは中華人民共和国も否定しないだろう。井上の主張は、「釣魚諸島はどうでもこうでも中国領」であったと、「こじつけるためのたわごとにすぎない」ということになる。なお、明代の倭寇の主力は、王直《おうちょく》(?～一五五九年)・徐海など中国地域人に移っていた。

4−2−2. 清朝・江戸史料

井上書第四節「清代の記録も中国領と確認している」（井上三四頁）

井上は、「釣魚諸島が中国人に知られ、その名がつけられた当初から、中国人はここを自国領だと考えていたにちがいない」、「そんな小島をわざわざ沿海防衛図に記入しているのを見ても、彼らがこれを無主地と考えたはずもない」（井上三四頁）と言う。

これは、井上の単なる思いこみである。井上は、「中国」人が明代・清代にこれらの小島に上陸したことがあるという記録さえ出せないのである。

井上は、明朝冊封使の一五七九年、一六〇六年の記録および清朝冊封使の一六三三年の記録には「中・琉の領界の記述はない」（井上三五頁）と認める。

なお、清朝が関内《かんない》（万里の長城の南側）の中国地域王朝にもなったのは一六四四年から一九一一年のことである。

「中外の界」、「郊」、「溝」

しかし井上は、①清朝第二回目（一六八三年）の冊封使汪楫《おうしゅう》の『使琉球雑録』（参16）を取り上げ、その使録には「赤嶼《せきしょ》と久米島の間の海上で、海難よけの祭りをする記事がある」（井上三五〜三六頁）、そこには「ここは『中外ノ界ナリ』、中国と外国との境界だ」（井上三六頁）と書いてあり、汪楫が「郊（或《あるい》ハ溝ニ作ル）」とは何かと問うたところ、「中外ノ界ナリ」との答えがあり、汪楫がさらに「界」はどうやって見分けるのかと尋ねると、相手は「懸《けん》揣《ずい》スルノミ（推量するだけです）。然《しか》レドモ頃者《ただいま》ハアタカモ其《そ》ノ所ニ当リ、臆度《おくど》（でたらめの当てずっぽう）ニ非《あらざ》ルナリ」（井上三六頁）と答えた、と引用している。

②井上は、釣魚諸島の「北側は水深二百メートル以下（以内の意）の青い海」で、南側に行くと「水深二千メートル以上の海溝」になるとし、この点は一六〇六年の冊封使夏子陽《かしよう》の『使琉球録』（参12）には「前の使録の補遺（私は見ていない――井上）に『蒼水《そうすい》ヨリ黒水ニ入ル』とあるのは、まさにその通りだ」と書いている、とする。そして、海難よけの過溝祭のことは一七五六年入琉の周煌《しゅうこう》の『琉球国志略』（参22）、一八〇〇年入琉の李鼎元《りていげん》の『使琉球録』（参24）、一八〇八年入琉の斉鯤《せいこん》の『続琉球国志略』（参25）に書かれている（井上三七頁）とする。

汪楫・夏子陽・張学礼・徐葆光・周煌・李鼎元等

汪楫らは琉球への往路、赤尾嶼を過ぎて一〇時間ぐらい進んだところで「郊（あるいは溝）」を通過し、そこで「郊」の祭りを行なった。そして、汪楫が「郊とはどういう意味か」と質問したのに対し、船長か誰かが「中外の界なり」と答えている。赤尾嶼までが中国領と主張したい人にとっては、頼もしい証拠に見えるだろう。

尾崎重義は、これをどう理解すべきかという問題を一九七二年に立て、「この『中外の界なり』の表現より、当時赤尾嶼と久米島との間が中国と外国の境界であり、従って赤尾嶼までが中国領であり、久米島からは外国領であると読み取ることが可能であろうか」と問うている。尾崎の答えは、こうである。

「第一に、ここでもまた注意しなければならないことは、汪楫使録が赤尾嶼などの島を指して直接にそれらが中国領であるとは決して言っていない点である。」「汪楫が『その界は何によって見分けるのか』とさらに尋ねると、相手は、『推量するだけである。しかし、ちょうど今の所がこれに当たる。これはあてずっぽうではない。ここでは、供物を食し、兵戦のさまをなし、恩咸《ママ》〔「威」だろう〕ならび行なう儀式をなすのである』と答えている。『推量するだけである。しかし、ちょうど今の所がこれに当たる。これはあてずっぽうではない』という答えはいかにも心もとない。もし、かりに赤尾嶼が中国領であるという認識が当時確立していたのであれば、『界』を弁ずるのに、もっと明快にたとえば『赤尾嶼は琉球との交界』などと説明することができたはずである。このように考えるとき、この『中外の界』の表現は、『日本との交界』、『琉球の極西南の属界』、『閩《びん》・浙《せつ》〔福建・浙江〕の航交界』、『澎《ほう》・厦《か》〔澎湖・厦門〕の分界』、『琉球国の属地』などの明確な表現にくらべるときわめて曖昧《あいまい》な修辞的な表現であることが知られるのである。従って、赤尾嶼と久米島の間の海が『郊』であり、それが『中外の界』であるという漠然とした説明から、当時赤尾嶼までの島嶼が中国領として明確に認識されていたという結論を抽き出すことは困難であるというのが常識的な判断であろう」（『レファレンス』。引用にあたり、原文部分は省略し、訳文のみとした）。

同感である。

夏子陽の「使録」（参12）も、往路、黄尾嶼を過ぎたところで「蒼（滄）水より黒水に入る」との記述があり、帰路、「水は黒（水）を離れ滄（水）に入る。かならずや中国の界なり」（『レファレンス』）としている。

井上は言及していないが、尾崎は汪楫の前の冊封使・張学礼の「使録」（参15）が、往路、海の色が深青色に変わったところで、「大洋」に入り、海面に白水が長く一線に横たわっているところがあり、これが「中外を界する所」だと書いていることを紹介し、「中外を界する所」というのは、「多分に修辞的な表現として理解するのが妥当」なのだ（『レファレンス』）と指摘している。

尾崎は、次のように指摘している。

汪楫の次の冊封使録である徐葆光も『中山伝信録』（参18）の帰路の条に、一行は「過溝、祭海」したと記されている。その次の使録、周煌撰《しゅうこうせん》『琉球国志略』（参20）には往路・帰路とも「過溝、祭海」したと記されていると述べている。

なお、周煌撰『海東集』（乾隆二七年／一七六二年刊本）には、「釣魚台を望む」と題する七言絶句の詩が収められているが、別に、釣魚台は「中国領」などとは言っていない。

尾崎は、汪楫の二回あとの冊封使録、周煌撰『琉球国志略』からは「溝」に改められ、周煌の次の使録、李鼎《てい》元撰『使琉球記』（参24）には往路では「溝と呼ばれる難所にはあわなかった」、「われわれ（琉球人）は、黒溝のあるのを知らない」（『レファレンス』）とさえ書かれていること、「閩《びん》海との界」

といわれる黒水溝の存在が否定されていることを指摘している。

尾崎はまた、「久米島と赤尾嶼の間を『中外の界』とか『閩《びん》海との界』とする「使録」があるが、その記述の内容は同船の者からの聴取によるものであり、『溝』の位置も大ざっぱなものである」(『レファレンス』)ことを指摘している。

次の「使録」、それは最後の「使録」であるが、趙新撰『続琉球国志略』(参26)は二回(一八三八年、一八六六年)の記録であるが、「そのいずれにも溝の記事はない」(『レファレンス』)ことを指摘している。

尾崎は、「郊」という表現をしたのは汪楫だけで、汪楫の以前にも以後にも使われておらず、「『郊すなわち中外の界』という理解はかならずしもその後の冊封使録によって受容されているのではない」(『レファレンス』)ことを指摘している。

尾崎の指摘から、史料は井上のように局部をつまみ食いして膨らませるのではなく、全体的に把握すべきだということを学ぶことができる。

「溝」については、記述のあるものもあり、ないものもあり、その存在を否定するものすらある。しかも、「航海の難所」という程度の意味であり、「具体的にどの海域であるか特定することもできない、曖昧で大ざっぱな概念」(『レファレンス』)なのである。

緑間は、汪楫が「中外の界」とは「懸揣而已《けんずいするのみ》」(推量するだけ)と言っていること、汪楫の「郊」とは「航海におけるもっとも難所の一つとされていた場所」のことであること、汪楫の言う「閩《びん》海との界」は「海水の界」であること、「黒（水）溝」とは黒潮のことであり、「海流の内外という意味であって、国家の領域的意義の境界を意味するものではない」（緑間五六〜四頁）と結論している。

尾崎は、『澎湖庁志』、『台湾県志』などが、台湾海峡には中国大陸と澎湖島の間に寒流が走り、澎湖島と台湾の間に暖流が流れていて、その横断には昔から苦労したということ、中国人はこの寒流を「黒水溝」、暖流を「紅水溝」（あるいは前者を「黒水大溝」、後者を「黒水小溝」）と呼んだこと、澎湖の西を「大洋」、澎湖の東を「小洋」と呼び、小洋は大洋よりもさらに黒く、底なしのふかさであることを、伊能嘉矩『台湾文化志』（参37）によって紹介している。伊能は、無名の忘れられた在野の大学者である。これ以上の台湾史は、その後、現れていないのではないか。

海溝海域は地理的特徴で、それは自動的に国境を表わすわけではない　原田禹雄《のぶお》は、「井上清は、明代の赤尾嶼と久米島の境界の説を、清代ではそのまま、赤尾嶼と久米島の間に黒水溝があり、その黒水溝こそが、中国と琉球の境なのだ、だから封舟では、そこで過溝の祭をしているのだ、と主張しているだけ」（原田二二五〜二二六頁）だと指摘する。

原田は、井上が「虚構は破産する」と書いているが、「井上清の（著書）『「尖閣」列島』こそは、その虚構と欺瞞の産物なのである」と指摘して、さらに次のように言う。

「井上清は、明代使録では、赤（尾）嶼と久米島との間に、『固有の中国領』と琉球との境があり、冊封使があたかも、中国領から琉球領に至ることに深い感慨を覚えたかの如き道行文を、何の根拠もなく軽薄に書いている。しかし、夏使録〔夏子陽〕では、井上が強調し、且つ、井上の唯一の拠り所である赤（尾）嶼が、図からも、記述からも完全に欠落している。井上が主張してやまぬことも、それほどにはかない仮空《ママ》〔架空〕のものでしかない」（原田六九頁）。

「何の根拠もなく、赤（尾）嶼と久米島が、中国固有の領土と琉球の領土であると断定し、それに都合のよい記述だけを冊封使録からかき集めた井上清にとって、ここの記述〔汪楫《おうしゅう》『使琉球雑録』の「郊」に関する記述〕は、最もお気に入りの部分のひとつである。その境《さかい》は、推量によって判断するだけだ、と汪楫に答えている言葉は、客観的に何の特徴もないことを逆にうかびあがらせている。」「境界とは、海の難所、つまり落漈《らくせい》とのダブルイメージの恐るべき所として海の人々に知られていたのであって、決して、国と国との境界ではなかったことも、ここの言葉で明白である」（原田八二頁）。

「落漈は、潮が彭湖〔島〕に至ってだんだん低くなり、それが琉球に近づいて落漈とよばれるのである。漈とは、潮が下方に流れて回《かえ》らないものなのである。およそ両岸の漁船が澎湖へゆき、台風にあって落漈に漂流すると、百に一、二も帰ることのできるものはいない」（陳侃『使琉球録』原田訳六二頁＝参7）。

海溝海域で海の色が変わるのは自然地理的特徴であり、それは自動的に国境を表わすわけではなく、前近代においては地球上は完全に国境で区分されていたわけではなく、「無主の地」はあちこちにあったのである。中国史の素人である井上は、「尖閣諸島＝中国領」という思いこみから誤読したのであった。

「東沙山〔馬祖島〕」が福建の限界

石井望は、汪楫《おうしゅう》の『使琉球雑録』〔参16〕にある漢詩中に「東沙山〔馬祖島〕を過ぐれば、これ閩《びん》山〔「閩」は福建〕の尽くるところなり」と歌っていると指摘し、中国は「現在の台湾馬祖を過ぎれば、福建省が尽きる」と中国大陸から一五㎞の島までとの認識であったことが明らかになった〔二〇一二年七月一七日『産経新聞』〕と言う。

この「台湾馬祖」という表現であるが、福州沖の「馬祖島」が現在は台湾〔中華民国〕統治下にあるというだけのことで、馬祖島は地理的には台湾に付属するわけではない。汪楫の詩は、先に触れた「中外の界」がかりに「中国と外国の境界」という意識を表わすものだとしても、「東沙山〔馬祖島〕までが閩《びん》、すなわち中国の領域」という意識も存在したことを示すものと受け止めるべきだろう。

徐葆光《じょほうこう》『中山伝信録』、「鎮山《ちん》」は「鎮《しず》めの山」か

井上は、次に汪楫の次の冊封使徐葆光の『中山伝信録』〔参18〕が姑米山《くめじま》を「琉球西南方界鎮山」と書いていることを取り上げる。

「『鎮』とは国境いや村境いの鎮《しず》め、『鎮守』の鎮であり、中国の福州から、釣魚諸島を通って、琉球領に入る境が久米島であり、それは琉球の国境の鎮めの島であるから、この説明に界上鎮の字を用い、純粋に地理的に全琉球の極西南である八重山群島については、『此レ琉球極西南属界ナリ』と書きわけたのである。つまり中国人徐葆光〔あるいは琉球人程順則〕は、久米島が中国→琉

球を往来するときの国境であることを、『西南方界鎮山』という註で説明したのである。その『界』の一方が中国であることは、郭汝霖が『赤嶼《せきしょ》ハ琉球地方ヲ界スル山ナリ』とのべたときの『界』と同じである」（井上四一頁）。

尾崎重義は、「鎮山とは、鎮《しず》めの島、すなわち神を鎮守してある島の意か」（『レファレンス』）と言い、緑間栄も井上の「境界」という解釈をそのまま受け入れてしまっているが、ここは考慮が必要なところである。

原田禹雄は言う。

「鎮山というのは、一般的には、各州の名山のうち、最も高いものを言う。また、風水では、主山のことを鎮山という。いずれにせよ、境界の意はない」（原田八九～九〇頁）*。

*ただし、原田はこれに続けて、「井上はまた、『指南広義』を『福州から琉球へ往復する航路、琉球全土の歴史、地理、風俗、制度などを解説した本』としている。私も一本を所蔵しているが、琉球の歴史、地理、風俗、制度などを解説した文字は全くない。井上は、一体、どんな『指南広義』を読んだのだろうか。『中山伝信録』と『指南広義』とを、全く混同してしまったことによる失言としか考えられない」（原田八九～九〇頁）と書いているが、井上は一九七二年版でも一九九六年版でも「徐葆光は、渡琉にあたって、その航路および琉球の地理、歴史、国情について、従来の不正確な点やあやまりを正すことを心がけ」（井上三九頁）、「本書〔『中山伝信録』を指すと見られる〕および前記の『琉球国志略』が、

当時から以後明治初年までの、日本人の琉球に関する知識の最大の源泉となった。この書に、程順則の『指南広義』を引用して、福州から那覇に至る航路を説明している」（井上四〇頁）と書いており、『指南広義』が「琉球全土の歴史、地理、風俗、制度などを解説した本」とは書いていないので、これはおそらく井上の暴論に対する腹立ちのあまりの誤解であろう。

「鎮」には、もちろんいろいろな意味があるが、「鎮」と「山」が結びついた使用例としては次の用例がある。

『周礼通釈《しゅらい》』春官・大司楽・鄭注に「四鎮は山の重大なる者」とし、「揚州の会稽《かいけい》、青州の沂《き》山、幽州の医無閭《りょ》、冀《き》州の霍《かく》山」をあげており（参1）、『周礼正義』巻四は同じくこの四山の名をあげたあとに、「『広雅《こうが》』釈詁《しゃくこ》に云《い》う、鎮は重なり。『賈疏《かそ》』に云う、九州を職方するに州それぞれに鎮山あり。皆、その大なる者はもって一州の鎮なりという。ゆえに山の重大なる者をいう」（参1）とある。

「九州」とは、中国地域を九つに分けたものであるが、時代によって名称が異なり、『周礼』では揚州・荊《けい》州・豫《よ》州・青州・兗《えん》州・雍《よう》州・幽州・冀《き》州・并《へい》州であった。

「職方」とは、『周礼』夏官の属で、天下九州の地図を司り、四方の貢物を管理する官の官名であり、その職務を行なう意である。ここに言う「重大」「重」とは、山の形状が大きく高いことを表わしていると理解される。また、『周礼』夏官ではこれらの山を「山鎮」とも称しており（参1）、「山鎮」は「鎮山」と同義と見られる。

『書』（『書経』または『尚書』＝参2）舜《しゅん》典・伝には、「毎州の名山にして殊に大きなものは、以てその州の鎮となす」とある。また、「州ごとに一山を封表し、もって一州の鎮となす」（参2）とも言う。「鎮山」とは、「境界の山」という意味ではなく、「大なる者」、つまり「その地域で一番高い山」なのである。原田の解はこれらの用例に基づいたものであろう。

井上は、日本風の「鎮守の森」「鎮《しず》めの山」といった意味と決めこんでいるが、原田の解が正しいと見られる。「西南方界鎮山」とは、「琉球から見て西南方角のもっとも高い山」というのが正解である。久米島は、最高標高三一〇・四mである。なお、「方界」という言葉は、「方角」ともとれるが、「境界」とも取れるだろう。

原田禹雄は、さらに次の二史料について指摘する。

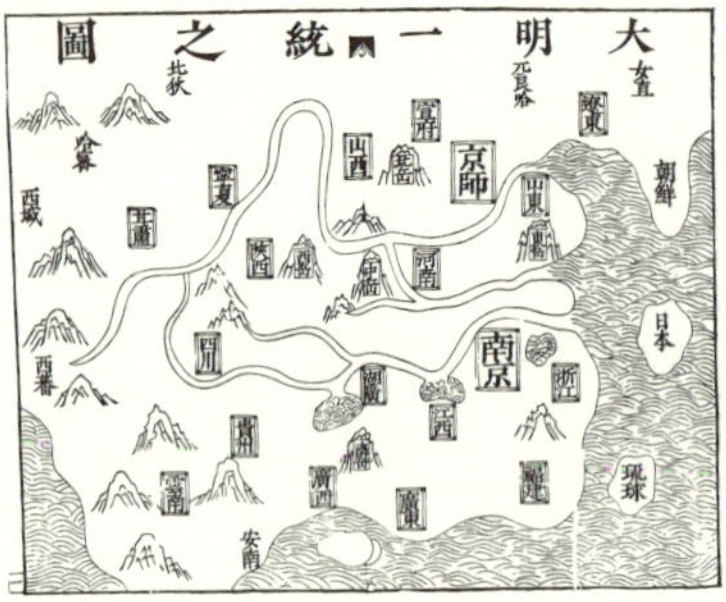

図13.『大明一統志』の図

①『大明一統志』（参5）に釣魚島は記載されておらず、井上の「尖閣列島は中国固有の領土という主張は無力化される」（原田一七頁）。

地理書である『大明一統志』所収第一図には、日本・琉球はあるが、台湾は描かれてさえいない（図13）。台湾には関心すらなかったのだろう。

②原田は、言う。井上は郭使録に言う「小琉球」は「中国領であることは自明」と言っているが、「小琉球＝台湾が、明代に中国固有の領土であったなどとは、私は認めない。『明史』巻三二三の列

伝二一〇の外国四〔参21〕に、『鶏籠《けいろう》』がある。この鶏籠こそが、今、いうところの台湾なのである。従って郭〔汝霖〕の通過した小琉球は、井上のいうような『中国領であることは自明の島』では、断じてない。従って、明代の尖閣諸島に対する井上の主張の根拠は、完全に虚構なのである」〔原田二一頁〕と指摘している。真実の前にのみひざまずく学者として、当然の怒りである。

井上は、『日中文化交流』一九七二年二月一日号論文でも奥原敏雄への反論として、郭汝霖の記述について「中国領であることは自明の台湾の基隆沖を通り」と書き、「この中国文の文勢、文脈は、台湾・彭佳から東に連なる、釣魚、黄尾、赤尾の諸島も、中国領であると意識していることは明らかではないか」と断じている。中国語原文に書いていないことも思いこみによって読みこんでしまうというところに問題があるのである。なお、『日中文化交流』誌では「汪楫」を「王楫」とする誤植がある。

斉鯤《せいこん》・趙文楷《ちょうぶんかい》の詩　〔清〕斉鯤撰『東瀛《とうえい》百詠《ひゃくえい》』〔嘉慶一三年／一八〇八年刊本。参25所収〕にも、「航海八詠」と題し、太平港・五虎門・鶏籠山・釣魚台・赤尾嶼・黒溝洋・姑米山《くめじま》・馬歯山についてそれぞれ歌い、姑米山については「この山《しま》は琉球界に入る」とし、馬歯山は「琉球の門戸」と書かれているが、釣魚台・赤尾嶼が「中国領」などとは書いていない。

詩の一例をあげておこう。趙文楷撰『石栢《はく》山房詩存』〔咸豊《かんぽう》七年／一八五七年刊本＝参23所収〕には、「釣魚台を過ぐ」と題する次の五言絶句の詩が収められている。

「大海は蒼茫《そうぼう》の裏《うち》　何人《なにびと》か巨鼇《きょごう》を釣る

老竜、時に臥守《がしゅ》し　夜夜、浪頭《ろうとう》高し」

もちろん、やはり「釣魚台＝中国領」などとは書いていない。一九七〇年九月「琉球政府声明」が言うように、旅人としての感慨をうたったものである。

井上書第五節「日本の先覚者も中国領と明記している」（井上四二頁）

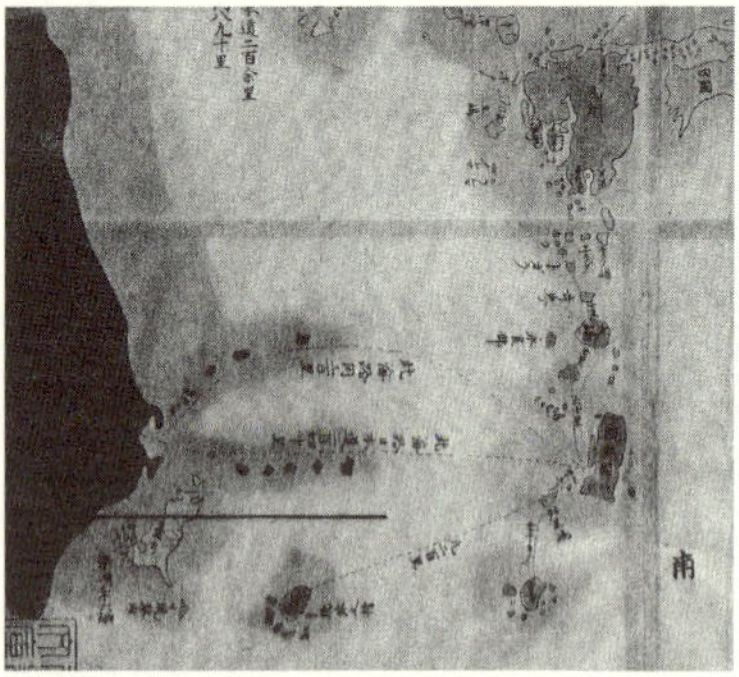

図14．林子平図／琉球・台湾

林子平《はやししへい》地図は不正確　井上は、明治以前の日本には釣魚島に関する記録は林子平の『三国通覧図説』（一七八五年）付図「琉球三省　并《ならびに》　三十六島之《の》図」（参23）（図14）しかなく、この図は「明朝の冊封副使徐葆光の『中山伝信録』によっている」（井上二四頁）と言っている。

井上書は、一九七二年版も一九九六年版も林子平の『三国通覧図説』（一七八六年）付図をカラー地図で付けている。

一九九六年版には、「第三書館編集部」によってこの図が「日本、琉球、台湾、中国がそれぞれ別の色で彩色してあり、尖閣諸島（釣魚台など）は中国と同じ色がつけられている。当時、日本側も尖閣諸島を中国領と認識していたことがわかる」との説明がつけられている。井上は、この地図の東京大学付属図書館本について、次のように述べている。

「日本の鹿児島湾付近からその南方の『トカラ』（吐葛刺）列島までを灰色にぬり、『奇界』（鬼界）島から南、奄美大島、沖縄本島はもとより、宮古、八重山群島までの本来の琉球王国領は、うすい茶色にぬり、西方の山東省から広東省にいたる中国本土を桜色にぬり、また台湾および『澎湖三六島』を黄色にぬってある。そして、福建省の福州から沖縄本島の那覇に至る航路を、北コースと南コース二本えがき、その南コースに、東から西へ花瓶嶼、彭佳（佳）山、釣魚台、黄尾山、赤尾山をつらねているが、これらの島は、すべて中国本土と同じ桜色にぬられているのである。北コースの島々もむろん中国本土と同色である。」（井上四三頁）。
「この図により、子平が釣魚諸島を中国領とみなしていたことは、一点の疑いもなく、一目瞭然であり、文章とちがって、こじつけの解釈をいれる余地はない」（井上四四頁）。

井上の言う「東から西へ」は地図を読みまちがえていて、正しくは「西から東へ」である。地図の方角さえ、満足に見ていないのである。

『三国通覧図説』付図「琉球三省 并《ならびに》 三十六島之《の》図」に関しては、楊仲揆《き》がすでにあげていたが、一九七一年一二月三〇日「中華人民共和国外交部声明」には、林子平に関する言及はなかった。

さて、林子平が「釣魚諸島を中国領と見なしていた」ということは、井上が言うように「一点の疑いもない」だろうか。

緑間栄は、林子平は「十分な認識をもっていただろうか」と疑問を呈しつつも、「林子平が尖閣列島を中国本土と同色の桜色にし、台湾、琉球及び日本と色分けしたのは、同列島が中国の領土であると判断したからであろう」（緑間六〇頁）と述べている。しかし、この色分けは実は林子平が尖閣諸島を中国領と認識していたということを意味するものではない。

緑間は、さすがにそれにとどまらずに、次の点を指摘する。

①「台湾と中国本土を色分けしたのは台湾は当時すでに中国領であったことを認識していなかった」、

②「台湾の大きさが、琉球（沖縄本島）の三分の一の大きさ」である、

③「福州より那覇に至る航路目標に歴代冊封使録には『鶏籠山』と『姑米《くめ》山』が記述されているが、この地図では二つの島はのぞかれている」、

④「八重山諸島で八重山と同じ大きさの西表《いりおもて》島が、竹富島、黒島、新城島及び波照間島などの小島と同じ大きさに画かれている」、

⑤「沖縄本島」の「与勝半島」、「平安座島」「宮城島」が描かれていない

（緑間六一〜六二頁）。

釣魚諸島（尖閣諸島）は、確かに中国本土と同じ色に塗られているのだが、井上も認めるように台湾は中国本土と異なる色に塗られている。これについて、井上は、次のように解釈する。

「子平がはっきり日本領と見なしている小笠原諸島を、日本本土および九州南方の島や伊豆諸島

とはちがう色にぬってある。これから類推すると、彼は台湾は中国領ではあっても本土の属島ではないと見て、ちょうど小笠原島が日本領であっても九州南島などのように本土の属島とはいいがたいので、本土とは別の色にしたのと同じく、台湾をも中国本土や属島とは別の色にしたのではあるまいか」（井上四四頁）。

これは、わけのわからない「類推」である。大陸から見て台湾より遠くの釣魚島は「本土の属島」だが、釣魚島より大陸に近い台湾は「本土の属島」ではないというのはどういう理屈であろうか（わたしは、台湾は「大陸の属島」だと言っているわけではないが）。

中国大陸から台湾より遠く、中国人が立ち入ったこともない釣魚諸島（尖閣諸島）とは違って、『三国通覧図説』（一七八六年）が出た約一〇〇年前の一六八四年には清朝は福建省の管轄のもとに台湾府を設置し、全島ではなかったが、台湾の西海岸付近を「実効支配」していたのである。

つまり、林子平による色分けは中国領であるか否かを区分する意味はなかったのであり、不正確だったのである。

なお、フランス人宣教師、ミシェル・ベヌワ（友仁　Michel Benoist）が一七五六年から一七六〇年にかけて作成した『坤輿《こんよ》全図』も、「好魚須、憺未須・車未来須、つまり釣魚嶼諸島を、中国と同じ色で描いている」（浦野四四頁）というが、これも同様に理解されよう。

また、林子平は、台湾を琉球（沖縄）の三分の一の大きさに描いており（尾崎重義『レファレンス』、日本外務省HP）、明らかに不正確なのである。

林子平は、実際に樺太を実地調査した間宮林蔵《まみやりんぞう》や国後《くなしり》・択捉《えとろふ》・蝦夷《えぞ》地《ち》などを探検した近藤守重《もりしげ》などとは違って尖閣諸島を実地調査したことなどはなく（『レファレンス』）、林子平の南西諸島に対する認識は不正確であったのであり、「一点の疑いもなく、一目瞭然」（井上清）で、この地図で尖閣諸島が中国領であったことが証明できると考えるのは、考え違いもはなはだしい。

尾崎重義はさらに、林子平は「私人の立場」でこの地図を出版したこと、そのために「幕府から処罰され」ていることから、「林子平の地図が尖閣諸島を中国領として扱っていることが、当時の日本の政府の態度を表明するものではない」ことも指摘している（『レファレンス』）。

しかし、井上は、林子平を「日本の民族的自覚の先駆者」とたたえ、その本を「明治の天皇制軍国主義者とその子孫の現代帝国主義者およびその密接な協力者日本共産党などはまったく無視して、釣魚諸島は無主地であったなどと、よくもいえたものである」（井上四九頁）と毒づいている。

原田禹雄《のぶお》は、言う。

「清朝の中国の領土を確定するには、『清会典《しんえてん》』図説の輿《よ》地が、最も権威があるだろう。その『清会典』光緒《こうしょ》二五年（一八九九年）には」、「彭佳嶼《ほうかしょ》・棉花嶼《めんかしょ》・花瓶嶼《かへいしょ》は出ていない。いわんや、この『清会典』図説輿《よ》地のいずれの図にも、尖閣諸島は描かれていない。清代を通じて、尖閣諸島は、清国領ではなかったことは、このことで十分に明白である」（原田二七頁）。

原田は、あげていないが、また、『清史稿』「巻七十一志四十六地理十八台湾」（参44）にも「台湾の付属諸島としての尖閣諸島（釣魚島）」に関する記述は存在しない。

要するに、中国史の素人、井上清は尾崎重義・緑間栄・芹田健太郎・原田禹雄らの学識に遠く及ばず、井上の明清・琉球・日本史料の理解は不合格なのである。

またすでに述べたように（本書一一四〜一一五頁）、明朝・清朝の各使録は王朝高官の日記・紀行文の類の部分と報告書という部分とがあり、王朝の意思を表わす公文書と言うのは無理だという問題もある。

こんな論断が、「日本史研究」の世界では通用するのだろうか。明朝・清朝の時代には尖閣諸島は中国地域王朝の領土でもなく、日本の領土でもなく、「無主の地」だったのであり、一九七〇年九月琉球政府声明（本書六二〜六三頁）や芹田健太郎（芹田一四三頁）がすでに指摘しているように、明清の冊封使の記録に記入されていた島々は福州と那覇《なは》を往還する目印にほかならなかったのである。

『大清一統志』（参27）が台湾の北端を「鶏籠城」（現・基隆《キールン》）と記載していることは、石井望もすでに指摘しているが（二〇一二年七月一七日『産経新聞』）、台湾の範囲に尖閣諸島は含んでいない。『大清一統志』は、台湾周辺の島々についてかなり詳しく記載しているが、「釣魚台列嶼」の記述はない。『大清一統志』「台湾府図」によれば、台湾は西半部しか描かれていない。ということは、当時

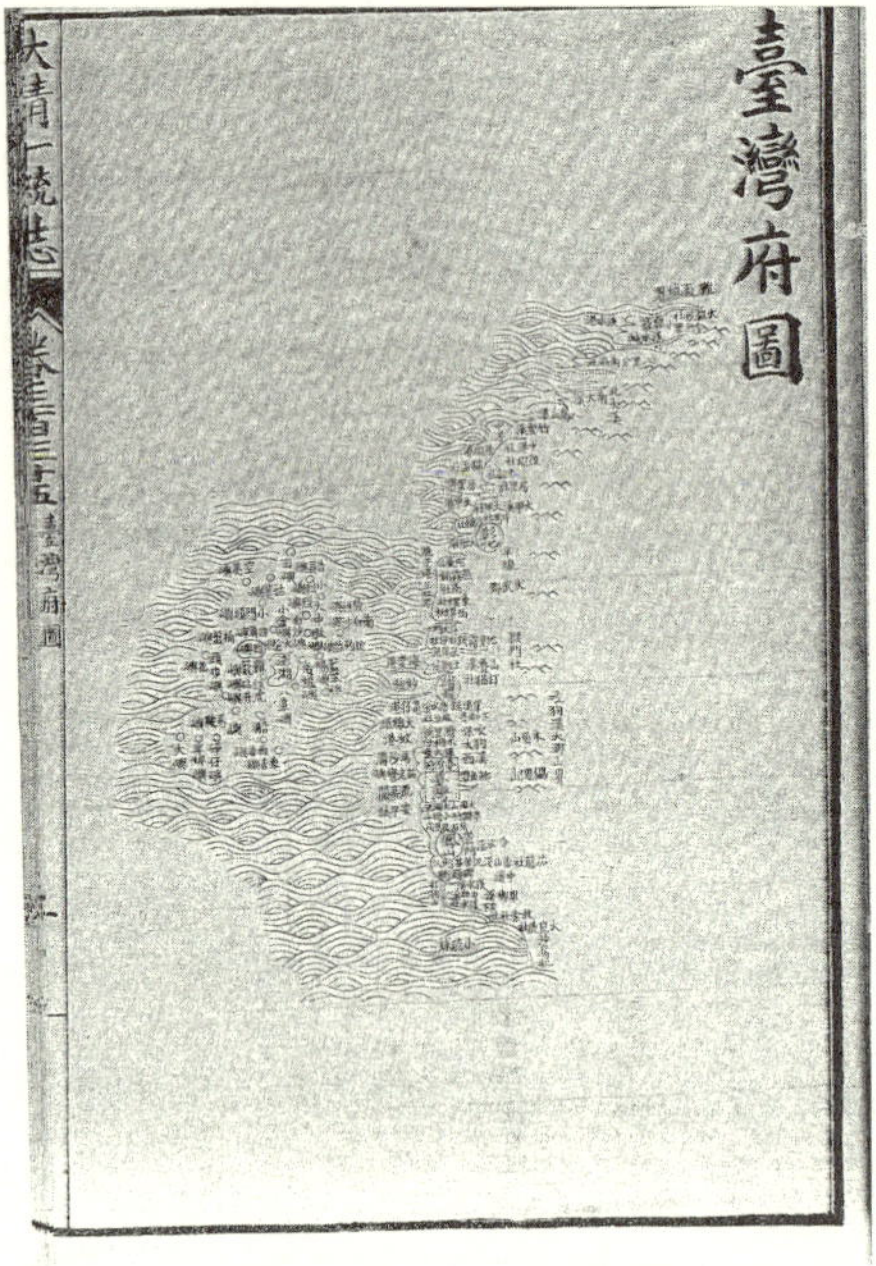

図15.『大清一統志』台湾府図

（乾隆二九年）の清朝による台湾支配は東半部には及んでいなかったということである。『大清一統志』では、台湾は漢代には「蛮地」、三国から宋代までは空欄、元代には「東番地」、明代には「紅夷地」であったと記載されている。台湾府には、台湾県・鳳山県・嘉義県・彰化県の四県が設置され、台湾の北端は鶏籠城であり、その北部は描かれていない（図15）。

中華民国時代の臧励龢《ぞうれいか》編『中国古今地名大辞典』（商務印書館　一九三一年五月＝参45）には、安徽《あんき》などの「釣魚山」、奉天《ほうてん》の「釣魚台」、直隷《ちょくれい》（河北省）などの「釣台」はあるが、浦野起央《たつお》も指摘しているように台湾東北の「釣魚島」という項目はない。

尾崎重義は、「明代及び清代の中国において、尖閣諸島は自国の領土として認識されておらず、またかかるものとして扱われていなかった」、「中国は尖閣諸島に対して領有の意思をもっていなかった」（『レファレンス』）と結論している。

緑間栄は、「冊封使録に島名が記録されているからといって、これがただちに領有の意思、領有権の行使にはならない。したがって、冊封使録は……国際法上、国際法学的根拠としての証拠にはなりえない。尖閣列島が当時中国の領土であったというためには、中国の明、清政府により公式に自国領であるとの明確な意志表示、宣言がなされ、当時の法的価値ある文献、資料によって証明されることが必要」（緑間五七頁）と指摘している。

「釣魚島＝中国領」の証明ができなければ、日本が「盗み取った」という主張も成り立たない

以上に見たように、明清史料からは「釣魚島＝中国の固有の領土」という主張は成り立たないのであり、「釣魚島＝中国の領土」という証明ができない以上、日本が「盗み取った」という主張も成り立たないのである。議論の出発点が、根本的に間違っているのである。

緑間栄／明清・琉球・日本史料一一点　緑間栄（参64）は一九八四年に、楊仲揆があげた五点の明清・琉球・日本史料を検討し、さらに井上清が加えた六点を取りあげている。

①『順風相送』（参6）、②陳侃『使琉球録』（参7）、③鄭舜功『日本一鑑』（参8）、④胡宗憲『籌海図編』（参9）、⑤郭汝霖『重刻《ママ》使琉球録』（参10）、⑥向象賢『中山世鑑』（参14）、⑦汪楫『使琉球雑録』（参16）、⑧程順則『指南広義』（参17）、⑨徐葆光『中山伝信録』（参18）、⑩周煌《こう》『琉球国志略』（参22）、⑪林子平『三国通覧図説』（参23）。

緑間栄は、楊仲揆《き》・邱宏達・井上清の明清史料論を辿った上で、「古記録の資料による歴史学的推論を、直ちに国際法上、国家の領有権の法的効力の証拠としての資料に利用することが出来るだろうか」と問い、「出来ないと思う」（緑間四五頁）と答えている。

正しい。蛇足ではあるが、楊仲揆・邱宏達・井上清による「歴史学的推論」が歴史学的に成り立たないことは、すでに見た通りである。なお、「郭汝霖『重刻使琉球録』」は、敍と後敍は「重刻」、上巻と下巻の巻頭は「重編」となっている（原田禹雄『郭汝霖　重編使琉球録』）。

原田禹雄／明清・琉球・日本史料二〇点　原田禹雄（参75）は、二〇〇六年に次の明清・琉球・日本史料二〇点を取り上げている。

①『大明一統志』（参5）、②陳侃『使琉球録』（参7）、③胡宗憲『籌海図編』（参9）、④鄭若曾『海防二覧図』（参9）、⑤鄭若曾『琉球図説』（参9）、⑥郭汝霖『重編使琉球録』（参10）、⑦蕭崇業・謝杰『使琉球録』（参11）、⑧夏子陽『使琉球録』（参12）、⑨胡靖『琉球図録』（参13）、⑩張学礼『使琉球紀』（参15）、⑪汪楫『使琉球雑録』（参16）、⑫程順則『指南広義』（参17）、⑬徐葆光『中山伝信録』（参18）、⑭『明史』（参21）、⑮周煌《こう》『琉球国志略』（参22）、⑯林子平『三国通覧図説』（参23）。⑰李鼎元『使琉球記』（参24）、⑱斉鯤・費錫章『続琉球国志略』（参25）、⑲趙新『続琉球国志略』（参26）、⑳『清会典』。

このほか、原田には冊封使録一一点の全訳注その他がある。

4−3．「尖閣諸島＝無主地先占論は成り立たない」論

井上書第六節「『無主地先占の法理』を反駁する」（井上五〇頁）

国際法ルールについて、井上は次のように論ずる。

> 「この『法理』を封建時代の中国の王朝の領土に適用して、その合法性の有無を論ずること自体が、歴史を無視した、現代帝国主義の横暴である。
> ヨーロッパ諸国のいわゆる領土先占の『法理』でも、一六、一七世紀には、新たな土地を『発見』したものがその領有者であった。この『法理』を適用すれば、釣魚諸島は、中国領以外の何ものでもない。なぜなら、ここを発見したことが確実に証明されるのは、中国人の発見であり、その発見した土地に、中国名がつけられ、その名は、中国の公的記録である冊封使の使録にくり返し記載されているから」（井上五四頁）。

中国人「命名」説は確かか　尾崎重義は、日本では小さな島でも島と呼んできたので、「中国側の文献に見られる釣魚嶼《しょ》、黄尾嶼、赤尾嶼といった名称が中国人の命名によるものであるという議論は十分に説得力をもつ」と認める。その上で、「しかし、それでは、これらの島が中国側の文献に中国名で現れている事実をもって、中国側がこれらの島を自国領として明確に認識していた証左として見てよいのであろうか」（『レファレンス』）と問いかけている。答えは当然、否である。

緑間栄は、「中国の航海士たちは、領有権を主張するために名付けたものではなかったと思う」（緑

間五二頁）と述べ、「領有権を主張」する意思表示ではなかったという面を指摘している。この指摘は正しいが、「中国の航海士たち」が島名を命名したという証拠も実はないのである。

陳侃『使琉球録』の検討からわかるように、陳侃たちが一つ一つ琉球人水夫に航路について質問して知りえたことから、**島名も琉球人から琉球名をきき、**それを中国語に訳して記載したという可能性が十分考えられるのであり、中国人が「命名」したという主張が成り立つのかどうかは考慮すべき点であろう。

井上による「国際法」論、「無主地先占論は成り立たない」論は、一九七一年一二月三〇日「中華人民共和国外交部声明」にはなかった論点で、井上が邱宏達らの議論を発展させたものである。

国際法2　「無主地先占の法理」とは、国際法のルールであるが、もともと大航海時代以降のヨーロッパ諸国がアフリカ・アメリカ・アジアなどを切り取っていくさいに作られてきたルールであり、次第に条件整備が行なわれてきたものである。その点では、もともと新領土切り取りを合理化する帝国主義の論理である。

とはいえ、力ずくの戦争で「領土」の所属を決着させるのではなく、「近代国家」関係を「合理的」・平和的に処理するためには必要なルールであるという側面もあり、「近代国家」のルールとして国際的に承認されているのである。

また、中国地域に興起した歴代王朝は膨張主義を追求した前近代帝国主義であり、明朝も清朝も含めて膨張主義を追求した前近代帝国主義であったという点も無視すべきではない。

広部和也によれば、国際司法裁判としては、①一九二八年東インド諸島のパルマス島に対するオランダの主権行使についての仲裁裁判判決（一九二八年、オランダ対アメリカ合衆国）で、「先占にあたって主権行使の事実を他国に通告すべき義務はないとされた」事例、②クリッパートン島に関する仲裁裁判（一九三一年、フランス対メキシコ）、③東部グリーンランド島事件についてノルウェーの無主地に対する先占の宣言はデンマークの継続的使用に対して無効とした常設国際司法裁判所裁判（一九三三年、デンマーク対ノルウェー）、④マンキュ・エクレオ島事件についての英仏の主張に対し、「実効的支配」を判断基準とした国際司法裁判所判決（一九五三年、フランス対イギリス）などがある（『朝日アジアレビュー』、浦野一九四～一九五頁）。

広部和也によれば、これらの判決の国際的基準としては、①「発見の効果は、決定的な領域主権を発生させるものではなく」、「未完成の権原」である、②「実効的支配の程度は、具体的事件に即して決定されるべき相対的問題であるが、一般的にいえば、平和的、現実的かつ継続的でなければならない」、③「地理的・歴史的・宗教的または考古学的な論拠もそれ自体として法律的に決定的な意味をもつものではない。国家機能の具体的発現を示す事実――裁判権、地方行政権、立法権など――がとくに重視される。」（『朝日アジアレビュー』）

そして、「先占」の要件は、①「先占の目的となる特定地域が無主地」であること、②「先占をおこなう意思が必要」、その意思は「イ．外国に対する通告、ロ．国内に対する公示、ハ．先占の対象となる土地における国旗の掲揚または領土標識の建設、ニ．当該土地の上に主権的行為を排他的におこなう、のいずれかの方法によって表示される」、③「当該地域に対する実効的占有」（『朝日アジアレビュー』）であるという。

これによれば、②については、日本は外国に対する通告はしておらず、国旗掲揚・領土標識の建設は行なっていないので、（イ）（ハ）は達成しなかったと見られるが、国内への公示、主権的行為は行なっており、実効的占有も行なっているので、（ロ）（ニ）および③によって尖閣諸島にたいする先占を実施したということなるのだろう。

尾崎重義によれば、「先占が、法的に有効とされるためには、国家が領有の意思をもって当該土地を実効的に占有することが必要である」、「中国側〔明朝・清朝〕が歴史的に尖閣諸島を自国領として明確に認識していたのかどうかが検討されなければならない」（『レファレンス』）と述べている。

「発見」の条件　尾崎は、「発見」の条件について次のように述べている。

「『発見』において最も重要な要素は発見者の属する国の領有意思であり、それがなんらかの国家的行為」によって明確に対外的に表示されることが必要である。『発見は、国家が派遣する軍艦、又は特に国家に依り発見の委任を受けた私船に依り行はれたる後、国家がその名義による発見の事実をある国家的行為により確認したることを要する。』また、発見は、占有意思を表示する象徴的併合行為を伴うことが普通であった。その行為とは、たとえば国旗の掲揚、十字架の建設、記念碑の建立、小銃又は大砲の斉射である」（『レファレンス』）。文中の引用『　』は、「立作太郎

『無主の島嶼の先占の法理と先例』、『国際法外交雑誌』第三三巻第八号」による）。

井上は、ヨーロッパ帝国主義が「見た」、「名前をつけた」というだけでアフリカ大陸・アメリカ大陸・アジア各地の土地を切り取っていったことを肯定する立場ではないはずだが、「この〔近代世界の〕『法理』を封建時代の中国の王朝の領土に適用して、その合法性の有無を論ずること自体が、歴史を無視した、現代帝国主義の横暴である」と言っており、明朝については逆に現代世界の「先占」の条件を要求するのは不当で、「見た」、「名前をつけた」だけでも「先占」権を認めよと言っているのである。井上は、本当に「帝国主義に反対している」のだろうか。これは、井上の中の自己矛盾であり、一貫した論理がない。

日本による尖閣諸島の領有は、一九世紀末期に実行されたものであり、井上や中華民国・中華人民共和国が領有権を主張し始めたのは二〇世紀後半になってからのことなので、一六世紀については「見た」、「名前をつけた」という基準を認めろと言っても国際的に通用しないだろう。しかも、「発見した」、「命名した」という証拠すらないのである。

「クリティカル・デート」　さらに広部和也（一九七二年）によれば、国際法上、「当事者がそれぞれの主張を根拠づけるための証拠を提出することを許される期日」、つまり「クリティカル・デート（critical date）」があり、「クリティカル・デート以前になされた抗議は、当該地域の領有権原が成立するか否かを決定する」問題と関係をもつが、それ以後になされる国家の何らかの行為は、領域権の問題とは無関係となる」、具体的には「関係当事国の間で当該地域に関して紛争が国際的に発生する契機となる事実のあった日」（『朝日アジアレビュー』）であるという。

尖閣諸島について、中華民国と中華人民共和国が領有を公式に主張しだしたのは一九七一年、非公式には一九七〇年のことであるから、それ以後の中華民国と中華人民共和国による尖閣諸島は自分のものと印象づけるための「領海侵犯・領空侵犯」などのいかなる行為も国際法上無効ということになるわけである。

井上書第七節「琉球人と釣魚諸島との関係は浅かった」（井上五八頁）

尾崎重義・原田禹雄《のぶお》らによれば、事実は逆で琉球人の方が中国地域人よりもはるかに知悉《ちしつ》していたことは、すでに見た通りである（本書一一五〜一一六頁）。

井上書第八節「いわゆる『尖閣列島』は島名も区域名も一定していない」（井上六九頁）

> 井上は、西洋人は「釣魚島をHOAPIN-SAN（または-SU）、黄尾嶼をTIAU-SU」、「釣魚島の東側にある大小の岩礁群をPINNACLE GROUPSまたはPINNACLE ISLANDSとよんでいた」、「尖閣列島」という名は「一九〇〇年につけられたもの」（井上六九頁）という。

しかし、一八七三年の『台湾水路誌』には「尖閣島」が見え、一八八八年「海図」には「尖閣群島」の名が出てくるので（本書Ⅰ-1、二六頁）、「尖閣」の使用例はもっと早いようである。

井上書第九節「天皇制軍国主義の『琉球処分』と釣魚諸島」（井上八三頁）、

井上書第一〇節「日清戦争で日本は琉球の独占を確定した」（井上九二頁）

この二節は、釣魚諸島が一九世紀後半に「無主の地」であったのか、「中国領」であったのかという問題とは直接関係がないので、論評は省略する。

井上書第一一節「天皇政府は釣魚諸島略奪の好機を九年間うかがいつづけた」（井上一〇三頁）

> 井上は、従来、古賀辰四郎が一八八四年に久場島を発見したとされてきたが、古賀が内務大臣に出した一八九五年六月一〇日付けの「官有地拝借願」には「明治一八年」（一八八五年）に「久場島」に行ったと書いているとして、これを否定している（井上一〇三〜一〇四頁）。

この是非は、どうなのか？ あるいは一〇年前のことなので、古賀の一八九五年の記述がおおざっぱで不正確だったのではないかと想像されるが、古賀が一八八四年ないし一八八五年にはじめて久場島を「発見」したわけではなく、明朝冊封史・陳侃《ちんかん》の記録から見ても琉球人が遅くとも一六世紀には久場島を認識していたことは明らかであり、おそらく台湾島人や中国地域人よりも早くから知っていたものと思われる。

> 井上は、「琉球政府や日共は、八五年に古賀の釣魚島開拓願いを受けた沖縄県庁が、政府に、この島を日本領とするよう上申したかのようにいうが、事実はそうではなく、内務省がこの島を領有しようとして、まず、沖縄県庁にこの島の調査を内々に命令した」（井上一〇四頁）と言う。

一九七〇年九月一七日「琉球政府声明」は、次のように述べている。

〔明治〕「三〇年代の後半一七年頃から古賀辰四郎氏が、魚釣島、久場島などを中心にアホウ島の羽毛、綿毛、べッ甲、貝類などの採取業を始めるようになったのであります。こうした事態の推移に対応するため沖縄県知事は、明治一八年〔一八八五年〕九月二二日、はじめて内務卿に国標建設を上申するとともに、出雲丸による実地踏査を届け出ています。」（浦野二二八頁）

沖縄県令西村捨三の「明治一八年九月二二日」文書によれば、西村は「在京森本本県大書記官」あてに内務省の「御内命」に応じて「久米赤島外二島」について調査すると報告している。この上申書は、①**久米赤島、久場島、魚釣島は沖縄県下に入れてもさしつかえない**、②これらの島々は清国も冊封使船が琉球航海の目標にしていたので、③ただちに国標を建てることは懸念されるが、④出雲丸で**実地踏査**し報告する、⑤国標を建てる件についてはご指示ください、というものである（本書Ⅶ－1参照）。

国標建設については、沖縄県令が山県有朋に「国標取り建て等の儀、なお御指揮」を要請している。さらに、『日本外交文書』が収める「久米赤島、久米島及魚釣島の版図編入の件に関する概説書記録」中に存する「付記」は、こう書いている。

（久米赤島、久米島および魚釣島の）「三島は別に清国所属の証跡見えず且《か》つ沖縄所轄の宮古八重島等に接近せる無人島嶼《しょ》なるを以《もっ》て国標取建に関し沖縄県知事より上申ありたるを以て右の詮議方太政《だじょう》大臣に上申するに先《さき》だち明治一八年一〇月九日山県有朋内務卿より井上外務卿へ意見を徴し来たれり」（『日本外交文書』第一八巻五七四頁）。

以上に見る限り、①沖縄県令は内務省の「御内命」に応じて「久米赤島外二島」について調査するとのことであり、尖閣諸島領有意思は内務省が主導したとみられる。一九七〇年九月琉球政府声明は、その点について触れていないだけである。②「国標建設」に関しては「沖縄県知事より上申ありたる」とあるように、琉球政府声明の記述に誤りはない。

次に、一九七二年三月三〇日「日本共産党の見解」は、古賀が「八五年に日本政府にこれらの島の貸与願いを申請し」、「一八九五年（明治二八年）一月に日本政府が魚釣島、久場島を沖縄県の所轄とすることを決め」た（浦野二四三〜二四四頁にも収録）と述べているだけで、井上の言うような「八五年に古賀の釣魚島開拓願いを受けた沖縄県庁が、政府に、この島を日本領とするよう上申した」という文脈は存在しない。井上が、もしこの一九七二年三月三〇日「日本共産党文書」のことではないと言うなら、文書名を明示すべきであった。これは、議論の基本的ルールであるのに、批判対象の文書名を示さないのなら学問的ではない。しかし、この場合は異なる文書を対象にしているわけではないと見てよく、一九七二年三月三〇日「日本共産党文書」の歪曲、思いこみの優先であろう。

沖縄県令は尖閣諸島を「中国領」と思っていたか　井上は、「琉球政府や日共」の文献は「でたらめだ」と否定した上で、事実は「内務省」が「沖縄県庁」に島の調査を明示、それに対して、沖縄県令西村捨三が一八八五年九月二二日、「本県と清国福州間に散在せる無人島取調の儀に付き」、取り調べについて、「内務卿伯爵山県有朋《やまがたありとも》」に報告していると述べている。その点は、別に間違っていない。

しかし、井上はこの文書を西村捨三が「これは中国領らしい」（井上一〇七頁）と判断したのだと解するが、これは強引な曲解である。

西村捨三は、①これらの島々は現在、日本領ではないが、「無主の地」なので、沖縄県に編入してもさしつかえない、②清国も冊封使船が琉球航海の目印にしていた、③これらの島々は清国領でもなく「無主の地」だが、日本が領有しようとすると、清国も領有を主張してくるかもしれず、その点は懸念される、と言っていると読むべき文面である。井上には「尖閣諸島＝中国領」という思いこみがあるため、虚心坦懐に文章を読むことができないのである。井上の論述・思考方法は、かなり雑であることに注意を要する。

一九七〇年九月「琉球政府声明」が「琉球及び中国側の文献のいずれも尖閣列島が自国の領土であることを表明したものはありません。これらの文献はすべて航路上の目標として、たんに航海日誌や航路図においてか、あるいは旅情をたたえる漢詩の中に便宜上に尖閣列島の島嶼《しょ》の名をあげているにすぎません」（浦野二二八頁）と述べているのは、明清・琉球史料の正しい読み方である。

「日本が国標建設を躊躇《ちゅうちょ》した」のは「尖閣＝中国領」だったからか　この項は、一九七一年一二月三〇日「中華人民共和国声明」にはなかったもので、邱宏達が取り上げ、井上が発展させた論点であり、その後に劉文宗（一九九六年）・中華人民共和国国務院（二〇一二年九月）の主張に取り入れられていった。

沖縄県令西村捨三は一八八五年九月二二日、内務卿あて上申書で、次のように上申した。

「久米赤島・久場島および魚釣島は古来本県において称する所の名にして、しかも本県所轄の久米・宮古・八重山等の群島に接近したる無人の島嶼《とうしょ》につき、沖縄県下に属せらるるも敢《あ》えて故障これあるまじきと存じそうらえども」、「中山伝信録に記載せる釣魚台・黄尾嶼《こうびしょ》・赤尾嶼《せきびしょ》と同一なるものにこれなきかの疑いなきあたわず。はたして同一なるときはすでに清国も旧中山王を冊封する使船の詳悉《しょうしつ》せるのみならず、それぞれ名称をも付し琉球航海の目標となせし事明らかなり。よって今回大東島同様、踏査直ちに国標取り建てそうろうもいかんと懸念《けねん》つかまつりそうろう」（候文《そうろうぶん》原文を読み下した。本書Ⅱ‐4‐3参照）。

以上のように、ただちに国標を建設すると清国との間に紛争が起こるおそれがあるとの懸念を伝えた上で、一〇月に出雲丸《いずもまる》が帰ってくるので、これを使って「とりあえず実地踏査」し、その結果をご報告するので、「国標取り建て等の儀なお御指揮を請いたく……」と述べている。

先に引用した『日本外交文書』三島「版図編入の件に関する概説書記録」の続きによれば、山県有朋からの明治一八年（一八八五年）一〇月九日付け問い合わせに対し、井上馨《かおる》外務卿は一〇月二一日、「熟考の結果」、次のように答えた。

「本島嶼《しょ》が清国国境に接近せること、蕞爾《さいじ》たる〔小さな〕島嶼なること、当時清国の新聞紙等に於て本邦政府が台湾近傍の清国所属島嶼を占拠せし等の風説の掲載せられ清国政府の注意を促し居《お》ること等の理由により国標の建設島嶼の開拓は他日の機会に譲る方然《しか》るへき旨十月二一日回答せり」（『日本外交文書』第一八巻五七四頁）。

『文匯報《ぶんわいほう》』／『申報《しんぽう》』記事　この記述にある「清国の新聞紙」とは、『文匯報』の記事のことなのであるが、これが見つからないので、『文匯報』記事を元にして書かれた大清光緒一一年七月二八日（一八八五年九月六日）『申報』記事を見ておこう。

「台湾警信　○文匯報が高麗《こうらい》からの情報として台湾東北辺の海島に近く日本人が日本の旗をその上に掲げ、大いに占拠する勢いであるとのことである。いかなる意見か、つまびらかではないがこれを姑録〔記録?〕し、もって今後の情報を待つことにする。」

この『文匯報』／『申報』情報というものが何を指しているのか不詳であるが、場所・時期から見て、沖縄県による尖閣諸島の実地調査を指したものである可能性が高いと見てよいだろう。そうだとすれば、高麗（朝鮮）発の情報によって日本の動きはすでに清国側にも知られていたのだということになる。そして、そうであるかどうかはともかくとして、井上馨外務卿はこの記事を材料として清国政府が日本を警戒していると判断していたわけである。なお、『申報』記事では、「清国所属島嶼」とは書いていない。

明治一八年（一八八五年）一〇月二一日、井上馨外務卿は山県内務卿あてに「沖縄県と清国との間に散在する無人島に国標建設は延期する方然《しか》るへき旨《むね》」の「回答」を送り、その中でこれらの島々が「清国国境にも接近致　候《いたしそうろう》」、大東島にくらべれば「小さき趣《おもむ》き」、「新聞紙」の「風説」もあること、「此際遽《にわか》に公然国標を建設する等の処置有之候《これありそうらい》ては清国の疑惑を招き候」とし、「実地を踏査せしめ港湾の形状并《ならびに》土地物産開拓見込有無《うむ》詳細報告せしむるのみに止め」、「大東島の事并《ならび》に今回踏査の事共《ことども》官報　并《ならびに》　新聞紙に掲載不相成《あいならず》候方可然存　候《しかるべくぞんじそうろう》」と述べた（『日本外交文書』第一八巻五七五頁、井上一〇八～一〇九頁）。

明治一八年（一八八五年）一一月二四日、続いて沖縄県令西村捨三は内務卿山県有朋《やまがたありとも》に「国標建設の儀は嘗《かつ》て伺《うかがい》書の通《とおり》清国と関係なきにしもあらす万一不都合を生《しょう》し候《そうらい》ては不相済《あいすまず》候《そうろう》に付《つき》如何《いかが》取計可　然　哉《とりはからいしかるべきや》至急何分《なにぶん》の御指揮　奉　仰　候也《あおぎたてまつりそうろうなり》」（『日本外交文書』第一八巻五七六頁、井上一一〇頁）、つまり国標を建てる件は、「清国と関係なきにしもあらず」なのでどうすればよいかと「ご指示」を仰いだのであった。

明治一八年（一八八五年）一一月三〇日、山県内務卿は井上外務卿あてに、「無人島へ国標建設に関し沖縄県令への指令案協議の件」を送り、「書面伺之趣《うかがいのおもむき》目下建設を要せさる儀と可心得事《こころうべきこと》」とした（『日本外交文書』第一八巻五七五～五七六頁）。

つまり山県は、国標はさしあたり建設しないという井上馨の意見に特に異を唱えていないわけである。

明治一八年一二月四日、井上外務卿はこの山県案を確認している（『日本外交文書』第一八巻五七六頁）。『日本外交文書』「概説書記録」は続けて、「依《よっ》て一二月五日内務外務両卿より目下建設を要せさる儀と可心得旨《こころうべきむね》沖縄県知事へ指令ありたり」（『日本外交文書』第一八巻五七四頁）としている。

井上清は、この経過についても井上馨《かおる》外務卿が「釣魚諸島は清国領らしいということを重視」したと言っているが（井上一一〇九頁）、井上馨外務卿が「清国国境にも接近致候」と述べていることからも、「清国領らしい」などという認識ではなかったことは明らかである。

ところで、井上清自身、井上馨《かおる》外務卿が言っている「国境」とは「中国本土」のことと解釈している（井上一〇九頁）。そうであるに違いないが、それは井上清の「尖閣諸島＝中国の領土」論とは食い違っていることに気づいていないようである。

井上馨外務卿は、さらに実地調査をやろうと言っている点も、清国領という認識ではなく、当面、清国の「疑惑」を避けつつ慎重に事を進めようとしているという日本外務省の理解が成立する。

井上清は、この一八八五年経過について、①内務省が尖閣諸島領有の意図を持って沖縄県に調査を内命した、②沖縄県は「ここは中国領かもしれないので、これを日本領とすることをためらった」、③しかも内務省は領有を強行しようとした、④外務省も中国の抗議を恐れて今すぐの領有に反対した、⑤その結果、内務省はいちおうあきらめた、と結論している（井上一一〇頁）。

①は事実と見られるが、②の沖縄県は「ここは中国領かもしれないので、これを日本領とすることをためらった」という解釈は、事実に反する。③は事実に相違する。④⑤は「抗議」うんぬんといった井上流の誇張表現を割り引けば、事実に近い。

井上清は、続けて琉球政府声明が「沖縄県知事は、明治一八年九月二二日、はじめて内務卿に国標建設を上申するとともに、出雲丸による実地踏査を届け出」たと言っているが、「事実をねじまげている」とし、①内務卿が調査を内命したことを隠し、②「沖縄県はここが清国領であるかもしれないからとの理由で国標建設をちゅうちょする意見を上申しているのに、それをあべこべにして、沖縄県から現地調査にもとづいて国標の建設を上申したかのようにいつわる」、③このとき、古賀の事業は計画段階だった、④外務卿は内務卿に反対し、内務卿もあきらめたことをすっかりかくしている、⑤沖縄県は一八八五年一一月の「伺」で国標を建てることは「清国トノ関係ナキニシモアラズ」としてためらった、「このこともすっかりかくしてしま」った、「調査結果を届け出て、それにもとづいて国標建設を上申したといわんばかりである。歴史の偽造もはなはだしい」と述べている（井上一一一〜一一二頁）。

①は、琉球政府声明が触れなかったにすぎない。②は、「あべこべ」なのは井上清の言い分であり、沖縄県が国標の建設を上申したことはすでに見た。③の古賀の事業は計画段階だったという点は、事実である。④外務卿が「反対」し、内務卿が「あきらめた」というのも、誇張の類である。⑤は、沖縄県が尖閣諸島を「清国領」と思っていたわけではないこともすでに見た。

『日本外交文書』「概説書記録」の続きによれば、沖縄県知事は明治二三年（一八九〇年）一月一三日、次の「上申」を出した。

（久米赤島、久場島、魚釣島は）「従来無人島なるより是迄《これまで》別に所轄をも不相定《あいさだめず》其儘《そのまま》に致置候所《いたしおきそうろうところ》昨今に至り水産取締の必要より所轄を被相定度旨《あいさだめられたきむね》八重山《やえやま》島役所より伺《うかがい》出候《そうろう》次第も有之旁《これありかたがた》此際管下八重山島役所所轄に相定度《あいさだめたく》此段相伺候也《あいうかがいそうろうなり》

明治二三年一月一三日　知事

内務大臣宛」（『日本外交文書』第二三巻五三一頁による。第一八巻五七四頁は文にやや異同があるが、文意に影響はない。井上一一二頁は候文《そうろうぶん》読み下しとしており、脱落もあるが、文意に影響はない）。

これへの内務大臣の回答は、『日本外交文書』に見る限り、なかったようである。

『日本外交文書』「概説書記録」の続きによれば、沖縄県知事は明治二六年（一八九三年）一一月二日、再度、「標杭建設」を要望し、これが明治二八年（一八九五年）許可されたが（『日本外交文書』第一八巻五七五頁）、それに先立ち、一八九四年に次の回答があった。

「秘別第一三三号　　　　二七年一二月二八日接受
久場《くば》島魚釣《うおつり》島へ所轄標杭建設の義《ママ》別紙甲号之《の》通り沖縄県知事より上申候処《ところ》本件に関して別紙乙号の通り明治一八年中貴省と御協議の末指令及《およ》ひたる次第も有之候得共其《これありそうらえどもその》当時と今日とは事情も相異候《あいことなりそうろう》に付《つき》別紙閣議提出の見込に有之候《これありそうろう》条一応及御協議候也《ごきょうぎにおよびそうろうなり》
明治二七年一二月二七日　　　　内務大臣子爵野村靖（印）
外務大臣子爵　陸奥宗光《むつむねみつ》殿」（『日本外交文書』第二三巻五三一頁）。

「本件島嶼《しょ》へ向け漁業等を試むる者ありに付之《つきこれ》か取締を要するを以《もっ》て同県の所轄と為《な》し標杭建設したき旨内務外務両大臣へ上申ありたるも異議なかりしを以て閣議へ提出の上明治二八年一月二一日閣議の決定を経て内務外務両大臣より曩《さき》に上申中の標杭建設の件聞届く旨沖縄県知事へ指令ありたり」（『日本外交文書』第一八巻五七五頁）。

以上に見た経過は、確かに日本政府が尖閣諸島に国標を建てることを一八九四年まで「躊躇」していたことを示しているが、それは「ここが中国領かもしれない」(井上一一〇頁)からためらったのではなく、「無主の地」であればこそ、日本が領有を主張すれば、清国も領有を主張するという争いが起こる可能性があり、無人島、「無主の地」の取得において慎重に配慮した結果であったという日本外務省の説明は適切と判断されるわけである。

日本外務省の説明は、直接には井上の主張への反論ではなく、中国側の主張に対する反論であるが、中国側の主張はこの井上の主張に依拠しているので、ここで日本外務省の説明を見ておこう。

「一八八五年の外務大臣の書簡は、編入手続を行う過程における一つの文書であり、そこには清国の動向について記述があるのは事実ですが、日本政府として、清国が尖閣諸島を領有していると認識していたとは全く読み取れず、同書簡はむしろ当時尖閣諸島が清国に属さないとの前提の下、我が国がいかに丁寧かつ慎重に領土編入の手続を進めてきたかを示すものです。外務大臣が同書簡の中で実地踏査を支持していることからも、尖閣諸島を清国の領土であると考えていなかったことは明らかです。

また、一八八五年に内務大臣から外務大臣に宛《あ》てた書簡でも尖閣諸島に『清国所属の証跡は少しも相見《あい》え申さず』と明確に記載されています。」(日本外務省HP)

しかし井上清は、あくまでも「そこ〔尖閣諸島〕を中国領と知っていればこそ、まだ中国を打ち破っていないうちは、なおも慎重を期していた」にすぎないと言い張る（井上一一四頁）。

井上は、「尖閣諸島＝中国領」という先入観にがんじがらめにされているのである。

4-4．「日本は日清戦争で尖閣諸島を略奪」論

井上書第一二節「日清戦争で窃《ひそ》かに釣魚諸島は盗み、公然と台湾を奪った」（井上一一五頁）

井上は、「釣魚諸島はいかなる条約にもよらず、対清戦勝に乗じて、中国および列国の目をかすめて窃取《せっしゅ》した」（井上一一七頁）とする。

日本は日清戦争の優勢という条件のもとで、尖閣諸島を「いかなる条約にも交渉にもよらず、窃《ひそ》かに清国から盗み取ることにし」、馬関（下関）条約で台湾・澎湖諸島を「公然と強奪した」（井上一二三頁）としている。

ここには、第一に尖閣諸島の領有と日清戦争との関係、第二に日本は尖閣を「窃取」したのかという二つの問題が含まれている。

豊下楢彦（関西学院大法学部教授）は、「尖閣編入と台湾の植民地化とは同じプロセスの問題と認識されることは止むを得ない」（豊下五八～五九頁＝参101）と述べているが、このような判断の根拠は

一八九五年の時点においても一九七〇年以後の時点においても不明である。この言い方では、日本による尖閣諸島の領有は台湾領有とは区別されていたという歴史的経過があいまいにされる。

尾崎重義は、「国際法的な抗議は、戦争の勝敗とは無関係」(『レファレンス』)と指摘している。緑間栄は、「領土の帰属処理の問題は、一般に講和条約の中で具体的に処理されるものである」(緑間一五〇頁)とし、「日清講和は主に台湾、その付属諸島及び澎湖列島の割譲についての外交交渉であり、「清国は当初から台湾及び澎湖列島(原文「膨」は「澎」の誤植)の割譲について難色を示していた。同じく中国沿岸諸島の割譲要求を阻止するために具体的に沿岸諸島の名前を掲げ反対していた。しかし日清講和の交渉中、一度たりとも尖閣列島の名前は話題になっていなかった」(緑間一五〇頁)と述べている。

的確な指摘である。

尾崎重義がすでに言及している(『レファレンス』)伊能嘉矩『台湾文化志』によれば、一八九五年六月二日に「台湾受渡に関する公文」が取り交わされ、そのさい、清国側李経方《りけいほう》(日本の新聞では「芳」)全権委員は、次のように述べている。

「後日福建省付近に散在する所の島嶼《しょ》を指して、台湾付属島嶼なりというが如《ごと》き紛議の生《しょう》ぜんを懸念」し、「台湾付属島嶼」の名を目録に書くことを要求したが、日本側水野弁理公使は「若《も》し脱漏したるものあるか、或《あるい》は無名島の如きは、何《いず》れの政府の所領にも属せざるに至らん」、「海図及び地図にも、台湾付近の島嶼を指して台湾所属島嶼と公認しあれば、他日日本政府が福建近傍の島嶼までも台湾所属島嶼なりと主張する如きこと決して之《これ》なし」と説明し、「李経方《ママ》〔芳〕」は「肯諾《こうだく》」（わかりました）と納得している（伊能九三六〜九三七頁＝参37）。

この経過から、李鴻章《りこうしょう》の息子、李経芳〔方?〕がもし尖閣諸島を清国領と認識していたとすれば、ここで異議を唱えていたはずで、それがなかったということは清国側に「尖閣諸島＝清国領」という認識はなかったことを示していると理解される。

さらに、日本が尖閣諸島を「清国から盗み取った」という断定が成立するには、尖閣諸島が「清国の所有物」であったという証明が必要である。しかし、尖閣諸島が「清国の所有物」であったという証明は存在しないのである（本書Ⅱ-4-2）。

井上書第一三節「日本の『尖閣』列島領有は国際法的にも無効である」（井上一二四頁）

標杭建設　井上は、「政府の指令をうけた沖縄県が、じっさいに現地に標杭をたてたという事実すらない」（井上一二六頁）、「標杭がたてられたのは、じつに一九六九年五月五日のこと」（井上一二六頁）と言う。

一八九五年に標杭が建てられなかったというのは信じがたいことであるが、沖縄県が標杭をたてなかったというのは事実らしい。その理由が何だったのかを含め、その解明は今後の課題とするしかない。日本外務省は、この点について説明しておらず、おそらく説明資料が存在しないのだろう。

「一八九五年に標杭が建てられた」という記述は、見うけられない。尾崎重義は、「沖縄県がこの指令に基づき、自ら現地に赴いて標杭を建設した事実は確認されていない。真相は、おそらく石垣島役場から開拓の許可を受けた古賀辰四郎が、自分の手で現地に標木（原文「標本」は「標木」の誤植だろう）を建てたものと思われる。（古賀は、黄尾嶼の開拓を開始した時に、同島に「黄尾島古賀開墾……」の標柱を建てたそうである。）」（『レファレンス』）とし、高橋庄五郎論文をその根拠とした。日本政府・沖縄県などにも、何等かの理由によりその間の事情を説明した文書は残っていないのだろう。

とはいえ、一八九五年に標杭が建てられなかったとしても、だからと言って領有の有効性が消滅するわけではないだろう。

井上は、日本共産党が尖閣諸島は「カイロ宣言」に言う「日本国が清国人から盗取した」ものではないと言っているが、「日本政府が意識的計画的に日清戦争の勝利に乗じて、盗み取ったもの」と主張する（井上一一四頁）。

これは、第一二節の誤りの繰り返しである（本書二二五～二二八頁）。

井上は、一九七二年三月二〇日『朝日新聞』社説が清国は日本による領有に抗議すべきだったと言うが、①日本政府の一九八五年一月の尖閣諸島領有閣議決定は公表されなかったので、清国は「知るよしもなかった」とする（井上一二五頁）。

これは、あるいは言えるのかもしれないが、そう言い切れるのかどうか、わからない。先に見た『申報』記事から判断すると、清国は知っていた可能性も否定できないだろう。また、その後の領有行為、実効支配は公表されている。

井上は、②第二次大戦後も「領土問題の処理はまだ終わっていない」（井上一二五頁）と言う。

これは、だからと言って中華民国あるいは中華人民共和国が抗議あるいは主張できなかった理由はないだろう。

井上は、③中国代表はサンフランシスコ講和会議に招聘されなかったので、この会議の決定は「中国を何ら拘束するものではない」（井上一二五頁）と言う。

それはその通りだが、だからと言って会議外で発言することはその気がありさえすればできたであろう

井上は、さらに④「日華平和条約」は日本と台湾の間で締結されたものなので、「中華人民共和国をすこしも拘束するものではない」（井上一二六）と言う。

中華人民共和国が「日華平和条約」に「拘束」されないであろうことは、中華人民共和国は中華民国が締結した諸条約を継承しないことを宣言しているのであれば当然であろうが、この時点でも中華人民共和国は尖閣諸島領有を主張していないのである。

通告義務はあるか　井上は、次に再び国際法を論ずる。

（日本政府が尖閣諸島を日本領土に編入したことを）「公然と明示したことは、日清講和成立以前はもとより以後も、つい最近まで、一度もないのである『無主地』を『先占』したばあい、そのことを国際的に通告する必要は必ずしもないと、帝国主義国の『国際法』はいうが、すくなくとも、国内法でその新領土の位置と名称と管轄者を公示することがなければ、たんに政府が国民にも秘密のうちに、ここを日本領土とすると決定しただけでは、まだ現実に日本領土に編入されたことにはならない」（井上一二七頁）。

日本外務省は、一八九五年一月一四日の尖閣諸島領有「閣議決定」について次のように答えている。

「一八九五年の閣議決定が当時公表されなかったのは事実ですが、これは当時における他の一般の閣議決定についても同様だったと承知しています。右閣議決定以来、日本は、民間人の土地借用願に対する許可の発出や国及び沖縄県による実地調査等、尖閣諸島に対して公然と主権の行使を行っていたので、日本の領有意思は対外的にも明らかでした。なお、国際法上、先占の意思につき他国に通報する義務があるわけではありません」（日本外務省ＨＰ）。

「閣議決定」　一八九五年一月一四日閣議決定は、『官報』・『二六新報』・『国民新聞』・『都新聞』・『万朝報《よろずちょうほう》』・『毎日新聞』などに掲載されていない。ざっと見たところ、勅令はすべて『官報』で公表され、一部新聞にも報道されたが、閣議決定がいちいち公表・報道されることはなかったようであり、尖閣諸島領有閣議決定に限らないのである。従って、公表されなかったことをもって「隠した」と断定する井上清の主張は成り立たないのである。

また、井上が言うように日本政府が日清戦争以前には尖閣諸島に対する領有意図を隠したが、日清戦争の勝利を前にして「状況が変わった」ので領有に踏み切ったということなら、その時点で領有決定を隠す必要はなかったということになるではないか。

国家の領有意思存在の証明　奥原敏雄は、言う。

「無主地を先占するにあたっての国家の領有意思存在の証明は、国際法上かならずしも、閣議決定とか告示とか、国内法による正規の編入といった手続きを必要とするものではない。先占による領域取得にあたって、もっとも重要なことは実効的支配であり、その事実を通じ国家の領有意思が証明されれば十分である」（『朝日アジアレビュー』）。

「尖閣列島に対するわが国の領有意思は……すでに明治一八〔一八八五〕年一〇月二一日、政府が沖縄県知事より上申のあった出雲丸による港湾の形状並びに土地物産の開拓見込みの有無についての調査を認めた事実によって、すでに存在していたと思われる」(『朝日アジアレビュー』)。

日本外務省は、一八九五年一月一四日「閣議決定」ののちの領有意思の対外的公示について、次のように説明している。

「右閣議決定以来、日本は、民間人の土地借用願に対する許可の発出や国及び沖縄県による実地調査等、尖閣諸島に対して公然と主権の行使を行っていたので、日本の領有意思は対外的にも明らかでした。なお、国際法上、先占の意思につき他国に通報する義務があるわけではありません」(日本外務省ＨＰ)。

さらに、一八九七〜一八九九年(尾崎重義。本書二三七頁)あるいは一九〇二年(奥原敏雄。本書二三六頁)前後には、尖閣各島に地番が確定されていたという事実があり、「新領土の位置と名称と管轄者」は「公示」されており、これは「秘密裡」に行なわれたわけではないということになる。

井上は、どうしても尖閣諸島はまだ日本領にはなっていないとしたいのだが、「帝国主義」の国際法は、実効支配の事実を最優先するようである。

「勅令第一三号」2　井上は、「釣魚諸島が沖縄県の管轄になったということも、何年何月何日のことやら、さっぱりわからない。なぜならそのことが公示されたことがないから」（井上一二七頁）と言い、琉球政府一九七〇年九月一〇日「尖閣列島の領有権および大陸棚資源の開発権に関する主張」が明治「二九年［一八九六年］四月一日、勅令第一三号に基づいて日本の領土と定められ、沖縄県八重山石垣村に属された」（井上一二八頁）と書いていることに対し、「勅令第一三号」には「そんなことは一言半句も示されていない」（井上一二八頁）とし、「勅令第一三号」には「八重山《やえやま》郡　八重山諸島」（井上一二九頁）と書かれているだけで、「『魚釣島《うおつり》』や『久場島《くば》』の名はない」（井上一二九頁）から「帝国主義の『国際法』上の『無主地先占の法理』なるものからいっても、その領有は有効に成立していない」（井上一三〇頁）と主張している。

琉球政府一九七〇年九月一七日声明（浦野二二九頁では「九月一日」）は、「明治二九年四月一日、勅令一三号を沖縄県に施行」（浦野二二九頁）と書いており、「勅令第一三号」の「日付」は「一八九六年三月五日」である。琉球政府声明は勅令第一三号の「施行」日を「四月一日」としているのである。『官報』第三千八百四号（一八九六年三月七日）による「公布」は「三月七日」であった（本書三〇頁）。

『官報』第三千八百四号によれば、「勅令第一三号」は次の通りである。

「〇勅令
朕《ちん》沖縄県の郡編制に関する件を裁可し茲《ここ》に之《これ》を公布せしむ
御名《ぎょめい》　御璽《ぎょじ》
明治二十九年三月五日
内閣総理大臣　侯爵伊藤博文
内務大臣　芳川顕正
勅令第一三号
第一条　那覇首里両区の区域を除く外沖縄県を画して左の五郡とす
島尻郡　島尻各間切久米島慶良間諸島渡名喜島粟国島伊平屋諸島鳥島及《および》大東島」
中頭郡《なかがみ》　中頭各間切
国頭郡《くにがみ》　国頭各間切及伊江島
宮古郡　宮古諸島
八重山郡《やえやま》　八重山諸島
第二条　郡の境界若くは名称を変更することを要するときは内務大臣之《これ》を定む
付則
第三条　本令施行の時期は内務大臣之を定む」

『官報』第三千八百四号には、勅令第一三号のほかに沖縄県に関する勅令第一四号〜第一九号（いずれも日付は三月五日）の計七本が掲載されている。

日本の一八九六年三月八日『時事新報』第四五三六号は、「沖縄県に関する勅令」との見出しのもとに「昨日左の勅令を公布せり」とし、次の七本の勅令をあげている。

「勅令第一三号　沖縄県の郡編制に関する件
同　第一四号　沖縄県郡区職員及び島庁職員に関する件
同　第一五号　地方官官制中改正の件
同　第一六号　地方高等官俸給令中改正の件
同　第一七号　沖縄県宮古島司及び八重山島司の俸給に関する件
同　第一八号　沖縄県区制の施行に依り廃職に属する那覇首里各村役場吏員に支給すべき一時給与金の件
同　第一九号　沖縄県区制」

勅令第一三号〜第一九号には、いずれも魚釣島等に関する記述はない。ただし、勅令第一三号第二条には「郡の境界若《も》しくは名称を変更することを要するときは内務大臣之《これ》を定む」とあり、勅令第一九号（三月五日付け）第三条には「区の境界を変更し又は郡内の間切を区に合併し又は区の区域を分割することを要するときは内務大臣の許可を得て沖縄県知事之を定む」とあり、郡への所属問題は内務大臣・沖縄県知事の専決事項となっていたと見られる。

一八九六年三月八日『万朝報《よろずちょうほう》』第九七一号には、勅令第一三号の第一条〜第三条、第一四号の第一条〜六条、第一七号が掲載されている。

なお、『毎日新聞』・『都新聞』・『日本』などの各紙は勅令第一三号は報道していない。重要ニュースとは見られていなかったからであろう。

勅令第一三号（一八九六年三月五日付け）の『官報』による「公示」日は、「四月一日」ではなく「三月七日」、施行日が琉球政府声明によれば「四月一日」であったということを再確認しておこう。

奥原敏雄は、沖縄県による管轄について一九七二年にこう言っている。

> 「沖縄県知事は翌二九（一八九六）年四月、尖閣列島を八重山郡に所属させ、さらに明治三五年（一九〇二）年一二月、石垣島大浜間切《まぎり》登野城村の行政管轄とした。」「同年一二月沖縄県は、臨時土地整理事務局によって……実地測量を行うとともに……この測量にもとづいて魚釣島、久場島、南小島、北小島の四島（国有地）は石垣島の土地台帳にも正式に記載された」（『朝日アジアレビュー』）

勅令第一三号には、「尖閣列島を八重山郡に所属させ」るとは書かれていない。尾崎重義は、この点について同じく一九七二年にこう述べている。

「沖縄県が、この指令に基づいて魚釣島と黄尾嶼を自己の行政管轄に編入する具体的措置をとった日が何日であるか必ずしも明確ではない。しかし、琉球政府声明（昭和四五年〔一九七〇年〕九月一七日）が述べているように、翌〔明治〕二九年〔一八九六年〕四月一日の勅令第一三号によって沖縄県に郡制が施行されたときに、魚釣島や黄尾嶼が新しい『八重山郡』に編入されたことは、ほぼ間違いないことであろう。（明治三四年五月に沖縄県内務部によって出版された『沖縄県統計書・明治三〇年～三二年』は、「島嶼の位置及周囲面積」の項（一七頁）に魚釣島、久場島〔黄尾嶼〕の二島について記述する。）（『統計書』のそれ以前の版には、両島についての記述が存在しない。）それによると、両島はともに『八重山郡石垣島』所属とされ、地名は、『八重山郡石垣間切登野城村』となっている。これによって、明治三〇年〔一八九七年〕以前にこの二島の所属と地名が定まっていたことが判明する。しかし、戦災によるのか、石垣島の役場の保管の不備によるものか、これら二島編入の行政措置の記録は保存されていないようである」（『レファレンス』）。

尾崎は、続けて次のように結論する。

「このように解するとき、魚釣島と黄尾嶼については、明治二九年〔一八九六年〕四月一日の勅令によって沖縄県に郡制施行の際に、八重山郡に編入されたことによって、国内法上の領土編入措置が完了したということができる」（『レファレンス』）。

尾崎は、さらに次のように補足する。

「なお、一八九五年一月一四日の閣議決定は、魚釣島と久場島に言及しただけなので、赤尾嶼、南小島、北小島、付近の岩礁について問題が残るが、それらは魚釣島、黄尾嶼と一体（群島）を成しており、魚釣島や黄尾嶼と国際法上運命をともにするものと見なすべきである」（『レファレンス』）。

「赤尾嶼」については、魚釣島、黄尾嶼から距離があるので、別に領有意思を証明する必要があるが、「明治一八年及び同二三年の沖縄県知事の上申は、魚釣島、黄尾嶼とともに赤尾嶼を含めている」（『レファレンス』）。また閣議決定の文言には、「沖縄県知事の上申通り」沖縄県の所轄と認めるとあり、「特に赤尾嶼を区別してこれを除外する理由は示されていない」（『レファレンス』）。久米赤島（赤尾嶼）は、「古賀の開発の対象とはされなかった。古賀が同島に標木を樹立したのは、……明治三三年（一九〇〇年）五月である。国有地に指定されたのは、大正一〇年（一九二一年）七月二五日である。この時、内務省所管となり、島名も大正島と改称された」（『レファレンス』）。

豊下楢彦は、尾崎重義論文に基づき、「魚釣島と久場島の国内法上の領土編入措置が完了したのは、閣議決定から一年三カ月を経た一八九六年四月一日であった」（豊下五九頁）と述べている。

日本の法学者たちは、邱宏達・井上清・高橋庄五郎の主張を問題にしていないが、もう少し説明のほしいところではあった。

尖閣諸島領有は公表されていたのではないか　ところで、もし井上清らが言うように尖閣諸島領有閣議決定が「隠され」続けていたなら、古賀による尖閣諸島開発申請はどうして可能であったのかという疑問が直ちに生まれる。つまり、日本による尖閣諸島領有は公表されていたのではないのかという疑問である。

井上が言及している古賀辰四郎の「官有地拝借御願」は「一八九五年六月一〇日」付けで提出されており、早ければ六月以前に領有は公表されていたということになる。それでなければ、古賀はどうして「官有地拝借御願」を出すことができたのだろうか。

さらに、井上自身が『歴史学研究』一九七二年二月号論文（参53）で引用した一九一〇年一月一日～九日『沖縄毎日新聞』は、古賀辰四郎の業績をたたえて、次のように述べているではないか。

「（明治）二九年（一八九六年）勅令第一三号を以て尖閣列島が我が所属たる旨を公布せられたるより、直《ただ》ちにその開拓に就《つ》き本県知事に請願し同年九月初めて認められて茲《ここ》に同氏の同島に対する多年の宿望を達せり」（一九一〇年一月三日『沖縄毎日新聞』＝参36）。

「〔明治〕二九年勅令第一三号を以て尖閣列島の我が所属たる旨を公布せられたるより直ちに其の開拓に就き本県知事に請願し同年九月初めて認可を与えられ茲に同氏の同島に対する多年の宿望を達せり」（一九一〇年一月五日『沖縄毎日新聞』＝参36）。

「勅令第一三号」は、『官報』に載っており、「公布」、公表されている。だが、井上らは日本政府が一八九五年一月一四日閣議決定を「隠した」としており、一八九六年三月五日勅令第一三号には尖閣諸島の八重山郡編入を述べていないと指摘している。

しかし、『沖縄毎日新聞』の記事の意味するところ、および井上清もその存在を認めていた古賀辰四郎が内務大臣子爵野村靖あてに提出した『官有地拝借御願』は「明治二八年〔一八九五年〕六月一〇日」付けとなっており、尖閣諸島の日本領有は遅くとも一八九五年六月までには、公表されていたのだということではないか。つまり、勅令第一三号に尖閣諸島の名は書かれていなかったことは確かだが、何らかの説明が公開で行なわれたのではないかと見られるのである。

それとも、『沖縄毎日新聞』の記述には問題があるのだろうか。古賀の「官有地拝借御願」は一八九五年六月だったので、「勅令一三号」によって領有は公布されたという『沖縄毎日新聞』の記述との間には食い違いがあるという問題はある。明治史研究者は、真相を解明してほしいものである。尖閣諸島の領有を決定した一八九五年一月一四日閣議決定と尖閣諸島を八重山郡に編入したと法学者たちによって解釈されている一八九六年三月五日勅令第一三号（四月一日施行）関連については、探せば未知の資料が出てくるのかもしれない。

私は、遅くとも一八九六年四月までには、尖閣諸島の八重山郡への編入は行なわれていたと見てよいと考える。

それはともかく、井上は『日中文化交流』一九七二年二月論文でも『歴史学研究』一九七二年二月論文でも、「赤尾嶼《せきびしょ》までが中国領」だったことは「自明」と断言する。しかし井上は、『中国研究月報』一九七二年六月論文でも一九七二年一〇月単行本でも『沖縄毎日新聞』に触れてはいるが、この記事の中の「二九年勅令第一三号を以て尖閣列島が我が所属たる旨を公布せられたる」という部分には触れていない。井上は、明治政府の手口をまねてこの記事を「隠した」のだろうか。

> 井上は「台湾およびその付属島嶼の北側と東側の境界については、講和条約〔下関条約〕に何の規定もなく、また、それに関する清国と日本との別段の取り決めも行なわれなかった」（井上一三五頁）とし、それについては清国は敗戦の打撃で「琉球と台湾の中間にあるけし粒のような小島の領有権を、いちいち日本と交渉して確定するゆとりはなかったのだろう」（井上一三五頁）と推測している。

この点については、清国側は割与する台湾・澎湖諸島の境界にはこだわっていたことは、先に引用した伊能嘉矩『台湾文化志』で明らかであり（本書二二六〜二二七頁）、歴史過程の事実を思いこみで切り捨てるべきではない。

日本政府が一八八五年から一八九四年まで尖閣諸島に「国標建設」を躊躇した、ないし決断しなかったことは、事実である。しかし、それは、日本政府が尖閣諸島は「清国領土」と認識していたからではなく、「無主の地」の争奪を避けようとしたのであるということは、すでに述べた。

4－5．「カイロ宣言」・「ポツダム宣言」

井上書第一四節「釣魚諸島略奪反対は反軍国主義闘争の当面の焦点である」（井上一三五頁）

井上は、カイロ宣言、ポツダム宣言に言及する。

「カイロ宣言」（一九四三年）および「ポツダム宣言」（一九四五年）の関連部分は、次の通りである。

「カイロ宣言」

「同加盟国（注：米、英、中華民国）の目的は、日本国より一九一四年の第一次世界大戦の開始以後に日本が奪取し又は占領した太平洋におけるすべての島を日本国からはく奪すること、並びに満州、台湾及び澎湖島のような日本国が清国人から盗取したすべての地域を中華民国に返還することにある」（日本外務省ＨＰ）。

「ポツダム宣言」第八項

「カイロ宣言の条項は、履行せらるべく、又日本国の主権は、本州、北海道、九州及び四国並びに吾等の決定する諸小島に局限せらるべし」（日本外務省ＨＰ）。

つまり、「カイロ宣言」・「ポツダム宣言」のどこにも尖閣諸島は中国領だとも日本領だとも書いてない。「カイロ宣言」・「ポツダム宣言」は、尖閣諸島の帰属問題についての根拠文献とはならないのである。なお、蔣介石（中華民国）はカイロ会議において香港の回収も主張しなかった。

井上は、釣魚諸島は「日本国が清国人から盗取した」のだから、「カイロ宣言」・「ポツダム宣言」に基づいて中国に返還すべきだ、とする（井上一三七頁）。

しかし、すでに明らかになっているように、①釣魚諸島（尖閣諸島）が「中国」の領土であったことはなく、②したがって「清国人から盗取した」土地でもない。③また、「カイロ宣言」・「ポツダム宣言」には「中華民国に返還」すべき地域として尖閣諸島の名はあげられていないので、「カイロ宣言」・「ポツダム宣言」を根拠として尖閣諸島の領有権を中国が主張することはできないのである。

また、緑間栄が指摘しているように、「領土の帰属処理の問題は、一般に講和条約の中で具体的に処理されるものである」（緑間一五〇頁）ので、日米にとってはサンフランシスコ平和条約がどう処理したかが「カイロ宣言」・「ポツダム宣言」より優先するのである。ただし、中華人民共和国はサ条約を認めていないという問題は残るが、中華人民共和国によるサ条約の否認は一般的なサ条約の否認であって、個別具体的な尖閣諸島の帰属を明示した意思表示とは理解されない。

しかし井上は、「日本政府のみならず、軍国主義・帝国主義に反対と自称する日本共産党も日本社会党も大小の商業新聞も、ことごとく、完全に帝国主義政府に同調して、何らの歴史学的証明もせず、高飛車に、ここが歴史的に日本領であることは自明である」としていると言っていると言い（井上一三八頁）、「日本共産党は、日本帝国主義の共犯者である」（井上一四〇頁）、「釣魚諸島略奪反対のたたかいは」「まさに今日、日本人民が全力をあげてとりくむべき、日本軍国主義・帝国主義反対の闘争の当面の焦点である」（井上一四三頁）と結論する。

井上は、今日（二〇一二年～二〇一三年）の中華人民共和国による日本領海・領空に対する侵犯を見たら、反「帝国主義」の快挙として拍手喝采するのだろうか。

井上書第一五節「いくつかの補遺」（一四四頁）

井上は、いくつかの補足を行なっているが、その中で次（Ⅱ-5）に見る高橋庄五郎の言う「釣魚諸島は下関条約第二条によって清国から日本に奪い取られた」との説を否定し、「下関条約第二条との直接の関係はない」（井上一四六頁）とする。

下関条約第二条は尖閣諸島の日本による領有との間に直接の関係はないということは、すでに確認してきた通りである。

先占の要件に合致　尾崎重義は、「日本政府が尖閣諸島に対してとった一連の措置は、この先占の要件に合致したものであろうか」と問い、次のように答える。

第一に、領有意思の問題で、「日本は閣議決定によってこれら諸島の沖縄県編入を決め」、現地では古賀による標木の樹立、作業場・家屋の建設、日章旗の掲揚が行なわれたこと、軍艦による調査、実地測量、学術調査、地図・海図の作成などの「主権的行為を通じても、日本の領有意思は黙示的に表明され」、「日本の領有意思は十分明確に表明された」（『レファレンス』）とする。

この点は、「尖閣諸島＝中国領」論と平行線である。

第二に、「国際法上、先占の要件として、国内法に基づく一定の領土編入の手続が要求されているわけではない」、「国際法的には、先占する国の領有意思が、明示的あるいは黙示的な形で明確に表明され、他国がそれを知りうる状態にあればそれで十分である」と言う。また、「外国への通告はなされなかった」が、通告することは「望ましい」とはいえ、「実定国際法上外国への通告が先占の要件であるとはいえない」とし、一九二八年パルマス島事件、一九三一年クリッパートン島事件、小笠原島・南鳥島・硫黄島の例がある（『レファレンス』）という。

第三に、尖閣諸島の領有と台湾を割譲させた下関条約とは「法的には別箇の措置」であり、台湾の行政範囲には「彭佳《ほうか》・棉花《めんか》・花瓶《かへい》の三嶼《しょ》は含まれていなかった」ので、「それよりも遠方の尖閣諸島が台湾付属の島嶼であるとはだれも考えていなかった」（『レファレンス』）と指摘する。

第四に、「明治二九年〔一八九六年〕以降の日本の尖閣諸島に対する統治権の行使は、最近の国際法の要求する『国家的機能の平穏かつ継続した発現』の要件に十分かなう」とし、「国有地台帳への記載、地番の設定、国有地としての賃貸と払下げ、地租の徴収、土地測量などの行政権の行使、官庁文書への記載、国の作成する地図・海図への記載、官吏の派遣、学術調査、遭難者救助等の警察活動などを通じて、尖閣諸島が居住不適の無人島であることを考えると、十分すぎるほどに国家的権能の現実的、継続的な発現が見られる」（『レファレンス』）とする。

第五に、第二次大戦後、尖閣諸島は米軍占領下に置かれたが、米国およびその管理下にある琉球政府によって統治権が行使されてきた。それは、「一九七〇年まで中国を含むいかなる国からも異議が出されなかった」。これに対して中華民国が「なんらの対抗措置をとらないことは、時効の要件である黙認となる」（『レファレンス』）とする。

鄭舜功『日本一鑑』、「小東の小嶼《しょ》」　井上は最後に、鄭舜功の『日本一鑑』（参8）を取り上げ、次のように言う。

「同書の第三部に当たる『日本一鑑桴《ふ》海図経』に、中国の広東から日本の九州にいたる航路を説明した、『万里長歌』がある。その中に『或《あるい》は梅花東山の麓《ふもと》より鶏籠上に釣魚の目を開く』（井上原文のレ点付き漢文を読み下した）という一句があり、それに鄭自身が注釈を加えている。大意は福州の梅花所の東山から出航して、『小東島之鶏籠嶼』（台湾の基隆港外の小島）を目標に航海し、それより釣魚嶼に向うというのであるが、その注釈文中に、『梅花より澎湖の小島に渡る』、『釣魚嶼は小東の小嶼なり』（井上原文カタカナはひらがなに改めた）とある。この当時は小東（台湾）には明朝の統治は現実には及んでおらず、基隆《キールン》とその付近は海賊の巣になっていたとはいえ、領有権からいえば、台湾は古くからの中国領土であり、明朝の行政管轄では、福建省の管内に澎湖島があり、澎湖島巡検司が台湾をも管轄することになっていた。その台湾の付属の小島が釣魚嶼であると、鄭舜功は明記しているのである」（井上一四九頁）。

井上は、鄭舜功が琉球に至った一五五六年には台湾は明朝領ではなかったことを知っているかのようだが、根拠も述べずに「領有権からいえば、台湾は古くからの中国領土」と言うのだから、結局、台湾は明朝領だったと言っているのである。これは、根拠のない支離滅裂な憶測にすぎない。明朝が台湾を管轄したなどという事実はなく、中国地域王朝として次のマンジュ族清朝が澎湖諸島を支配し、台湾の一部（西部）を福建省の管轄下に台湾府を設置したのは一六八四年のことだったのだ（『アジア史入門』一七九頁）。

尾崎重義は一九七二年に、鄭舜功『日本一鑑』中に記載された「釣魚嶼《しょ》（「釣魚島」）は小東の小嶼である」との記載について、これは「鄭舜功が、魚釣島を地理的に台湾に付属（又は近接）する小嶼であると理解していたことを意味する」と解しているが、鄭舜功の認識が不正確であることを指摘していない。

しかし、尾崎は「当時台湾には中国の支配は及んでいなかった」ことを指摘した上で、「政治的な意味でなく、地理的な意味で小島（台湾）に従属する小嶼として理解したものと見るべきであろう」（『レファレンス』）と述べている。

「地理的な意味」としてとらえるべきという指摘は、それなりに理解できる。「小東」が「台湾」、

「小嶼」（小島）が「釣魚島」であったとするなら、明代には台湾は明の「外国」であり、釣魚島は明朝領土などではなかったという結論になるのである。

なお今日、「小東」は台湾ではないとの説も存在するが、それならなおさら「釣魚島＝中国領」の根拠にはならないことになる。

井上清結論　井上書の、このような「思いこみ」で綴られた本を学術書と呼んでよいかどうかは、はなはだ疑問である。石田保昭は、尖閣諸島問題で「本論文を超える水準を持つものは一つもない」（『中国研究月報』一九七二年一二月号）と持ち上げたものだったが、井上清のこの著作は「名声」の高さとは対照的に内容のレベルは驚くほど低い。井上が大好きな毛沢東の言葉を借りれば、井上は学生が決して学んではならない「反面教師」である。

一言で言えば、井上書とそれに対する論評の歴史から学ぶべきことは、思いこみを優先させて資料を誤読してはならない、資料は全体に目を通すべきで、気に入った部分だけをつまみ食いして肥大化させてはならない、思いこみにこだわってはならない、ということである。

しかし、中国・中国共産党は今でもこの井上書にしっかり学び、これを聖典に祭り上げているのである。

5．高橋庄五郎

5－1．『朝日アジアレビュー』特集

『朝日アジアレビュー』一九七二年夏号は、「尖閣列島問題」特集を組み、まず編集部の「巻頭言――尖閣を日中正常化の障害とするな」で、①「歴史主義」を採ると、「世界各国がそれぞれの最盛期における版図を現在もし主張すれば、たいへんな騒動になるだろう」と述べている。

これは、常識的な考えだと言える。

「朝貢／冊封関係」とは　次に、②清朝にいたっても、中国には近代的な国家概念はなかった。朝貢国も従属関係ではなかった」と指摘する。

「尖閣諸島＝中国領」論者が、思いこんでいる「朝貢国＝中国の領土」という歴史の誤認を指摘した適切な観点である。朝貢／冊封関係とは、上下関係の確認にほかならず、通常、納税したり兵士を提供したりしたわけではなく、中国地域王朝の領土であったわけではない。

第三に、「革新政党が『日本領』と宣言しても、それだけでは無意味だ」と言い、「特集1　尖閣列島問題」の前書きでは「感情論を排し、低次元の党派根性を脱して、毅然たる論議が起ることを期待する」とする。

これは、誰やらを揶揄《やゆ》しているようだが、意味不明である。誰かを批判したいのなら、「毅然」と

して名指しでやってもらいたい。

「特集1」には、「尖閣列島＝中国領」論に立つ高橋庄五郎（「いわゆる尖閣列島研究グループ」を名のっている）「いわゆる尖閣列島は日本のものか——〝歴史は回答する〟」と「尖閣列島＝日本領」論に立つ奥原敏雄「尖閣列島と領有権帰属問題」が収められている。

5－2．高橋庄五郎論文

以下、高橋庄五郎（国際貿易促進協会前常任理事）論文を紹介する。

高橋は、「この問題を避けて日中国交回復はありえないというのが現実」と言い、われわれはここからなぜ当時、尖閣諸島に焦点が当てられていたかが理解できる。高橋はさらに、「現在のいわゆる尖閣列島問題は、その周辺海域に石油埋蔵の可能性がわかってから起った」と確認し、一九六六年のエカフェ設置から一九七二年国連海底平和利用委員会での中国代表発言までの過程を辿る。

次に高橋は、「外務省基本見解」の「無主地先占」論を批判する。

①琉球政府は公文書に魚釣島《うおつり》、黄尾嶼《こうびしょ》、赤尾嶼《せきびしょ》、南小島、北小島という名称」を使っているが、「嶼」という言葉は「中国名」だと言う。高橋はこの中で、林子平の『三国通覧図説』にも言及している。

「嶼」とは、「島」の小さなものを言うのだが、日本では「島嶼」という用語以外ほとんど使われないことは事実である。しかし、島名は、琉球人から聞いたものを中国語に訳して記録したという可能性もあるのである（本書Ⅱ‐4）。

高橋は、島名を重視するが、領有問題の判断を左右するものではない。

国標建設「躊躇」問題2　②次に明治政府が国標を建てることに一〇年間ためらったと述べ、井上清の『歴史学研究』一九七二年二月号論文の「尖閣諸島＝中国領」論を支持し、尖閣諸島は「無主地」ではなく「中国領」だったのだから「無主地先占」論は成り立たないと主張する。そして、標杭建設は「行なわれなかった」と言う。

尾崎重義は、国標建設をめぐる日本政府の考慮について、「政府の清国に対する配慮は、あくまでも政治的なものであり、法的な意味をもつものではなかった」（『レファレンス』）と述べていることはすでに紹介した（本書一二八頁）。

「内閣は天皇の輔弼《ほひつ》機関」、「勅令第一三号」3　③次に、明治憲法では行政権は天皇に属しており、内閣は天皇の輔弼《ほひつ》機関にすぎず、一八九五年一月の「閣議決定」は「国家としての正式の意思決定にはならない」、「勅令第一三号」は「領有宣言」ではない、「国際法上の措置もとられず公示もされていない」と言う。

「内閣は天皇の輔弼《ほひつ》機関」なので「国家としての正式の意思決定にはならない」という指摘は、邸宏達の指摘に始まり、井上清・高橋庄五郎によって主張された。

奥原敏雄は、「無主地を先占するにあたっての国家の領有意思存在の証明は、国際法上かならずしも、閣議決定とか告示とか、国内法による正規の編入といった手続きを必要とするものではない」、「もっとも重要なことは実効的支配であり、その事実を通じ国家の領有意思が証明されれば十分」、沖縄県知事は一八九六年四月、尖閣諸島を八重山郡に所属させた（『朝日アジアレビュー』）と述べている。

緑間栄は、「尖閣列島に対する国内法上の領土編入措置は明治二九年（一八九六年）三月五日の勅令一三号が施行されるのを機会におこなわれた」、「勅令は沖縄県を島尻、中頭、国頭、宮古、八重山の五郡に設定し、久場島、魚釣島を八重山郡に編入し、その後明治三五年（一九〇二年一二月）、石垣島大浜間切《まぎり》登野城村に所属せしめることとなり、地番も設定した」（緑間一〇一～一〇二頁）としている。

緑間はさらに、「明治二八年一月一四日の閣議決定は魚釣島と久場島に言及しただけで、赤尾嶼、南小島、北小島及び付近の沖の南岩、沖の北岩、それに飛瀬、と称する岩礁については何も触れていない。その理由は赤尾嶼以外の小島は魚釣島、黄尾嶼と群島を成しており、魚釣島、黄尾嶼と国際法上運命をともにするものと見なされていたからである」、「赤尾嶼の場合は魚釣島、黄尾嶼から遠く離れているが、すでに明治一八年及び同二三年の沖縄県知事の上申には魚釣島、黄尾嶼及び赤尾嶼を含んでおり、明治二八年の閣議決定も『沖縄県知事の上申』通り沖縄県の所轄と認められていたから、特に赤尾嶼を区別する理由は何もなかったのである」、「尖閣列島の編入措置に関する公文書は『日本外交文書』第一八巻に付記『久米赤島、久場島及魚釣島版図編入経緯』と題し、三島が同時に領土編入されている』（緑間一〇二頁）と補足している。

浦野起央《たつお》は、日本政府は一八九六（明治二九）年三月五日「勅令一三号」により尖閣諸島の行政区画を「沖縄県八重山《やえやま》郡尖閣群島」とし、八重山郡に編入し、四月一日施行された。沖縄県知事は、魚釣島・久場《くば》島・南小島・北小島を国有地と決定したと述べているが（浦野一三三頁）、「沖縄県八重山郡尖閣群島」という記述はない。

豊下楢彦は、魚釣島と久場島の国内法上の領土編入措置が完了したのは「一八九六年四月一日勅令」で「八重山郡」に編入されたときである（豊下五九頁＝参96）という。

勅令第一三号は、「三月五日発令、三月七日公示、四月一日施行」である。

奥原敏雄・緑間栄・浦野起央・豊下楢彦らは「勅令第一三号は領有宣言ではない」という井上の主張について特にコメントしておらず、尖閣諸島が「沖縄県八重山郡」に編入されたという根拠資料を示していない。

素人考えとしては、「閣議決定」が「国家としての正式の意思決定にはならない」としたら、勅令を乱発しなければならず、「輔弼機関」の決定であっても「国家としての正式の意思決定」として有効なのではないかと思うが、国際法学者および明治史研究者の教えを請いたい。

④「標杭を建てる」との一八九五年一月一四日の閣議決定は「実行されなかった。」

古賀辰四郎によって標木は建てられたようであるが、沖縄県が標杭を建てたとの記述は見当たらず、沖縄県が標杭を建てなかったのが事実とすれば、理由を説明した資料は見当たらず、不明である。

しかし、日本の法学者によれば、標杭建設は領有意思表明の絶対的必要条件ではないとされる。

⑤下関条約第二条に基づく「台湾全島とその付属島嶼」と「澎湖列島」の受渡しは「批准交換後」「二五日目」に行なわれた。「台湾人民は五月二五日に蜂起した。」「このような情況の下で、日中間にいったいどのような受渡しが行われたのか。実際には大ざっぱな形だけの受渡しであったとしか考えられない。だから中国から奪った領土の中にいわゆる尖閣列島は含まれていないという政府の主張には疑問がある。」

わたしは、清朝から日本への台湾・澎湖の受け渡しの具体的状況について詳らかではない。しかし、それがどのような状況であったにしても、一八九五年四月～六月の「台湾・澎湖の割与・受け渡し状況が不明」ということが「中国から奪った領土の中にいわゆる尖閣列島は含まれていないという政府の主張には疑問がある」と結論する根拠だという論法は非論理的である。高橋は、「台湾・澎湖の割与・受け渡し状況が不明」という点を、尖閣諸島が「下関条約」の「割与」対象であったという、事実に反する主張に強引に結び付けようとしている。

⑥国際法の「先占」は成り立つか。

（イ）明治政府は一八七四年、台湾出兵を行なうため、「台湾藩地処分要略」を起草したが、これは「台湾を無主の地とするものだった。」

（ロ）外務卿井上馨《かおる》は一八八五年、尖閣諸島に国標を建てることに慎重だったが、一八九四年に野村靖内務大臣が「其当時（注＝明治一八年）と今日とは事情も相異候に付」と言っているのは、「日清戦争で日本の勝利がすでに決まっていた」からで、「外務省が基本見解でいっている『清国の支配が及んでいる痕跡がないことを慎重確認』したからではない。」

（ハ）井上清は『歴史学研究』論文で奥原敏雄に、「歴史的に見てそれ〔釣魚島〕は明らかに中国領であった」と反論している。

（ニ）明治憲法では、「行政権」は「天皇の大権に属していた」。「内閣制度は天皇の輔弼機関に過ぎず、『閣議決定』はそのままでは国家としての正式の意思決定にはならない。」「行政上の意思は勅令によって表明されなければならない。」

（イ）一八七四年の台湾出兵は、日本漁民が遭難して台湾に漂着したさい、現地住民に殺害され、日本政府が抗議したところ、清朝は台湾は「化外の地」、つまり野蛮人の住むところで清朝は関知しないと答えたことから、日本軍の出兵に発展したものだった。台湾が清朝領なら、そこで起こった他国籍者に対する殺害事件に責任を取らないという対応に瑕疵《かし》があったことは、否定できない。

（ロ）「清国の支配が及んでいる痕跡がないことを慎重確認」したことは事実であり、日清戦争の趨勢が背景にあったことも事実であろう。

（ハ）井上清の明清史料理解は間違っており、尖閣諸島が中国領であることを証明するものではないことは、すでに見た（本書Ⅱ‐4‐2）。

（ニ）この点については、③で見たとおりである。

高橋庄五郎は、これに対する奥原の一九七〇年九月四日『沖縄タイムス』論文「尖閣列島」を引用した上で、その論旨を、①勅令第一三号で尖閣列島を領有したのではない、②尖閣列島領有は、沖縄県知事の解釈によって行なわれた、③沖縄県知事は、尖閣列島領有を自分の解釈で八重山郡に入れたということだ、とする。

高橋はその上で、①尖閣列島は「無主地」ではなかった、②「国内法上の措置もとられず公示もされていない」、③「行政法上の措置もとられていない」、④「島名も確定していない」、⑤国標建設という「閣議決定は実行されていない」と批判し、結論として、「一定期間の実効的支配があっただけ」とし、「世界の諸民族は、反帝独立闘争によって『先占』を否定した」と述べる。

最後の結論は演説にすぎないが、日本政府による一八九五年の領有決定からの手続きには、公示がなかった、はじめからは行政管轄を明示しなかった、国標の未建設、島名確定の遅れたものもあったなど、不備もあったように見える。しかし、明確な実効支配の歴史があり、これらの不備によって日本による領有の正当性は揺ぐことはないものと見られる。

井上清と高橋庄五郎の意見発表ののちは、一九七二年九月に日中国交が樹立され日中蜜月時代が続いたためと思われるが、一九九〇年代までの約二〇年間、日本でも中国でも目立った「尖閣諸島＝中国領」論は見受けられない。あるいは、周恩来の「この問題には触れたくない」発言の影響かもしれない。

『那覇市史』所収資料集一一点　「使琉球録」史料は、どこで見たらいいのであろうか。もちろん、一つずつ探してゆけばよいのだが、那覇市が収録した便利な資料集がある。那覇市役所企画部市史編集室編集『那覇市史　資料編第一巻三』（那覇市役所　一九七七年三月）の「冊封使録関係資料（原文編）」は、次の一一点の資料を収録した。

①陳侃『使琉球録』、②郭汝霖『使琉球録（抄）』、③蕭崇業『使琉球録（抄）』、④夏子陽『使琉球録（抄）』、⑤胡靖『杜天使冊封琉球真記奇観』、⑥張学礼『中山紀略』、⑦汪楫『使琉球雑録（抄）』、⑧汪楫『中山沿革志』、⑨徐葆光『中山傳信録』、⑩周煌『琉球国志略（抄）』、⑪李鼎元『使琉球記』。

さらに、別冊で那覇市役所企画部市史編集室編集『那覇市史　資料編第一巻三』（那覇市役所　一九七七年三月）「冊封使録関係資料（読み下し編）」がある。

6．一九九六年『法制日報』論文と同年『人民日報』論文

中華人民共和国は一九九二年、「領海法」を定め、「釣魚島＝中国領」と宣言してみずから「棚上げ」方針を投げ捨てたのち、積極的な「釣魚島＝中国領」を掲げた言動を推進してゆく。

中華人民共和国は一九九六年、中華人民共和国外交部声明（一九七一年一二月三〇日）の骨格に、台湾の主張や井上清の議論を援用しながら肉付けしようとした。その代表的なものは、一九九六年八月二日『法制日報』劉文宗論文「釣魚島に対する中国の主権は弁駁を許さない」（参66。引用は一九九六年八月二〇日『北京周報』（日本語版）第三四号による。参71も所収）と一九九六年一〇月一八日『人民日報』鍾厳論文「釣魚島の主権の帰属について論じる」（参68。引用は一九九六年一〇月二九日『北京周報』（日本語版）第四四号による。参71も所収）である。

6－1．劉文宗論文

劉文宗論文（一九九六年八月二日）は、A.「釣魚群島＝中国領の理由」（1）（2）（3）、B.「日本の釣魚群島『占有』は侵略行為」（1）（2）（3）からなり、その要旨は次の通りである。

A．「釣魚群島」が「中国の領土である」理由

（1）①「中国が最初に釣魚島を発見し、それを中国の版図に入れた。」「コロンブスらがアメリカ新大陸を発見した時、『発見』そのものをアメリカ大陸取得の根拠とした。」このルールは、一九世紀後半に改められ、「『発見』と同時に、かならずそれを有効に『占有』」することが必要になった。

②釣魚島については、一五世紀から明朝の陳侃《ちんかん》・郭汝霖《かくじょりん》など中国の文献に記載があり、同じく明の嘉慶年間に出た『日本一鑑』や清朝の汪楫《おうしゅう》などにも記載があり、「中国の版図に入」っていた。

③井上清によれば、沖縄海溝は風波が強く、「琉球諸島から釣魚島にいくのは、まったく不可能」だった。

④「台湾の漁船はよくこの一帯へ行って漁撈した」。

コメント。

A-（1）-①コロンブスの時代には、「領有」するには「発見」でよかったという主張は、前近代帝国主義の論理を認めよと言っていることになる。また、尖閣諸島を中国人が発見したという証明はない。

A-（1）-②陳侃等の記載が「釣魚島＝中国領」の証明というのは、楊仲揆・井上清に継ぐもので、誤りである。

また、陳侃、郭汝霖・汪楫などの史料には釣魚島は中国が発見したとも、釣魚島が中国領であるとも書いてない。

それにもかかわらず、劉文宗は、鄭舜功『日本一鑑』の「釣魚嶼は小東の小嶼」という記述は釣魚島が中国領であることの証拠と主張した井上清の見解に従い、それに対する日本からの批判に目を向けない。

A-(1)-③「琉球諸島から釣魚島にいくのはまったく不可能」という独断はでたらめで、琉球人は釣魚島等の海域を熟知していた（本書Ⅱ-2-2、一二四頁）。

さらに、A-(1)-④の「漁撈」していたことは「領有」の根拠にはならないし（本書Ⅱ-2-2、一三二頁）、明清時代に中国大陸・台湾から尖閣諸島周辺に出漁があったという資料は提出されていない。

> (2) ①明朝は一五五六年、胡宗憲を倭寇討伐総督に任命し、胡宗憲の『籌《ちゅう》海図編』で釣魚島・黄尾嶼・赤尾嶼を中国福建省海防区域に入れた。
> ②一八九三年、慈禧太后《じきたいこう》は太常寺正卿盛宣懐が献上した丸薬が効くので、丸薬原料産地の釣魚島を盛宣懐に下賜する詔書を与えた。

コメント。

A-(2)-①たとえ胡宗憲の『籌海図編』が釣魚島海域を「海防区域」と見なしたとしても、それは領土・領海であることを意味しないし、そもそも胡宗憲『籌海図編』は航海目標として島々の名を書いただけだということは本書Ⅱ－4－2井上清コメントですでに述べた。

A－(2)－②の慈禧《じき》太后《たいこう》「詔書」が偽書と見られることは、楊仲揆に対するコメント（本書Ⅱ－2－2、一三六～一三八頁）ですでに述べた。

(3)　①「釣魚群島は中国台湾省の付属島嶼」だ。「地質構造」としては、「釣魚島と琉球諸島」は沖縄海溝で隔てられ、「両者は同一島群ではない」。

②「一九一八年、日本海軍水路誌」も「釣魚群島の位置は『ほぼ沖縄諸島と支那福州の間にある』と明記しており」、これは、「日本海軍も釣魚群島が沖縄諸島に属していると見なしていないことを示している」。

③「一八七九年から一八九〇年にかけて日本が清朝と琉球問題について交渉した時、双方は、琉球の範囲は三六の島嶼に限られ、釣魚群島が全くその中に入っていないことを一致認定した」。

④「日本の東京裁判所は一九四四年に判決を下した時、釣魚群島は『台北州』が管轄するもので、琉球諸島には属さないと断定した」。

⑤「日本支配時期の『台湾警備府長官』だった日本人の福田良三も、その当時、釣魚群島が彼の管轄区内にあり、台湾漁民が釣魚島一帯へ行って漁撈する場合、『台北州』が許可証を発給したと語った」。

コメント。

A-(3)-①。地理的特徴と国境とは、自動的に同一ではない。

A-(3)-②。『日本海軍水路誌』が釣魚島の地理的位置を述べているのは、客観的な距離の等距離関係を述べたものであり、日本海軍が「釣魚群島が沖縄諸島に属していると見なしていないことを示している」というものではかならずしもない。

A-(3)-③。日本政府は一八七一年に琉球国を鹿児島県に編入しており、一八七二年に琉球藩を設置し、一八七九年に琉球藩を沖縄県と改称した。清朝はこれに抗議した（本書I-1、二三頁）。清朝は、どのように「一八七九年から一八九〇年にかけて琉球問題を交渉」したのかについての史料が中国側外交文書にあるはずだが、歴史に関心がある者として史料の提示を要望したい。しかしながら、一八九五年以前においては、日本政府の立場は「尖閣諸島＝無主の無人島」であるから、当時、尖閣諸島に触れていないということは日本の領土範囲外であるということでも、尖閣諸島が清朝の領土であるということでもない。

A-(3)-④。「一九四四年の判決」は、存在そのものが疑われている。根拠資料を示すべきである（本書一三九～一四〇頁）。

A-(3)-⑤。「『台北州』が許可証」という問題は、台北州が漁業を管轄するということで、行政区分の問題ではなかった（インターネット「『釣魚島』主権不属中華民国」＝参91）と指摘されている。

B．「日本側の釣魚群島『占有』ははたして同群島に対する『領有権』を確立したのか、それとも侵略行為なのか。」

（1）①国際法では「ある土地がある国によって発見され、同国が主権管轄を実施すれば、同国の領土の一部になる（オッペンハイム『国際法』参照）」。

②「甲午戦争（日清戦争）前、日本政府はすでに釣魚群島が中国の領土であることを知っていた。」

③古賀辰四郎が尖閣諸島の借用を申請したとき、沖縄県知事・内務省・外務省はこれらの島嶼は清朝冊封使船が「詳しく知っている」だけでなく、「命名」し、「中国船舶が琉球へ行く道標とした」ことを認め、「中国を侵略する野望があると疑われることを憂慮した」。

④一八九四年、沖縄県知事は「同列島が日本帝国に属するかどうかはまだ不明である」と言った。

⑤清朝は一八九五年、日清戦争に敗れた。そこで日本は「勝手に釣魚群島を日本の版図に『入れ』」、「馬関〔下関〕条約」で「台湾全島とそれに付属するすべての島嶼を割譲させた」。これは「侵略行為」であり、「近代国際法によれば、侵略行為は合法的権利を生み出すことができない。第二次世界大戦終結後、日本は釣魚島を台湾、澎湖列島などと一緒に中国に返還しなければならなかった」。

コメント。

B-（1）-①。中国が尖閣諸島を「発見」したという証拠はないし、ここで言っている国際法では「発見」するだけでは十分ではなく、「主権管轄」が必要ということであり、明朝・清朝が尖閣諸島に対して「主権管轄」を行なったという証明は存在しない。

B-(1)-②。「甲午戦争〔日清戦争〕前、日本は、すでに釣魚群島が中国領土であることを知っていた」という断定は、井上清〔本書Ⅱ-4-4、二二〇頁〕のでたらめな思いこみに依拠したものであり、歴史的事実に相違する。

B-(1)-③。沖縄県令西村捨三は冊封船が「それぞれ名称をも付し」と述べたことは事実だが、そう言ったのは沖縄県令であって、日本政府の内務卿・外務卿が明朝冊封使が尖閣諸島に「命名」したと述べたという記録はない。明朝冊封使・清朝冊封使が「詳しく知っている」ことと、清朝冊封使船が「琉球へ行く道標とした」ことを考慮したのは、「中国を侵略する野望があると疑われることを憂慮した」からではなく、「無主の地」をめぐる紛争の発生を避けようとしたものであることは、井上清に対するコメント〔本書Ⅱ-4-3、二二四頁〕ですでに述べた。これも、井上による『日本外交文書』の曲解に依拠したものである。

B-(1)-④。沖縄県知事が一八九四年に「同列島が日本帝国に属するかどうかはまだ不明である」と言ったという点は、日本政府による領有宣言が一八九五年なのだから当たり前のことであり、「日本帝国に属するかどうかはまだ不明」という表現が「尖閣諸島=中国領」を意味するものではないことは子供でもわかる理屈である。

B-(1)-⑤には、いくつかの問題がまざっているので、整理する必要がある。

(イ)日本は、日清戦争の終結以前に尖閣諸島の領有を閣議決定した。劉文宗が日本は「まず勝手に釣魚群島を日本の版図に『入れ』」、ついで馬関条約によって「台湾とそれに付随するすべての島嶼を割譲させた」と言い、この島嶼の中に尖閣諸島が含まれていたかのように言うのは、日本による尖閣諸島領有は下関条約とは関係ないとした井上の見解すら受け入れないことにしたものと見られる。

（ロ）次に、「馬関条約」による「台湾全島とそれに付属するすべての島嶼」の割譲を「侵略行為」と言えるかという問題である。日清戦争は、朝鮮をめぐる日本と清国の対立の結果として起こった戦争であり、始めから日本による清国への侵略戦争であったわけではなく、その結果としての台湾割与は帝国主義的行為ではあるが、欧米各国による植民地領有のすべてを「侵略」と呼ばないように、これを「侵略」と呼ぶのは不適切だろう。

（ハ）「近代国際法によれば、侵略行為は合法的権利を生み出すことができない」との点である。日清戦争の結果としての「台湾・澎湖諸島」の「割与」は帝国主義的行為であるが、賠償金の支払いや領土・利権の割譲は当時の「国際社会」の慣行であった。これを「侵略」と呼ぶなら、当時の世界は「侵略」だらけだった。イギリスによるインド領有、オランダによるインドネシア領有、フランスによるインドシナ領有、アメリカによるハワイ・グアム・フィリピン領有、ロシアによるシベリア領有など、すべて帝国主義諸国による「侵略」となる。これらは、すべて「国際法」によって「無効」とされただろうか。そのようなことは、なかったのである。ただし、この点については国際法専門家諸氏のご教示を受けたい。

（ニ）劉文宗は、「第二次世界大戦終結後、日本は釣魚島を台湾・澎湖列島などと一緒に中国に返還しなければならなかった」と言っているが、「釣魚島」はカイロ宣言もポツダム宣言も日本が中国に返還しなければならない島として「尖閣諸島」の名をあげていないし、「われら」＝「連盟国」が決めるとしていた日本が放棄しなければならない島々はどれであるかについては、「われら」は結局、それを特定しなかったし、「われら」の主要連盟国であったアメリカは太平洋戦争によって尖閣諸島を含む沖縄諸島を占領し、一九七二年にこれらを日本に「返還」したということは、アメリカは尖閣諸島を含む沖縄諸島を日本領と認識しており、尖閣諸島を含む沖縄諸島を「日本が放棄すべき島々」とは認識していなかったということに疑いはない。

（ホ）日本が尖閣諸島を領有した一八九五年一月は日本と清国は交戦中だったので、中国側があと知恵で「奪われた」と言いたい気持ちは理解できなくもないが、やはり不正確である。

B-（2）
①日本は、「人が住んでいない島」と「所有者なき土地」を混同した。
②国際法では、「人が住んでいる島」に対する管轄権は「連続しているもの」でなければならないが、「無人島」の場合は「カギは主権が誰に属しているか」で「管轄に至っては断続的に行使することができる」として、アメリカとオランダの一九二八年のパルマス島紛争についての国際仲介裁決をあげている。「そのため、明・清時期に、釣魚群島のような辺ぴな小島に中国人が定住していたかどうかは、これら島嶼に対する中国の主権に影響しない」。

③「日本側が故意に人が住んでいない島嶼を『所有者なき土地』のように言いくるめているのは、まったく中国の領土をかすめとるためである。」

コメント。

B‐(2)‐①。劉文宗は、日本は「人が住んでいない島」と「所有者なき土地」を混同したと言うが、そんな論点は日本側にはまったく存在しない。

B‐(2)‐②。劉文宗は、国際法では「人が住んでいる島」に対する管轄権は「連続しているもの」でなければならないが、「人が住んでいない島」の場合は「カギは主権が誰に属しているか」で「管轄に至っては断続的に行使することができる」として、パルマス島紛争についての国際仲介裁決をあげ、「そのため、明・清時期に、釣魚群島のような辺ぴな小島に中国人が定住していたかどうかは、これら島嶼に対する中国の主権に影響しない」とするが、問題は明・清が尖閣諸島に「主権」を持っていたという根拠が何もないということである。一方、日本による尖閣諸島管轄は「連続」していたのであった。

B‐(2)‐③。劉文宗は、「日本側は故意に人が住んでいない島嶼を『所有者なき土地』のように言いくるめてるのは、まったく中国領土をかすめとるためである」と言っているが、B‐(2)‐①でも言ったように日本側は「無人島」＝「無主の地」などとは言っていない。

(3) ①米軍は一九四五年、沖縄を占領したが、「『カイロ宣言』と『ポツダム宣言』によると、日本は降伏後、」「台湾の付属島嶼としての釣魚島も、本来ならば一緒に〔中国に〕返還すべき」だったが、アメリカは日本への沖縄返還のさい、釣魚島も日本に渡すことにした。

②米国務省スポークスマンのマクロフスキーは沖縄返還のさい、「アメリカは『施政権と主権が別個のものであると考える。主権問題をめぐって食い違いが生じた場合は、当事国が協議して解決すべきである』と解釈した。これを見ても、日本が釣魚群島に対し主権を擁していることをアメリカ政府が承認していないことがわかる。」

③日中は一九七二年に国交を樹立したとき、釣魚島主権の帰属問題を「一時棚上げ」にすることに「一致同意した」。

④しかし、日本当局はこの「合意を無視し、島内に各種施設を建設し、中国漁民が釣魚島周辺一二カイリ範囲内での漁撈すらも禁止するとともに、日本が釣魚島に対し、すでに『実効ある支配』を行っていると公言」している。

⑤「日本当局が長期に釣魚島を支配している有利な地位を利用し、国際法上のいわゆる『時効』理論を引用し、最後に同島に対する所有権を取得しようとしている」が、「『時効』理論は国際法上普遍的に承認されていない」。「国際法によれば、領土帰属の問題は長期にわたって沈黙を保ってのみはじめて黙認の効果をあげられる」が、「新中国成立後、中国政府はずっと間断なく日本が

中国の釣魚島を不法占領している行為に対し抗議を申し入れてきた」（浦野二五一〜二五六頁）。

コメント。

B-(3)-①。劉文宗は、米軍は一九四五年、沖縄を占領したが、「『カイロ宣言』と『ポツダム宣言』によると、日本は降伏後、」「台湾の付属島嶼としての釣魚島も、本来ならば一緒に（中国に）返還すべき」だったのに、日本への沖縄返還のさい、「釣魚島も日本に渡すことにした」と言っているが、「カイロ宣言」・「ポツダム宣言」は尖閣諸島に言及しておらず、「釣魚島を返還すべき」根拠とならないことは議論の余地がない。

B-(3)-②。劉文宗は、米国務省スポークスマン、マクロフスキーの「施政権と主権が別個のもの」発言を引く。「施政権」はあるが「主権」はないということがありうるという主張が論理的に成立するとは思えないが、「サンフランシスコ講和会議におけるダレス米国代表の発言（一九五一年）」によれば、「琉球諸島及び日本の南及び南西の諸島」について、「合衆国を施政権者とする国連信託統治制度の下にこれらの諸島を置くことを可能にし、日本に残存主権を許す」（本書Ⅰ-3およびⅦ-13参照）と述べており、「岸信介総理大臣とアイゼンハワー大統領との共同コミュニケ関連部分（一九五七年）」でも「琉球及び小笠原諸島に対する施政権の日本への返還について」で、「大統領は、日本がこれらの諸島に対する潜在的主権を有するという合衆国の立場を再確認した」と述べている（本書Ⅰ-3およびⅦ-15参照）。一九五一年・一九五七年におけるアメリカの立場では、「施政権」と「主権」は分離していないのであり、マクロフスキー以降のアメリカ政府の立場は何らかの動機による論理を無視した変更であったのであり、合理性がない（本書Ⅳ - 3参照）。

B - (3) - ③。劉文宗は、日中は一九七二年に国交を樹立したとき、釣魚島主権の帰属問題を一時棚上げ」にすることに「一致同意した」と言う。「棚上げ」発言は周恩来（一九七二年）・鄧小平（一九七八年）が一方的に言ったもので、日本政府が「同意した事実」はなく、園田外相発言を除いて日本政府側からの発言はなかった。日本政府側が特に発言しなかったので同意したかのように見られる余地を残したのは日本政府の誤りであったが、文書で確認されたものではなく、日本政府を縛るものではない。それよりも重要なのは、一九九二年に鄧小平・中国政府がみずから「棚上げ」発言を投げ捨てて「領海法」を制定し、「釣魚島＝中国領」としたことである。

B - (3) - ④。劉文宗は、日本当局が「棚上げ」「合意を無視し、島内に各種施設を建設し、中国漁民が釣魚島周辺一二カイリ範囲内での漁撈すらも禁止するとともに、日本が釣魚島に対し、すでに『実効ある支配』を行なっていると公言」していると非難している。

一二海里は領海基準なのであるから、許可なく外国船が立ち入れないのは当たり前のことである。ただし、漁業問題は領海問題と区別できる面があり、日中間には漁業協定が二〇〇一年に成立しており、この点は劉文宗論文の五年後に日中間では解決済みである。

B - (3) - ⑤。劉文宗は、「日本当局が長期に釣魚島を支配している有利な地位を利用」していると言って、日本による尖閣諸島「実効支配」の事実を認めている。

『時効』理論については、国際法学者の意見をきくことにしたいが（本書二一一〜二一二頁参照）、「新中国成立後、中国政府はずっと間断なく日本が中国の釣魚島を不法占領している行為に対し抗議を申し入れてきた」という主張は、歴史的事実に反する。中華人民共和国は一九四九年以来、一九七〇年に至るまで「釣魚島」（尖閣諸島）の領有権を主張したことは一度もない、というのが事実である。劉文宗も、「間断なく」「抗議を申し入れてきた」という具体的な事実は一つもあげていない。

劉文宗／明清・琉球史料五点　劉文宗は、明清・日本文書について次の五点をあげた。

①陳侃『使琉球録』、②胡宗憲『籌海図編』、③郭汝霖『重編使琉球録』、④鄭舜功『日本一鑑』、⑤汪楫『使琉球雑録』。

6－2．鍾厳論文（一九九六年）

鍾厳論文は、（1）「釣魚島は昔からの中国領土である」、（2）「日本が不法にも釣魚島をかすめ取った経緯」、（3）「国際法から釣魚島の主権帰属をみる」からなる。

（1）「釣魚島は昔からの中国領土である」

まず鍾厳論文は、釣魚島列島とは「釣魚島、黄尾嶼《しょ》、赤尾嶼、南小島、北小島と三つの小さな島礁」からなると確認する。鍾厳論文はまた、「日本の沖縄県は、一一二五年前は独立した琉球国であった」と確認する。

これは、尖閣諸島の範囲について認識を日本と共有し、琉球国がいわゆる「中国」領ではなかったことを認めたものである。

①中国は「最初に釣魚島などの島嶼を発見し、それに名前をつけた」。「明の永楽元年（一四〇三年）の本『順風相送』」に「釣魚嶼」の「記載がある」。

②陳侃《ちんかん》『使琉球録』の記述は、「釣魚島、黄尾嶼《こうびしょ》、赤尾嶼《せき》などはまったく琉球に属していなかったことをはっきりと示している」。

③胡宗憲《こそうけん》『籌《ちゅう》海図編』には「『釣魚嶼《しょ》』、『黄尾山』および『赤嶼』などの島嶼があった。これから見ても分かるように、早くも明代から釣魚島は中国領土として中国の防衛区域に組み入れられていた」。

④郭儒霖《ママ》（郭汝霖《かくじょりん》）『重編使琉球録』は、「現在の赤尾嶼を琉球との境界の目印にしていた」。

⑤汪楫《おうしゅう》『使琉球雑録』は、船上の人が彼に「舟が通り過ぎた海溝」は「中国と外国の境界であると教えた」と記述している。

⑥徐葆光《じょほうこう》『中山伝信録』は、「姑米山《くめじま》」を「琉球西南方界上鎮山」、「つまり琉球の辺境にある関所を鎮守する山であるという注をつけており」、現在の「与那国島《よなぐに》」を「琉球南西の最果ての境界」

と書いている。

⑦慈禧太后《じきたいこう》は、盛宣懐《せいせんかい》に釣魚台、黄尾嶼、赤嶼の三島を与えた。

⑧「釣魚島は、明代以来、中国領土であった。」これは、「井上清」が「厳粛かつ真剣な考証を経てから引き出した結論でもある」。

⑨林子平『三国通覧図説』は、「釣魚島と中国の福建省、浙江省を同じ薄い赤色で」示している。

⑩新井君美《きんみ》〔白石〕『南島誌』（一七一九年）には、「琉球が管轄する三六の島」の中に「釣魚島はない。」

⑪一八七五年「『府県改正大日本全図』にも釣魚島は出ていない」。

⑫一八七九年の琉球帰属交渉でも、「釣魚島などの島嶼は全然〔琉球に〕含まれていないことを確認した」。

⑬向象賢《しょうぞうけん》『琉球国中山世鑑』は、「赤嶼とその西にあるものは琉球領土ではないと称している」。

⑭程順則《ていじゅんそく》『指南広義』は、「姑米山《くめじま》（久米島）は『琉球西南界上之鎮山』と称した。つまり、国境を鎮守するするという意味である」。

⑮蔡温《さいおん》『改訂中山世譜』（一七二六年）にも、琉球領土に釣魚島は「含まれていない」。

コメント。

①『順風相送』については、すでに本書Ⅱ‐4‐2井上清へのコメントの項で述べたが、（本書一七一～一七二頁）、「命名」の証拠となるものではない。

②陳侃『使琉球録』、③胡宗徳の『籌海図編』、④郭儒霖《ママ》『重編使琉球』、⑤汪楫『使琉球雑録』、⑥徐葆光『中山伝信録』、⑨林子平『三国通覧図説』、⑬向象賢『琉球国中山鑑』、⑭程順則『指南広義』などの明清・琉球・日本史料の解釈は、鍾厳が⑧井上清の名前を明示していることから明らかなように、疑う余地もなく井上清の丸写しのようなものである（本書Ⅱ-4-2）。

ただし、④の「郭儒霖」は「郭汝霖」の間違いである。『人民日報』も『北京周報』も、間違っている。

鍾厳によって、何も新しい資料も新しい論点も付け加えられていない。本書ではすべてコメントずみである。

⑦「慈禧太后《じきたいこう》詔書《しょうしょ》」が偽造文書との疑いは、晴らされていない（本書Ⅱ-2-2-1）。

⑩新井君美（白石）『南島誌』（一七一九年）、⑪一八七五年『府県改正大日本全図』に釣魚島が載っていないのは日本が尖閣諸島を領土とする以前なのだから当たり前のことだが、載っていないということが自動的に釣魚島は中国領であることの根拠になるわけではない。

⑮蔡温『改訂中山世譜』（一七二六年）に、琉球領土に釣魚島は「含まれていない」という点も、日本が尖閣諸島を領土とする以前なのだから当たり前のことだが、それが自動的に釣魚島は中国領であることの根拠になるわけではないのは、同様に当り前である。

一八七九年の琉球帰属交渉でも「釣魚島などの島嶼は〔琉球に〕含まれていない」のも同様であるが、別にそれが「確認された」などということではなかったのであろうし（あるのなら証拠を示すべきだろう）、釣魚島は無人島だったので徴税は行なわれておらず、徴税されない島の名を特に確認しなかったという事情もありえただろう。

⑥徐藻光『中山伝信録』・⑭程順則《ていじゅんそく》『指南広義』の記述について、鍾厳が「鎮山」の意味を井上に依拠して「国境を鎮守するするという意味」と説明したのは、「中国語人」として恥ずべきであった（本書一九三〜一九六頁を見よ）。鍾厳にも、「鎮山」の意味はわからなかったのだ。

> 鍾厳は、中国の地図の中にも釣魚島を「尖閣列島」と表記したものがあることについて、「日本軍に占領されていた時期」のものであるか、あるいは『中国省別地図』（一九五六年第一版と一九六二年第二版）のように「抗日戦争期あるいは解放（一九四九年）前の申報の地図にもとづいて作成したもの」であり、「近代中国の半植民地歴史の痕跡にすぎ」ない、と釈明している。
> そして、「一九三五年から一九七〇年にかけて日本で出版された二一種の地図と大百科事典のうち、『尖閣列島』と記載していないものが三分の二を占め」ている、所属各島の名称も中国名称を使っているものがある、と「反撃」している。

コメント。

一九五〇年代の中国で発行された地図についてのこの釈明は、一九五〇年代の中国に「尖閣諸島＝中国領」という認識はなかったという事実の表われであったということを鍾厳が認めるのならば、わたしは受け入れてもよいと考えるが、そうはなっていない。日本の地図についても、使用目的、縮尺その他の理由により省略されることがあることは、不思議でも何でもない。そもそも地図を領有の証拠とすること自体が問われるのだということを中国側も認識すべきであろう。

「勅令」と島名　鍾厳論文は続けて、尖閣諸島の久場島《くばしま》・大正島などの島嶼《しょ》の名称は勅令による命名を経ていないため、一九七二年以前、日本政府は各島の詳しい島名を挙げて主権を強調したことはない、日本の平凡社の『世界大地図帳』（一九八四年）は「魚釣島（Uoturijima）・黄尾嶼（Kobisho）・赤尾嶼（Sekibisho）」と記述している、「現在、沖縄県地方政府と日本政府も公文書でも、黄尾嶼・赤尾嶼という呼称を使っている。一九九五年二月、防衛庁が衆議院予算委員会に提出した『防衛庁資料』の中でも、まだ中国の島名、つまり、黄尾嶼・赤尾嶼が使われている」と言っている。

コメント。

尖閣諸島の島名が勅令によるという説明はないので、そうなのだろう。また、「黄尾嶼・赤尾嶼」などの名称が使われ続けているものがあるというのは、事実とすれば、当事者たちの認識不足によるものであるが、それらは尖閣諸島が日本領ではないということを意味するものではない。

（2）「日本が不法にも釣魚島をかすめ取った経緯」

（2）-（一）「日本が釣魚島に手を染めたのは、日本の明治政府の対外拡張政策の延長であり、戦争を背景として長い間企まれた行動である」。

鍾厳はここで、日本がもっとも早く釣魚島を「発見した」のは「一八八四年」だが、中国の文献がもっとも早く記載したときより約五〇〇年後のことだ」と言う。

鍾厳は続けて、古賀辰四郎による釣魚島の発見・利用、一八八五年九月の沖縄県令西村捨三の報告、同年一〇月の外務卿井上馨《かおる》の書簡、同年一一月の西村の報告書、一八九四年一二月の内務卿の報告、一八九五年一月の閣議決定および日清戦争の経過と下関条約という日本による釣魚島領有の経過を辿っている。


コメント。

日本が明治維新後、急速に対外拡張政策を取ったことは歴史的事実であるが、明治維新後の日本史のすべてが「対外拡張政策」で説明できるわけではない。同時に中国地域に興起した諸王朝は、ほとんどすべて対外拡張政策を追求したことも忘れてはならないだろう。

「日本がもっとも早く釣魚島を『発見した』」のかどうかは別として、一八五九年に調査が行なわれたことは本書Ｉ‐１で述べたが、「記載」はなくても、琉球の人々は明朝以前から釣魚島を知っていただろう。

鍾厳による領有経過についての記述は、比較的客観的であるが、日本による尖閣諸島領有の正当性を覆《くつがえ》すものではない。

（2）-（二）「「第二次世界大戦のあと、中日間の懸案であった」釣魚島の主権に関する係争は、アメリカが中日両国の間に残した領土の『トゲ』である」。
①一九四六年一月二九日「連合国最高司令部訓令第六六七号」は、日本の範囲に釣魚島を含んでいなかった。②一九五三年一二月二五日アメリカ民政府第二七号命令が琉球諸島の範囲に釣魚島を含めたのは「不法侵犯・占拠」だ。③一九七一年六月沖縄返還協定でも、日本の領土の範囲に釣魚島を含めた。④一九七一年一〇月、アメリカは釣魚島主権について「当事者同士が解決すべき」とした。

コメント。
①「連合国最高司令部訓令第六六七号」は、釣魚島が日本の範囲外であるとしていたわけではなく、またそれが中国領であるとしていたわけでもなかった。
②しかし、中華民国も中華人民共和国も、一九五三年一二月二五日アメリカ民政府第二七号命令が琉球諸島の範囲に釣魚島を含めたことについて、抗議は行なわなかった。
③中華人民共和国は、一九七一年以降、尖閣諸島について抗議を開始した。
④は、事実だが、それはもちろん尖閣諸島＝中国領であることを意味するものではない。

（3）「国際法から釣魚島の主権帰属を見る」
（一）「日本がかすめ取ったわが国の釣魚島は根本からいわゆる『無主地』ではない」。
①「釣魚島列島は明代から『無主地』ではなく」なっていた。日本はその「事実をよく知って」いた。②日本は釣魚島の沖縄編入を「世界に公表しなかった」。

コメント。
①尖閣諸島が明代にも清代にも中国領であるという証明はなされておらず、したがって『無主地』であったという結論になるのは当然である。
②『日本外交文書』から日本は尖閣諸島が中国領であることを「知っていた」と読むのは井上清の歪曲の受け売りである。沖縄編入を一八九五年に「世界に公表しなかった」のは事実のようで、公表した方がよかったのだが、公表しなかったことは領有の正当性を左右するものではなく、その後公表している。

（3）-（二）「米日両国間のいかなる条約あるいは取り決めも、釣魚島の領土主権帰属を決定する法的効力をもたない」
①カイロ宣言は、「日本が中国からかすめ取った領土」は「中国に返還しなければならない」と規定した。ポツダム宣言は、日本の主権の範囲は限定されるとし、日本はポツダム宣言を受け入

れたのだから、「台湾に属していた島――釣魚島」は「放棄することを意味する」。

②一九五〇年六月周恩来外交部長は「台湾および中国に属するすべての領土を取り返す決意」を述べた。

③周恩来はサ条約について、「中国は決して受け入れないと言明した。それがどうして中国には異議がなかったと言えるのか」。

④日本は沖縄返還協定に尖閣諸島が含まれていることを主権主張の「主な根拠」にしようとしているが、アメリカでさえ「認めていない」。

「駐長崎領事感謝状」批判　⑤日本は一九二〇年中華民国長崎領事の「感謝状」（本書I‐2参照）を「日本領と認めていた何よりの証拠」としているが、この「『感謝状』は全然証拠になることのできないもの」だ、これは「当時日本が台湾および釣魚島を占拠していた状況の下での一部の人のある認識を反映しているにすぎ」ないからだ。

⑥「東京の裁判所」は、一九四一年に「釣魚島を『台北州』に管轄させると判決した」。「当時、日本は法律の上でも釣魚島が沖縄県に属することを認めていなかったのである。」

コメント。

①尖閣諸島は、カイロ宣言にもポツダム宣言にも名をあげられておらず、台湾にも付属していなかった。

②一九五〇年六月周恩来発言は、尖閣諸島に言及しなかった。

③中国がサ条約を「受け入れな」かったのは当然として、そのことは尖閣諸島の帰属について中国が「異議」を表明したことにはならない。したがって、「中国には異議がなかったと言える」のである。

④沖縄返還協定は、日本の尖閣諸島に対する主権主張の「根拠」の一つだが、それだけではない。アメリカがあいまいな態度を取るようになったが、それは施政権の返還、日米安保の適用対象としていることと矛盾するものであるが、尖閣諸島が日本領であることを否認しているわけではなく、日本の主権主張に反対しているわけでもない。

⑤当時、日本は台湾を統治していたが、「一部の人」と言っても、民間人の個人発言ではなく、「中華民国駐長崎領事」という公人の公式文書なのであるから、この言い訳はかなり苦しいであろう。台湾の日本占領期であっても、明確に「大日本帝国沖縄県八重山郡尖閣列島内和洋島（魚釣島）」と記載している以上、当時の中華民国（北京政権）の公式の認識であったと理解する以外ありえない。

⑥このような「判決」の存在自体が、すでに一九七二年に疑われている（本書一三九～一四〇頁）。「判決」があったという証拠資料を出してから論ずるべきである。

(3)‐(三)「日本がいわゆる『時効取得』の言い方で釣魚島に対する主権を獲得するのは難しく、日本の右翼団体はたえず釣魚島でもめごとを起こしているが、これは徒労である」

①日本は「時効取得」という概念を利用して釣魚島の領有の根拠にしようとしているが、「『時効取得』の原則に基づいて判決を下した国際判例もない。」
②この問題〔尖閣問題〕を平和的創造的に解決するように努めるべきである。」

コメント。
①「時効取得」とは、ある国Aが安定的に支配している土地に対して、他の国Bから一定期間異議が提出されない場合、Aによる領有の根拠となるというもので、それなりの法的合理性があり、判例があるかないかは関係がない。
②「この問題〔尖閣問題〕を平和的創造的に解決するように努めるべきである」という結論にはまったく賛成だが、中国が二〇一二年九月以降に常態化させた領海侵犯は「平和的創造的」なのだろうか。

鍾厳／明清・琉球・日本史料一一点　鍾厳は、明清・日本文書について次の一一点をあげた。

①『順風相送』、②陳侃『使琉球録』、③胡宗憲『籌海図編』、④郭汝霖『重編使琉球録』、⑤向象賢『琉球国中山世鑑』、⑥汪楫『使琉球雑録』、⑦程順則『指南広義』、⑧徐葆光『中山伝信録』、⑨新井君美『南島志』、⑩蔡温『改訂中山世譜』、⑪林子平『三国通覧図説』。

7. 二一世紀井上・「中国」エピゴーネンたち

日本では二〇一三年現在、自民党・公明党・民主党から日本共産党に至るまで尖閣諸島は日本の領土であると国論は一致している。二一世紀に入ると、日本では芹田健太郎・原田禹雄《のぶお》らが健筆をふるった。

芹田健太郎／明清・琉球・日本史料一五点　芹田健太郎（参70）は、次の一五点をあげている。

①陳侃『使琉球録』（参7）、②郭汝霖『重編使琉球録』（参10）、③蕭崇業《しょうすうぎょう》・謝杰《しゃけつ》『使琉球録』（参11）、④夏子陽《かしょう》・王士楨《てい》『使琉球録』（参12）、⑤胡靖《こせい》『杜《と》天使冊封琉球真記奇観』（参13）、⑥張学礼『使琉球記』（参15）、⑦汪楫『使琉球雑録』（参16）、⑧徐葆光『中山伝信録』（参18）、⑨周煌《こう》『琉球国志略』（参22）、⑩李鼎《てい》元『使琉球記』（参24）、⑪斉鯤・費錫章『続琉球国志略』（参25）、⑫林鴻年《りんこうねん》・高人鑑の「使録」は散佚したが、その針路は⑬に引用されている、⑬趙新・于《う》光甲『続琉球国志略』（参26）。⑭『明史』（参21）、⑮陳壽祺《ちんじゅき》『重纂《じゅうさん》福建通志』（一八七一年版＝参31）。

＊なお、芹田健太郎の「郭如霖」は「郭汝霖」の誤植、「簫崇業」は「蕭崇業」の誤植、「季鼎元」は「李鼎元」の誤植、「斎鯤」は「斉鯤」の誤植である。

しかし、日本にも尖閣が中国の領土であると主張する人びとはいる。筆者の知る範囲では、一九七〇年代には日本史研究者の故井上清京都大学教授（参53、60）がその代表者であったが、二一世紀になってからのその後継者には、村田忠禧（横浜国立大学教授　参72）・孫崎享《うける》（元外務省国際情報局長・元防衛大学校教授　参81、106）・大西広（慶應義塾大学教授　参96）・動労千葉・矢吹晋（横浜市立大学名誉教授　参109）などがいる。このうち、孫崎はマスコミへの登場回数も多く、二一世紀日本における「尖閣諸島＝中国領」論の代表格である。

では、二一世紀井上・「中国」エピゴーネン（追随者）たちの議論を見てみよう。このうち、村田・大西以外は特に井上清に敬意を表していないので、井上エピゴーネンとは言えないのかもしれないが、「中国」エピゴーネンではある。

7－1．村田忠禧（二〇〇四年）

村田忠禧のインターネット「尖閣列島・釣魚島問題をどう見るか――試される二十一世紀に生きるわれわれの英知」（二〇〇四年二月六日）と著書『尖閣列島・釣魚島問題をどう見るか――試されるニ十一世紀に生きるわれわれの英知』（日本僑報社　二〇〇四年六月）は同内容で、井上清に対する崇敬の念を表明し、「尖閣諸島＝中国の固有の領土」論を展開する。村田も、文化大革命当時、文革礼賛の立場に立っていたので、さもありなんと思われる主張ではあるが、一九七六年に文革は破綻しているので、それにもかかわらず反省しないというのであれば、文革流に言えば「悔い改めない中国追随派」とでも言うのだろうか。もっとも、本家の中国ではとっくに「文革は間違っていた」と認めているが（参67）。

「優れた先人たち」と「領海法」　村田は、「二〇世紀の歴史を開拓した優れた先人たち」の「知恵」に学ぶべきと言う。その「先人たち」とは、誰か。村田は、一九七二年の周恩来と一九七八年の鄧小平の名をあげている。

一九七二年九月二九日、日中国交正常化交渉のさい、田中首相が周恩来に「尖閣諸島についてどう思うか？」と発言したところ、周恩来は「尖閣諸島については、今回は話したくない。今、これを話すのはよくない。石油が出るから、これが問題になった。石油が出なければ、台湾も米国も問題にしない」と応じ、それでこの話は打ち切りとなったとされる。それだけの話であり、そこで田中首相と日本外務省が尖閣諸島は「日本の領土」と発言しなかったのは誤りである。この会談経過は事実上、「棚上げ合意」とされるが、約束というほど明確な確認があったわけではなく、日中間で明文化されたわけでもない。

一九七八年八月、日中平和友好条約締結のさい、鄧小平は「尖閣は次世代に譲ろう」と発言し、園田外相が「それ以上言わないでください」と言ったという（参78）。園田外相が尖閣は「日本の領土」と発言しなかったのは、同じく誤りであり、事実上、「棚上げ合意」とされているが、やはり明文化されたわけではなかった。日本政府は、これらの経過に縛られる義務はないのである。

しかも、この鄧小平発言のわずか一四年後、鄧小平健在の一九九二年に中国政府は尖閣を中国の領土と規定した「領海法」を決定し、「棚上げ」を中国政府自身が破棄し、「棚卸《おろ》し」したこと、この決定に中国の最高権力者であった鄧小平が関わっているに違いないことについて、村田は言及していない。

「無主の地ではなかった」のか

次に村田は、「この島々の領有権のポイントの一つはいわゆる『無主地』」であったか否か」であると言う。正にその通りである。だが、彼は米慶余論文と同じく（村田は米慶余論文には言及していないが）、明の陳侃《かん》などの史料に基づき、「古米山《くめじま》」（久米島）が琉球王国の領土であったということを理由として尖閣諸島は「中国」の領土であったという論法をとっており、琉球国の外側が明朝の領土・領海であったのかどうかについて検討をしようとしない。米慶余論文同様、論理に大穴があいている。

村田は、琉球国の外側が明朝の領土・領海であったことの根拠めいたものとして、尖閣諸島が明朝の「海防」の範囲に入っていたということをあげるが、明朝が海防の範囲と見なしていたとしても、どのような海防活動を行なっていたのかに言及しなければ、明朝の支配領域であったと断定することはできない。現在、中国はアフリカのソマリア沖で海賊監視活動を行なっているが、だからといってソマリアは中国の「固有の領土」だとは言えないだろうということはすでに述べた。

しかし、村田は以上によって尖閣諸島は明朝の「領土・領海意識は明確であり、無主地論は成立しない」と結論する。これは、明朝が尖閣諸島を実効支配していたという論証とは言えず、およそ説得力の欠けた議論である。

また、村田が指摘する一九五〇年代の日本政府委員が尖閣諸島について満足に島の名も言えないほどの認識しか持っていなかったということでいたらくもそれだけのことで、日本の領有を否定する根拠となるものではない。

村田は、「日本も中国（台湾当局も含む）も、……この島々周辺の海底に石油が産出する可能性があるとの情報が流されてのち、領有を主張するようになった」という点は、中華人民共和国・台湾については その通りだが、日本については米軍占領下の一九四五年から一九七二年までは施政権を奪われていたのを除いて、一八九五年から一九四五年まで領有・実効支配していた事実があり、一八九六年から一九四〇年まで島は利用されており、日本人の居住という事実もあったこと、一九四五年以降も領有権を持っていたことを無視した議論である。

なお、村田が日本と中国における「民族主義的風潮」を憂える指摘には、すでに述べたように日本に関わる部分については同意できないが、中国については同感できる。

7-2．大西広（二〇一二年、二〇一三年）

大西広の『中国に主張すべきは何か——西方化、中国化、毛沢東回帰の間で揺れる中国』（かもがわ出版　二〇一二年一〇月＝参96）は、二〇一二年九月反日騒動後、日本で最初に出た「尖閣諸島＝中国領」論であろう。

大西は井上清と同様に、一八九五年一月の日本政府による尖閣領有の閣議決定が清朝に通告されなかった（大西七九頁）と述べる。

これは事実であるが、清朝への通告は領有の必要条件ではなかった。その点は、大西も『季刊中国』二〇一三年六月号論文で認める（参113）。

次に大西は、一八九五年四月の日清戦争講和会議では、日本に「割与」される「台湾」の範囲に尖閣諸島は入っていなかったが、清朝は尖閣諸島を問題にする余裕はなかった、「抗議は不能だった」（大西八二頁）、従って、尖閣は日本による「戦勝による取得」（大西八一頁）である、とする。

この主張は、論理的だとは思われない。日清戦争講和のさい、清朝は抗議しようという意思があれば抗議できたし、かりにこのときには清朝に抗議する余裕がなかった（これは大西の推測にすぎないが）としても、一八九五年から清朝が滅びる一九一一年までの一六年間には抗議する意思があれば抗議できたはずであるし、また、中華民国三七年間にも、一九四九年に中華人民共和国が成立してからはじめて領有を公式に主張する一九七一年までの二二年間にも抗議していない。一八九五年四月にはもしかすると抗議する余裕がなかったとしても（そんなことはなかったのだが）、一八九五年四月に限定する理由はないのである。

次に大西は、日本政府による一八九五年（大西の「一九九五年」はもちろん間違い）一月の尖閣領有閣議決定では「久場島・魚釣島」の二島だけで、「大正島、北小島、南小島と沖の北岩・南岩、飛瀬の岩礁がいつであったか示せない」（大西八三～四頁）と言う。

これも、井上清の主張の踏襲であるが、これは尖閣領有の閣議決定の当否を左右するような性格の問題ではないことは、尾崎重義がすでに一九七二年に述べていた。

大西は、琉球政府が石垣市に「標杭」（国標）を「久場・魚釣」二島に建てさせたのは、国連エカフェの調査後の「一九六九年」（大西八四頁）だった、と述べる。これも、井上清が言っていたことであるが、一九六九年以前に標杭が建てられていなかったとしてもそれ自体が日本の領有を否定できる論拠とはならない。日本の法学者によれば、領有における決定的要件は「領有意思の存在」と「実効支配の有無」だからである。

大西は、さらに中華人民共和国の一九七一年一二月の「釣魚島は中国の固有の領土」宣言（本書七〇頁、全文は浦野二三九～二四〇頁所収）は同年六月の「沖縄返還協定に関わるもの」であって「一九六八年の海底石油の発見への反応と主張するのは筋違い」（大西八四頁）と主張している。

文字づらからはそうだが、これは的外れもはなはだしい。中華人民共和国が一九七一年に至るまで「釣魚島は中国の固有の領土」と主張したことは一度もなかったのであり、「釣魚島は中国の固有の領土」との主張は誰が見ても明らかに石油ねらいであり（村田忠禧も認めている。本書二八七頁）、そのために中華人民共和国は沖縄返還協定に抗議したのである。大西は、周恩来が一九七二年に尖閣諸島が日中間の問題になるのは「石油」のせいと語っていた事実すら無視している。

大西は、一九七二年周恩来発言と一九七八年鄧小平「棚上げ」論に田中首相と園田外相が「それぞれ反論しないという形で合意している。これが外交上の正式の合意レベルと理解されなければならない」と述べている（大西八五～八六頁）。

田中首相と園田外相の尖閣問題をめぐる発言は日本の外交姿勢として誤りであるが、日中間に「棚上げ」という合意文書は存在せず、日本政府が「棚上げ」論に縛られる必要はない。

大西は、井上清書（本書Ⅱ‐4＝参57）について、「この本は特定政党批判を前面に出しているところに問題があるが、日本現代史学の大家が全精力を注いて書き上げた書物だけあって、日本史研究者の間では基本的な評価を得ている」、「私が京都でお付き合いをしていた日本史関係者の多くは基本的にこの見解を支持している」（参113）と言う。

大西が井上清の追随者・崇拝者で「尖閣諸島＝中国領」論を継承しているのは、残念なことである。井上清書の問題点は「特定政党批判を前面に出している」ことなどではなく、本書Ⅱ‐4で検討したように、誤読、つまみ食い、思いこみで綴られた内容にあるのである。

大西は、『季刊中国』二〇一三年六月号に「尖閣領有に関する外務省見解の国際法的検討」を発表している。

わたしは、国際法についてては門外漢なので、大西論文の法理論的検討は専門家に委ね、主として歴史的側面についてコメントしておこう。

大西論文は第一に「先占において領有意思の宣言・通告は不要」とする「国際法上の通説」を検討する。大西は、日本政府による尖閣諸島領有について清朝に対する「通告義務があったとは言えない」といちおう認めるが、通告は「望ましかった」だろうと言う。それは、日本の「尖閣諸島＝日本領」論に立つ国際法学者たちもそう考えているようであることはすでに見たところである。

大西は第二に、「無通告」の場合の「必要条件」を検討する。「先占の四条件」は大寿堂鼎によれば、①「先占の主体」は「国家」、②「客体」は「無主の土地」、③「先占の精神的要件」は「国家が領有の意思」を持っていること、④「先占の実体的要件」は「実効支配」だが、③の「意思は、その旨の宣言、他国に対する通告、国旗または標柱をたてることなどによって表示される」のだが、日本政府はこの「『など』に依拠し」、（イ）一八九六年に尖閣諸島を沖縄県八重山郡に編入、（ロ）古賀辰四郎による開拓、（ハ）下関条約に基づく台湾受渡しに関する交換公文作成過程のやりとり、をあげているとして、それぞれ検討する。

（イ）について、大西は、勅令第一三号には「八重山郡」としか書かれていないのに、尖閣諸島を八重山郡に含むと解釈しているが、距離があり、無理があり、「国家の意思」と言えるのかと疑問を呈する。

勅令第一三号には「八重山郡」としか書かれていないことは、すでに確認した。しかし、沖縄県が尖閣諸島を「八重山郡」に所属させたことも事実であった。

（ロ）大西は次に、古賀辰四郎による開拓は「実効的な占有」として「一般的には十分な根拠となるものである」ことを認めるものの、「中国側はこの領土＝尖閣を一八九五年の下関条約によって日本に割譲されたと考えている限り、古賀によるこの開拓を先占行為と認めることはでき」ない、と否定するのである。

中華人民共和国は「釣魚島」が「台湾の付属島嶼」として「日本に割譲された」（中国国務院文書、本書Ⅱ‐9‐5）としているが、下関条約に関するこの認識は不正確なのであり、大西が尊敬する井上清も否定していたことである。

大西は、第三に「清国は一八九五年六月に日本の先占を認識できたか」を検討し、一八九五年六月時点で「当時の日本の地図ではどの地図も尖閣を台湾の一部として示していないからこの時点で中国は尖閣を中国領土として残っているものと理解できたはずだ」とする。

一八九五年六月の時点では、あるいは清朝は日本による尖閣諸島領有を知らなかったかもしれない（あるいは知っていたかもしれない）ということは、すでに述べたが、一八九六年以降の古賀による開拓の事実は知っていたであろうし、抗議することもできただろうが、清朝はその後いかなる抗議も行なわなかったという事実は重いであろう。議論を「一八九五年六月」に限定することには、意味がないのである。

大西は、第四に「パルマス裁定の基準を再度考察する」とし、「中世に遡る領有権権原」がそれなりに尊重されるべきだと主張する。

しかし、本書Ⅱ‐4井上清批判で見たように、明清期に尖閣諸島をどのような程度においても領有していた事実がまったく存在しないことから言えば、この議論は意味をなさない。

大西は、第五に「パルマス裁定自体へのその後の批判と『決定的期日』の議論」を検討し、尖閣諸島をめぐる「決定的期日」、すなわち「クリティカル・デート」には「一八九五年」とする説と「一九七一年」とする説があることを紹介している。この点は、国際法学者の議論に委ねよう。

大西に期待したいのは、井上清のような「尖閣諸島＝中国領」という思いこみを相対化し、日本の日中友好運動が文化大革命のさいに中国に対して「自主性」を堅持した伝統の教訓を汲み取ることである。

7－3．全国労働組合交流センター（動労千葉　二〇一二年）

「全国労働組合交流センター」なる団体が二〇一二年一一月に街頭で配布していたビラは、「動労千葉」系の団体と思われるが、尖閣諸島について「一方的な略奪行為」とし、当時、辞任したばかりの石原東京都知事の尖閣諸島購入計画について「無責任な戦争挑発」、「高まる反原発のうねりや、六割近くが非正規になってしまった青年労働者の『生きていけない！』という怒りの声をそらし押しつぶすために、『尖閣』や『竹島』を叫びたてている」としている。井上清とほぼ同じ論調である。

この団体は、尖閣諸島を中国のものと思いこんでいるようだが、大局的に尖閣諸島問題をめぐる二〇一二年の日中関係を見た場合、日本が「戦争挑発」をしているという主張は逆立ちした見方である。石原都知事の意図が何であれ、尖閣諸島問題をめぐって「戦争挑発」をしているのは紛れもなく中国であり、日本は受け身の姿勢に終始しているのが二〇一二年九月～一一月の現状であった。

7－4．孫崎 享《うける》（二〇一一年、二〇一二年）

孫崎享には、『日本の国境問題――尖閣・竹島・北方領土』（筑摩書房　二〇一一年五月、「孫崎 2011」とする＝参81）と二〇一二年九月反日騒動後に『検証　尖閣問題』（岩波書店　二〇一二年一二月、「孫崎 2012」とする＝参106）がある。

7-4-1.『日本の国境問題――尖閣・竹島・北方領土』

孫崎享は、元日本外務省国際情報局長という要職にあった人物なので、当然、その発言は注目に値する。ところが、孫崎2011は日本外務省の見解とは正反対の意見で、争点を三つあげた上、全面的に中国側の主張を支持する。

孫崎2011は、争点を以下の三点に整理している。

> 「争点一」は、「歴史的にどちらが先に領有を主張したか」である。
>
> 孫崎は、すでに見た陳侃の記述、一五六二年の明朝冊封使の記述、明朝嘉慶年鑑の『日本一鑑』の「釣魚島は小島《ママ》〔小東〕小嶼なり」との記述、清朝の冊封使汪楫《おうしゅう》の記述などから、「一六世紀からすでに中国の版図に入った」（孫崎2011 六三頁）、「文献は圧倒的に中国に属していたことを示している」（孫崎六四頁）と結論し、「一九世紀以前に漢としてであっても中国の管轄圏内に入っていた尖閣諸島に対して、『これは〝無主の地〟を領有する〝先占〟にあたる』の論理がどこまで説得力があるか疑問」（孫崎2011 六四頁）としている。

しかし、明朝も清朝も少なくとも王朝として尖閣諸島の「領有」を主張したり、実効支配した事実はない。孫崎があげた文献に自分で目を通せば、「中国が領有を主張していた」などとは読めないことはわかったはずだが、孫崎は読んでいない。だから、こんなでたらめが言えるのである。明朝成立以来の歴史の中で尖閣諸島について国家権力がはじめて領有を主張したのは、一八九五年の日本政府だったのである。

陳侃《かん》、一五六二年の明朝冊封使（郭汝霖・李際春『重編使琉球録』を指す＝齋藤注）、明朝嘉慶年鑑の『日本一鑑』、清朝冊封使汪楫《しゅう》については、本書Ⅱ－4－2で検討した通りで、孫崎は奥原敏雄・尾崎重義・緑間栄・芹田健太郎・原田禹雄《のぶお》らの著作を参照できたはずなのに手抜きし、井上清の誤りを踏襲しているのは日本外務省国際情報局長という要職にあった人としてはあまりにも不勉強と言わざるをえない。

中国は「尖閣諸島を管理してきた」と言っているが、明朝も清朝も尖閣諸島を管理したと言っているという資料は何も提示されていない。いったい明清史料のどこに「中国は尖閣諸島（釣魚島）を管理してきた」などと書いてあるというのだろうか。明朝も清朝も、尖閣諸島近辺の海を「海防」の対象と見なしたことはあったが、尖閣諸島そのものを管理したことはなかったし、「領有を宣言」したこともないのである。まず、議論の出発点が間違っている。

「争点二『一八九五年尖閣諸島の日本併合をどうみるか』」で、日本は清国の支配が及んでいる痕跡がないことを確認した上で、一八九五年に日本の領土に編入した、下関条約には尖閣諸島は含まれていない、としているが、「日本が中国を侵略する野望があると疑われることを憂慮」していたし、日清戦争で「清国は敗戦した」ので、「〝台湾全島とそれに付随する全ての島嶼《しょ》〟を割譲させた。」「近代国際法は侵略行為は合法的権利を生み出せない」とし、「一八七九年から一八九〇年にかけて日本が清朝と琉球問題について交渉した時、双方は琉球の範囲は三六の島嶼に限られ、釣魚島はその中に入っていないことを一致認定した」としている（『北京週報』一九九六年三四号）とする。

これは、すでに見た劉文宗論文（本書Ⅱ-6-6-1）の主張の受け売りで、孫崎はこれらの論点を何も検討することなしに鵜呑みにしている。これをどう読むべきかについては、本書Ⅱ-6-6-1を参照されたい。

孫崎は、「中国は一貫して尖閣諸島は台湾の一部と主張している」（孫崎六九頁）とする。

孫崎による中国側の主張の紹介は、客観的な紹介ではなく、中国側の主張への無条件的支持表明となっている。これでは、「アメリカ追随」の裏返しとしての「中国追随」にほかならない。

国標建設問題も、日本政府が一八九五年まで国標を建てる決定をしなかったのは、尖閣諸島が中国の領土であると認識していたからではない。それくらい、『日本外交文書』を読めばわかることである。外務省の役人が、『日本外交文書』もろくに読んでいないのだろうか。

日本政府による一八七九年から一八九〇年にかけての時期に尖閣諸島が琉球に含まれないとする合意などというものは存在せず、日清交渉は尖閣諸島が中国に所属するという合意を意味するものなどではない。すべて、中国の誤った主張の受け売りである。

「争点三」は、「尖閣諸島は日本の下、及び第二次大戦後沖縄の一部として扱われていたか、台湾の一部として扱われたか」である。

孫崎は、日本の主張と中国の主張を次のように整理する。

日本側の主張は、「平和条約第三条でアメリカの施政権下に置かれていたが、返還されるまでの間も尖閣諸島は日本の領土であった」（日本外務省HP）、二〇一〇年一〇月五日『赤旗』も、「中国は一八九五年から一九七〇年までの七五年間、一度も異議も抗議も行わなかった」というものだった。

中国側の主張は、①東京裁判所は一九四四年、「台湾州」の管轄とした、②アメリカ国務省のマックラウスキーは、アメリカは沖縄の施政権を返還するが、施政権と主権は別物で、主権争いは当事国が解決すべきと言った、③一九五〇年六月二八日、周恩来外交部長は「台湾と中国に属するすべての領土の回復」を主張した、④中華民国政府外交部は一九七〇年、釣魚列嶼《しょ》を琉球と一括して日本に移管することに反対した、⑤中華人民共和国外交部は一九七一年一二月三〇日、釣魚島を返還区域に組み入れた沖縄返還協定に反対した、⑥中国は一九七二年五月二〇日、釣魚島を日本への返還区域に入れたことを批判する書簡を国連事務総長に提出した、というものである（孫崎 2011 六九〜七二頁）。

孫崎は、以上の事例を挙げた上で、「中国側は一貫して尖閣諸島（釣魚島）は台湾に属しているとの立場をとっている」、サ条約では「日本は台湾に対する全ての権利、権原及び請求権を放棄する」と規定しているとして、「『中国は一八九五年から一九七〇年までの七五年間、一度も日本の領有に異議も抗議もおこなっていない事実がある』との『赤旗』紙の指摘は必ずしも正確ではない」（孫崎 2011 七一～七二頁）とする。

しかし、孫崎があげた六点およびサ条約の規定は、中国が尖閣諸島の領有を主張してきたという論拠には全然なっていない。

①については、そのような判決の存在そのものが疑問視されており、判決証拠物件の提示が議論の条件である（本書一三九～一四〇頁）。

②はアメリカの二股（または三股）膏薬的な矛盾した政策であり、尖閣諸島が中国領であるという証拠とはならない。

③は、『赤旗』は「台湾と中国に属するすべての領土」の中に尖閣諸島は入っていないと主張しているのであり、またサ条約での「放棄」対象にも尖閣諸島は入っていないと主張しているだから、孫崎は「入っていた」ことを論証しなければ、中国が「尖閣諸島は中国領だと主張していた」という証拠にはならない。

④⑤⑥は石油埋蔵の可能性が指摘されたあとの、沈黙の「七五年間」のあとの主張であり、『赤旗』への反論材料ではない。

外交官であった人が、こんな杜撰《ずさん》な論法が通用すると思っているとは、想像を絶することである。

日本の外交官であった人の中にこんなに中国追随をする人がいるというのは、びっくりである。

次に孫崎は、①一九七〇年代に中国が尖閣諸島問題を「棚上げ」したのは中国にとっては不利なことであったとし、二〇〇〇年日中漁業協定は問題を起こした国の漁船に相手国が直接接触しないという原則だったのに、二〇一〇年九月、日本が中国漁船に停戦命令を出したのは合意違反と批判する（孫崎 2011 七三〜八四頁）。

②孫崎はまた、菅直人首相が二〇一〇年六月八日に「尖閣諸島をめぐり解決すべき領有権の問題はそもそも存在しない」との答弁書に署名したことは間違いと批判する。

その理由は、（イ）中国が尖閣諸島を自国領と見なしている、（ロ）アメリカは主権問題で日中いずれの側も支持しないとしている、（ハ）アメリカ中央情報局（CIA）、アメリカ国防省（ペンタゴン）、イギリス放送協会（BBC）ウィキペディアなどが尖閣諸島は「主権をめぐり係争中」としているという点をあげし、「領有権の問題はそもそも存在しない」とするのは「無理」と結論する（孫崎 2011 八七〜九〇頁）。

①漁業協定の問題は、わたしは確かめていないが、「問題を起こした国の漁船に相手国が直接接触しないという原則」は領海外で適用されるのではないか。漁業協定は、領海に侵入した中国漁船がしかも海上保安庁船に体当たりするという不法行為をしたのに対して海上保安庁が逮捕することを禁止しているのだろうか。そんなことは、ないだろう。

②（イ）「中国が尖閣諸島を自国領と見なしている」から、日本政府が「領有権の問題はそもそも存在しない」というのは間違っているなどと言うのは、まともな理屈とは思われない。日本は、中国の属国ではない。

（ロ）アメリカは主権問題で日中いずれの側も支持しないとしているという点は、「第三者」としての立場の表明であり、日本の領有権主張に反対しているわけでもない。

（ハ）アメリカなどが「主権をめぐり係争中」としているというのは、同じく「第三者」の立場の表明に過ぎず、日本の領有権主張の当否に影響するものではない。

二国がそれぞれ領有権を主張する地域について第三者、第三国が「主権をめぐり係争中」と見るのは無理もないが、実効支配を行なっている国が「領土問題は存在しない」と主張するのは通常のことである。たとえば韓国は竹島について「領土問題は存在しない」と主張しているし、中華人民共和国も南シナ海の中国名「黄岩島」について「領土問題は存在しない」と主張している。

> 孫崎はまた、領海侵犯した中国人船長を「国内法によって粛々と行なう」としたことは間違いで、「棚上げ」廃止は「中国軍部が望んでいること」と批判し、中国にも軍事力を使って尖閣諸島を奪取しようとしているグループと紛争を避けたいグループがいるので後者と連係することが重要と述べている（孫崎 2011 八七〜九四頁）。

領海侵犯した中国人船長を「国内法」によって処罰するのは主権国家として当然の行為ではないの

か。

尖閣諸島「棚上げ」廃止は、「中国軍部が望んで」いようといまいと、中国がすでに一九九二年の「領海法」で釣魚島は中国領と規定したときに「棚上げ」論は廃止されているのである。

中国内の紛争を避けたいグループと連係することによって、現在中国がとっている領海侵犯・領空侵犯などの冒険主義政策を転換させることができるのなら大変結構なことであるが、具体的にどんな展望があるのだろうか。実行を期待したいが、孫崎の主張から二〇一三年九月現在に至るまで中国は冒険主義的言動をやめていないし、やめる気配もまったくない。

同じ元外交官でも、東郷和彦（参82）は孫崎とはかなり異なるスタンスを取っている。

7－4－2．『検証　尖閣問題』

孫崎2012は、「Ⅰ．尖閣問題にどう対処するか」、「Ⅱ．日中両国の主張を検討する（小寺《こてら》彰論文、天児《あまこ》慧論文、小寺・天児・孫崎による座談会）」、「Ⅲ．座談会　外交力が試されている（石川好・宋文洲・孫崎）」、「Ⅳ．座談会　国境問題を解決する道はどこにあるか（岩下明裕・羽場久美子・孫崎）」となっている。孫崎以外については、「中国」エピゴーネンという呼称はとりあえずはずしておこう。

Ⅰ．は三節に分かれている。

「一（1）「『尖閣諸島は日本の領土で何ら問題ない』という日本側の考え方は国際的に通用する

か」（孫崎 2012 二頁）である。

①まず、「軍事面に発展した時、中国政府は断固とした態度をとる」（孫崎 2012 四頁）と言う。

日本政府は「軍事面に発展した時、日本政府は断固とした態度をとる」などとは言っていないことは、誰でも知っている。ここで不思議なのは、このような軍事威嚇しているのは中国であって日本ではないのに、孫崎は中国の威嚇的言動を全然批判しないことである。

②に「『尖閣不況』が起こる可能性がある」（孫崎 2012 七頁）と言う。

だからと言って、問題は中国の不当な要求に屈するわけにはいかないということではないか。

①孫崎は、「相手の主張を十分理解」することが必要（孫崎 2012 一一頁）と言う。

それはいいとして、しかしまたしても不思議なことに孫崎は日本が中国の主張を「理解」することだけを要求し、中国に日本の主張を理解するよう求めないことである。

④尖閣諸島を「日本固有の領土」と見るか、「係争地」と見るかが問題で、「ポツダム宣言」では「日本国の主権は本州・北海道・九州・四国ならびにわれらの決定する諸小島に局限」されているのだから、尖閣諸島を「日本のもの」と主張するのは、「通用しない」（孫崎 2012 一二～一四頁）と言う。

しかし、「われら」（連合国）は尖閣諸島には日本の主権は及ばないとは「決定」しなかったのではないか。

孫崎は、「「カイロ宣言」は「満州・台湾および澎湖島のごとき日本国が清国人より盗取したる一切の地域を中華民国に返還すること」としており、中国は「中国が最初に釣魚島を発見し中国の版図に入れた」云々と言っており、中国側は尖閣諸島を日本が「盗取したる一切の地域」に入ると見なす可能性が高い（孫崎 2012 一四～一五頁）と論ずる。

それは、中国の一方的な主張なのであり、中国のものであったという根拠を中国側は提出できていないのである。

孫崎は、尖閣諸島＝日本領を主張するひとは「ほとんどポツダム宣言、カイロ宣言、サンフランシスコ条約に言及していない」（孫崎 2012 一六頁）と称する。

そんなことは、ないのではないか。孫崎自身が所属していた日本外務省のホームページでも、ちゃんと言及しているし、冊封使録に限定している原田禹雄《のぶお》を除いて日本の論者のほとんど全員が言及しているではないか。それなのに、「カイロ宣言」、「ポツダム宣言」に関する「言及がない」ということの論点は、孫崎 2012 の一二～一四頁でも二九～三〇頁でも繰り返されている。

孫崎はさらに、サ条約は「日本国は、台湾および澎湖諸島に対するすべての権利、権原および請求権を放棄する」としている（孫崎 2012 一六頁）とする。

しかし、サ条約は尖閣諸島が「台湾および澎湖諸島」に所属するとは規定していない。

孫崎は、ポツダム宣言が「その他の島々は連合国が決める」としており、アメリカは尖閣諸島の主権に中立を決めこんでおり、「日中の間に楔《くさび》を打ちこむ意図」がある（孫崎 2012 一六頁）と言う。

しかし、すでに述べたように連合国は尖閣諸島には日本の主権は及ばないとは「決定」しておらず、尖閣諸島を含む沖縄諸島の施政権を日本から取得したのである。アメリカの尖閣諸島主権問題についての「中立」表明は、一九七〇年九月から始まったものであったが（本書Ｉ‐４）、その打算が何であろうと、「尖閣諸島＝日本領」という日本の主張には影響はない。

⑤孫崎は、本書Ⅱ‐６‐６‐１で取り上げた劉文宗論文ほかによって中国側の主張を次のようにトレースし、そのまま鵜呑みにする。

（イ）中国は琉球から尖閣諸島に行くのは不可能だと言っている（孫崎 2012 二七頁）とする。

これは劉文宗論文が井上清の論を受け売りしたもの（その元は楊仲揆論文）で、事実に反することは本書Ⅱ‐４‐２で明らかにした。孫崎は、いい加減なことを書く前に奥原敏雄・尾崎重義・緑間栄・

芹田健太郎・原田禹雄《のぶお》などを読むべきだったのではないか。

（ロ）陳侃・『日本一鑑』・「汪樺《ママ》」等の記述、等に言及し、「以上の事実は」「一五世紀からすでに中国の版図に入っていたことを示している」と劉文宗論文が言っている（孫崎2012二八頁）とする。

これも本書Ⅱ‐4‐2、Ⅱ‐6‐6‐1で論破ずみである。なお、「汪樺」は誤字で、正しくは「汪楫《しゅう》」である。孫崎は、劉文宗論文に書かれていることが正しいかどうか確かめようともせず、鵜《う》呑《の》みにしているのである。

（ハ）胡宗憲『籌海図編』がある（孫崎2012二七頁）、という。

『籌海図編』は、尖閣諸島が中国領であったことの証拠などではなく、航海の目印を示したものであったことについては、奥原敏雄・原田禹雄・本書Ⅱ‐4‐2を見よ。

（ニ）西太后詔書がある（孫崎2012二七頁）という。

西太后詔書が偽書と疑われていることは、本書Ⅰ‐1、Ⅱ‐2‐1を見よ。

（ホ）尖閣諸島＝中国領有論の根拠資料は陳侃《かん》・郭汝霖《りん》・向象賢・程順則・『三国通覧図説』である（孫崎2012二七頁）と言う。

ここにあげた史料については、すべて奥原敏雄・尾崎重義・緑間栄・芹田健太郎・原田禹雄、本書Ⅱ-4-2を見よ。これらが「尖閣諸島＝中国領」論の根拠とならないことは、すでに論破しつくされているのである。明朝でも清朝でも尖閣諸島を領有していた証拠が一切存在しないことは、本書Ⅱ-4-2で確かめている。

孫崎は、これらの論述史をまったく見ていないのだ。いくらなんでもひどすぎないか。こんな人が日本外交の情報を担当しているのでは、日本は確実に滅びる。ところが、週刊誌『アエラ』の広告によれば、この方は「憂国の士」なのだそうである。言いたくはないが、それってブラックユーモアではないか。

⑥孫崎は、明治政府が陳侃《かん》・郭汝霖《りん》・向象賢・程順則・『三国通覧図説』などの文献を、『沖縄当局を通じる等の方法による現地調査』で行ったのであろうか。はなはだ疑問である」（孫崎2012 二七頁）と言う。

やや文意不明だが、明治政府はこれらの文献を調べていないのだろうと言いたいのだろう。当時の明治政府がどれだけ調べたかの記録が残っているのかどうか、わたしは知らない。孫崎自身がこれらの文献を調べていないことは彼の文章から明らかだが、①当時の明治政府は内務卿山県有朋《やまがたありとも》より外務卿井上馨《かおる》あて明治一八年（一八八五年）一〇月九日付け文書の付属書である内務卿より太政官《だじょうかん》あて上申案に『中山伝信録』をあげている経緯からも、すべてではないにしても明清・琉球・日本史料についてそれなりに知っていたと見るべきであろう。つまり、全然知らなかったわけではない。さらに②

全部知っていたとしても、尖閣諸島＝「無主地」という判断に変化がありえたわけでもない。孫崎のこの指摘は、無意味なのである。

⑦孫崎は、日本共産党が尖閣諸島をめぐって中国側が「七五年間、一度も日本の領有に対して異議も抗議もおこなっていない」（参53）と指摘していることを、「多分中国の歴史を無視している」（孫崎2012三一頁）と批判し、次のように述べる。

（イ）中国は一八四〇年以来のアヘン戦争で「尖閣諸島うんぬんを発言出来る時代ではない。」（孫崎2012三一頁）

これは、悪女の深情けとは言わないが、中国もそんなことは一言も主張していない。腐っても鯛《たい》だ。一九世紀後半の清朝は、落ち目であったとはいえ、まだまだ東アジアの堂々たる大国だった。だから、井上清は明治政府が清国を恐れて国標建設を躊躇していたのだと言ったのではないか。孫崎は、歴史理解を見直してみるいい機会だろう。

ひとつだけ例をあげておけば、「明治一九年（光緒一二年、一八八六年）長崎事件」がある。孫崎がよく知っているはずの『日本外交文書』によれば、同年八月一三日、長崎に停泊していた清国軍艦四隻から上陸した清国水兵二〇〇名が長崎人民に暴行を加えたため、日本警察の巡査が取締りにあたったところ、水兵は巡査に刀で切りつけ、双方各一名が負傷した。同月一五日夜八時、上陸した清国水兵六〇〇余名が日本人民衆一〇〇〇余名と衝突した。水兵は巡行する巡査の棒を取ろうとし、日本の巡査一名を殺害した。清国水兵側も、日本側の認識では士官一名死亡、一五〜一六名負傷、清国側の主張では死者五名、重傷六名、軽傷三〇名、行方不明九名という乱闘となった（『日本外交文書』第二〇巻五六五一〜五九七頁）。

わたしは、この件について特に調べたことはないので詳細は不明であるが、当時の清国水兵たちにしても、日本の長崎で少なくともこのぐらいの騒ぎを起こす元気はあったのである。

（ロ）一九四三年、「満州、台湾および澎湖島のごとき日本が清国人より盗取したる一切の地域を中華民国に返還する」としたカイロ宣言が出され、蔣介石も参加していた。ポツダム宣言は「カイロ宣言の条項は履行せらるべく」（孫崎 2012 三一頁）としている。

カイロ宣言の言う「満州、台湾および澎湖島のごとき日本が清国人より盗取したる一切の地域」の中に尖閣諸島は入っていない。入っているというためには、日本が「盗取」したことが証明されなければならないが、それには尖閣諸島が「清国人」のものであったことが証明されなければならず、その証拠は提出できていないのであるから、「盗取」したとの主張は破綻《はたん》しているのである。

（ハ）周恩来外務大臣は一九五一年八月一五日、対日講和問題について「カイロ宣言、ヤルタ協定、ポツダム宣言を基礎とすべし」と発言している。従って、中国は『七五年間、一度も日本の領有に対して〔異議も抗議も〕おこなっていない』という判断は正当ではない。」（孫崎 2012 三二頁）

一九五一年周恩来発言は、尖閣諸島が中国のものだとは一言も言っていない。以上、中国は「七五年間、一度も日本の領有に対して異議も抗議もおこなっていない」という日本共産党、日本外務省など（だけに限らないが）の指摘は正しいのである。

孫崎はこのほか、玄葉《げんば》光一郎外相が二〇一二年一〇月、仏英独を訪問し、尖閣諸島問題での協力を求めたが、不調に終わったことからも、「日本の主張が国際的支持を受けていない」（孫崎 2012 三二一〜三三三頁）とする。

これは、中国の積極的対外宣伝活動にくらべて、日本の訴えが弱かったということにすぎず、どちらの主張に正当性があるかということとは無関係である。

⑧、孫崎は、日本外務省などの「先占の法理」論を批判する。

日本外務省、日本共産党、奥原敏雄ら尖閣研究会グループほか日本の法学者は、「先占の法理」論を支持している。

孫崎は、「先占の法理」を主たる論点とする判決は見たことがなく、尖閣諸島では「『先占の法理』がポツダム宣言やカイロ宣言よりも重視される可能性はない」（孫崎 2012 三五〜三六頁）と断言する。

そうですかねえ、と言うほかはない。しかし、ポツダム宣言やカイロ宣言が尖閣列島領有問題の判断基準になるなどということは、ありえないだろう。

そして、孫崎は「尖閣諸島という海洋交通の要衝で、相当の規模の島が〝無主物〟であることはありえない」（孫崎 2012 三六頁）と断言する。

これまた、歴史を知らないにもほどがあると言わざるをえない。前近代世界では「無主の地」はたくさんあったのだ。

孫崎は、重ねて「尖閣諸島において何よりも重視されるのは協定や合意事項であり、それはとりもなおさず、ポツダム宣言とサンフランシスコ条約となる」（孫崎 2012 三七頁）と言う。

ポツダム宣言、サンフランシスコ条約が問題となるのは、東アジア太平洋戦争の戦後処理であるが、戦後処理で決定的な合意とはサ条約であると日本外務省は言っており（日本外務省HP）、サ条約には尖閣諸島は中国に帰属するという規定がないことはこれまでにも見てきたところである。

⑨次に孫崎は、日本の高校の歴史教科書における尖閣諸島問題を扱い方について、山川出版社『詳説　日本史』がポツダム宣言の第八項を記載していない、カイロ宣言中の「清国人より盗取したる一切の地域」が落ちている、サ条約は第二条が落ちていると指摘している（孫崎 2012 四〇～四一頁）。

東京書籍『日本史B』は、ポツダム宣言第八項は記載しているが、カイロ宣言は「日清戦争以降に日本が中国から獲得した領域」と記載しており、サ条約は第二条が落ちており、第三条は記載しており、「極めて恣意的な選択」と批判している（孫崎 2012 四一頁）。
（孫崎はさらに、中学校の教科書からも拾っているが、ここでは省略する。）

これは、このさい見ておけばいいだろう。

「二　尖閣問題は軍事的に解決が可能か」

第二節の論旨は、①中国軍は、戦争を準備している、②日本の自衛隊は中国軍に勝てない、③米軍は参戦しない、というものである。

①孫崎は「こちらが軍備を増せば、相手国は当然増す」（孫崎 2012 四五頁）と言う。

中国軍の発言については、本書Ⅰ‐7にもいくつか拾ったが、孫崎は、中国の軍備増強が東アジアの軍事バランスをくずし、日本の対策はそれに対応する施策であったとは考えないのだ。

②孫崎は、日中軍事紛争が起こったとき、「日本に勝ち目は全くない」（孫崎 2012 五一頁）と断言する。

だからといって、その裏返しで中国の言うことをきけというのは、帝国主義への屈服の論理である。卑屈すぎる「中国追随」の説得である。

③孫崎は、日中軍事紛争が起こったとき、米軍は参戦しない（孫崎 2012 五一～六一頁）、と断言する。米軍は尖閣戦争が起これば出動するだろうと見られるが、しない可能性もないわけではないだろう。しかし、もしそういう事態が生じれば、日本が日米安保を維持する理由は消滅し、安保廃棄に進むだろうし、世界各国でアメリカと軍事同盟を結んでいる国々の対米信頼関係が大きく損なわれることになろう。アメリカ上院は、二〇一三年七月下旬に東シナ海における中国の軍事行動について警告する決議を行なったとのことであり、孫崎の寝ぼけ眼《まなこ》とは違い、中国軍の冒険主義的行動の危険性を正確に認識しているのだと見られる。

④孫崎は、中国が尖閣諸島に攻めこみ日本自衛隊が守り切れなければ、「管轄地は中国に渡る。その時にはもう安保条約の対象ではなくなる」（孫崎 2012 五三～五四頁）と言う。

幼稚で馬鹿げた話である。尖閣諸島が中国軍に占領されたら、直ちに「安保条約の対象ではなくなる」だろうか。そんなことは、あろうはずもない。中国軍が長期安定的に尖閣諸島を支配し、日本がそれを座視し続けるならば、「安保条約の対象ではなくなる」可能性はあるが、一時的な攻防で尖閣諸島が中国軍に占領されれば、当然、奪還作戦が行なわれるのであって、アメリカが直ちに尖閣諸島は中国領と認定するなどということはありうるはずがないではないか。

孫崎の言いたいことは、アメリカに利用されるなということだか、だからと言って何でも中国の主張を受け入れよというのでは、日本国民の合意は得られないだろう。

「三　尖閣問題で如何に平和的な解決を目指すか」

> 孫崎は、一九七〇年代から今日にかけて「右傾化が進んでしまった」（孫崎2012五一頁）と言う。

わたしの見るところ、基本的に「平和主義」は守られているという点では日本が特に「右傾化」したという状況ではない。中国の威圧的威嚇的言動に対する反発は当然強まってきたが、ほとんど不感症的というほど日本のナショナリズムは昂揚していない。

> 孫崎は、日本は一九七二年、一九七八年に尖閣問題の「棚上げ」に合意していたのであり（孫崎2012六七～七三頁）、中国は「棚上げ」を要望している（孫崎2012七一頁）と言う。

「棚上げ」とは、中国側が一方的に言ったものであり、日本は反論も態度表明もしなかったが、合意があったわけではなく、その後、「棚上げ」方針を一方的に破棄したのは中国による尖閣諸島を中国領と規定した一九九二年「領海法」の制定だったのである。中国が「棚上げ」を要望しているのなら、領海法を修正するのだろうか。

孫崎2012「Ｉ．論評」の結論

孫崎の主張が中国側の主張を無批判に鵜呑みにしていることは明らかであり、それゆえわたしは孫崎を「中国」エピゴーネンと呼ぶのである。

しかし、孫崎の尖閣問題「解決」案は、①不要な摩擦は避ける、②具体的な取り決めを行なう、③国際司法裁判所など第三者を介入させる、④多角的相互依存関係を構築する、⑤国連の原則を全面に出す、⑥軍事力を使わないことを原則とする、⑦現在の世代で解決できないものは実質的に棚上げにする、⑧紛争を防ぐメカニズムを作る（孫崎 2012 八三頁）である。

孫崎は、中国がやっていることには目をつぶり、八項目のすべてを日本政府に要求している。しかし、①日本政府は「不要な摩擦は避け」ているが、中国は摩擦を強め続けている。②具体性がない。③中国は「国際司法裁判所」の介入を拒否している。④日本政府は「多角的相互依存関係」の構築を求めているが、中国は首脳会談での対話を拒否している。⑤中国は武力による威嚇・武力行使の禁止などの「国連の原則」を無視している。⑥中国は軍事威嚇を続けている。⑦「棚上げ」は中国が投げ捨てた。⑧どうやって、「紛争を防ぐメカニズム」作りを中国と合意するんですかということが、問題なのである。

孫崎 2012「Ⅱ．日中両国の主張を検討する」

孫崎 2012 は、岩波書店が力を入れて宣伝しているが、Ⅰで見たとおり、内容は相当ひどい。しかし、全文読む価値が全然ないかというとそうでもなく、Ⅱに収録された小寺彰論文は一読に値する。

Ⅱは、３部構成である。

「1．小寺《こてら》彰論文」

国際法学者小寺彰論文「領土紛争とは？　国際司法裁判所の役割とは？――尖閣諸島をとくに念頭において」は、特に参考になる。これは、『日本経済新聞』に発表された論稿であった。

小寺によれば、「領土紛争の存在を認めること」は、「自国領と考えている領土について、他国が領土主張を行うことはまちがっているが、その主張には解決すべき要素が含まれていることを認めることを意味する」、「尖閣諸島の帰属について、中国が日本領とは認めないという主張をして日中間に見解の相違があることと、両国間に領土紛争があるということとは全く違うことだ」（孫崎2012　一〇三～一〇四頁）。

これは、わたしのような国際法の素人でもそう思うが、国際法の専門家の言をきくと心強い。

さらに小寺は、「国際紛争とは武力衝突のある状態を意味し、それに至らない状態を対立（または緊張）とよぶ」（孫崎2012　一〇五頁）と言う。

国際法的に言うと、日本の立場からは尖閣諸島をめぐって日本と中国の間には「対立（または緊張）」はあるが、「領土紛争」は存在せず、二〇一三年二月の時点ではまだ「国際紛争」にもなっていない、ということだ。

尖閣問題を国際司法裁判所（ＩＣＪ）で解決しようという考えに対しては、「国際裁判が機能する条件」の第一は「全部ないし一部が相手方に移っても領土問題の解決」の方が重要だという意識が生まれることだ」（孫崎2012　一〇六頁）という。

つまり、中国が応ずる可能性はゼロであるし、日本でも現状ではそうした国民的合意形成はほとんど不可能だろう。したがって、「国際司法裁判所に付託しての解決」という可能性はないことになる。

小寺は、尖閣諸島についての日本の主張は「強い」ので、「これ以上の実効支配の強化は必要ない」、「従来通り、尖閣諸島に対する施政権を行使さえすればいい」（孫崎2012一〇八頁）と結論する。小寺論文は、掃き溜《はだ》めに鶴である。

「2．天児慧論文」

中国政治研究者天児慧論文「キーワードは『現状維持』」は、二〇一二年九月の反日騒動は「基本的には党や政府が後ろで糸を引いた計画的な事件」と見る。この点、わたしの見方と同じである（本書Ⅲ-2参照）。

天児は、解決策として、①「国有化」という「形式」を変更し、「現状維持」とする、②「現状を微妙に変える」、「例えば、海洋研究開発関連の研究機関、あるいは環境などのNPO組織に所有・管理を委ねる」（孫崎2012一一四頁）、という二つの方法を提案している。

日本が尖閣諸島の「国有化」を取り下げることはありえないし、「現状維持」とは「尖閣諸島は日本の領土である」という前提になるので、中国が同意するはずはない。第二の方法にも中国は同意しないだろうから、これは実現の可能性のない机上の空論にすぎない、とわたしは見る。

天児は、さらに台湾の馬英九総統提案の「主権論争は、棚上げとし、平和・互恵・共同開発を目指す『東シナ海平和イニシアチブ』」に賛成で、「対話の可能性がある」」と言っている（孫崎2012一一五頁）。しかし天児も言う通り、馬英九の「棚上げ」は「中華民国の領土」が前提なのである。現状では結局、「主権論争」は「棚上げ」にはできない（「日本の主権下」では中国は乗らない）だろう。

天児は、さらに韓国・ロシア・アメリカを入れた「東北アジア平和イニシアチブ」をシンクタンクが主導すれば（孫崎 2012 一一六頁）と提唱する。それが、尖閣対立の解決方向とどうつながると見通すのかが問題であろう。

「3．小寺・天児・孫崎座談会」

小寺は、「尖閣諸島については日本の領有権は全く疑いのないものだ」（孫崎 2012 一〇八頁）、「一八九五年の段階で尖閣が無主地であったかという点を問題にするのであれば、それはその当時の日本政府が行なった調査がきちんとしたものであったか否かを点検すれば済む話」（孫崎 2012 一二三頁）、「ポツダム宣言やサンフランシスコ平和条約等によって、帰属関係が変わったかどうか」については、サ条約第三条で沖縄はアメリカの施政の下に置くとしており、「その後アメリカはサンフランシスコ平和条約に基づいて尖閣諸島を沖縄の一部として、つまり南西諸島として統治をしている」（孫崎 2012 一二四頁）、尖閣諸島が「台湾に入りながら同時にアメリカの施政下に置かれたということはあり得ない」（孫崎 2012 一二五頁）と明快である。

天児は、尖閣諸島は「無主地」（孫崎 2012 一一九頁）と判断しながら、日本政府の一八九五年以前についての「中国への反論というのは、実は調査をしたという点だけであって、それ以上のことは実はないというのが、一つひっかかる」（孫崎 2012 一一八頁）と言う。

「一八九五年以前」については、明清史料は中国領であることの証拠ではないという点は、もっとも強力な反論なのである。

孫崎は、カイロ宣言の「中国から奪ったものの中に尖閣諸島が入るかどうか」（孫崎2012 一二〇頁）という論点を繰り返し、「局限せらるべし」なのだから「明示的に言わないものは日本のものになりませんよ」（孫崎2012 一二六頁）などと言っている。では、孫崎は佐渡島、隠岐の島、沖縄諸島を含む南西諸島などもすべて「明示的に」言われていないのだから、「日本のもの」にならないと言いたいのだろうか。

小寺は「棚上げ」の意味について、中国は「紛争はあるけれども、その紛争を棚上げにしよう」と考え、日本は尖閣諸島は日本のものだが「この問題について議論するのはもうやめようと考えていた」（孫崎2012 一三六～一三七頁）と日・中の理解の仕方が違っていたと指摘している。

（Ⅲ、Ⅳは、あまり見るべき論点はないので省略する。）

孫崎についての結論　二〇世紀井上清と二一世紀孫崎享の共通点は、中国追随である。書店店頭では、孫崎の顔写真入りで「尖閣問題必見」という岩波書店によるこれまで見たことのない積極的な販促活動が行なわれたが、孫崎2012での孫崎の議論は以上に見たように資料的批判に耐えうる内容を持っていない。岩波書店も、「冊封使録」の一点にでも目を通し、正常な編集的チェックをしていたら、少なくともこんな広告活動は行なわなかったのではないかと惜しまれる。

7−5．矢吹晋（二〇一三年）

矢吹晋『尖閣問題の核心　日中関係はどうなる』（花伝社　二〇一三年一月＝参105）の論法は、孫崎享とほぼ同じである。

> 尖閣諸島は、地理的に「台湾の付属」島嶼《とうしょ》である（矢吹一二頁、一五二頁）、「尖閣は、もし米軍による対日占領がなければ、台湾の付属島嶼として、返還されたはずだ」（矢吹一〇七頁）。

「尖閣諸島が地理的に台湾の付属島嶼」であるかどうかは別として、そうだとしても自動的に尖閣列島が台湾領であることを意味しない。

> 井上馨《かおる》や山県有朋は「明らかに彼らは清朝による抗議を予想して慎重に行動した」（矢吹七〇頁）。

「抗議を予想」したというのは独断で、日本が領有に動けば、清朝も領有を主張してくるおそれがあると考えたのである（本書Ⅱ－4参照）。

> 「旧植民地国として治外法権を余儀なくされていた中国側の事情を考慮するならば、『無主地先占』をどこまで主張できるか疑問」（矢吹六九頁）。

矢吹晋は、チャイナウォッチャーとして活躍してきた方であるが、清朝を「植民地国」と言うようでは、中国近代史の研究成果を吸収しておらず、孫崎享レベルの粗雑な認識である。これは、驚きであるが、井上馨《かおる》が清朝の「抗議を予想」したというなら、清朝は黙っていないと判断したということではないか。

一九七二年国交樹立時と一九七八年日中平和友好条約締結時に尖閣問題「棚上げ」の日中「合意」はあったのに日本外務省はその「会談記録」を削除してしまった（矢吹四一頁）

日本外務省がこれらの「会談記録」を「削除」したとしても、それは「棚上げ合意」文書があったことを意味するものではない。矢吹が主張する「合意」なるものの中身はあいまいである。これが、尖閣問題の「核心」であろうか。

尖閣戦争になったとき、アメリカは尖閣を「守らないし、守れない」（矢吹一七八頁）。

この論点も、孫崎の主張と同じだが、アメリカは尖閣諸島が日米安保の適用対象であると言い続けている。

矢吹は、孫崎と違って中国問題の専門家であるのに、中国側の主張する「尖閣諸島は古来から中国領」の根拠となる明清史料等の検討をほとんどしていないが、花瓶嶼〜大正島と久米島の間は「近代的な実効支配の国境ではなく、琉球王国と明清間で、版図として共通の了解があった」（矢吹一五七頁）と言っている。「近代的な実効支配の国境ではなく」と言い、「版図として共通の了解」と言っているのは、意味不明である。上記各島嶼は明清の「版図」と言いたいかのようであるが、不正確である

（本書Ⅱ‐4参照）。

尖閣問題の「核心」とは、尖閣諸島が「古来から中国領」であったと言えるのかどうかであろうが、矢吹はこの「核心」問題を正面から論じていない。

8．「中華民国外交部条約法律司文書」（二〇一二年四月）

台湾（中華民国）外交部条約法律司（部門）は二〇一二年四月三日、「釣魚台列嶼《しょ》は中華民国の固有の領土である」という文書を発表した（黄銘舜二八六〜二九一頁＝参98）。その構成は、（一）前言、（二）わが国の論拠、（三）結語、となっている。（二）の構成は、（1）地理、（2）地質、（3）歴史、（4）わが国民間の使用状況、（5）国際法、である。

（1）は、釣魚台列嶼は黒潮が北に向かって流れ、台湾と同一の季節風が吹いており、台湾からは「順風・順流なので便利、琉球からは不便」というもので（黄銘舜二八六頁）、楊仲揆らの論（本書Ⅱ‐2‐1）を引き継いでいる。台湾からは「順風・順流なので便利、琉球からは不便」という論が成り立たないことは、すでに述べた。また、自然地理的条件と領土・領有という問題とは、関係がない。

（2）は、釣魚台列嶼は「東海大陸礁《しょう》層の辺縁」であるというもので（黄銘舜二八六頁）、これも（1）と同じで、自然地理的条件と領土・領有という問題とは、関係がない。

（2）の①は「発見・命名・領土認定」、②「海防区と清朝版図に入っている」、③「中・日・琉外交文書には琉球領域に釣魚台列嶼は含んでいない」である。

①、釣魚台は『順風相送』に記載されており、「中国人がもっとも早く発見・命名・使用した」とし、陳侃『使琉球録』の記述および鄭舜功『日本一鑑』(一五五六年)中に「釣魚嶼は、小東(すなわち台湾)の小嶼《しょ》」と記載されていること、清代には「黒水溝(すなわち現・沖縄トラフ)」は「中外の界」と書かれていること、をあげる(黄銘舜二八七頁)。

これらは、すべてコメントずみである(①陳侃の記述には釣魚島が明朝領だとは書いていない、②明朝時代に台湾は明朝領ではない、③「黒水溝」=「中外の界」は国境ではなく、地理的特徴であること、など。)

さらに、『皇朝中外一統輿《よ》図』(一八六三年)は、釣魚台列嶼を中国の版図に入れている(黄銘舜二八七頁)、という。これは未見で確認できないが、清朝領であることの確実な証拠とは言えない。

次にあげるのは、林子平の『三国通覧図説・琉球三省并三十六島之図』で、この図が不正確であることは、すでに述べた(本書一九八～二〇一頁)。

②は「海防区と清朝版図に入れた」で、「鄭若曾の『万里海防図』は釣魚台列嶼を入れている(原文「列入」)」(黄銘舜二八七頁)という言い方は曖昧《あいまい》だが、「海防図」に入っているとの意であろう。だとすれば、「海防図に入っている」ということが、領土であることの証明にならないことは、すでに見たとおりである(本書一八四～一八五頁)。

次は、胡宗憲の『籌海図編』をあげているが(黄銘舜二八七頁)、これは航海の目印をあげているにすぎないことも、すでに見た(本書一八一～一八三頁)。

黄叔璥《こうしゅくけい》撰『台海使槎録《たいかいしさろく》』　次に「中華民国（台湾）外交部条約法律司文書」は、従来触れられることのなかった黄叔璥《けい》『台海使《し》槎《さ》録』（一七二二年）（参20）を新たに出してきた。

「中華民国外交部条約法律司文書」は、『台海使槎録』巻二「武備」から、「山後の大洋の北には山名釣魚台があり、大船十余を停泊することができる」と書かれている部分を引用し（黄銘舜二八七頁）、范《はん》成『重修台湾府志』（一七四七年）、余文儀『続修台湾府志』（一七六四年）がこの「黄叔璥の記載を転載している」（黄銘舜二八七頁）と述べている。

しかし、この文面からは黄叔璥は「釣魚台」付近を通過したか立ち寄ったりしたかもしれないということがわかるだけで、釣魚台が清朝領であることを証明する史料などとは言えない。

さらに、「大船十余を停泊することができる」という記述も「釣魚台」（魚釣島）の状況とはかけ離れており、同名の異なる島を指したか、あるいは異なる島を「釣魚台」と誤記したという可能性も考えられる。

ところで、この「山後」の「山」とは何なのかが問題だろうと思われるので、『台海使槎録』のこの一節を試訳する。

「……鳳山《ほうざん》、喜樹《きじゅ》港、万丹《ばんたん》港、諸羅《しょら》、海翁堀《かいおうくつ》、崩山港《ほうざんこう》は舶仔・小船を容れることができるだけである。再鳳山、岐後《きご》、枋寮《ほうりょう》、加六堂《かろくどう》、謝必益《しゃひつえき》、亀壁《きへき》港、大繍房《だいしゅうぼう》、魚房《ぎょぼう》港、諸羅、鰎仔、穵象領《あつぞうりょう》、今尽淤塞《きんじんおそく》には小魚船が往来しているだけである。山後の大洋の北には山名釣魚台があり、大船十余が泊まれる。崇爻《すうこう》の薛坡蘭《せつはらん》は、杉板《さんぱん》に進むことが出来る。」

なお、⿰舟占という字型は『大漢和辞典』にもないが、「⿰舟占仔」は小船の類であろう。⿺廴⿰魚聿という字型も『大漢和辞典』になく、⿺廴⿰魚聿にもっとも近い字型は「鰎」である。

「山後」の前には、「山」という地名は「鳳山」「再鳳山」があるだけなので、そのどちらか、または両方のことといちおう考えられる。

ところが、台湾北部には「鳳山」という地名はなく、「鳳山」は台湾南西部の現・高雄県に属するので、台湾東北方向の「釣魚台」とは別物としか思えない。「釣魚」は、中国大陸でも各地で地名に用いられているのである。そこで、「鳳山」「再鳳山」とともに『台海使槎録』に記載されている他の地名がどこのことなのかが、問題解明の手がかりとなるはずである。

鄭海麟《ていかいりん》（香港アジア太平洋研究センター主任）「黄叔璥《台海使槎録》記載の『釣魚台』および『崇爻《すうこう》の薛坡蘭《せつはらん》考』」（参116）は、台湾中央研究院計算センター出版の『清代台湾港口』に依拠して、「鳳山港」は現・高雄市小港区鳳森里、「岐後港」は「現・高雄市旗津《きしん》」、「枋寮港」は「現・屏東県枋寮郷枋寮村」、「加六堂」は「現・屏東県枋山郷加禄村《かろくそん》」、「謝必益港」は「現・屏東県枋山郷楓港村《ふうこうそん》」、「亀壁港」は「現・屏東県車城郷海口村」、「魚房港」は「現・屏東県車城郷《しゃじょうきょう》福安村」、「大繍房港」は「現・屏東県恒春鎮《こうしゅんちん》大光里」であることを突き止めている。「諸羅」、「⿺廴⿰魚聿仔」（ただし、鄭海麟は「諸羅⿺廴⿰魚聿仔」は一つの地名としている）、「穵象領《あつぞうりょう》」は、どこであるかわからないという。わかっている地名は、いずれも台湾南部である。

つまり、黄叔璥の辿ったルートは台湾南西部の鳳山から南回りで東海岸に出、北上したと考えられるのである。

鄭海麟は、さらに陳文達《ちんぶんたつ》編纂『鳳山県志』によって、「崇爻《すうこう》山」の「主山脈は台東県境の花蓮《かれん》県境に位置し、南は台東《たいとう》に連なり、北は宜蘭《ぎらん》に接する」と指摘し、馬冠群《ばかんぐん》輯『台湾地略』が「崇爻山は後山の宜蘭県東にあり、東は大洋にかかり、北から南まで数百里にわたって連なる」と記述していることを紹介し、「山後」は「後山」とも言い、台湾東部の「台東・花蓮《かれん》・宜蘭三県」を指していると特定し、「薛坡蘭」はこの山脈のふもとに位置する「大洋」に面した港であるとしている。「山後」「後山」というのは、高雄・鳳山側から見る山脈を指しているのである。

「山後」という字づらからは、われわれは「山のうしろ」と思いこむが、鄭海麟論文によって「鳳山の背後の崇爻山という山脈」を指すという、思いもよらない事実が明らかにされた。そうすると、「山後」の向こうの「大洋」とは台湾東海岸の太平洋のことであり、台湾東北方向はるか「一九〇㎞」（鄭海麟は「一六〇㎞」としている）のところにある「釣魚島」（魚釣島）ではないということになる。

鄭海麟は、そこからまず、「大船十余を停泊することができる」港は現・宜蘭《ぎらん》県頭城鎮《とうじょうちん》に属する亀《き》山島《ざんとう》の「烏石港《うせきこう》」だろうと推定する。

鄭海麟は、次いで安部明義『台湾地名研究』（台北　武陵出版社　一九八七年）第一四章「台東」の「三仙台はいにしえの釣魚台である」との記述によるならば、黄叔璥の言う「釣魚台」とは「三仙台」であり、「大船十余を停泊することができる」港とは「三仙台」の隣の「成広澳」であろうと推定する。

つまり、鄭海麟は二つの可能性をあげ、断定せず、「さらなる証明が必要」と結んでいるのである。

いずれにせよ、黄叔璥《こうしゅくけい》撰『台海使槎録《たいかいしさ》』の言う「釣魚台」は中国が「固有の領土」と主張する「釣魚島／釣魚台」（魚釣島）のことではないのである。

これこそは、「中華民国外交部条約法律司」や他の中国の学者および日本の「中国」エピゴーネンたちには見られない誠実な学問的態度であり、われわれはこれに学ばなければならない。

さらに私見を加えるなら、「山後の大洋の北には山名釣魚台」という「大洋の北」という位置から見ると、黄叔璥の『台海使槎録』が言う「山名釣魚台」とは現・宜蘭県の亀山島である可能性が高いのではないか。

「噶瑪蘭（ガマラン）庁」、陳壽祺《ちんじゅき》『重纂《じゅうさん》福建通志』　次は、陳壽祺『重纂福建通志』（一八七一年）は釣魚嶼《しょ》が清代に海防巡邏《じゅんら》拠点に入っていることが示されているだけでなく、釣魚嶼《しょ》を「巻八十六・海防・各県衝要」に記載し、「ガマラン庁」の管轄下に入れている（黄銘舜二八七～二八八頁）という。

「噶瑪蘭」は、中国語普通話《プートンホワ》音では「ガマラン」である。

『重纂福建通志』によれば、「嘉慶《かけい》の間に台湾ガマラン庁が新たに版図に入った」（参29）。「嘉慶」年間とは、一七九六～一八二〇年である。

『重纂福建通志』を読み進むと、「嘉慶一七年にガラマン営を設け、道光四年に都司を設け、五囲城内に駐した」とある。「ガラマン営」は、嘉慶一七年＝一八一二年設置である。しかし、わたしが参照した『重纂福建通志』の「ガマラン庁」の中に「釣魚台列嶼」の記述はない。「歴代守禦《しゅぎょ》」の項にもない。

道光年間について記載した『中国方志叢書』に収められた『噶瑪蘭志略』（成文出版社有限公司　中華民国七二年／一九八三年）によれば、「海防志」の項でも「釣魚台列嶼《しょ》」についての記述はない。同書に出てくる「亀嶼」は現在の「亀山島《きざん》」であろう。

『中国方志叢書』に収められた『宜蘭県志《ぎらん》』（民国・盧世標総纂《さん》・陳芳草等纂、民国四十八至五十四年排印本。成文出版社有限公司　一九八三年三月）には、「亀山」島はあるが、「釣魚台列嶼」（尖閣諸島）・「釣魚台列嶼」（尖閣諸島）はなく、同じく「噶瑪蘭庁地輿《よ》全図」にも「亀山」島はあるが、「釣魚台列嶼」（尖閣諸島）はない。

さらに、同じく『中国方志叢書』に収められた『台湾地輿《よ》総図』（清・不著撰《せん》人、民国五二年台湾文献叢刊排印本。成文出版社有限公司　一九八四年三月）にも、「亀山」島はあるが、「釣魚台列嶼」（尖閣諸島）はない。

『台湾地輿総図』中の「宜蘭県輿図説略」によれば、宜蘭県はもと「ガマランの旧地で、初名は「蛤仔難」であり、光緒四年に県に改設された」という。同『総図』に収められた「宜蘭県図」には「亀山」島はあるが、「釣魚台列嶼」（尖閣諸島）はない。

「光緒四年」とは、一八七八年である。わたしが確かめた範囲では、「ガマラン」地図にも「宜蘭県」地図にも「釣魚台列嶼」（尖閣諸島）は入っていなかった。

中国語繁体字版インターネットによれば、「一八三八年『重纂福建通志』のガラマン庁には釣魚台は存在しない」（「反脳残保釣運動的大本営」＝参95）という。

孫爾準《そんじじゅん》等修・陳壽祺纂《さん》・程祖洛等続修・魏敬中続纂『道光重纂福建通志』（鳳凰出版社・上海書店・巴蜀書社）にも、「釣魚台列嶼」についての記述は存在しなかった。「道光年間」とは、「一八二一年～一八五〇年」であるから、中国語繁体字版インターネットの史料と同じものと見られる。

黄銘舜は、一八七一年『重纂福建通志』をあげている。わたしが参照した同治一〇年（一八七一年）版『重纂福建通志』には、「釣魚台列嶼」に関する記述はなかった。黄銘舜・中国国務院は、どの版本によっているのか、そこにどのような記述があるのかを引用し、提示していただきたい。

しかし、かりに陳壽祺『重纂福建通志』（一八七一年）に記載されているとしても、おそらく「海防」の対象としてであろうし、清朝による領有の証拠ではないだろう。清朝が無人島の領有を宣言していたなどということは、常識的に考えにくい。

②では、二つの史料を提出しており、その一は、琉球の紫金大夫（琉球国官職名）向徳宏は一八七九年、日本外務卿寺島への返書で「琉球は三六島であり、久米島と福州の間に『連綿と連なる』島嶼は中国所有であると確認している」（黄銘舜二八八頁）という。

この文書は、わたしは確認していないので、現物確認は今後の課題であるが、「久米島と福州の間に『連綿と連なる』島嶼は中国所有であると確認している」などと書かれているかどうかは怪しいものである。同文書を公表していただきたい。

その二は、日本の駐華公使が一八八〇年、清朝総理衙門《がもん》（外務省にあたる官庁名）に「琉球二分」案を提出した。これは、「中・琉の間に『無主地』が存在しないことを証明している」（黄銘舜二八八頁）

というものである。

当初は「琉球三分案」であったが、のちに「二分案」になったものである。これは本書I‐1（二四頁＝参33）でも触れた。このことは、琉球と清朝の間に「無主地が存在しなかったことを証明する」ものなどでは全然ない。こんな無論理的な文章を書く「条約法律司」（条約法律担当部署）とは、一体どんな役所なのだろうか。

台湾外交部文書／明清・日本史料一一点　台湾（中華民国）外交部条約法律司文書があげる明清・日本史料は、次の一一点である。

①『順風相送』、②陳侃『使琉球録』、③鄭舜功『日本一鑑』、④『皇朝中外一統輿図』、⑤林子平『三国通覧図説・琉球三省并三十六島之図』、⑥鄭若曾『万里海防図』、⑦胡宗憲『籌海図編』、⑧黄叔璥『台海使槎録』、⑨范成『重修台湾府志』、⑩余文儀『続修台湾府志』、⑪陳壽祺『重纂福建通志』（一八七一年）。

（4）わが国民間の使用状況（黄銘舜二八七頁）

この項の論旨は、釣魚台列嶼《しょ》は「基隆《キールン》・蘇澳《そおう》地区の漁民の主要な操業区」であり、漁民は風を避けたり、漁船漁具を修理したり」、「薬剤師は薬を取りに行ったり」、「工事会社は沈船を引きあげて解体したり」し、「過去数百年」同列嶼を使用してきた（黄銘舜二八八頁）というものである。

これらの事例がすべて事実としても、「釣魚台列嶼＝台湾の領土」であることを証明するものではない。

さらに、「西太后詔書」問題で見たように（本書一三六〜一三八頁）、実際に薬を取りに行ったかどうか怪しいものであり、サルベージ船工事の件は一九五〇年代のことで、米国・日本から退去させられた経緯があり、「台湾」漁民の「過去数百年」に及ぶ操業などは何の資料も存在せず、戦前は大正年間、戦後は一九五〇年代以降のことであることなどは、すでに見てきたところである。

（5）「国際法」は、①「釣魚台列嶼《しょ》は一八九五年時点で無主地ではなく、日本は『先占』を主張できない」、②「第二次大戦後、釣魚台列嶼は台湾とともに中華民国に返還されるべきだった」（黄銘舜二八八頁）の二点である。

①釣魚台列嶼は中国の領土であったから「無主地」ではなく、「日本は『先占』を主張できない」（黄銘舜二八八頁）という点は、すでに見たように、「釣魚台列嶼は中国領であった」、「無主地ではなかった」ことは証明できていないのだから、「先占」論は主張できるのである。

次に「条約法律司」は、（イ）明治政府が一八八五年以来、国標建設をためらった、（ロ）一八九五年の領有決定においても天皇の勅令公布がなかった、（ハ）一八八五年から一八九五年にかけて明治政府は釣魚台列嶼の再調査を行なわなかったという三点をあげている（黄銘舜二八九頁）。

（イ）国標建設をためらった理由は清国とのトラブルの発生を回避したためであって、尖閣諸島が清国領と認識していたためではないことはすでに指摘した（本書二一六～二一八頁）。

（ロ）天皇の勅令は、一八九六年に公布されているが、尖閣諸島の記載がなかったので、あったほうがよかったと思われるが、それがなければ領有が無効になるという性格のものではなかった。

（ハ）一八八六年海軍水路部の調査結果公表、一八八七年軍艦「金剛」による調査があり、（「条約法律司」は、一八九二年軍艦「海門」の調査は中止されたと指摘する。ただし、根拠は示されていない。わたしは現在、未確認）、民間人による一八九一年、一八九三年の魚釣島・久場島の利用などがあり、不十分という批判はあるいは成り立つかもしれないが、一八九五年の領有決定が無効だという根拠にまではならないだろう。

> ②は「カイロ宣言」、「ポツダム宣言」によって、日本は中華民国から奪った領土を返還することになった、一九五一年サ条約、一九五二年日華平和条約で「台湾・澎湖諸島」の」放棄が確認されたのだから、釣魚台列嶼は中華民国に返還されるべきだ（黄銘舜二八九～二九〇頁）、というものである。

しかし、「カイロ宣言」、「ポツダム宣言」、一九五一年サ条約、一九五二年日華平和条約において、日本が放棄すべき島々の中に尖閣諸島は含まれていなかったというのが、日本の主張である。

ここで、「条約法律司」文書は、「一八九五年から一九四五年」にかけての五〇年間に「他国から

〔つまり清朝、中華民国から〕抗議がなかった」事実を認めるが、その理由はこの間、尖閣諸島が「台湾とともに日本領土」だったからだという。ここでの日本の主張との違いは、日本が尖閣諸島を「沖縄の付属島嶼」と位置づけるのに対し、台湾「条約法律司」は尖閣諸島を「台湾の付属島嶼」と位置づける点である。

そして、一九四五年から一九七二年までは、米軍委任統治期間で日本統治下になかったので、米軍委任統治には「主権上の意義はなかった」し、台湾漁民の釣魚台列嶼《しょ》使用は干渉されなかったし、一九五四年「中華民国と米国の共同防衛条約によって「台湾海」を共同防衛したので、「アメリカと交渉する必要もなかった」、それゆえ、「日本の言う時効問題は存在しない」（黄銘舜二九〇頁）と主張する。

この点は、国際法学者の議論を待ちたいが、「中華民国外交部条約法律司」は一八九五年から一九四五年までの日本による領有と一九四五年から一九七二年までの米軍による委任統治については正当性を承認し、異議は唱えていないわけである。

9．二〇一二年「琉球帰属」論

二〇一二年には、「琉球帰属」に関する論文が二本出た。その一は、李理「〝琉球回収〟中のアメリカ・ファクターと釣魚島問題」（『清華大学学報』哲学社会科学版二〇一二年第六期、二〇一二年六月。『現代中国史』二〇一三年第二期、二月転載による。参87）と褚静濤《ちょせいとう》「釣魚島と琉球の帰属」（『江海学刊』二〇一二年六月。『現代中国史』二〇一三年第二期、二月転載による。参88）である。

9-1．李理論文

中華民国が「琉球」は「中華民国領」と主張した事実と中華民国がアメリカによる「沖縄」単独軍事占領を承認したという事実との関連、および中華民国がアメリカと「領有」について交渉したことがあるのかどうかという問題は、これまで正面から検討されたことはなかったが、李理論文はこの問題への検討を開始したものだと見られる。

李理論文の要旨は、次の通りである。

①カイロ会議の期間中に琉球の帰属問題がはじめて水面から浮上した。

②蔣介石の誤りにより、カイロ宣言に琉球が将来、「中国」に復帰するという規定を確定しなかった。

③第二次大戦後、中華民国政府は積極的に琉球の回復を主張し、その中に「釣魚列島」を含んでおり、中・琉境界問題で「釣魚列島」が中国と琉球の中国側の境界であると主張したが、アメリカはフィリピン政府を唆《そそのか》せて反対させ、「台湾自決」によって対抗させたので、中華民国は後退

し、中・琉の境界は「釣魚列島」の外側とする考えは実現しなかった。こうして「釣魚列島」は「琉球群島」の中に含まれることになり、「琉球」の一部分とされ、最後にアメリカに委任統治されることになった。

④アメリカは中華民国政府が自分の存立を維持できないことを心配し、ソ連が琉球に手を出すことをおそれ、日本が「琉球」に対して「残余主権」を持っていることを主張したのであり、これがのちに琉球を日本に引き渡す伏線となったのである。

中国側の尖閣論の中で、アメリカが尖閣諸島に対する日本の残余主権を認めたことに言及したのは、この論文以外にないだろう。

さらに、李理論文の中からいくつかの点を拾ってみよう。

「日本は『馬関条約』を利用してこっそりと同群島をその領土に組み入れた」と述べている。

間違いである。尖閣諸島領有と馬関条約（下関条約）は関係がない。

一九〇二年になって、日本は天皇勅令の形式で釣魚島を正式に領土に編入した。

でたらめである。一九〇二年にそのような勅令は、存在しない。

カイロ宣言に署名がないのは、スターリンの意見を求めるためだった。

カイロ宣言に署名がないことは、台湾民進党が指摘していたが、その理由が「スターリンの意見を求めるためだった」とは知らなかった。

カイロ宣言には、日本が放棄すべき領土の中に「琉球」と「釣魚列嶼」は言及されていなかった。

中国の議論の中でこの当たり前の事実を認めた文章は、多分これが初めてだろう。

ポツダム宣言では、日本の領土として認められる「その他の小島」の中に「琉球」と「釣魚列嶼」は明文規定がなかった。

これも、中国の議論の中でこの当たり前の事実を認めた文章は多分これが初めてだろう。

李理論文は、日本の島名について「ハホマセ群島」「ケチノ（口之）島」とか、「マボマイ群島」とか、カタカナを用いて書いているが、「ハボマイ群島」「クチノ島」「ハボマイ群島」の間違いだろう。

9－2．褚静濤論文

褚静濤論文の要旨は、次の通りである。

「古代」中国は琉球と宗藩関係を持ち、明・清政府は使臣を派遣して琉球国王を冊封した。日本は一八七五年に琉球に侵入し、琉球の中国への進貢を禁止した。

ここで明・清を「古代」としているのは、尖閣諸島が「中国の固有の領土」だと言うためである。琉球の日本への従属関係は、一六〇九年に始まるが、褚静濤はまったく触れていない。

尖閣諸島は「福建・台湾地区漁民の伝統的漁獲作業区だった。」

褚静濤は、「福建・台湾地区漁民」がいつから操業していたのかに触れない。

「釣魚島は、中国人がもっとも早く発見し、もっとも早く命名し、もっとも早く使用し、もっとも早く中国の所有であり、中国の固有の領土だと宣言した」とし、陳侃・郭汝霖・海宝・徐葆光を引用する。

陳侃・郭汝霖・海宝・徐葆光らの記述は「中国人がもっとも早く発見」し「命名」し「使用」し「中国の固有の領土だと宣言」した証拠などでは全然ないのだが、褚静濤は検討しようとさえしない。

琉球は中国の藩属国だったが、明清政府は中琉の海域境界について今日のような線引きをせず、「海域の争い」があったとしても「平和的談判の方式で解決」した。

明清と琉球の間で「海域の争い」が起こったことなどなく、「平和的談判の方式で解決」したこともちろんない。歴史研究者が、想像にまかせてこんなでたらめを書いてはいけない。

清朝は台湾省を設置したのち、閩浙《びんせつ》総督は釣魚島海域の行政管轄権を台湾省の行政管轄とした。

根拠のない作り話である。

一八九五年六月の李経方〔芳？〕と樺山資紀《かばやますけのり》の台湾割譲文書の中に「釣魚島」は入っていない。中国政府は、釣魚島が日本に編入されたことを「知らなかった」。日本による釣魚台列嶼の占領は、「『馬関条約』によるものではなく、甲午戰争を通じて『窃取』したのである。」

下関条約の中に「釣魚島」が入っていないのは確かだだか、それは「釣魚島」が中国領であったからではない。一八九五年以後、古賀辰四郎による尖閣諸島の利用は公開されていた。中国側の主張では、日本による尖閣諸島領有は①馬関条約によるとするものと②馬関条約によらないとするものとがあり、褚静濤は後者ということである。

二〇世紀中国大陸の人民は、琉球・朝鮮・台湾を「同列に見た」。

国民党浙江省党部が一九三一年一一月に編印した『反日宣伝小叢書の二　台湾、朝鮮と東北』には、「台湾東北に島があり、琉球群島と言い、もともとわが国の属土であり、……」（「……」は齋藤）。

地理学者葛綏成《かつすいせい》が一九三五年三月に出した編著『朝鮮と台湾』は、「満清政府〔清朝を指す〕は領土を軽視し、保護することが出来なかった。これが、朝鮮と台湾、琉球などを失った最大の原因であり、……」と書いている（「……」は齋藤）。


「同列に見た」というのは、中国領と見たということである。中国は、今でこそマンジュ〔満洲〕族を「中華の大家族の一員」扱いしているが、辛亥革命は異民族・満洲王朝を打倒する革命であった。満洲王朝・清朝の版図を中華民国・中華人民共和国が継承する権利があるかどうかは問題があったし、しかも琉球は清朝領ではなかったのである。


一部の学者たちは、アメリカが一九七二年に琉球列島を日本に引き渡したとき、蔣介石政権が琉球の回収を「拒否」したと言っているが、間違いである。

蔣介石は一九三二年九月、「わたしは東三省を回復し、朝鮮を解放し、台湾・琉球を回収する」と言っている。

蔣介石は一九三四年四月二三日、「東四省の失地を収復しなければならないだけでなく、朝鮮・台湾・琉球……これらの土地はわれわれの旧領土であり、一尺一寸もわれわれの手で回収しなければならない」と言っている（この引用中の「……」は褚静濤）。

蔣介石は一九三八年四月一日、「日本は……わが台湾と琉球を占領した。日露戦争後、朝鮮を併《へい》呑《どん》し……」と言っている（「……」は齋藤）。

蔣介石は一九四〇年九月三〇日、「朝鮮を解放し、台湾と琉球を回収する」と書いた。

『中央日報』（国民党機関紙）は太平洋戦争中の一九四二年一一月四日〜六日、「われわれは提案する」、「われわれは一連の強大な拠点——英雄的なミッドウェー島、ウェーク島、グアム島を計画する。それらは日本に代理委任統治されており、将来われわれによって占領される島嶼——琉球と小笠原群島は台湾に至るまで——全線のもっとも適切な停泊兵站《へいたん》である」と書いていた。

国民政府外交部長宋子文は一九四二年一一月三日、「中国は東北四省・台湾および琉球を回収しなければならず、朝鮮は独立しなければならない」と述べた。

ただし、宋子文の言い方では「琉球は東北四省・台湾とは並列されておらず」、それは「アメリカ世論の反応に対応したもので」、「年初の外交部の琉球を日本に返還する方案とは食い違っていた。」

つまり、蔣介石・中国国民党は朝鮮・台湾・琉球を「中国の固有の領土」と考える大中華主義者だったのであり、中国共産党もこの思想を実は踏襲しているのである。ただし、朝鮮については「解放」「独立」としているものもある。

このうち、「年初の外交部の琉球を日本に返還する方案」というのは書かれていないので、意味不明となっている。これによれば、中華民国外交部は、一九四二年年初に「琉球を日本に返還する方案」を作ったことがあったようだ。

蔣介石は一九四三年、『中国の命運』を発表した。これは、陶希聖が執筆したものだったが、この中で「琉球・香港・台湾・澎湖・安南・ビルマ・朝鮮滅亡の惨劇はなお眼前にある。領土全部の瓜分〔分割〕という大禍は、ふたたび捷眉《しょうび》の急となっている」と述べている。

褚静濤は、蔣介石の『中国の命運』では、「中国の固有の領土である台湾・澎湖列島を回収するという強烈な願望を表明している」が、「琉球などの藩属地区については、列挙しているが、回収するという表示をしていない」と言い、従来の「琉球と台湾の並列」論から変化していると指摘している。

そして、褚静濤は台湾の学者・許育銘らの『中国の命運』を根拠として蔣介石が「琉球を回収するという既定方針を堅持していた」という主張を批判し、①蔣介石が琉球を回収したいと思っていたことと②国民政府が琉球を回収すると宣言したことと③国民政府が実際に琉球を回収する実際行動を取ったという三つのことは区別されるとしている。

上述の三点を区別するという視点は、論理的である。願望はあっても、国際関係の中で実際の行動は選択されるという分析視点は、正しい。わたしなりに解釈すると、蔣介石は大中華主義者であるが、中華民国国民政府はアメリカをはじめとする連合国の領土不拡大方針には縛られたし、琉球獲得願望は自制することもありえ、国民政府が琉球を要求するか自制するかはアメリカの反応次第で決定されるということであり、さらにその後、状況が変われば中華民国政府の方針も自制から要求に変化しうるということである。

宋子文は一九四三年八月四日、中国は「東北と台湾を回収する」、「朝鮮は独立国となるべきである」、中国には「領土的野心はない」、中国の「ベトナムとその他のアジア東南部その他の国家との関係は、連合国の一員としての地位から決まる」と述べた。
褚静濤は、琉球は「その他の国家」に入ると解釈する。
蔣介石が一九四三年一一月、カイロ会議に出かける前に、軍事委員会参事室は「日本は以下の地域を中国に返還しなければならない」との方針を作成し、①「旅順・大連の返還」、②「南満鉄道と中東鉄道の返還」、③「琉球群島（あるいは国際管理か非武装区域に区分される区域）」の三点をあげた。そして、「琉球の処置に関しては、国民政府の方案の第一は回収であり、第二は国際管理であり、第三は非武装区域」であり、「アメリカと取引」を行なおうとした、と褚静濤は言う。

結果は、カイロ宣言の文面となったわけであり、そこには琉球の名も尖閣諸島の名も入らなかった。

褚静濤は、カイロ宣言の文面に琉球の名も尖閣諸島の名も入らなかったことについて、琉球には言及していないが、「釣魚台列嶼」（尖閣諸島）が「中国の固有の領土であり、日本に窃取されたので、おのずから中華民国に返還されるからであった」と解釈する。

この解釈は、独善的なもので、そのような合意を証拠だてる資料はどこにも存在しない。

ローズベルト米大統領は一九四三年一一月二三日、蔣介石に琉球群島を要求するかどうか尋ね、蔣介石は「中国はアメリカと共同で琉球を占領したいし、国際の委任統治制度に基づいてアメリカと共同で当該地を管理したい」と答えた。これについて、蔣介石は「思うに琉球は国際機構によって中米共同管理とする。これはわたしが提案したもので、一にアメリカを安心させ、二に琉球は甲午（一八九五年）以前に日本に属していた、三にこの区をアメリカと共同管理にすることはわが専有とするよりも妥当だからだ」（高素蘭編『蔣中正総統档案事略稿本』第五五冊五九〇～五九一頁国史館　二〇一一年）と述べている。

褚静濤は、カイロ会議中にローズベルトが琉球を中国に引き渡すと言って、蔣介石がこれを拒絶したという許育銘の説は根拠がないと批判している。

さらに褚静濤は、琉球問題に関する意見交換は口頭のもので、合意も記録もなかったと述べている。

琉球問題について、「合意も記録もなかった」し、尖閣諸島の帰属についての記録もないということは、カイロ宣言を根拠にして尖閣諸島の中国帰属を主張することには根拠がないということである。

> 褚静濤は、「中国は琉球に対してある種の潜在主権を持っている」とし、「蔣介石がもし強く琉球失地の収復を主張すれば、一定の理由があった。アメリカが琉球群島を占領しても、軍事占領権があるだけで、主権はない」と主張する。

これも、独善的主張にすぎない。「主権」は、日本に所属している。にもかかわらず、蔣介石は、ではなぜ「収復」を主張しなかったのか。

> 褚静濤は、蔣介石が中国は「内陸大国」として発展するべきであって、西太平洋でアメリカと競争するのは適当ではないと考えていたからだ」とし、蔣介石は一九四三年一一月二〇日の国防最高委員会で、その理由について「第一にわれわれは海軍がない」、「第二に英米の疑いを引き起こす」ことをあげ、したがって「われわれは琉球については回収しなくていい」との結論を述べている、と言っている。

蔣介石・中華民国政府は、一九四三年に琉球を要求しなかったのである。当時の状況で中華民国の国民革命軍が米軍と共同で琉球を軍事占領するなど夢物語にすぎなかった。

このほか、褚静濤は二、三の地理学者が琉球・尖閣諸島を中国の領域と考えた例をあげているが、これらは領有権の根拠となるものではない。

10.「中国国務院文書」(二〇一二年九月)

二〇一二年九月尖閣諸島問題反日騒動後、同月二六日『人民日報』に発表した中華人民共和国国務院新聞辦《べん》公室(事務室)「釣魚島は中国の固有の領土である」(以下、「中国国務院文書」と略称。参89)は、中国政府の尖閣諸島問題に関する最新の全面的公式見解である。そこで、この文書を詳しく紹介するとともに、日本外務省の見解およびその他の見解を対照することにする。

同文書は、張百新主編『釣魚島是中國的』(「釣魚島は中国のものだ」新華出版社 二〇一二年一〇月)にも収録されたが、そのさい「(白皮书)」(白書)とされ、英語訳・日本語訳も付けられている。

この文書は「前言」・全五節・「結語」からなる。中国政府の「国務院」と言っても、もちろん中国共産党の方針そのものにほかならない。

「中国国務院文書」は、まず「前言」で、①「釣魚島は歴史・地理・法理から中国の固有の領土」、②日本は「日清戦争で尖閣を盗んだ」、③「第二次世界大戦後、カイロ宣言・ポツダム宣言等の国際法律文献に基づいて釣魚島は中国に帰った」、④「日本政府が二〇一二年九月一〇日に釣魚島・南小島・北小島を国有化したのは中国の領土に対する重大な侵犯」と主張している。

①は一九七〇年中華民国外交部声明の論法を踏襲したものである。②③は井上清の論法を踏襲した

ものである。④は二〇一二年九月の日本による尖閣諸島「国有化」という新状況に対応したものであるが、国有であれ私有であれ、日本による「領有」という事実は変わらないのに、何が問題なのかをこの文書は語らない。

10－1．「中国国務院文書一　釣魚島は中国の固有の領土」

「中国国務院文書一（一）中国が釣魚島を最初に発見し、命名し、利用した」

中国国務院文書／明清・琉球・日本・欧米史料一五点　中国国務院文書があげる明清・琉球・日本・欧米史料は、次の一五点である。

> ①『順風相送』、②陳侃『使琉球録』、③郭汝霖『使琉球録』、④徐葆光『中山伝信録』、⑤向象賢『中山世鑑』、⑥程順則『指南広義』、⑦謝杰『琉球録撮要補遺』、⑧夏子陽『使琉球録』、⑨汪楫『使琉球雑録』、⑩周煌『琉球国志略』、⑪林子平『三国通覧図説』、⑫ピエール・ラピ『東中国海沿岸各国図』、⑬イギリス『最新中国地図』、⑭『コートンの中国』、⑮イギリス海軍『香港から遼東湾に至る中国東海沿海海図』。

中国国務院は、「釣魚島が中国の固有の領土」である歴史的証拠として次の一〇点の文書をあげている。

①中国の古代文献中で、釣魚島または釣魚嶼、釣魚台等の地名をもっとも早く記載したのは一四〇三年（明永楽元年）に出版された『順風相送』だった。これは、早くも一四、一五世紀に中国はすでに釣魚島を発見し、命名していたということを表わしている。

②明朝の陳侃《ちんかん》は、嘉靖《かせい》一三年（一五三四年）、琉球王国の中山王の冊封《さくほう》のため福建から琉球に使いし、『使琉球録』（一五三四年）で（五月）「一一日〔旧暦〕夕、古米山《くめじま》〔現、久米島《くめじま》〕を見た。すなわち琉球に属するものである」と書いている。

③明朝冊封《さくほう》使郭汝霖《かくじょりん》の『使琉球録』（一五六二年）は、「赤嶼《せきしょ》は琉球地方を界する山である」と書いている。

④清朝冊封使徐葆光《じょほうこう》の『中山伝信録』（一七一九年）は、福建から琉球に行くさい、釣魚島を経、「姑米山《くめじま》（琉球西南方界上の鎮山）、馬歯島に〔方向を〕取り、琉球那覇港に入った」と書いている。

⑤琉球国国相向象賢監修の『中山世鑑』（一六五〇年）は、古米山（姑米山とも称する。現・久米島）は琉球の領土であり、赤嶼《せきしょ》（現・赤尾嶼）およびその西側は琉球の領土ではない、と書いている。

⑥琉球国の学者、紫金大夫程順則の『指南広義』（一七〇八年）は、姑米山は「琉球西南界上の鎮山」と書いている。

⑦明朝冊封副使謝杰《けつ》の『琉球録撮要補遺』（一五七九年）は、「行きは滄《そう》水から黒水に入り、帰りは黒水から滄水に入った」と書いている。

⑧明朝冊封使夏子陽の『使琉球録』（一六〇六年）は、「水は黒〔水〕を離れ、滄〔水〕に入る、かならずや中国の界なり」と書いている。

⑨清朝冊封使汪楫《おうしゅう》の『使琉球雑録』（一六八三年）は、赤嶼の外の「黒水溝」は「中外の界」と書いている。

⑩清朝冊封副使周煌《しゅうこう》の『琉球国志略』（一七五六年）は、琉球の「海面の西は黒水溝を距《へだ》たり閩《びん》〔福建〕海との界である」と書いている。

「発見」者

まず、中国国務院文書ではないが、尖閣諸島の「発見」者についての新説（?）である何慈毅《かじき》「釣魚島問題では歴史的事実が尊重されなければならない」（『社会科学報』二〇一〇年九月三〇日人民網二〇一〇年一〇月八日転載）を見ておこう。

一般に陳侃『使琉球録』が初めて「釣魚嶼」の名が書かれたものとの扱われているが、「釣魚台、黄尾嶼、赤尾嶼は一三七二年に琉球に使いした明朝の使者楊載が発見したのである」（張百新七〇頁＝参98）。

『社会科学報』そのものは確認できていないが、張百新本ではそう断定する根拠資料が示されていない。文献的根拠を示すべきである。

中国が「発見・命名」したとは証明されていない

中国国務院文書は、「釣魚島の名が書物に記載されたもっとも古いものは『順風相送』（一四〇三年）である」としているが、すでに述べたように（本書一七一～一七二頁）、これがいつ書かれたものかは諸説あり、不明である。一四三〇年出版説などもあり、向達（参6）は一六世紀出版説である。出版がいつであろうと、「見た」即「見た人の領土」、「名前を付けた」即「名前を付けた人の領土」になるわけではなく、「名前を付けた」という証明もないのである。

鄭和の大航海は、東南アジアからインド亜大陸を経てアラビア・アフリカに至っており、鄭和たちが「見た」ことによって、それらがすべて明朝領土になるわけはない。「発見した、名前を付けた、書籍に記録した」は、領有を証拠立てるものではない。

また、「見た」というだけなら、明朝人だけでなく、琉球人や日本人も尖閣諸島を見ているに違いなく、名前を付けている可能性もある。つまり、中国が尖閣諸島を「発見」し、「命名」したという証拠はないのである（本書二〇七～二〇八頁参照）。

各明《みん》代史料は釣魚島等を「発見・命名」したとは言っていない　次に、各明代史料は、「平嘉山《へいかざん》・釣魚嶼《ちょうぎょしょ》・黄尾嶼《こうびしょ》」などを彼らが「発見」し「命名」したなどとは言っていないのである。つまり、冊封使が航海する以前にこれらの島々は少なくとも明朝人に知られており、名前も付けられていたということになり、それ以前に琉球人が名付けていた可能性もあるわけである。

各明代史料は釣魚島等が明朝領だとも言っていない　さらに、これらの明代「使録」は、これらの島々が明朝領だなどとも言っておらず、「領有」するとも言っていないのである。この点は、従来の中国の主張する「発見・命名」論に対する批判の中になかった論点である。

明清史料のどれにも、尖閣諸島の領有を主張しているものはない。各明代史料に、尖閣諸島が明朝領であったことを証拠立てるものではない。明朝による尖閣諸島に対する領土支配などは、事実としてもちろん存在しなかった。

航行の目標　中国国務院文書があげる①『順風相送』、②陳侃《ちんかん》『使琉球録』、④徐葆光《じょほうこう》『中山伝信録』は、航行の目標を示している以上の意味はない（本書Ⅱ‐4‐2参照）。

琉球の領域　③郭汝霖『使琉球録』、⑤向象賢『中山世鑑』、⑥程順則『指南広義』、⑩周煌『琉球国志略』は、琉球の領域を示しているだけで、その外側が中国領であることの証拠とすることはできない（本書一一一～一一七、一一七頁、一七五～一七七頁等参照）。

日本外務省HPが陳侃の『使琉球録』・徐葆光『中山伝信録』の二点をあげて、これらは「久米島が琉球に属することを示す一方、久米島以西にある尖閣諸島が明《みん》や清《しん》に属することを示す記述は全くありません」と批判しているのは、正しい。

地理的特徴　⑦謝杰『琉球録撮要補遺』、⑧夏子陽『使琉球録』、⑨汪楫『使琉球雑録』は、地理的特徴を語っているだけで、そこが国境だとは語っていない（本書Ⅱ‐4‐2参照）。

要するに、明代・清代冊封使の文書は、福州から琉球の那覇に至る航路の目印として尖閣諸島を含む島々の名を記載しているにすぎず、明朝による領有を証明するような記録などではないのである。それにもかかわらず、これらの文書が「釣魚島は中国の領土である」ことを証明していると主張するのは、独善にすぎない。こうした独善を「中国的特色」とする中国の主張の根底には、大中華主義がある。

「伝統漁場」論　「釣魚島海域は、中国の伝統漁場であり、中国漁民は代々、この海域で漁業生産活動に従事してきた。」

尖閣諸島海域は中国人が明代・清代に「漁場」として利用していたということを示す資料は、提出されていない。「伝統漁場」だったということがかりに事実だったとしても、それはその国が尖閣諸島を領有していたという証拠には全然ならない。日本漁船は、長く南極近辺まで行って操業しているが、だからと言って南極近辺が日本の領海になるわけではないのである。

以上のように、「中国が釣魚島を最初に発見し、命名し、利用した」という主張は根本的に成り立たないのである。

10－2．「中国国務院文書一（二）中国は釣魚島を長期に管轄してきた」

「海防の対象」論　「中国は明朝初期に東南沿海の倭寇《わこう》を防ぐために、釣魚島を防区に入れていた」、「明朝駐防東南沿海の最高将領胡宗憲《こそうけん》が主持し、鄭若曾《ていじゃくそ》が編纂した『籌海図編《ちゅうかいずへん》』（一五六一年）は釣魚島等の島嶼《しょ》を「沿海山沙図」に編入し、明朝の海防範囲内に入れていた」。

「清代の『台海使槎録《しさ》』、『台湾府志』などの官方文献が詳細に釣魚島の管轄状況を記載している」。

「管轄」論　中国国務院文書は、清朝の同治一〇年に刊行された陳壽祺《ちんじゅき》らが編纂した『重纂《じゅうさん》福建通史』巻八六は釣魚島を海防の要衝とし、台湾府ガマラン庁（現・台湾宜蘭県）の管轄に属している、とする。

胡宗憲《こそうけん》・鄭若曾《ていじゃくそ》の『籌海図編《ちゅうかいずへん》』、『台海使槎録』、『台湾府志』についても、具体的文面を提示しておらず、中国の領土の証明とするには、すでに述べたように根拠薄弱である。

日本外務省HPは、胡宗憲『籌海図編』を取り上げ、「同書では，同諸島が明の海上防衛の範囲に入っていたかどうかは明らかではなく，地図に記載があることをもって尖閣諸島が当時一般に中国領として見なされていたことを示すことにはなりません」と批判している。

胡宗憲・鄭若曾《ていじゃくそ》の『籌海図編』が杜撰《ずさん》であることは、すでに述べた（本書一八三頁）。

なお、明朝の胡宗憲が一五五六（嘉靖三五）年に「倭寇討伐」を命じられた「海賊王直《おうちょく》」とは日本人ではなく、中国地域人であった。

次に、「管轄」したと言っても、どのような「管轄」をしたのかという実態説明は語られず、やはり根拠薄弱であり、領有の証拠とはできない。『台海使槎録』は、「詳細に釣魚島の管轄状況を記載」などしていない。出まかせのでたらめである。

中国国務院文書の「海防の対象」「管轄」論の最大の弱点は、明代・清代に尖閣諸島に中国人が住んだり、軍が駐屯したりしたといった島の「利用」・「管轄」の具体的事実を何一つあげられないことである。

清朝・「同治一〇年」とは、一八七一年である。ガラマン庁による管轄の記述については、すでに述べたように（本書Ⅱ‐8、本書三二六～三二八頁）、わたしはその記述を確認できていないので、今後の課題であるが、疑わしい。

10‐3. 「中国国務院文書一（三）中国・外国の地図は釣魚島が中国に属すると画いている」

地図問題　**（1）** 中国国務院文書は、明朝の冊封使、蕭崇業《しょうすうぎょう》の『使琉球録』（明・万暦七年＝一五七九年）中の「琉球過海図」、茅瑞徴《ぼうずいちょう》の『皇明象胥《しょ》録』（明・崇禎二年＝一六二九年）、『坤輿《こんよ》全図』（清・乾隆《けんりゅう》三二年／一七六七年）、『皇朝中外一統輿《よ》図』等は、釣魚島を中国の版図に入れている。

中国国務院文書は、明の万暦三三年に徐必達らが画いた『乾坤《けんこん》一統海防全図』（一六〇五年）と明の天啓元年に茅元儀《ぼうげんぎ》が画いた『武備志・海防二・福建沿海山沙図』が「釣魚島等の島嶼《しょ》を中国の海域に入れている」としている。

（2） **林子平《しへい》『三国通覧図説』2**　日本も、尖閣は中国の領土であったことを認めていた。林子平の一七八五年の地図が釣魚島（尖閣諸島）は清朝の領土と記載している。

（3） 中国国務院文書は、フランスの地理学者ピエール・ラピ（Pierre Lapie）の『東中国海沿岸各国図』（一八〇九年）は「釣魚島・黄尾嶼・赤尾嶼を台湾と同じ色に塗っている」としている。同文書は、イギリス出版の『最新中国地図』（一八一一年）、アメリカ出版の『コートンの中国』（一八五九年）、イギリス海軍製の『中国東海沿海、香港から遼東湾海に至る図』（一八七七年）が釣魚島を中国の版図に入れている、としている。

(1) ここにあげられた古地図は、釣魚島（尖閣諸島）が中国領であったという証拠にはならない。国際法的に、古地図は証拠として採用されない。

(2) 林子平の『三国通覧図説』については、本書Ⅱ－4－2の井上清批判で見たように、林子平の地図は不正確の一語に尽きる。また、林子平の地図は「日本」の公式見解でもない。

(3) わたしは、フランス・イギリス・アメリカの地図は見ていないので、これらの地図の現物確認は今後の課題であるが、鄭若曾や林子平の不正確な地図の例もあるので、決定的な材料とはできないだろう。正確だと言いたいのなら、これは正確であったという証拠を提示するべきである。

逆に、中国発行の地図には尖閣は記載されていなかった事例や中華人民共和国の一九五八年発行地図や一九六九年発行地図、また一九六五年中華民国発行地図などなどは尖閣諸島を日本領と記載しているという事実も多数存在する。

中国語インターネットは、一五四枚の関連地図を検討した結果、尖閣諸島が中国のものである証拠はないことを明らかにしている（インターネット「爲什麼釣魚台是日本的－一五四張不同時期有関釣魚島争議問題的照片」＝参94)。

（1）清朝時代地図

わたしが確認した『四庫全書』所収『重纂福建通志』(参29)には、ガマラン庁も釣魚台も存在せず、引き続き調査するが、確認できない。

一八七八年刊行の『全台前後山輿図』には、釣魚台は存在しないという(参94)。

（2）日本統治下台湾地図

一八九九年台湾総督府民生部文書課発行の台湾総督府第一統計書は、台湾島北方の彭佳嶼《しょ》(アギンコート島)を台湾の極北としている(参94)。

（3）中華民国地図

一九六五年中華民国発行地図などは、尖閣諸島を日本領と記載している。

最近、台湾で出版された國立編譯館主編『中等學校本國歴史地圖集』(國立編譯館　一九九三年八月)、郭啓元編繪『認識臺灣歴史篇　中國歴史圖表通鑑』(南一書局　出版日付未記入)の台湾地図でも尖閣諸島は含まれていない。

（4）中華人民共和国地図

一九五八年発行中華人民共和国地図や一九六九年発行中華人民共和国地図は、尖閣諸島を日本領と記載している。

日本外務省は、次の『世界地図集』(一九五八年出版、一九六〇年第二次印刷)をあげている。

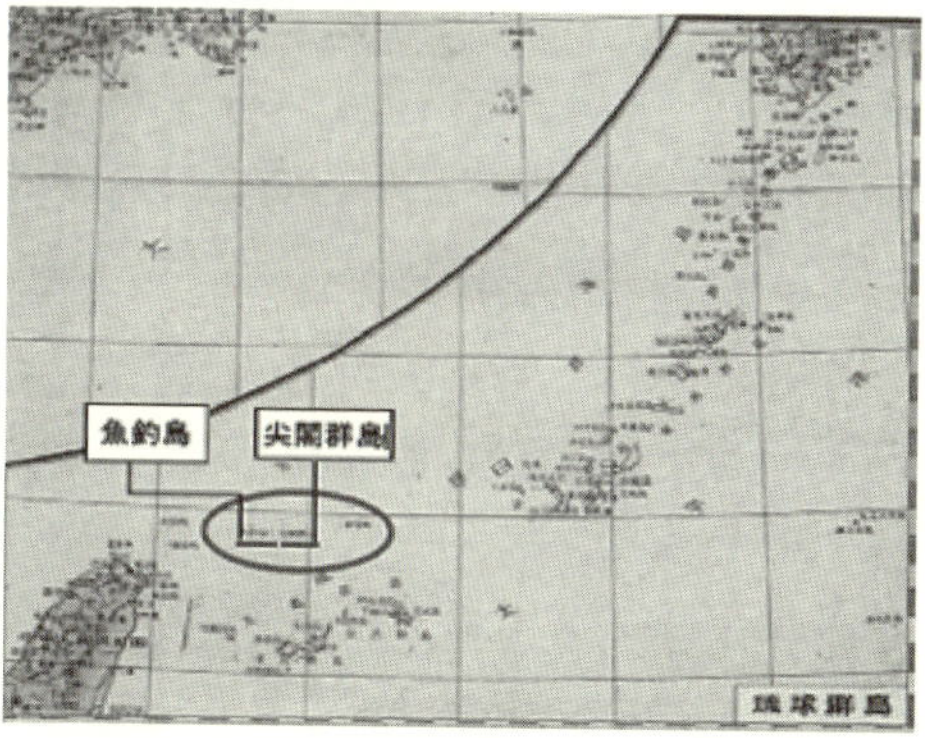

「一九五八年に中国の地図出版社が出版した地図集。尖閣諸島を『尖閣群島』と明記し、沖縄の一部として取り扱っている。中国側は、同地図集には、『中国との国境線の部分は、抗日戦争前（すなわち台湾が日本植民地だった時代）の地図を基にしている』との注記があり、一九五八年発行の地図における記載のみをもって当時の中国政府が日本の尖閣諸島への支配を認めていたという根拠にはなり得ないと主張。しかしながら、中国側が指摘する注記は、原文では『本地図集の中国部分の国境線は解放前の申報《しんぽう》（注：当時の中国の新聞）の地図を基に作成した（中文：本図集中国部分的国界線根据解放前申報地図絵制）。』とのみ記述。具体的にどの部分が解放前のものかは不明。そもそも、同地図では、台湾を「中華人民共和国」の領土として記載しており、台湾の附属島嶼であると主張する尖閣諸島に関する記述だけを台湾が日本の植民地であった時代の表記で残すことは不自然」（日本外務省ＨＰ）。

要するに、地図というものは製作意図、縮尺その他さまざまであり、領有の証拠能力を持つものではないのである。

10-4.「中国国務院文書二　日本は釣魚島を盗み取った」

中国国務院文書は、「一八七九年、日本は琉球を併合して沖縄県と改称した。その後まもなく、日本は秘かに釣魚島を侵略占領することを企み、甲午戦争〔日清戦争〕末期に釣魚島を秘かに版図に〝編入〟した。それに続いて日本はさらに中国に迫って不平等な『馬関条約』を締結させ、台湾全島と釣魚島を含むすべての付属各島嶼を割譲させた」と述べている。

日本が下関条約で清朝に割与させた領土の中に「釣魚島」は含まれていないことは、何度も述べた。

国標建設「躊躇」問題3　中国国務院文書は、次に日本が一八八五年に尖閣諸島を実地調査してから一八九五年までの間に国標を建てることを検討しながらためらっていたという事例をあげて、「釣魚島」が中国領であったことの傍証にしようとする。

①「一八八五年九月二二日、沖縄県令は釣魚島に秘密調査を行なったのち、内務卿山県有朋《やまがたありとも》に、「これらの無人島は『中山伝信録』が記載した釣魚台、黄尾嶼と赤尾嶼と同一の島嶼』であり、すでに清朝冊封使船がそれと認識していて、〔これらの〕名称を付け、琉球に赴く航海標識としているので、国家標識を建てるべきか否かについて疑念があり、指示をお願いします」と述べている、とする。

②「同年一〇月九日、内務卿山県有朋は、外務卿井上馨《かおる》に意見を求めた。一〇月二一日、井上

馨は山県有朋に返信し、『現在、もし公然と国標を建てる等のことを行なえば、かならずや清国の疑惑を招く。ゆえに、当面は実地調査し、その港湾の形状、今後開発する土地物産が期待できるか等に限定すべきであり、国標を建て開発に着手する等は他日、機会を見て、行なうべきである』と述べた。井上馨は、さらに『今回の調査の事はすべて官報および新聞に掲載しないほうがよい』と強調した。それゆえ、日本政府は沖縄県が国標を建てるという要請に同意しなかったのである。」

③「一八九〇年一月一三日、沖縄県知事は、また内大臣に指示を請い、釣魚島等の島嶼《とうしょ》が『無人島であり、今に至るまでその管轄を確定できていない』と述べ、『それを本県が管轄する八重山官署の所轄とするようお願いします』と依頼した。」

④「一八九三年一一月二日、沖縄県知事は再度、国標を建て版図に繰り入れることを申請した。日本政府はやはり〔これに〕応じなかった。」

⑤「一八九四年五月一二日、沖縄県が秘かに釣魚島を調査した最終結論は、『明治一八年(一八八五年)より県警察を派遣して同島に対する実地調査を行なって以来、さらなる調査は行なわれておらず、それゆえより確実な報告を提供することはむずかしい。……このほか、同島に関する旧時の記録文書およびわが国の領有に属することを示す文字あるいは口頭の伝説などの証拠は存在しない。』」

中国国務院文書は、以上の『日本外交文書』の記録により、日本政府が「完全にこれらの島嶼が中国に属することを知っていたのだ」と結論する。

「日本は国標建設を躊躇した」というこの論点は、井上清らの受け売りである（本書Ⅱ‐4‐3参照）。これらは、清国が尖閣諸島の領有を主張するかもしれないという顧慮も含めて当時の明治政府が国標を建てることの決断をためらった経過と思われるが、それがただちに尖閣諸島は清朝の領土であったという証拠となるものではない。

なお、中国国務院文書が「〔日本は〕『馬関条約』を締結させ、台湾全島と釣魚島を含むすべての付属各島嶼を割譲させた」と述べているが、「馬関条約」（下関条約）では、釣魚島（尖閣諸島）は「割与」対象にはなっていないので、明白な誤りである。ネタ本の井上清はその点については正確に書いていたのに（本書二四四頁）、この点、中国国務院文書は不正確である。

中国国務院文書は、「一八九四年七月、日本は甲午戦争〔日清戦争〕を発動し」、同年一一月末には、清朝の敗勢は定まっていたとして、次のように述べている。

「一二月二七日、日本の内務大臣野村靖は外務大臣陸奥宗光《むつむねみつ》に書簡を送り、『今昔の形勢はすでに異なる』として釣魚島に国標を建て、版図に繰り入れることを内務閣議で決定するよう要求した。一八九五年一月一一日、陸奥宗光は返信し、支持を表明した。同年一月一四日、日本の内閣は秘密裏に決定を下し、釣魚島を『編入』し沖縄県に管轄させたのだった。」

中国国務院文書は、一八八五年から一八九五年までの日本政府の行動は「終始秘密裏に進められ、公開で宣言されたものではなかった。それゆえ、日本の釣魚島に対する主権の主張は国際法の規定する効力を備えていないのである」と結論している。
中国国務院文書は、以上の『日本外交文書』の記録により、日本政府が「完全にこれらの島嶼《しょ》が中国に属することを知っていたのだ」と結論する。

日本政府が一八九五年に尖閣諸島領有を特に公開しなかったのは事実であるが、日本政府は尖閣諸島が中国領であるという認識を持っていなかったことは明白である。

中国国務院文書は続いて、次のように述べている。
「一八八四年、日本人は初めて釣魚島に上陸し、同島が『無人島』であることを発見したと称している。日本政府は、続いて釣魚島に秘密調査を行ない、占領しようとした。日本の上述の企図は中国の警戒心を引き起こした。一八八五年九月六日（清光緒一一年七月二八日）『申報』は、「台湾東北辺の海島に、最近、日本人が日章旗を掲げ占拠する勢いである」と報じている。

『申報』記事の件も、『日本外交文書』を引いた井上清の受け売りであり（本書Ⅱ-4-3）、尖閣諸島が清朝領土であるということを証明する材料ではない。

「10-4」コメント

中国国務院文書10-4について整理すると、第一に、日本政府は一八九五年以前に尖閣諸島に「国標」を建てることを躊躇していたという事実はあるが、そのことは尖閣諸島が清朝領土であったことを証明するというものではない。日本政府による「国標建設」が日清戦争の最中だったので、日本政府による尖閣領有決定と日清戦争がまったく関係がなかったとは言えないが、清朝はこれに抗議もせず、言及もしていないので、日清戦争とは基本的に無関係と考えてよい。

第二に、日本政府による尖閣諸島領有決定は日清戦争のさなかであったが、日清戦争終了後、日清間で取り交わされた馬関《ばかん》条約（下関条約。一八九五年四月一七日調印）では、「台湾・澎湖諸島」の「割与」は取り決められたが、尖閣諸島は「割与」対象にはなっておらず、条約に添付された地図にも尖閣諸島は含まれていない（参71）。

第三に、実地調査と国標を建てることについてのやりとりが非公開であっても何ら問題はなく、領有閣議決定が非公開だったということも「無主の地」の「先占」による領有が国際法上、無効であるとは言えない、とされる。

第四に、「盗み取った」という主張が成立するためには、尖閣諸島が清朝の領土であったという証明が必要であるが、その証明は存在しないので「盗み取った」という主張は成立しない。

10－5．「中国国務院文書二（二）釣魚島は台湾島とともに日本に割譲された」

「一八九五年四月一七日、清朝は甲午戦争（日清戦争）に敗れ、日本と不平等な『馬関条約』（下関条約）を締結し、『台湾全島および付属する各島嶼《とうしょ》』の「割与」を強いられた。釣魚島などは、台湾の付属島嶼として日本に割譲された。一九〇〇年、日本は釣魚島を『尖閣列島』と改名した。」

すでに述べたように「馬関条約」(下関条約)には、「釣魚島」は入っていないので、これは明白な誤りである。この点は、「10－4」で述べたように、井上清よりも不正確になっている。

10－6．「中国国務院文書三 米日が釣魚島を闇取引したのは不法無効である」

> 「第二次世界大戦後、釣魚島は中国に帰ってきた。しかし、一九五〇年代にアメリカは釣魚島を勝手にアメリカの委任統治範囲に入れ、一九七〇年代にアメリカは釣魚島の『施政権』を日本に『返還』した。米・日が釣魚島を闇取引で授受し、中国の領土主権を深刻に侵犯したことは、不法で、無効で、釣魚島が中国に属するという事実は改変されたことはなく、改変することもできないのである。」

一九四五年に「釣魚島は中国に帰ってきた」という事実は存在しなかったし、アメリカは一九五〇年代から尖閣諸島を統治し始めたわけではなく、一九四五年の沖縄戦以来、尖閣諸島を含む沖縄を占領してきたのが事実である。

中華人民共和国も中華民国も釣魚島の領有を主張し始めたのは一九七〇年代からに過ぎないというのが、歴史的経過の事実である。

10－7．「中国国務院文書三（一）『第二次世界大戦』後、釣魚島は中国に帰ってきた」

「一九四一年、中国政府〔中華民国国民政府〕は正式に日本に宣戦布告し、中日間の一切の条約を破棄することを宣言した。一九四三年一二月『カイロ宣言』は、『日本が中国から窃取した領土、例えば東北四省、台湾、澎湖群島などは中華民国に返還される。その他、日本が武力あるいは貪欲によって略取した土地から、また日本は駆逐されなければならない』と規定している。一九四五年七月の『ポツダム宣言』第八条は、『「カイロ宣言」の条件はかならず実施される。日本の主権は、かならずや本州・北海道・九州・四国およびわれらが決定するその他の諸島に限られる』と述べている。

一九四五年九月二日、日本政府は『日本降伏文書』で『ポツダム宣言を受け入れること、『ポツダム宣言』の各項の規定を忠実に履行することを承認した。

一九四六年一月二九日、『連合軍最高司令部訓令第六七七号』は、日本の施政権が含む範囲は『日本の四つの主要島嶼〔北海道・本州・九州・四国〕および対馬諸島、北緯三〇度以北の琉球諸島の約一〇〇〇の近隣小島である』と規定した。一九四五年一〇月二五日、中国戦区台湾省対日降伏受理式典〔原文通り。張百新所収訳では「台湾省の日本降伏式典」、二二〇頁〕は台北で挙行され、中国政府〔中華民国国民政府〕は正式に台湾を収復した。一九七二年九月二九日、日本政府は『日中共同声明』の中で中国側の台湾は中国の不可分の一部分であるとの立場を十分に理解し尊重すること、および『ポツダム宣言』第八条を堅持するとの立場を承認した。」

中国国務院文書は、「上述の事実は、『カイロ宣言』『ポツダム宣言』および『日本降伏文書』が釣魚島を台湾の付属島嶼として台湾とともに中国に返還したことを表している」と結論する。

しかし、カイロ宣言（一九四三年）もポツダム宣言（一九四五年）も日中共同声明（一九七二年）も「尖閣諸島を中国に返還する」とはしていないのであり、事実は尖閣諸島は「台湾の付属島嶼」としては扱われてこなかったのである。

「反ファシズム戦争」論　二〇一二年九月国連における楊潔篪《ようけつち》中華人民共和国外交部長（外務大臣）演説は、日本が尖閣諸島を「盗み取っている」のは「反ファシズム戦争」を否定するものだと述べている。

中国国務院文書には「反ファシズム戦争」という表現はないが、第二次世界大戦を「反ファシズム戦争」と呼ぶようになったのは、コミンテルン書記長ゲオルギ・ディミトロフが一九三五年コミンテルン第七回大会で「反ファシズム統一戦線」を提唱したことに由来する。中国国務院文書および楊潔篪《ち》演説は、第二次世界大戦の一部を構成した東アジア太平洋戦争に敗れた日本はカイロ「会議」宣言、ポツダム宣言を受け入れたのだから、尖閣は中国のものだ、という理屈である。この点については二〇一二年九月二四日『人民日報』鍾声論文も、まったく同じ論調であった。

カイロ「会議」（宣言）　カイロ「会議」は、通常、「カイロ宣言」（Cairo Declaration；Cairo

Communique）と呼ばれてきたが、正式には英文ではCairo Conference「カイロ会議」なのであるという。一九四三年一一月二二日のカイロ「会議」（ローズベルト・チャーチル・蔣介石。一二月一日発表）は、次のように述べている。

「同盟国は、自国のためには利得を求めず、領土拡張の念も有しない。同盟国の目的は、第一次世界大戦以後、日本が奪取・占領した太平洋の全島を剥奪し、日本が満州・台湾・澎湖諸島のような清国人から盗取した全地域を中華民国に返還する。日本は、暴力および強欲により日本が略取した他のすべての地域から駆逐される」。

台湾民進党は、同「宣言」は署名がないので無効と主張しており、それはそれなりに正しい指摘と思われるが、ポツダム宣言は「『カイロ』宣言の条項は履行せらるべく」としており、日本はこのポツダム宣言を受け入れて戦争が終結したので、文書上の法的欠陥にもかかわらず、事実上の有効性を持ったが、連合国対日本の最終的戦争処理はサ条約において決定されたのであった。

それは別として、尖閣諸島問題との関連でカイロ「会議」の重要な点は、①「同盟国」が「利得」「領土拡張」を求めないと表明したこと、および②日本が放棄すべき領土の中に尖閣諸島は明記されていないという事実であり、この文書を根拠として尖閣諸島が「中華民国に返還」されるべき島々であったと断言することはできないということである。

「ポツダム宣言」２　次に、一九四五年七月二六日ポツダム宣言（米・英・中華民国）は、「日本の主権は本州・北海道・九州・四国ならびにわれらが決定する諸小島に限られる」とした。やはり、この文面から日本は尖閣諸島を放棄すべきと断定することも、無理がある。ソ連は八月八日、ポツダム宣言を追認し、対日戦争を開始し、ポツダム宣言の事実上の参加国となったので、どの島々が日本に属さないかを決定する主要「連盟国」は米英中ソ四カ国となった。主要「連盟国」は、尖閣諸島の帰属について議論さえしなかったのである。

中国外交部の責任　つまり、二〇一二年九月中国国務院文書および二〇一二年九月楊潔篪《ち》外交部長演説は、歴史的経過、事実に相違し、根拠にすることのできない文書を「根拠」にしたのである。中華人民共和国外交部長ともあろう者が国際連合の場で外交文書・歴史文書を無視した演説をするというのは、国際社会ではありえない異常なことであり、それを支えた中華人民共和国外交部（外務省）の責任も将来にわたって問われる事態である。

おそらく中華人民共和国外交部内には、カイロ「会議」・ポツダム宣言は、中国が尖閣領有権を有することの根拠にはならないことに気づいている官僚はいるのだろうが、中国の政治体制、つまり党（中国共産党）がすべてを決定する「党国家主義」体制のもとでは、口をつぐむほかはなかったものと推察される。もし一人もいなかったのだとすれば、中国外交部の外交常識が問われることとなろう。

ヤルタ会談とスターリンの要求　ついでに、一九四五年二月四日〜一一日に行なわれたヤルタ会談（ローズベルト・チャーチル・スターリン）にも触れておくと、ソ連は対日参戦と引き替えに南樺太《からふと》・

全千島取得を要求し、ローズベルト・チャーチルはこれを承認した。これは、カイロ宣言における「領土拡張の念も有しない」との表明と矛盾するものであった。ソ連は、カイロ会議に参加していなかったが、米・英は当事者であったのだから道義的に問われる事態であった。スターリンは、一九四五年の対日戦争を「日露戦争の報復」とさえ言ったのであり、ソ連による全千島列島の獲得および満洲に対するソ連特権の要求は「反ファシズム戦争」どころか、領土拡張を行なった帝国主義戦争だったのであった。一九五六年、米アイゼンハワー政権は、「ヤルタ協定はローズベルトの個人文書で米政府の公式文書ではなく、無効」と声明した。

しかしもちろん、ヤルタ会談の合意は尖閣領有を左右するものではなく、北方領土問題の起点となったものであるが、「反ファシズム」との関連で言えば、同盟国の戦争の全過程が「反ファシズム」とは言えない内容を含んでいるということである。中華民国も、中国東北に関係するソ連の中華民国に対する要求については、不満に思っていたということを忘れたのだろうか。

10－8. 「中国国務院文書三（二）アメリカは不法に釣魚島を委託統治の範囲に入れた」

（一九五一年サンフランシスコ平和条約によって）「北緯二九度以南の西南諸島等を連合国の委託統治とし、アメリカが唯一の施政当局となった」。「同条約が確定したアメリカの委託統治に引き渡された西南諸島には釣魚島は含まれていない。」

「アメリカの委託統治に引き渡された西南諸島には釣魚島は含まれていない」という根拠は、何であろうか。中国国務院文書は、その根拠を何も語っていない。

「一九五二年二月二九日、一九五三年一二月二五日、琉球列島米国民政府があいついで出した第六八号令（すなわち『琉球政府章典』）と第二七号令（すなわち『琉球列島の地理的境界』に関する布告）は、勝手に委託管理の範囲を拡大し、中国領土の釣魚島をその中に入れたのだった。」「勝手に委託管理の範囲を拡大」したのだ。

それなら、当時の中華人民共和国政府はなぜ抗議しなかったのかが問われることになる。

サ条約以後の日本　一九五一年サンフランシスコ平和条約締結によって、日本は「独立」したとされるが、対米関係において完全な独立ではなかった。日本は一九五一年以降、対米従属国家、「国家」として機能不全の「半国家」状態となり、それが今日なお続いており、その意味では「戦後」はまだ終わっていないのである。

最近に至っても、日本は「主権国家」のていをなしていない。外務省は特にひどく、近年、北朝鮮からの脱北者が中国の瀋陽日本領事館に逃げこんださい、中国警察が領事館内に立ち入り脱北者を逮捕するという事態が発生したとき、日本領事館はこともあろうに中国警察に感謝したと伝えられた事件が象徴的な事例である。

それはともかく、東アジア太平洋戦争の終結により日本は台湾・澎湖諸島等を「放棄」したのであり、中華民国に「返還」したのではないが、一九四五年一〇月、台湾で日本軍の降伏式が行なわれ、受理側は連合軍の構成員としての中華民国国民革命軍であった。しかし、中華民国（台湾）側も認めているように、そのときも中華民国が受理した領土の中に尖閣諸島は入っていなかった。

日本の敗戦後、七〇年近く経つ今日、日本は中国の主張する第二次世界大戦の結果としての「戦後国際秩序」を丸ごと守るべきかどうかは別で、北方領土問題など不合理・不正義な処理については見直されるべきであるが、カイロ会議とポツダム宣言は、尖閣諸島が日本の領土であることの証明にもならなければ、中国のものであるべきだという根拠にもならないのである。

10-9.「中国国務院文書三（三）米日は闇取引で釣魚島の『施政権』をやりとりした」

日米は一九七一年六月一七日、「琉球諸島および大東諸島に関する協定」（沖縄返還協定）を締結し、アメリカは尖閣諸島を含む琉球群島の施政権を日本に返還した。

アメリカ政府は一九七一年一〇月、これらの島々の施政権は日本に返還したが、領土主権の争いについては当事者間で解決すべきと表明し、同年一一月にも、領土主張については、アメリカは中立との態度表明を行なった。今日においても、アメリカの姿勢に変更はない。

中華人民共和国外交部は同年一二月三〇日、次の声明を発表した。

「米・日両国政府が沖縄『返還』協定の中にわが国の釣魚島等の島嶼《しょ》を『返還区域』に入れて

いるのは、完全に不法であり、これはいささかも中華人民共和国の釣魚島等の島嶼に対する領土主権を改変しうるものではない。」

中華人民共和国国務院は、アメリカが「中立」姿勢を取っていることを利用して「釣魚島＝中国領」という主張を補強しようとしているのである。

ここでは、アメリカが「施政権」を返還する相手国（日本）に「主権」はないなどということがありうるのかという疑問を呈するにとどめておこう。

10-10.「中国国務院文書四　日本の釣魚島主権の主張にはいかなる根拠もない」

中国国務院文書は、以上の経過に触れ、「日本の上述の主張は事実に反している」とし、次のように反論している。

「釣魚島は、中国に属し、根本的に『無主の地』ではない。日本人が釣魚島を『発見』する前に、中国は釣魚島に対して数百年にわたって有効に管轄を実施しており、釣魚島の争う余地のない主人なのである。すでに述べたように、日本の大量の政府文献は、日本は完全に釣魚島がつとに中国に帰属しており、決して国際法上の無主の地ではないことを知っていたことを証明している。日本の言う『先占』原則に基づき釣魚島を『無主の地』としてその版図に『編入』したというのは、中国の領土を占領した不法行為であり、国際法の効力を備えていない。

地理的に見ても中国史の管轄の実践から見ても、釣魚島は一貫して中国台湾島の付属島嶼である。日本は、不平等な『馬関条約』を通じて清朝に釣魚島を含む『台湾全島およびあらゆる付属各島嶼』を割譲させたのである。『カイロ宣言』、『ポツダム宣言』等の国際法律文献は、日本が無条件にその窃取《せっしゅ》した中国の領土を返還しなければならないことを規定している。上述の文献はさらに、日本の領土の範囲について明確に区切っており、その中に釣魚島は全然入っていない。日本が釣魚島を占領しようと試みていることは、実質的に『カイロ宣言』、『ポツダム宣言』等の法律文献が確立した戦後国際秩序に対する挑戦であり、日本がになうべき国際法上の義務に著しく違反している。

アメリカ等の国家が日本と締結した片面講和条約『サンフランシスコ講和条約』が規定した委任管轄の範囲には釣魚島は含んでいない。アメリカは、勝手に管轄の範囲を拡大し、不法に中国の領土釣魚島をその中に入れてしまい、その後、釣魚島の『施政権』を日本に『返還』したが、いずれもいかなる法律的根拠もなく、国際法上いかなる効力もない。米・日の上述の不法な挙動に対して、中国政府と人民はこれまで明確に反対してきた。」

この一節は、中国国務院がどのように議論するのか楽しみな部分であったが、以上の論点はすべて先に述べたことの繰り返しで新味はゼロで、中国国務院文書のまとめ的内容である。それぞれについての筆者のコメントもすでに述べているので改めて繰りかえす必要はないだろうが、カイロ宣言・ポツダム宣言の中に書かれた「日本の領土の範囲」に「釣魚島は全然入っていない」という論法は、この文書の執筆者が正常な知性の持ち主であるのか疑わしくなる筆法である。

そんなことを言うなら、これらの文書のどこに「尖閣諸島は日本が放棄すべき領土」と書いてあるのか、それが書いていないのに何をもって「釣魚島は中国に返還すべき」と主張する「法律的根拠」とするのか、とききたくなるではないか。中国の主張はいかに論理が薄弱であるかを示すもうひとつの例である。

10-11 「中国国務院文書五　中国は釣魚島主権を守るために断乎たる闘争を行なってきた」

中国国務院文書は、中国が釣魚島主権を守るために闘ってきた歴史を述べる。

①中華人民共和国政府は一九五一年八月一五日、サンフランシスコ会議が開催される前に、「対日講和条約の準備、案の作成および調印は、もしも中華人民共和国の参加がなければ、その内容と結果がどのようなものであろうと、中央人民政府はすべて不法と見なす。それゆえ、無効である」と声明した。

②中華人民共和国政府は一九五一年九月一八日、再度、サンフランシスス講和条約は不法で無効であり、絶対に承認できない、と声明した。

③中華人民共和国政府は一九五八年、台湾およびその周囲の各島は中国に属する、と声明した。
④中華人民共和国政府が一九九二年に公布した「中華人民共和国領海および隣接区法」〔領海法〕は、「台湾および釣魚島を含むその付属各島」は中国領土に属すると明確に規定した。
⑤中華人民共和国政府が二〇〇九年に公布した「中華人民共和国海島保護法」は、海島の保護・開発・管理制度を確立し、海島の名称の確定と公布について規定をつくった。これによって、中国は二〇一二年三月に釣魚島およびその部分の付属島嶼の標準名称を公布した。
⑥中華人民共和国政府は二〇一二年九月一〇日、釣魚島およびその付属島嶼の領海基線を公布した、と声明した。
⑦中華人民共和国政府は二〇一二年九月一三日、国連事務総長に対し釣魚島およびその付属島嶼の領海基線の座標表と海図を提出した。

①と②は、中華人民共和国が単独講和は認めないという問題で、尖閣諸島の領有問題とは直接は関係ないが、日本政府はサンフランシスコ平和条約を根拠の一つとして言及しているので、間接的には関係してくる。

一九九二年の④では「釣魚島」名を明記したが、一九五八年の③では「釣魚島」名の記載はなかった。というわけで、「台湾およびその周囲の各島」の中に尖閣諸島が入っていたという証明は何もない。従って、③は「釣魚島」のために闘ったという証拠にはならない。

また、④の「領海法」は、中国側が主張する一九七二年周恩来発言と一九七八年鄧小平発言による尖閣諸島「棚上げ」発言をみずから破棄したことを白状したという意味がある。ボロボロとボロが出てくる。

そして、④以降はすべて一九七一年の尖閣諸島要求開始後のことであり、それ以前には「中国は釣魚島主権を守るために断平闘ってこなかった歴史」にほかならない。

それなのに、中国は一貫して「釣魚島主権を守るために闘ってきた」と強弁しているわけだが、この記述からも一九四九年の中華人民共和国の樹立から一九七一年に至る以前に中華人民共和国が尖閣諸島の領有を主張したことはなかったとみずから認めた文書となっている。

ところで、ジャーナリスト徳本英一郎「アメリカから見た尖閣『秘密のファイル』」(『文藝春秋』二〇一二年一二月号＝参105)によれば、スタンフォード大学フーバー研究所が保管している蒋介石日記一九七〇年八月一六日の項には、次のように書かれているという。

「尖閣諸島主権問題について我が国は放棄していない。」「逆に第二次世界大戦においては日本が降伏した際、確かにその所有していた全ての外島を放棄すると認めた。それに対し、実は我が国政府は和睦の観点から、互いの親睦に傷をつけないように(たかがこの小さな島のために揉《も》めたくない)、今まで主権問題に言及しなかったにすぎない」。

これは、蔣介石が釣魚台は中国のものという意識を日中戦争終了後二五年たった一九七〇年には持っていたが、対日戦争終了後の時期には領有することにこだわっていなかったことを確認したということを示している。

これは、尖閣諸島が中国のものであるという証拠にはもちろんならない。蔣介石は琉球についても、日本に取られたと一九三〇年代に述べており、琉球は中国のものだという意識を持っていたが、そのときにも釣魚台については何も語っていなかった（『アジア史入門』＝参87、88）。

10－12・「中国国務院文書　結語」

中国国務院文書は、この文書を次のように結んでいる。

「釣魚島は、古来、中国の固有の領土であり、中国はそれに対して争う余地のない主権を有している。一九七〇年代に、中日が国交を正常化し『中日平和条約』を締結したとき、両国の先輩の指導者は両国関係の大局に着眼し、『釣魚島問題は置いておき、のちに解決されることを待ちたい』という了解を共通認識とした。しかし、近年来、日本は不断に釣魚島に一方的な動きを示し、とりわけ釣魚島に対していわゆる『国有化』を実施し、中国の主権を侵犯し、中日両国の先輩指導者が達成した了解と共通認識に背いたのだった。これは、中日関係を損ねただけでなく、世界の反ファシズム戦争の勝利の成果に対する否定であり挑戦である。

中国は、日本が歴史と国際法を尊重し、直ちに一切の中国の領土主権を損なう行為を停止するよう強く要求する。国家の領土主権を守る中国政府の決意と意思は、断乎不変であり、国家主権、領土の完璧を守る信念を有し、能力を有している。」

中国の思考では、「棚上げ」論と「領海法」は両立するらしいが、「棚上げ」なら「領海法」は尖閣諸島には触れるべきではなかったはずで、これは中国による「棚卸《おろ》し」だったのである。

中国も、自己の立場の正しさに確信を持っているなら、日本側の主張をひとつひとつつぶす努力をすべきだろうが、中国国務院文書はそのような内容になっておらず、旧来の自己主張を一方的に強引に繰りかえしているだけである。こういうやり方を、中国人の好きな言い方で表わすなら、「掩耳盗鈴、自欺欺人」（耳を覆《おお》って鈴を盗み、みずからを欺《あざむ》き人を欺く）と言うのである。

中国は「無主の地」に対する「先占」権による領有という日本の主張にはそれなりに反論を試みたものの、明清・琉球・日本史料は「尖閣諸島＝中国領」論の根拠にならないという指摘、「カイロ宣言」・「ポツダム宣言」は「尖閣諸島＝中国領」論の根拠にならないという指摘、「七五年間、中国は沈黙していた」という日本側の指摘に対して、実際にはほとんど何も反論していない。

自己の主張の正しさに確信があるのなら、相手方の主張に正面から反論すべきではないか。国力のプレッシャーで相手の音を上げさせようというは、一九～二〇世紀型帝国主義の手口そのものであり、大変残念である。そして、ただ「残念」というだけではすまない所に、問題の深刻さがあるのである。

11．二〇一三年五月『人民日報』

中国共産党機関紙『人民日報』は二〇一三年五月、中国社会科学院を動員して「釣魚島＝中国領」キャンペーンを開始したが、論点にほとんど新味はない。

11―1．張海鵬・李国強

張海鵬（中国社会科学院学部委員）・李国強（中国社会科学院中国辺疆《へんきょう》史地研究中心研究員）連名論文「『馬関〔下関〕条約』と釣魚島問題」（二〇一三年五月八日『人民日報』＝参114）の論点を見てみよう。

> 馬関〔下関〕条約第二款第一項、第三項は、遼東半島と澎湖《ほうこ》列島の範囲を明確に定めたが、「台湾全島およびあらゆる付属各島嶼」の範囲は曖昧《あいまい》だった。
> 日本政府は釣魚島列嶼《れつしょ》が台湾の付属列嶼であることを事実上認めていた。なぜなら、釣魚島列嶼は公認の海図および地図でつとにそれが中国に属すると表示しているからである。

台湾・澎湖諸島に福建の島々が含まれないことは、すでに伊能嘉矩『台湾文化志』で明らかにされているように、範囲は「海図及び地図」で示されているということで、清朝代表李経方〔芳?〕も同意したことであり（本書二三七頁）、それは張海鵬・李国強連名論文も確認しているところだが、「公認の海図および地図」が釣魚島列嶼は「中国に属すると表示している」と断定しているのは杜撰《ずさん》な論法である。そんな地図・海図があるのなら、それを示して論ずるべきである。そんな地図があるのなら、李経方（芳）が同意したはずがない。

日本政府は一八八五年から一八九五年にかけて「国標」を建てようとしたが、「日本政府は釣魚島が『清朝の属地』であることに鑑《かんが》み、『国標』を建てれば清国の警戒と争議を引き起こすことを恐れた」。

これも、驚くべき単純化である。日本政府には、釣魚島が「清朝の属地」であるという認識はなかったのが歴史的事実である。学者たるものは、根拠もなしにこんな杜撰な断定をしてはいけない。これも、井上清の受け売りであった。

日本政府は、一九五二年に『日本外交文書』で一八九五年の閣議決定を公開するまで長期間にわたって釣魚島に主権を有していることを公開しなかった。

これも、井上の受け売りである。釣魚島領有後、早い時期に古賀父子による同島利用、沖縄県八重山郡への編入、地番の付与などの統治行為が公開で行なわれてきたことは、すでに見たとおりである。

日本が馬関条約を通じて釣魚島の『窃取《せっしゅ》・占有』を行なってきたことは、歴史家の共通認識である。

尖閣諸島の領有と下関条約は無関係であることが、歴史的事実であり、「馬関条約を通じて窃取した」などというでたらめは中共当局と中国の御用学者および日本の「中国」エピゴーネンたちだけの「共通認識」にすぎない。井上でさえ、これは否定していた。

『日本一鑑』に、「釣魚嶼は小東《しょうとう》の小嶼《しょうしょ》である」と書いてあり、「小東」は台湾なので、この記述は「明朝政府はつとに釣魚島列嶼は台湾に属する小島群であると確認していたことを反映している」。

明朝は、台湾を「外国」と認識していたのが事実であり、「釣魚島列嶼」も明朝領ではなく、「外国」だということになってしまうのである（本書Ⅱ‐4‐2参照）。

『籌《ちゅう》海図編』（一五六二年）、『乾坤《けんこん》一統海防全図』（一六〇五年）、『武備志・海防二・福建沿海山沙図』（一六二一年）、『台海使槎《しさ》録』（一七二二年、参20）、『台湾府志』（乾隆年間）、『重修台湾府志』（一七四七年）、『重纂《じゅうさん》福建通志』（一八七一年）および『続修台湾府志』、李元春『台湾志略』、陳淑均纂・李祺生続輯『噶瑪蘭《ガマラン》庁志』などは、中国海防の範囲に入れている。

わたしが見たこれらの書籍には、釣魚島が中国領であると記述したものは一つもなかった。

フランス人蒋友仁『坤輿《こんよ》全図』（一七六〇年）、フランス人ピエール・ラピ、アレキサンダー・ラピ『東中国海沿岸図』（一八〇九年）などが釣魚台列嶼を中国と同じ色に塗っている。

これらの地図をわたしは見ていないが、かれらが尖閣諸島をどう見ていたにせよ、これら地図を清朝領の証拠とすることはできない。地図には精度の問題もあり、清朝がどう認識していたかが問題なのである。

林子平《はやししへい》『三国通覧図説』が、釣魚台列嶼を中国と同じ色に塗っている。

林子平の地図は不正確だったのであり、何の証拠能力もない（本書Ⅱ－4－2）。

張海鵬は、少し前まで中国社会科学院近代史研究所所長だったが、政府・権力のために忠勤を励む働きをする学者を、日本では御用学者という。

張海鵬・李国強が、中国の「釣魚島＝中国領」論に新たに付け加えた論点は、「琉球王国は独立国だった」と認めた上で、「歴史上未解決だった琉球問題も再議できるときが来た」と述べ、尖閣諸島問題を琉球の帰属問題に広げようとした点にある。

張海鵬・李国強／明清・琉球・日本史料一三点　張海鵬・李国強は、明清・日本文書について次の一三点をあげた。

①鄭舜功『日本一鑑』、②〔徐必達〕『乾坤《けんこん》一統海防全図』（一六〇五年）、③〔茅元儀〕『武備志・海防二・福建沿海山沙図』（一六二一年）、④〔黄叔璥〕『台海使槎《しさ》録《ろく》』（一七二二年）、⑤『台湾府志』〔乾隆年間）、⑥『重修台湾府志』（一七四七年）、⑦林子平『三国通覧図説』、⑧『重纂《じゅうさん》福建通志』（一八七一年）、⑨『続修台湾府志』、⑩李元春『台湾志略』、⑪陳淑均纂・李祺生続輯『噶瑪蘭《ガマラン》庁志』、⑫フランス人蔣友仁『坤輿《こんよ》全図』（一七六〇年）、⑬フランス人ピエール・ラピ、アレキサンダー・ラピ『東中国海沿岸図』（一八〇九年）。

11-2. 李国強・侯毅

続く李国強・侯毅（中国社会科学院中国辺疆史地研究中心助理研究員）連名論文「釣魚島とその付近の海域は古くから中国の疆域の構成部分であった」（二〇一二年五月一〇日『人民日報』＝参115）も、ほとんど新味はない。

李国強・侯毅は、陳侃《ちんかん》『使琉球録』（一五三四年）、郭汝霖《かくじょりん》『使琉球録』（一五六一年）、胡宗憲《こそうけん》・鄭若曾《ていじゃくそ》『籌海図編』（一五六二年）、徐必達《じょひったつ》『乾坤一統海防全図』（一六〇五年）などが釣魚島は中国領、中国海域であることを示している、と言う。

陳侃、郭汝霖、胡宗憲・鄭若曾、徐必達らの書籍のどれにも、釣魚島およびその海域は中国領、中国海域だと書いたものは一つもないのが事実である。

> 李国強・侯毅は続いて、琉球・日本の『中山世鑑』、程順則『指南広義』、新井白石『南島志』、高橋景保『日本辺界略図』が釣魚島を琉球に入れていない、と言う。

これらの地図が尖閣諸島を「琉球に入れていない」ことが、「釣魚島＝中国領」の証明になるわけではない。

> ピエール・ラピ『東中国海沿岸』（一八〇九年）、イギリス『最新中国地図』（一八一一年）、アメリカ『コートンの中国』、イギリス海軍編制『中国東海沿海 香港から遼東湾海図』（一八七七年）などは釣魚島を中国疆域版図に入れている。
> おそくとも明朝以来、釣魚列島が中国疆域の構成部分であることは、国際社会の承認を得ている。

これらの地図をわたしは見ていないが、彼らが尖閣諸島をどう見ていたにせよ、これら地図を清朝領の証拠とすることはできない。精度の問題もあり、清朝がどう認識していたかが問題なのであり、「国際社会の承認」など強弁にすぎない。

胡林翼《こりんよく》・厳樹森《げんじゅしん》の『皇朝一統輿図』（一八六三年）は、釣魚島などの島名を書きこみ、「名は主人に従い、四裔《しえい》に属するがごときはその国家語を雑用する」と注記されており、釣魚島が中国の領土であることを示している。

これは、従来の「証拠」にはなかった新しい材料である。しかし、中国名で呼んだものがすべて中国のものだという論法も説得力を持たない。

『重纂台湾通志』（一八七一年）は、「噶瑪蘭《ガマラン》庁、すなわち庁は北界三貂に至り、東は大海に沿って生番が聚処し……庁は南港門の広きを治め、大舟を容れることができ、噶瑪蘭庁営に属して分防し、また後山の大洋の北に釣魚台があり、港は深く、大船千艘を舶することができ、崇爻の薛坡蘭は舢板船を進めることができる」と書いている。

この文章のどこにも、噶瑪蘭庁が釣魚島を管轄していたと読める内容はない。しかも、『台海使槎録』では「大船一〇余」だったのに「千艘」に変わっているが、「大船千艘を舶することができ」るというのは現在の釣魚島（魚釣島）とはまったく一致せず、異なる島を指している可能性さえあるのである（Ⅱ－8参照）。

馬関条約の規定に基づいて中国は台湾全島と澎湖諸島を日本に譲与し、その中に釣魚島とその付属島嶼を含んでいた。

でたらめである。下関条約の中に釣魚島（魚釣島）は含まれていない。ウソでも百回つけば、本当になると信じているのだろうか。

カイロ宣言とポツダム宣言の精神に基づけば、日本は窃取した釣魚島およびその付属島嶼を中国に返還すべきである。

カイロ宣言とポツダム宣言は、釣魚島（魚釣島）に何も言及していない。

サンフランシスコ平和条約には中国は参加しておらず、中国はこれに縛られない。周恩来総理兼外交部長は一九五一年九月一八日、サンフランシスコ平和条約を認めないと声明した。

中国がサンフランシスコ平和条約を認めないことに、わたしは反対しないが、そのことは尖閣諸島の日本による領有に何ら影響するものではない。

アメリカは、一九五二年と一九五三年に「琉球政府章典」と第二七号令を出し、釣魚島とその付属島嶼を委託管理の範囲に含めたが、中国政府は一九五八年「領海声明」を発表し、台湾とその周囲の各島は中国に属すると宣言した。

わたしは不明にしてこの一九五八年「領海声明」を知らないが、その中に釣魚島の名が入っているのなら、堂々と提示したらよいと思うが、その名がないから提示できないのだろう。

李国強・侯毅／明清・琉球・日本史料一四点　李国強・侯毅は、明清・日本文書について次の一四点をあげた。

①陳侃『使琉球録』、②胡宗憲・鄭若曾『籌海図編』、③郭汝霖『重編使琉球録』、④鄭舜功『日本一鑑』、⑤徐必達『乾坤一統海防全図』（一六〇五年）、⑥程順則『指南広義』（一七〇八年）、⑦新井白石『南島志』（一七一九年）、⑧高橋景保『日本辺界略図』（一八〇九年）、⑨ピエール・ラピ『東中国海沿岸』（一八〇九年）、⑩イギリス『最新中国地図』（一八一一年）、⑪アメリカ『コートンの中国』（一八五九年）、⑫胡林翼・厳樹森『皇朝〔中外〕一統輿図』（一八六三年）、⑬『重纂台湾通志』（一八七一年）、⑭イギリス海軍編制『中国東海沿海　香港から遼東湾海図』（一八七七年）。

12. 明清・琉球・日本・欧米史料言及一覧

以下、各論者が言及している主な明清・琉球・日本・欧米史料の一覧を整理しておく。これによって、これまでの議論がどのような史料について行なわれてきたのかがほぼ一目瞭然となる。なお、この中には、孫崎享のように、緑間栄の書から楊仲揆があげた文献名五点を写しただけで、何の史料検討もしていないものも含まれる。

表5. 明清・琉球・日本・欧米史料言及一覧（Δは「尖閣諸島＝中国領」論批判）

表5	『順風相送』（推定一六世紀）	『大明一統志』（一四六一年）
楊仲揆		
郭生		
Δ奥原敏雄		
邱宏達		
Δ琉球政府		
井上清	○	
高橋庄五郎		
Δ尾崎重義	○	
Δ緑間栄	○	
劉文宗		
鍾厳	○	
Δ芹田		○
Δ原田禹雄		○
孫崎享		
台湾外交部	○	
中国国務院文書	○	
張海鵬・李国強		
李国強・侯毅		

表５（続１）	（嘉靖一三年／一五三四年）陳侃『使琉球録』	（嘉靖四〇年／一五六一年）胡宗憲・鄭若曾『籌海図編』	郭汝霖『重編使琉球録』（一五六一年）	（嘉靖四一年／一五六二年）鄭若曾『万里海防図』	鄭若曾『琉球図説』	鄭舜功『日本一鑑』（嘉靖三五年／一五五六年訪日、一五六六年完成）	『厳従簡咨録』（推定＝一五七三年ごろ）	謝杰『琉球録撮要補遺』（一五七九年）	（万暦七年／一五七九年）蕭崇業・謝杰『使琉球録』
楊仲揆	○		○						
郭生	○		○						
Δ奥原敏雄	○		○						
邱宏達									
Δ琉球政府									
井上清	○	○	○			○			
高橋庄五郎									
Δ尾崎重義	○		○			○	○		○
Δ緑間栄	○	○	○			○			
劉文宗	○	○	○			○			
鍾厳	○	○	○						
Δ芹田	○		○						○
Δ原田禹雄	○	○	○	○	○				○
孫崎享	○	○	○			○			
台湾外交部	○	○		○		○			
中国国務院文書	○		○					○	○
張海鵬・李国強						○			
李国強・侯毅	○	○	○			○			

表5（続2）	徐必達『乾坤一統海防全図』(万暦三三年／一六〇五年)	夏子陽『使琉球録』(一六〇六年)	『羅源県志』(明・一六一四年)	茅元儀『武備誌』海防二・福建沿海山沙図(天啓元年／一六二一年)	茅瑞徴『皇明象胥録』(一六二九年)	胡靖『杜天子冊封琉球真記奇観』(一六三三年)	向象賢『中山世鑑』(一六五〇年)	張学礼『使琉球紀』(康熙三年／一六六四年)	汪楫『使琉球雑録』(一六八三年)
楊仲揆							○		
郭生							○		
Δ奥原敏雄									
邱宏達									
Δ琉球政府							○		
井上清		○					○		○
高橋庄五郎									
Δ尾崎重義		○	○			○	○	○	○
Δ緑間栄							○		○
劉文宗									○
鍾厳							○		○
Δ芹田		○				○		○	○
Δ原田禹雄		○				○		○	○
孫崎享							○		○
台湾外交部									
中国国務院文書		○					○		○
張海鵬・李国強	○			○	○				
李国強・侯毅	○								○

表５（続３）	程順則『指南広義』（一七〇八年）	『寧徳県志』（清・一七一八年）	徐葆光『中山伝信録』（一七一九年）	新井白石『南島誌』（一七一九年）	黄叔璥『台海使槎録』（康熙六一年／一七二二年）	蔡温『改訂中山世譜』（一七二六年）	『明史』（乾隆四年／一七三九年）	范成『重修台湾府志』（乾隆一二年／一七四七年）	周煌『琉球国志略』（一七五七年）
楊仲揆	○								
郭生	○								
Δ奥原敏雄	○								
邱宏達						○			
Δ琉球政府			○						
井上清	○		○	○					○
高橋庄五郎									
Δ尾崎重義		○	○				○		○
Δ緑間栄	○		○						○
劉文宗									
鍾厳	○		○	○		○			
Δ芹田			○				○		○
Δ原田禹雄	○		○				○		○
孫崎享	○								
台湾外交部					○			○	
中国国務院文書	○		○		○				○
張海鵬・李国強					○				
李国強・侯毅	○			○					

表5（続4）	蔣友仁『坤輿全図』（一七六〇年）	余文儀『続修台湾府志』（乾隆二九年／一七六四年）	『続修台湾府志』（乾隆《けんりゅう》二八年刊／一七六二年）	『坤輿全図』（一七六七年）	『重修台湾府志』（一七四七年）	林子平『三国通覧図説』（日本天明五年／清乾隆五〇年／一七八五年）	『台湾府志』（乾隆年間？／？年）	陳淑均纂・李祺生続輯『噶瑪蘭庁志』	李鼎元『使琉球記』（嘉慶七年／一八〇二年）
楊仲揆						○			
郭生						○			
Δ奥原敏雄						○			
邱宏達						○			
Δ琉球政府						○			
井上清						○			○
高橋庄五郎						○			
Δ尾崎重義			○			○			○
Δ緑間栄						○			
劉文宗									
鍾厳						○			
Δ芹田									○
Δ原田禹雄						○			○
孫崎享						○			
台湾外交部		○				○			
中国国務院文書						○			
張海鵬・李国強	○		○	○	○		○	○	
李国強・侯毅									

表５（続５）	（嘉慶一二年刊／一八〇七年）『続修台湾県志』	（一八〇八年渡琉）斉鯤・費錫章『続琉球国志略』	（フランス、一八〇九年）ピエール・ラピ『東中国海沿岸各国図』	高橋景保『日本辺界略図』（一八〇九年）	（イギリス、一八一一年）『最新中国地図』	（道光一八年／一八三八年）林鴻年・于光甲「使録」	『重纂福建通志』（一八三八年）	『厦門志』（一八三九年）	（アメリカ、一八五九年）『コートンの中国』
楊仲揆									
郭生									
Δ奥原敏雄									
邱宏達									
Δ琉球政府									
井上清		○							
高橋庄五郎									
Δ尾崎重義	○	○				○	○	○	
Δ緑間栄									
劉文宗									
鍾厳									
Δ芹田		○				○			
Δ原田禹雄		○							
孫崎享									
台湾外交部									
中国国務院文書			○	○	○				○
張海鵬・李国強			○				○		
李国強・侯毅			○	○	○		○		○

表5（続6）	『皇朝中外一統輿図』（同治二年／一八六三年）	趙新『続琉球国志略』（同治五年／一八六六年）	陳壽祺『重纂福建通志』（同治一〇年／一八七一年）	イギリス海軍製『中国東海沿海、香港から遼東湾海に至る図』（一八七七年）	『大清会典』（光緒二五年／一八九九年）	李元春『台湾志略』（?年）	余宏淦『沿海険要図説』（光緒二八年／一九〇二年）
楊仲揆							
郭生							
Δ奥原敏雄							
邱宏達							
Δ琉球政府							
井上清							
高橋庄五郎							
Δ尾崎重義		○	○				
Δ緑間栄							
劉文宗							
鍾厳							
Δ芹田		○	○				
Δ原田禹雄		○			○		
孫崎享							
台湾外交部	○		○				
中国国務院文書				○			
張海鵬・李国強			○			○	○
李国強・侯毅	○		○	○			

＊なお、日本の中央気象台は程順則『指南広義』を琉球群島気象の参考になるとしてドイツ語訳を行ない、一九一〇年一月二七日『沖縄毎日新聞』によれば、間もなく「完了の運び」だというが（参33）、出版されたのかどうかは不詳である。

以上、一つ一つの議論に丹念につきあってきたが、論理的に言うと、尖閣諸島がかつて中国のものであったことが論証できなければ、「日本が盗んだ」論は成り立たず、従って日清戦争との関係論も、「カイロ宣言・ポツダム宣言で中国に帰った」論も、サンフランシスコ平和条約との関係論も、沖縄返還協定論も成立しないのである。

Ⅲ　中国「党国家主義」と「近代国家」の枠組み

1．中国の政治システム（党国家主義）

中華人民共和国の政治システムは、立法・行政・司法・軍・警察の全権を中国共産党が掌握し、政策決定権は党が握り、国家（国務院ほかの国家機構）は党の決定の執行機関と位置付けられている。そこで、わたしはこれを「党国家主義」と名づけている（『アジア史入門』）。中国人民解放軍は、中国共産党の軍隊なのである。党の中でも、党中央委員会政治局常務委員会（二〇一二年九月当時、九名。同年一一月党第一八回全国代表大会により七名に変更）に権力が集中している。

本書Ⅰ‐7で見たように、「中国共産党中央海洋権益維持工作指導小組」が二〇一二年九月一四日、設置されたが（二〇一三年二月四日『朝日新聞』）、これは政治局常務委員会が尖閣問題を受け持つ専門担当機関として立ち上げたものである。

また、中国憲法上は言論・出版・集会・結社などの人民の自由権が規定されているが、実質的にはないのである。

この点が理解できていないと、尖閣諸島問題について、党・政府と軍が対立しているとか、党が

「江沢民《こうたくみん》」（上海閥《ばつ》）派や「胡錦濤《こきんとう》」（共産主義青年団）派、「習近平《しゅうきんぺい》」（太子《たいし》党）派に分かれて権力闘争をやっているなどの、的外れな「分析」が行なわれることになる（本書Ⅳ‐1）。「権力闘争」はあるにしても、「尖閣諸島奪取」という政治目的の点では政治局常務委員七名が全員一致しているものと見なければならない。

中国人民解放軍は中国共産党の軍隊であり、中国共産党中央軍事委員会のもとに総参謀部・総政治部・総後勤部・総装備部という四総部、および海軍・空軍・第二砲兵（戦略ミサイル部隊）がある。中華人民共和国は、七軍区に分けられている。宝島本のように、それらは「独立性を持って」いて、「党中央に絶対服従というわけではない」という見方もあるが（小西・加藤七二頁＝参92）、少なくとも建前上は「党中央に絶対服従」である。

2. 中共・中国政府の尖閣抗争目的

「尖閣＝中国の固有の領土」という主張は、周恩来も言ったように尖閣に石油資源等の埋蔵の可能性が指摘されたことから始まったものである。二〇一二年九月反日騒動も、まずは中国の資源ねらいであり、特に一九九〇年代以降の中国経済の飛躍的発展に伴う熾烈《しれつ》な資源獲得衝動を動機としている。従って、それに目のくらんだ中国は、長期にわたってこの要求を取り下げたりはしないだろう。

一連の尖閣要求「運動」の主体・企画・立案・推進者は、マルクス主義と無縁の、「寸土を争う」

重症の「近代国家」病にかかっている「中共・中国政府・中国軍」であり、一部の民間の暴力分子などではないことを認識しなければ、すべての判断を誤るだろう。

「中共・中国政府・中国軍」つまり「中国」が石油獲得を動機として尖閣問題で組織的な運動を推進している戦略的性格の目的は、二つある。

その第一は、東アジア太平洋戦争の「戦勝国」として、「戦敗国」である日本に「戦後国際秩序」（米中などの「戦勝各国」対「敗戦国日本」という関係性）を守らせること、つまり敗者日本を黙らせることである。しかし、カイロ「会議」もポツダム宣言も、尖閣諸島が日本の領土ではなく、中国の領土であることを示すものではなく、この問題で日本を黙らせることはできない。

中国の戦略目標の第二は、「海洋大国」（胡錦濤）の建設、西太平洋を中国の海としたいという大中華主義的願望の実現である。そのため、中国の行動には一九～二〇世紀型帝国主義の兆候が次第に強まってきている。当面の目標は、日本とフィリピン・南シナ海（中国名「南海」／フィリピン名「西フィリピン海」）を結ぶ第一列島線内支配の確保であり、尖閣問題は南シナ海のミスチーフ環礁やスカボロー環礁（中国名「黄岩島」）の争奪および台湾領有目的と連動している。

邱《きゅう》立本（香港『亜洲週刊』総編集）は、「愛国主義はすでに共産党政府の最後のラインになっており」、「長期にわたる『韜光養晦《とうこうようかい》』（能力を隠して時節を待つ。一九八四年鄧小平の言）」というやり方を変えたのだ」（黄銘俊一五頁＝参98）と言っているが、これは大方《おおかた》の見方である。鷹《たか》は、爪《つめ》をむき出しにし始めたのである。

「中国新軍国主義の興起」だ（楊中美三一～三二頁）という楊中美の次の指摘もある。

「二〇〇七年より、中共軍方面は主導的に不断に『新疆《しんきょう》（新疆ウイグル自治区）主権は核心的利益論』、『南海主権は核心的利益論』、『釣魚台主権は核心的利益論』（二〇一二年一月一七日『人民日報』）等を打ち出し、中共が自称する『平和的発展』（和平崛起《くつき》）を主調とする和平外交方針を突破し、投げ捨てたのである」（楊中美七頁＝参106）。

わたしは、二一世紀中国にはすでに「帝国主義的兆候が表れている」（二〇〇九年、『日中関係史の諸問題』四四頁＝参75）と見ている。

中国外交部（外務省）華春瑩《かしゅんえい》副報道局長は二〇一三年四月二六日、中華人民共和国政府としてはじめて公式に「釣魚台主権は核心的利益」と言明した。

「尖閣を返せ」の次は、一九四七年中華民国国民政府の主張、一九七一年中華民国国政府の主張でも掲げられ、二〇一二年九月反日騒動の中でもスローガンとして掲げられた「琉球列島（沖縄）を返せ」となるに違いない。その背景には、琉球は明王朝・清王朝の「属国」だった、したがって中華人民共和国の領土であるべきだというアナクロニズムの大中華主義がある。

国防大学戦略教研部副主任金一南は、「今日から見て、われわれはわずかに釣魚台についてだけこだわって日本と争うのは小さすぎる。もっと大きな範囲から見て、まず全琉球群島の帰属を討論すべきだ」（楊中美六四頁）と発言しているという。楊中美によるこの引用には出所も日付も記載されていないのは困ったものだが、二〇一二年九月以降と見られる。

習近平国家主席（二〇一三年三月就任）の掲げる「偉大な中華民族復興の夢」とは、これと連動する思想であろう。その第一歩が、二〇一三年五月八日『人民日報』に掲載された中国社会科学院学部委員張海鵬・中国社会科学院中国辺疆史地研究中心研究員李国強の連名論文「『馬関条約（下関条約）』と釣魚島問題について」であった。これは、従来の破綻した「釣魚島＝中国領」論を繰り返しただけのとりえのない論文だったが、その末尾を「歴史上未解決な琉球（沖縄）問題を再び議論できる時が来た」と締めた。それは、かならずしも「琉球＝中国領」を主張したものとまでは言えないが、琉球に対する領土主張につながる論理を含んでいたことも否定はできない。「沖縄は日本の領土」と言った「偉大な指導者」毛沢東主席の教え（本書Ⅰ - 3参照）に張海鵬は、挑戦するつもりなのだろうか。大胆不敵ではないか。

中国人民解放軍副総参謀長戚《せき》建国は二〇一三年六月二日、沖縄の領有権について「中国政府の立場は変わっていない」、『人民日報』論文は「一学者の見解」であり、「学者の自由な研究」だと釈明したが、「学者の自由な研究」が中国共産党機関紙『人民日報』に載るなどということは中国の現政治システムではありえないことである。中共は、今のところまだ「沖縄は中国領」と機関決定していないというだけのことである。

3. 中共・中国政府の手段

「中共・中国政府・中国軍」が今回採用したのは、反日デモ・暴力的騒動、領海侵犯、領空侵犯、軍事威嚇、経済的圧力、民間交流の停止、国際宣伝、「日本は右傾化している」、「日本軍国主義復活」という宣伝その他などで、組織的に多様な手段を使った。

(1) 中国は、二〇一二年九月、反日デモ・暴力的騒動を組織した。これは、自然発生的運動ではなく、中共が企画・推進したものであった。中共が、店舗・工場打ち壊しさえ排除しない運動を指示したのである。それゆえ、暴力行動の取締りも行なわなかったわけである（その後、対外的体裁を取り繕《つくろ》うために、若干の処罰が行なわれたようだが）。

中国社会では、しばしば政治運動に前近代的暴力行動がとられてきた。義和団の排外主義運動（一八九八～一九〇一）では、牧師・キリスト教徒を殺害した（『アジア史入門』）。

一九一九年の五・四運動では、中華民国政府駐日公使章宗祥《しょうそうしょう》を襲撃し、頭蓋骨が見えるほどの重症を負わせた（参39）。

一九六六年から一九七六年の文化大革命では、中国地域史上最大規模の暴力行為が展開された（『アジア史入門』）。文化大革命では、毛沢東・権力側がまず「造反有理」（謀反には道理がある）と言って紅衛兵の暴力行為をあおり、一定の目標が達成されたのち、紅衛兵を追放（辺疆・農村への派遣）し、取り締るという手段も使って徐々に終息させていくという手口が採用された。犠牲者は、百万人とも言われる（参67）。

いまでは遠い昔のことで、若者は文革と言っても何のことだかわからなくなっているので、一例を作家老舎《ろうしゃ》にとろう。老舎（一八九九〜一九六六）は、本名を舒春《じょしゅん》という名のマンジュ（満洲）族の作家で、代表作『駱駝祥子《らくだしょうし》』『四世同堂』などで日中戦争下の北平（北京）の庶民の生活描写を通じて戦時下の人々の苦しみを描き、中華人民共和国時代に入ると、中国共産党と毛沢東を支持し信頼・信仰してきたが、一九六六年、突然、毛沢東の「造反有理」「旧い文化を打ち壊せ」との指示のもとに紅衛兵に襲われた。

老舎の息子、舒乙《じょおつ》によれば、老舎は一九六六年八月二三日、数百名の紅衛兵のつるし上げにあい、頭の先から全身血だらけになって深夜、帰宅し、翌日、北京郊外の太平湖に身を投じて亡くなった。太平湖は、いまは埋め立てられて、地下鉄の機関区になっている。老舎を取り囲み襲いかかったのは、狼の群れだった。

文革が終わったのち、文革の体験を楽しかったと語る者も少なくないが、青春を無意味に空費したことに痛切な反省をした者もいた。こうした紅衛兵たちの空しい体験があったにもかかわらず、今回もまた同じ手法が繰りかえされたのだった。

中国社会は、前近代的暴力体質をまだ克服できていないのである。最近では、イギリスの中国研究者ラナ・ミッターも、五・四運動から文化大革命に至る暴力体質の問題を論じている（参40）。

二〇一二年九月、日本車を運転していた中国人は、暴行を受けて頭蓋骨陥没、半身不随だという。

これに対して、二〇一二年九月の反日騒動の暴力行為を批判し「理性的な行動を」と求める声が中国社会からも少しずつではあるが出てきていることは、少し前から見られる動きではある（参71）。まだまだ弱々しいが、闇夜に一筋の光明を見る思いである。

中国政府が、二〇一二年九月一八日以降、とりあえず暴力的騒動の押さえに転換したことによって街頭での暴力騒動は組織的に終息した。

（2）中国は、漁船・海洋監視船・航空機・潜水艦の領海侵犯による「実効支配」の実績作りを行ない、それは現在なお進行中である。中国漁船団の動きも、「すべてコントロールされている」という山田吉彦の指摘（石平一四九頁）は、正しい。

これがいかに危険な冒険主義行動であるかということは、一九五三年二月四日竹島近辺での韓国軍による日本漁民射殺、一九六〇年アメリカU2機のソ連上空での撃墜、一九八三年ソ連領空での大韓航空機撃墜、二〇〇一年四月一日、中国領空を侵犯した米軍偵察機への中国軍機の空中接触による海南島不時着事件などの例を見るなら明らかなことである。

日本船が、中国領海を侵犯すれば、中国はただちに撃沈ないし拿捕《だほ》して没収するであろうことは疑う余地がない。それにもかかわらず中国が領海侵犯をし続けるのは、中国は自衛隊に「撃ってくれ」と言っているのである。どうせそんなことはできっこあるまいと高をくくった挑発行為であるが、もし自衛隊が先に撃って中国船の一隻、二隻でも撃沈してくれれば中国軍が出動できる大義名分を手にすることができると踏んでいるわけである。山田吉彦によれば、二〇一二年一〇月段階で中国は一〇隻以上の海洋監視船を尖閣諸島周辺に展開した（小西・加藤一〇九頁＝参92）。中国国家海洋局の海洋監視船や漁業監視船などの中国公船が日本の事前了解をとらずに日本領海に侵入することは、すでに日本に対する侵略なのである。

（3）中国軍は、軍事演習を行ない、いつでも出動できるぞというデモンストレーションを行なった。現状では、軍事威嚇の段階であるが、危険行為である。これに対し、パネッタ米国防長官が二〇一二年九月に、①尖閣は日米安保の適用対象と発言したことにより、中国は軍事行動へのエスカレートを当面、中止したと見られる。パネッタ発言は、一九九六年台湾総統選時の李登輝《りとうき》当選阻止をねらった中国による台湾基隆《キールン》近海へのミサイル発射に対する米空母のプレゼンス同様、抑止力として機能したことは認めなければならない。また、日米共同軍事演習も行なわれたことも、中国の武力行使意思に対する抑止をめざしたものと見られる。

②しかし、パネッタは同時に、従来のアメリカ政府の方針である、主権争いについてはどちらにも与《くみ》しないとも発言したことによって、米軍は一体、尖閣で出動するのかどうか、あいまいな印象を残した。この発言について、中国中央テレビ（ＣＣＴＶ）は「アメリカが尖閣に対する日本の主権を認めなかった」と成果のように放送した。これは宣伝の次元であるが、中国軍当局は日本政府の姿勢、日本国会の動向、自衛隊の態勢、アメリカの尖閣への日米安保適用のいかんを注視しているに違いない。

（4）経済手段による輸出入業務の妨害・サボタージュ、企業活動圧迫、観光旅行の中止などが組織的に行なわれた。日本は、こうした中国という大国のプレッシャーにどれだけ耐えられるのか、日本がいつへたるのかを期待をこめて中国は見ていた。中国中央テレビ（CCTV）は、日本の報道に基づき、「日本経済は悲鳴を上げている」と報道した。あたかも、「戦果」ででもあるかのようにである。米倉経団連会長発言は、この中国の期待に添うものであり、中国中央テレビ（CCTV）による米倉経団連会長へのインタビューも放送された。

（5）予定されていたさまざまな民間交流活動が、学術交流を含めて組織的に取り消された。

（6）中国は、国連の場を利用した宣伝活動や、アメリカ紙、イギリス紙、フランス紙などでの広報活動を行なった（二〇一二年九月二三日『人民日報』）。

ただし、文化大革命時に世界各地で「毛沢東派」を組織して文革を支持させた規模に比べると、今回、中国の主張を支持したのは大部分各地の華僑にとどまっており、成功しているとは言えない。

（7）「尖閣国有化は日本の右傾化の結果」、「日本軍国主義復活の表われ」との宣伝が行なわれているが、これは中共が選択した尖閣奪取という極右政策から目をそらさせるための宣伝である。

中国では、一九七〇年四月に周恩来が「日本軍国主義が復活した」と発言した。その後、その発言は北朝鮮の受け売りだったと周恩来は認めたことがある。日本では現在、「日本軍国主義が復活した」などという認識は存在しないし、良識ある中国人もそのようには認識していない。

二〇一二年九月二三日『人民日報』は、日本政府は受け身の局面に陥っていると判断している。

ところで日本では、中国が暴力的騒動・破壊行為・暴力行為や領海侵犯を行なっても、中国で日本料理店が打ち壊されたから日本の中華料理店を壊してやろうとか、中国で日本人が暴行を受けたから日本にいる中国人を殴ってやろうとかいったそれに機械的に反応するレベルの低いナショナリズムは現状ではほとんど起こっていない。

中国が使った手段は、その他サイバー攻撃など、多種多様であるが、すべて中国共産党中央政治局常務委員会九名（二〇一二年一一月中国共産党第一八回大会で七名に変更）の一致した意思による指示・指令で行なわれたということを直視しなければならない。

4.「現生人類」史における「近代国家」という枠組
——巨象が数粒の米粒のために血眼《ちまなこ》になっている

国家が領土の厳密な境界線を争うのは、「近代国家」の成立以降のことであるが、それは現生人類二〇万年の歴史の中のわずか二〇〇年の現象である（『アジア史入門』）。「近代国家」の成立以前には所属不明の土地は各地に存在した。そこで、「無主の地」の「先占」権が国際法において取り決められたのであり、これは「近代国家」の論理である。

「固有の領土」と言えば、千年、二千年にわたって占有してきた領土という響きがある。これは、わたしだけの感覚ではなく、元外交官東郷和彦も北方領土についての叙述で、「固有の領土」という言葉には「太古より日本の領土であり続け、他の民族が足を踏み入れたことのない、神聖不可侵な領域であるかのような語り口がある」と言っている（東郷七三頁＝参82）。

「固有の領土」というものは、そもそも存在しないのである。尖閣諸島は、一九世紀後半に至るまで誰の物でもなかったし、台湾・チベット・内モンゴル・新疆《しんきょう》なども「中国」の「固有の領土」などではなかったのである。

二〇一二年九月の反日騒動でも「寸土《すんど》を争う」というスローガンが掲げられたが、中国が「近代国家」であるかどうかというのは議論のもうひとつのテーマだということはさておき、「近代国家」の論理によって「寸土を争う」と主張するのは、あたかも巨象が数粒の米粒を争って血眼になっているようである。それは、いかにも滑稽な姿態であるにもかかわらず、中国が尖閣諸島という小島にこだわる理由は、尖閣諸島に資源確保の可能性があることと西太平洋を中国の海にするという大中華主義の達成をめざすワンステップだからである。

中国は、二〇一二年九月二四日『人民日報』で「領土帰属問題は、戦後国際秩序の核心であり基石である」（钟声「联合国不是日本挑战国际秩序的舞台」、二〇一二年九月二四日『人民日報』）と称した。「近代国家」という観念・制度は、長い「現生人類」史の中のわずかな一コマにすぎないのであり、絶対化することは回避すべきである。弱小民族集団が独立を要求するナショナリズムは正当であり、正義であるが、今日の中国はもはやそのような存在ではないのだから、狭隘《きょうあい》な狂熱的民族主義を振りかざすのははなはだしいアナクロニズムであることに気づき、自制すべきであろう（『アジア史入門』)。

領土・領海という問題を考えるとき、その前提として「国家」「民族」を相対化する「現生人類」史という視点を意識していることが望まれる。

双方が領土問題で一歩も譲れないと思っているとき、双方が最低限守らなければならないことは何だろうか。

元外交官・東郷和彦は、「北東アジアの領土問題解決のための三原則」を書いている。

「第一に、現状変更国は、物理的な力の行使を控える。

第二に、実効支配国は、前提条件なしに話し合いに応じる。

第三に、双方が、衝突を回避し、協力を拡大する知恵を探求する。」(参103＝四六〜四七頁)

これが、理性的な解決への道というものである。

Ⅳ　日本のマスコミ論調と尖閣シミュレーション

1．日本のマスコミ論調をどう見るか

日本のマスコミは、二〇一二年九月の反日騒動に対してさまざまな解説を行なった。わたしは、これらに強い違和感を感じた。そこでまず、主として日本のテレビ・新聞等マスコミに表れた論点を疑問符をつけて拾い上げてみよう。

（1）石原都知事「尖閣都有化」構想が「問題の発端」か？
（2）「日本の右傾化が原因」か？
（3）「国有化」を中国はどう受けとめたのか？「柳条湖事件記念日の前でタイミングが悪かった」か？野田総理は胡錦濤国家主席の「面子をつぶした」か？
（4）「領土問題はない」と「外交交渉で」は対立点か？
（5）反日騒動は「中国政府に対する圧力になっている」か？
（6）反日騒動と「反政府要因」の関係は？
（7）反日騒動は「中共内権力闘争と関係がある」か？

（8）「中共・中国政府と軍は対立している」のか？
（9）「国際司法裁判所で解決を」という考え方は正しいか？

私論

（1）二〇一二年九月の尖閣諸島問題反日騒動は、以前に中国共産党機関紙『人民日報』が「狂人」とまで呼んだことのある石原慎太郎東京都知事が二〇一二年四月一六日、アメリカで「尖閣を都が買い上げる」と発言したことが問題の発端と見られている。

しかし、尖閣諸島に関する日中両国間の紛争は、一九七一年に中華民国・中華人民共和国が「釣魚島（尖閣諸島）は中国の固有の領土」と公式に主張し始めたことに端を発し、一九九二年の中国「領海法」の制定以降、次第に問題が膨《ふく》らんできたもので、昨日今日に始まった問題ではない。

日本のマスコミは石原都知事の「尖閣を都が買い上げる」との発言が悪かったとの論調ほぼ一色だったが、山田吉彦（東海大学教授）が指摘しているように、第一列島線の南シナ海をほぼ確保した中国が東シナ海に重点を置いてきたという中国の動きに「いち早く石原慎太郎知事が反応した」（石平一四八頁）と見るべきだろう。石原都知事は、しばしば下品な暴言を吐く悪趣味な自称「暴走老人」であるが、東京都による尖閣列島買い上げという動きは、あくまでも日本による尖閣領土の領有をより明確にしたいという願望に発するものとわたしは見る。

石原発言は、事を起こすきっかけを中国に投げ与えたのであり、中国は石原発言を利用して事を起こしたのである。わたしは、両者の関係についてかつてこう書いた。

「日本の中の非理性的な民族主義は中国の中の非理性的な民族主義を刺激し、中国の中の非理性的な民族主義は日本の中の非理性的な民族主義を刺激し、お互いに助長しあうという関係が存在している。両者の関係は、最も激しく対立しあっているかに見えるが、実はお互いに支えあい、励ましあい、助けあう同志的な関係にある」（『東アジア共同体への道』二四一頁＝参73）。

（2）の「日本の右傾化原因」説は、中国が力を入れている論点のひとつで、日本でも同様の論点が見られる。日本では一九八〇年には世論調査で八〇％近い人々が中国に好感を示していたのに、二〇一二年四月の言論ＮＰＯの調査では逆転して約八四％の人々が「中国は嫌い」と回答するに至っている。その理由は、一九九〇年代後半から、とりわけ二一世紀に入ってから活発化した中国の威嚇的対日言動に対する反発が広がったからである。「嫌中感の増大」は「右傾化」というものではなく、「嫌中感の増大」は、「ナショナリズムの昂揚」に結びついていないのが特徴である。

横山宏章（北九州市立大学大学院教授）は、「（暴戻《ぼうれい》支那の膺懲《ようちょう》）という形で日中戦争を正当化させた論理を、日本は本来反省しているはずです」、「ところがこういうトラブルが生じると、反省どころかまた前のスタンスに戻ってくる」、「このようなことが起こることについて、日本人として憤慨したくなります」と述べ、対談者の王雲海（一橋大学大学院法学研究科教授）も「最近二、三年の日本の中国に対する姿勢が、抗日戦争当時の中国に対するものと変わらなくなったため」、中国は「危機感を持っている」と応じている（横山・王五七～五八頁＝参104）。

日本人の帝国主義時代の対中観と今日の平和主義時代の対中観を同一視する意見は、横山・王に限らず、日本の一部中国研究者に広く見うけられるが、現実感覚が根本的に欠落した認識にほかならない。

また、尖閣国有化を決定した野田民主党政権時はもちろんのこと、ジョセフ・ナイも言うように二〇一二年一二月選挙で成立した自民党・公明党連立政権についても「軍国主義というのは誤り」（『中央公論』二〇一三年四月号＝参108）である。

（3）の「国有化」の「タイミングが悪かった」、胡錦濤の「面子をつぶした」説は、まったく的外れである。

野田佳彦政権による尖閣三島国有化決定は、日本人による同島上陸や工作物の設置等、中国を「刺激」すると思われる行為を行なわせないための措置であったことは明らかなことであるが、「中国政府当局は、誰の目にも明らかな野田首相の尖閣購入のわけを無視することに決めた」（ジョセフ・ナイ、『中央公論』二〇一三年四月号）のである。

中国は「国有化はけしからん」と反発し、「国有化」を取り消すことを要求しているが、実は私有から国有に変えることがなぜけしからぬのか理由を明示していない。

その理由を忖度《そんたく》してあげようというわけで、日本のマスコミでは「タイミング」論、「面子《めんつ》」論などが語られているわけなのだが、中国の戦略目標は尖閣の実効支配であり、あらゆる機会を利用してこの目標を達成しようとしているにすぎないのであり、今回は日本政府の「国有化」決定を口実として利用しただけなのである。

尖閣国有化閣議決定の時が九月で柳条湖事件（九・一八）の一週間前だったのはタイミングが悪かったという批判があるが、何月であっても事態に変わりはなかっただろう。

また、胡錦濤《こきんとう》国家主席が野田佳彦首相に「国有化はダメ」と言った翌日に「国有化」を閣議決定したのは胡錦濤の「面子をつぶした」からよくなかったというこの種の批判も同じで、閣議決定を一カ月遅らせても二カ月遅らせても同じことが起こっただろう。

山田吉彦は、「何のプランもないまま、ただ焦って国有地化を実行し、中国をいたずらに刺激」した、「体面を重視する中国を、引くに引けない状況に追いやって」しまった、中国共産党第十八回大会が「終わってからであれば、これほどの大騒ぎにはならなかった」（小西・加藤一〇六～一〇七頁＝参97）と言っている。

宋文洲も、「胡錦濤の面子を潰してしまった」（孫崎2012一六四頁＝参106）と言っているが、根拠がない。

新崎盛輝（沖縄大学名誉教授）は、胡錦濤から「島の購入に断固反対」と言われた翌日に購入を決定したのは「あまりにも無神経」（岩波ブックレット一二頁＝参107）と言う。

矢吹晋は、野田内閣の尖閣諸島買い上げ決定は胡錦濤の「メンツ」をつぶした（矢吹八六頁　参109）と言っている。

当時、中国大使だった丹羽宇一郎はこう述べている。

「昨年九月九日、……胡錦濤《こきんとう》国家主席が野田佳彦首相に尖閣諸島国有化に反対を伝え、中止を求めたが、その申し入れを拒絶する形で、翌日の一〇日に日本政府は国有化を決定してしまった。国家元首である胡錦濤主席のプライドは傷つき、中国国民の対日感情の悪化は頂点を迎え、その後、中国各地で激しい反日デモと暴動が発生したことは周知のとおりである」（参113）。

これに対して、王雲海は、唐家旋《せん》中国元外交部長が「胡錦濤のメンツを潰したから」と発言したと報道されているが、中国の外交はそんなものではなく、「胡錦濤のメンツを潰されたということへの反応ではないと思います」（横山・王二二頁＝参108）と語っているが、当たり前の話である。

高原明生（東京大学教授）は、「胡錦濤主席の面子が失われたという見方がありますが、私はそれは、『日本が悪いのだ』というための、後からの正当化にすぎないと思います」（岩波ブックレット三八頁＝参107）と述べている。的確な判断である。

日本政府が「国有化」の意味を説明しなかったのが悪いとも言われたが、いくら説明しても中国政府がそれを「理解」するということはありえない。中国（中共中央政治局常務委員会）が事を起こすと決めたときにはいつでも事は起こるのである。

日本は「尖閣は固有の領土」と主張し、実効支配しているのに対し、中国は実効支配していないが「固有の領土」と主張している。これが対立事項なのであり、尖閣が私人の私有地から「都有」に変わろうと「国有」に変わろうと、日本にとっても中国にとっても本質的に何も事態は変わっていないのである。

したがって、中国の主張を受け入れて「国有化」を取り消したとしても、問題解決には決してつながらず、何の積極的な意味もない。日本政府が「国有化」を取り消したとしても、中国はこの局面での「勝利」を確認するだけでなく、さらに尖閣実効支配に向けて次の一歩を踏み出そうとするだけである。
（4）の「外交交渉で問題解決を」という論点は、日本共産党が二〇一二年九月二〇日に「外交交渉による尖閣諸島問題の解決を」（志位一三～一九頁＝参100）と提起したものであった。
日本共産党が日本政府は従来、「領土問題はない」と言って日本の正当性の主張をしてこなかったという批判を提起し、その後、米倉弘昌日本経団連会長らの「外交交渉で」問題解決をしてほしいとの発言が続いた。中国中央テレビ（CCTV）の米倉経団連会長に対するインタビューは、中国で歓迎され、放映された。また、鳩山由紀夫元首相は二〇一三年一月一六日、北京で尖閣諸島が「係争地であると互いに認めることが大事だ」との考えを中国側に伝えたと述べた。これも、中国中央テレビ（CCTV）で報道された。この発言も、中国で歓迎されたのである。

一九七二年の日本共産党の主張には、「外交交渉で問題解決を」という論点はなかったのであり、二〇一二年九月に提起した「外交交渉を」という主張は一九七二年の立場からの転換であった。この方針には、三つの側面がある。

第一の側面は、日本政府が「領土問題はない」という立場から日本が尖閣を領有する正当性を主張してこなかったという日本政府・外務省の消極性・誤りを指摘している点ではきわめて正しいが、「領土問題はあることを認めよ」という主張は中国の主張を代弁するものであり、きわめて間違っている。

しかし、日本外務省や一九七二年日本共産党見解のように「領土問題はない」という立場に立っていても、日本が尖閣を領有する正当性を説明・主張することはできたのであり、「領土問題はない」と話しあいの中で日本の主張を行なうという意味での「外交交渉」なら、実は対立点ではないのである。

この場合、「外交交渉」という表現を使うことは誤っているが、その意味するところは、かりに中国が尖閣問題で「外交交渉」をと提案してきた場合、日本は会談を拒否せず、会談において尖閣は日本の領土であることの根拠・論理を主張すべきだという趣旨であるべきであり、そう言いたいのだと理解したい。

第二の側面は、一般に「外交交渉」とは、お互いに譲り合い、妥協点を探るという可能性を含むものであり、日本が「外交交渉」を提案するのは中国側の領土主張に一理があると認める立場への後退と見なされざるを得ない。実効支配をしている日本は、「外交交渉」を提案する立場にはないのである。

中国政府に対して暴力行為や領海侵犯をやめて平和的「外交交渉」に徹せよと呼びかけるのなら正しいが、日本政府に対して「外交交渉」を行なえと主張するのであれば、それは致命的に誤った判断、ないし誤った言葉遣いである。その点では、「領土問題はない」と「外交交渉で」は対立するのである。

日本共産党は、「領土問題はない」との琉球立法院の一九七〇年決議を一九七二年に支持したことを忘れて、「外交交渉を」と言い出したわけだが、ロシアが北方領土について「領土問題はない」と言っていること、韓国が竹島について「領土問題はない」と言っていること、そして中華人民共和国がフィリピンと「領土紛争」を行なっているスカボロー礁（中国名「黄岩島」）について、「領土問題はない」と言っていることをどう考えるのだろうか。

第三の側面は、「外交交渉で」というのは軍事的手段をとるべきではないという動機によるものに違いないが、軍事的手段に反対し平和的解決を望むなら（もちろんそうあってほしいと思うが）、それにはまず中国に対して中国船舶による日本領海侵犯、中国機による領空侵犯をやめることを強く要求すべきであり、武力行使の可能性をちらつかせている中国に対してそれをやめるよう要求すべきであって、中国船舶による日本領海侵犯が常態化しているとき、日本政府が領海を守る措置を強化しようとするいかなる措置にも反対するのは、筋違いである。

文化大革命で明快な正しい中国批判を行なった日本共産党は、二〇一二年九月の中国国内での暴力行為については批判的姿勢をとっているが、中国による領海侵犯を断乎として批判せず（二〇一二年一二月総選挙のさいには、「中国に領海侵犯はいけないと言いました」と言ったが、それ以前には領海侵犯に触れたことはなかったので、言い訳めいてきこえた）、この最大かつ中心的課題を避け、腰が引けているかのように見えるのは、かつて「ソ連・中国の大国主義的干渉」と闘えた歴史のある日本共産党のために惜しまれる。「平和的方法による解決」を呼びかけるべき相手は、日本政府ではなく中国なのである。言うべきことは、中国に対して領海侵犯・領空侵犯をやめよということなのに、これを明確に言っていないということである。中国共産党とパイプのある日本共産党は、なぜいまこそ断乎たる「野党外交」を行なわないのだろうか。

ところで、二〇一二年九月に行なわれた民主党・自民党の代表選挙で、中国にいかにも強硬な態度をとっているかに見える「右翼政治家」たちも、実は中国の領海侵犯に対抗できる法的整備の必要を語った程度で、いま中国船を領海（一二海里＝約二二㎞）およびその外周の接続水域（同じく約二二㎞）には入れないと明言した者は一人もいなかった。二〇一三年四月、中国公船八隻が尖閣領海を同時侵犯したとき、自民党右翼政治家の代表と見られている安倍晋三首相は「尖閣諸島への上陸は絶対させない」とは言ったが、焦眉の問題である「領海侵犯は絶対させない」とはなぜか言わなかった。

米倉経団連会長の発言は、ただ単に企業活動が尖閣問題で妨げられないようにしてほしいという願望を表明しただけのもので、問題解決の展望や方法を語ったものではない。カール・マルクスはかつて、「労働者に祖国はない」と言い、労働者階級の国際連帯を呼びかけたが、米倉経団連会長の発言は資本家にも祖国はなく、彼らの関心は企業の利益だけであるということを示したものだった。

日本共産党の「外交交渉で問題解決を」という主張は、一言で言うとピンボケという印象を与えている。いま尖閣諸島周辺で平和を乱《みだ》そうとしているのが誰であるのかを明確に指摘し、中国に対し領海侵犯・領空侵犯をやめるよう要求すること、一九七二年三月の「領土問題は存在しない」という立場（本書七五頁）に帰ることが望まれる。

かつて文化大革命に追随しなかった日中友好協会なども「尖閣諸島をめぐる紛争が存在すること」を認めよと主張し（『日中友好新聞』二〇一三年二月五日）、沖縄の大学関係者八名の「緊急アピール」も「『領土問題は存在しない』と突き放すのでなく、三者（日本・中国・台湾）で主張の根拠を出し合い、国際的に開かれた場で議論すること」と主張している（『日中友好新聞』二〇一三年二月五日）。沖縄に住んでいる人々も、「領土問題はない」と主張した一九七二年三月「琉球立法院声明」（本書七五頁）を忘れてしまったのであろうか。

二〇一三年二月五日、日本政府が中国軍艦による海上自衛隊護衛艦「ゆうだち」に対する同年一月三〇日（および一月一九日）の火器管制射撃用レーダー照射の事実を公表すると、『しんぶん赤旗』は初めて「中国軍の行為」に対して「挑発行為」との用語を用い、日本共産党の穀田《こくた》恵二国会対策委員長は「中国軍の行為」は「危険な行為で極めて遺憾」と表明した（二〇一三年二月五日『しんぶん赤旗』）。

続いて志位和夫委員長は、日本共産党第六回中央委員会総会への報告で、「中国側に、どんな言い分があったとしても、ある国が実効支配している地域に対して力によってその変更を迫るのは、今日の世界で紛争解決の手段として許されるものではありません」と中国を批判した。極めて常識的な見解であるが、にもかかわらず「領土にかかわる紛争問題の存在を認め」、「外交交渉による解決」を

（二〇一三年二月一〇日『しんぶん赤旗』）という誤った立場は変更するに至っていない。

「領土紛争」という表現

「領土紛争」があるかないかという問題は、日本が実効支配をしている島嶼に対して中華民国・中華人民共和国が領有権を主張し始めたという点では、客観的第三者的な立場から言えば、「領土紛争は存在する」ということになるが、実効支配している立場からは「領土紛争は存在する」などと言う必要はないのである。

それなのに、日本共産党があえて「領土紛争があることを認めよ」と日本政府に要求するのは、中国の立場を支持し、中国のために犬馬の労をとっているように見えてしまうのだということに気づいてほしいものである。

（5）の「反日騒動は中国政府への圧力になっており、中国政府は対応に苦慮している」という論点も、認識の錯誤である。この反日騒動は民衆の間のナショナリズムの盛り上がりによって発生したのではなく、中国共産党中央委員会政治局常務委員会が組織した運動にほかならない。

したがって、（6）「中国政府は反日騒動が反政府運動になることを恐れている」というのも、的外れである。山田吉彦も、「反日でヒートアップしてしまえば、それが反政府運動に変化する可能性がある」（小西・加藤一〇七頁＝参97）としている。現状では、中国では中共の許可を得ないデモや集会は、平和的デモも暴力的騒動も含めて原則として一切できないのである（参69）。激しい貧富の差などへの不平不満が中国社会に鬱積していることは事実であり、その要因が反日騒動に混入してくる可能性がまったくないとは言えないが、反政府化が起こればただちに軍事的手段を使ってでもためらうことなく弾圧する「反人民的」な意思と能力を「中共・中国政府・中国軍」が持っていることは一九八九年六・四事件（いわゆる天安門事件）で目撃してきたところである。

日本では、二〇一二年九月反日騒動で毛沢東の写真が掲げられのは民衆が現在の貧富の差に反対し、毛沢東時代の平等を要求していたのだという解説があった。山田吉彦も、「毛沢東の写真を掲げているケース」は「政府への反発をしめしているもの」（小西・加藤一〇九頁）としている。

王雲海は、その見方は「間違った解釈」であり、「外国に対して弱腰」であることに対する不満の表明である（横山・王九八頁）と言い、若者の失業率の高さに対する不満の表明とだという解説があるが、そうではなく、「純粋に尖閣諸島問題をテーマとしたデモ」だ（横山・王一〇〇頁）と言っている。同感である。

（7）反日騒動が「中共内権力闘争」と関係があるかという点であるが、中共内に権力闘争が存在するであろうことは大いにありうる事であるが、尖閣で事を起こすということは、「胡錦濤」派であろうが「江沢民」派であろうが何派であろうが中共（政治局常務委員会）全体の一致した意思・方針と見るべきである。中共内権力闘争は、派閥次元のもので、政策対立をかならずしも意味しない。

（8）の「中共・中国政府と中国軍は対立している」という見方・憶測も同様で、各グループ間に政策上の重点の置き方に多少の違いがあるかもしれないにしても、基本的には一致しているのであり、尖閣奪取という目標の共有という点で「中共・中国政府・中国軍」は一体と見るべきであろう。

（9）「国際司法裁判所で解決を」という考え方は、そもそも中国側が応じる可能性はゼロであり、問題にならない。

国際法学者小寺彰は、「『全部ないし一部が相手方に移っても領土問題の解決』の方が重要だという意識」が必要なので現状では成り立たないと説明している（本書三一五～三一六頁）。

山田吉彦は、中華人民共和国に一島でも配分されることになれば、日中「中間線がなくなる」ことになり、「東シナ海は全部中国のもの」になると指摘している（石平一六六～一六七頁）。

だとすれば、日本にとっても、尖閣諸島領有権の変更は日中中間線の消滅ないし大幅な形状の変更を意味するのであり、東シナ海の日中中間線を確保するためには尖閣諸島は譲れないということになろう。

2．「尖閣」シミュレーション・日本国憲法・石油利権・日米安保

2―1．「尖閣」シミュレーション

尖閣抗争（と言っても中国側が一方的にしかけているのだが）のシミュレーションとしては、次の三つを視野に収めておく必要がある。

（1）中国が、根本的に戦略を転換するという可能性は極めて低いが、中国にとって尖閣どころではないという切実かつ重大な問題が発生する、またはその他の理由により、一時的に戦術転換し、領海侵犯・領空侵犯をやめる可能性はある。中国は、尖閣奪取という目標をおろさなくても、何らかの

「大局的」考慮から領海侵犯をとりあえずさしあたり中止するのはありえないことではない。

そうなれば、両国関係は正常化する。これが、もっとも望ましいケースである。領海侵犯・領空侵犯の停止、これが唯一の平和への道なのである。

（2）現状の角突《つの》き合いが長期化し、「領海侵犯・領空侵犯を含め、争いつつ、その一方で付き合い続ける」。これが、もっとも可能性の高いケースである。この場合、中国軍を除く中国側の動員可能な手段は、現状（二〇一三年四月）では東シナ海北部の中国海洋局監視船三〇〇隻、航空機九機であるのに対し、日本海上保安庁巡視船は全部合わせて一二一隻、定員一万二六〇〇人であるという。中国中央テレビ（CCTV）は、日本の報道に基づいて「日本の海上保安庁は連日の出動で疲労しきっている」と報道している。中国は押せ押せムード、日本はおたおたムードであるが、この状況は日本社会に対中不満を鬱積《うっせき》させてゆくことになり、深刻な不安要因を日本社会と日中関係に埋蔵してゆくこととなろう。

（3）中国にとっても、日中経済関係は確かに重要であり、狂気のタガがはずれない限り、基本的には大国プレッシャーによる目標実現を追求し続けるはずであるが、狂気のタガがはずれないという保障もない。希望的観測によって現実に存在する可能性を切り捨てる思考をしてはならない。

戦争については、ごく一部の人々を除いて誰しも戦争は避けたいし、避けねばならないと考えている。しかし、その可能性については二つの見方があり、戦争はありえないという見方と一触即発状態にあり、戦争はありうるという見方が対立している。

中国の領海侵犯＝戦争挑発行為が常態化している中で、「中共・中国政府・中国軍」の狂気のたががはずれたとき、戦争に発展する。これは、もっとも悪い可能性であるが、石原伸晃《のぶてる》自民党幹事長（二〇一二年九月当時）のように「ありえない」と可能性を排除したり、石平のように「武力行使の選択肢は中国にはない」（石平八九～九一頁）と断定したり、山田吉彦のように「すぐに戦争うんぬんを心配する必要はありません」（小西・加藤一一〇頁）、高橋和夫のように中国が「尖閣諸島を実力で奪取しようとするとは、現段階では考えにくい」（高橋五二頁）と安請け合いをするわけにはいかないのである。

中国が現在選択している政策は、かつて日本軍部が勝てるしっかりした見こみもなしに太平洋戦争に突入したのと同じ、おそろしくレベルの低い愚かしい狂気の極右的方針なので、ここからほんの一歩踏み出せば日中尖閣戦争が実現してしまう。現状は、一触即発状態である。日中全面戦争（一九三七～一九四五）も、盧溝橋で誰が撃ったか今日なおわからない一発の銃声がきっかけとなって始まったのであった。尖閣戦争の可能性も、次の二つのケースが考えられる。

①東シナ海限定作戦

中国軍は、物量作戦を実施する。二〇一二年九月には、一〇〇〇隻の漁船が尖閣に向かうとの報道があったが、これは日本の不安を煽《あお》る心理作戦であった。しかし、本当に大量の漁船（中国軍の偽装の可能性も含めて）が日本領海に侵入したなら、海上保安庁の巡視船では太刀打ちできない。続いて中国軍が尖閣を占領し、漁船が撤退する。これに対し、自衛隊の反撃が発動され、交戦が開始される。

米軍が日米安保条約に基づき出動すれば、中国軍は一旦退却する。ここで終わる可能性もあるが、中国軍による反撃も行なわれ、長期化する可能性もある。

長期化すれば、中国軍による沖縄を中心とする軍事基地・港などへのミサイル攻撃もありうる。中国国内に滞在する日本企業従業員・留学生・観光旅行者などに対する拘束が行なわれる。二〇一三年一月現在、中国滞在の日本人は一四万人であるという。経済面では、輸出入業務の妨害、日本企業接収・乗っ取りもありうる。中国大陸に進出した台湾企業の乗っ取りが、実際に進行中なのである（参81）。日本企業は、中国で一〇〇〇万人を雇用しているとも言われるが、中国がこれら日本企業を接収ないし乗っ取って運営することがあり得ないわけではなく、日中戦争の開始、即、中国人一〇〇〇万人の失業というほど単純にはいかない可能性もある。日本企業は、いざ撤退しようとしても、行きはよいよい帰りはこわいで、撤退は簡単ではない。

また、台湾軍参戦の可能性も視野に収めておくことが必要であろう。台湾は、対米関係もあるので、簡単には動かないだろうが、台湾独立を掲げる民進党との対抗関係から台湾国民党と友好関係にある中共は、二〇一二年九月に台湾漁船を動員したように、できるだけ台湾を前面に押し出そうとしている。

中国軍が軍事行動を起こしたとき、日本はどのような対抗措置がとれるのかは事前に全面的に検討しておかなければならない。

②日中全面戦争

尖閣戦争が、かならず東シナ海に限定されるとは限らない。理性が麻痺し、狂気の最後のタガがはずれたとき、中国が暴走し、日中全面戦争となる可能性をシミュレーションから排除するべきではない。その場合、日本を射程に収めている「瀋陽、湖南、晋北、河北」などの中国軍の多数のミサイルが使用される可能性がある。日本の原発は、裸である。さらには核兵器使用の可能性、戦争の国際化の可能性も排除できない。そうした戦争に発展することは、中国の経済的発展をご破算にすることになり、健全な常識が完全に敗北しない限り避けられるだろうが、狂気のタガがはずれないという保障もない。しかし、中国の原発も裸なのであり、米軍による中国大陸出撃拠点に対する爆撃もありえないことではなくなる。

従って、戦争はできないし、絶対にすべきでないことは議論の余地なく明らかなのだが、それにもかかわらず中国は軍事力を行使してでも尖閣を奪取すると息巻いている現実がある。これはすでに、「武力による威嚇または武力の行使」を禁じた「日中平和友好条約」違反である。戦争は、愚かしい行為である。戦争は何としても避けねばならないが、戦争はいやだからといって戦争を避けるために要求されたら何でも譲るのかというと、そういうわけにはいかないだろう。無抵抗で尖閣を明け渡すわけにはいかない。それは、はじめは意見が割れても日本国民の総意となるだろう。そして、尖閣だけで話は終わらないのである。

中華民国政府は一九一二年一一月、外モンゴル（現モンゴル）は「中国の領土」と主張し（『アジア史入門』）、中華民国政府および一九四七年一一月『申報』「社論」は、琉球（沖縄）は「中国の領土」と主張した（本書Ⅰ‐3参照）。この『申報』「社論」は、琉球が中国を「宗主国」としており、みずからを「藩属」国と位置づけていたという「史実」をあげていた。

これについて一言付け加えるなら、中世における「宗主国」「藩属国」関係というものは一種の上下関係ではあるが、「藩属国」が「宗主国」の領土であったわけではない。明朝は、沖縄を支配していなかったし、徴税も行なっていなかった。こんな主張が通るなら、足利義満《あしかがよしみつ》（一三五八～一四〇八）も明朝の永楽帝《えいらくてい》（一三六〇～一四二四）から「日本国王」に冊封されたので（『アジア史入門』）、日本も中国の領土だという主張がまかり通ることになってしまう。

中国国民党の蒋介石（一八八七～一九七五）は、「反共抗ロシア基本論」（一九五二年）で、日本は「わが台湾を割《さ》き、わが琉球（沖縄）を占領し、わが朝鮮を併合し、現在ではわが東三省（満洲）を侵略占領」したと述べていた（『アジア史入門』）。ここで、蒋介石は「琉球（沖縄）」のみならず、「朝鮮」も中国の領土と意識しているわけだが、これは蒋介石に限らず、中国国民党・中国共産党を含む大中華主義者に共通の意識なのである。中華民国政府は、一九七一年六月の声明では「琉球の帰属は未定」（本書Ⅰ‐4）と主張していた。

そして、二〇一二年九月の中華人民共和国の反日騒動でも「琉球を返せ」というスローガンが掲げられたが（本書Ⅰ‐7参照）、尖閣諸島奪取に成功すれば、中華人民共和国の次の目標が沖縄になることは確実である。「大中華主義」のしからしむるところである。

アメリカはこのさい、一方で「尖閣は日米安保適用対象」と言い、他方で「主権争いにはいずれの側にも与《くみ》しない」と言っているので、曖昧《あいまい》な印象を与えている。この方針の歴史過程を辿ってみよう。

2-2．石油利権

ジャーナリスト徳本栄一郎「アメリカから見た尖閣『秘密のファイル』」（『文藝春秋』二〇一二年一二月号＝参105）によれば、ホワイトハウスの国家安全保障会議は、「国家安全保障会議研究メモランダム第一一四号　世界の石油情勢」（ＮＳＳＭ一一四）を出した。キッシンジャー大統領補佐官が、国務長官・国防長官・財務長官らにあてたものだという。

アメリカ・カリフォルニア州のニクソン大統領図書館所蔵文書によれば、その三日後、キッシンジャーはニクソン大統領に「米国系を主とする国際石油会社と中東産油国の対立は世界的な石油危機を起こすだろう」とのメモを送った（『文藝春秋』二〇一二年一二月号）。

確かに、石油危機は近づいていた。

「二〇〇七年に秘密指定が解除された」（日本外務省ＨＰ）アメリカ中央情報局（ＣＩＡ）の報告書を調べたという徳本によれば、ＣＩＡ「インテリジェンス・レポート　尖閣諸島の紛争」（一九七一年五月）は、「日本の琉球との関わりは、最初の琉球の王が生まれた一一六六年頃にさかのぼる」とし、「北京や台北で刊行された地図も日本の主張を強く裏付けている。一九六六年、文化大革命時に北京で刊行された紅衛兵用の地図」では「尖閣海域は明らかに中国国境の外に位置していた」と述べていた（『文藝春秋』二〇一二年一二月号）。

この報告書には「東シナ海・石油権益」という標題の地図が添付されており、台湾から九州沖までをいくつかの区画に区切っており、各区画に石油会社の社名が記されている（『文藝春秋』二〇一二年一二月号）という。

尖閣諸島から台湾にかけての「ゾーン2」には、米国系オイル・メジャー、ガルフ社の名が書かれていた。ガルフ社は一九七〇年夏に中華民国（台湾）から鉱区権を得ていた（参101）。これは、本書I-4でも触れた。

アメリカ政府とオイル・メジャーは、密接に連絡を取りあっていた。

「ガルフのマネージャーによると、三月六日、同社の探査船が基隆《キールン》市に到着し、五日正午からゾーン2の予備調査を再開した」（一九七一年三月六日駐台米国大使館報告。『文藝春秋』二〇一二年一二月号）。

「国務省との協議で石油会社の一部は独占探査権を維持して、各国政府から紛争が解決するまで探査を一時中止する同意を得る事に関心を示した」（一九七一年四月二三日国務省報告。『文藝春秋』二〇一二年一二月号）。

「スタンダード・オイル・オブ・カリフォルニア（ソーカル）とテキサコによると、彼らは日本石油と共同で鉱区調査を進めるよう日本政府から強い圧力を受けている」（一九七一年四月二四

日国務省報告。『文藝春秋』二〇一二年一二月号）。

米国務省・ＣＩＡは一九七一年八月二日、「日本は自由世界で第二位の最も活力がある、アジアで唯一の非共産国の経済大国である。急速な経済成長を遂げており、今の趨勢が続けば八〇年代にはＧＮＰでソ連を抜く」とのレポートが提出された（『文藝春秋』二〇一二年一二月号）。

これは、アメリカと中華民国がまだ国交関係を持っており、中華民国が国連常任理事国である時期であった。

以上のレポートの述べるところが事実なら、アメリカが尖閣諸島主権問題で「中立」スタンスを決めた動機は石油の獲得であり、石油の採掘は日本と中華民国との「紛争」の解決待ちで棚上げになったという可能性が高くなる。これらの資料は、さらに掘り下げて調査する必要があろう。

2-3．日本国憲法と日米安保

戦争の可能性については、日本国憲法第九条第二項「交戦権の禁止」規定との関係が問題となる。現状では日本国民の大多数は、反日騒動があっても領海侵犯があっても平和志向であることに変化は起こっていない。「日本ナショナリズム」は不発状態にとどまっており、善し悪しは別として「日本ナショナリズム」は言わば死滅状態にある。

しかし、尖閣戦争が現実化すれば、「自衛権」を行使せざるをえず、それは日本国憲法第九条の

「軍隊」所持の禁止条項のみならず、「交戦権」禁止条項との矛盾が深刻化し、九条改正は避けられなくなる。中国は、「日本は平和憲法を守れ」と言っているが、中国の領海侵犯・領空侵犯という行為は改憲を含む戦後日本社会の変化を強要しようとしているのである。

ニクソン米大統領は一九七二年二月二一日、訪中した。アメリカは、従来の中国封じこめ政策を転換し、米中接近が具体化した。アメリカの対中接近政策は、ベトナム戦争の苦境から抜け出すこと、および対立を深めていた中ソの分断を推進することなどであったと見られる。アメリカは中国に対し、日米安保条約は日本の軍国主義復活を抑止するためのものと説明した。いわゆる「日本軍国主義」に対する「瓶《びん》のふた」機能であるが、額面通りかどうかは別として少なくとも主として中国に日米安保条約を認めさせるための口実であっただろう。

一九七二年六月、ヘンリー・キッシンジャーが来日したが、その直前、国務省はキッシンジャーにブリーフィング文書を提出しており、その中で「第二次大戦中の日米の地図は尖閣が沖縄の一部であり、日本の施政下にある」とし、日本の主張に分があるとしつつも、キッシンジャーに「中立」の立場をとるよう促していたという(『文藝春秋』二〇一二年一二月号)。

ニクソン米大統領は一九七二年八月、田中角栄首相と日米首脳会談を行なうため、ハワイに赴いたが、そのさいのブリーフィング文書も尖閣諸島に関して「この紛争に関与しないという基本的立場が変わらない」としていたという(『文藝春秋』二〇一二年一二月号)。

アメリカが尖閣諸島を含む沖縄の施政権を日本に返還したことと尖閣諸島の主権問題についての

「中立」「不関与」という方針とは、誰が見ても明らかに矛盾している。米政府報道官は、二〇一二年九月の記者会見でこの点を中国人記者に突っこまれ、うろたえたのであった。

一九七二年八月「米国務省文書」は、「米国は琉球の施政権（尖閣を含む）が日本に返還されたことを公に認めた。そのため、日本人の一部は、尖閣への外国（すなわち中国）の侵略に対する防衛に〈日米安保条約〉第五条が適用されるのは明らかで米国の中立は矛盾すると主張している」と述べている（『文藝春秋』二〇一二年一二月号）。

アメリカのこの態度は、沖縄返還協定で尖閣諸島を含む沖縄の施政権を日本に返還したことと矛盾していることは明らかだが、今日では石油のみならず、「一三億人の市場」中国との関係を考慮したものであろう。

しかし、中国が尖閣諸島に対し軍事行動を起こしたとき、アメリカがもし動かなければ、日本のみならずアメリカと同盟関係を結んでいる各国の信用を失い、日本では否応なしに日米安保廃棄、憲法九条改定に国民的合意が形成されることにならざるをえなくなる。

中国の領海侵犯が長期化したり、中国での日本企業への破壊行為などが拡大すれば、日本国民の平和主義からの転換がじわじわと促進されることとなり、改憲への同意、その後、非核三原則から核武装容認への転換が起こる可能性すら生まれる。

元外交官・東郷和彦は、「二〇一〇年九月七日、日本は、新しい時代に入った」、「憲法九条というイデオロギーで日本を守っていた時代は終わった。外交の先に武力衝突がありうるという時代が始まった」（東郷一四〇～一四一頁＝参84）、「戦後外交で私は初めて、戦争のリアルな危険性が出たと思っています」（東郷二一八頁）と述べている。これは、否応なしの現実なのである。

しかも、東郷がそう述べた後、二〇一〇年、二〇一一年、二〇一二年、二〇一三年と事態はますます悪化している。改憲が実現するか否かは、実に中国の出方次第となっている。九条改憲推進派は、中国が「撃ってくれる」ことを期待しているのかもしれない。中国が撃ってくれれば、日本の平和主義は粉砕され、改憲の障害物が一挙に解決されるからである。

Ⅴ　結論

本書の結論は、以下の通りである。

（1）一九世紀以来の「近代国家」の枠組で前近代の「国境」を解釈するのは、間違いである。現在の国境線が、古来変わらずにあったわけではない。また、前近代においては、無人島、「無主の地」はたくさんあり、尖閣諸島は一八九五年まで無人島であり、「無主の地」であった。

（2）①中国の主張する「釣魚島は古来から中国の領土」という主張は、それを証明する史料が皆無であり、成り立たない。②したがって、中国の主張する「盗み取った」という主張は成り立たない。③日本による尖閣諸島領有は日清戦争の処理とは関係がない。④中国の主張する「カイロ会議・ポツダム宣言によって尖閣諸島を中国に返還すべき」との主張は、カイロ会議・ポツダム宣言の中に「尖閣諸島を中国に返還すべき」との文面は存在せず、「カイロ会議・ポツダム宣言で中国に返還されることになった」という主張は何の根拠もない。⑤「無主地」の「先占」の要件は、「国家による領有意思の存在」と「実効支配の事実」であり、尖閣諸島は一八九五年以来、日本の領土であるという日本の主張は、「近代国家」のルールである国際法の「無主地先占」の原則に合致している。

（3）しかし、中国は積極的な対外宣伝活動を行なっており、ポーランド、フィリピン、ドイツ、コンゴー、カナダなどでも、中国を支持する声があがっていると言っている（二〇一二年九月二〇日『人民日報』）。

日本政府は、「領土問題はない」という立場を堅持しつつも、日本が尖閣諸島を領有する正当性を国内外で積極的に主張し、特に対外的広報活動を強化すべきである。これは、英語版があれば十分ということではなく、中国がアラビア語も含む七種類の言語で発信しているのなら（石平五三頁）、日本外務省は英語・中国語・アラビア語・ロシア語・フランス語・スペイン語による発信を行なっているが、そのほかに少なくとも韓国語・マレー語・ベトナム語・ヒンドゥー語・イタリア語・ドイツ語などでの発信も加えるべきであろう。

（4）中国の尖閣領土主張は、中国の資源衝動を動機とし、さらに「海洋大国」化をめざし、西太平洋を中国の海としようとしている大中華主義の実現を目的とする中国共産党の、狭隘《きょうあい》なナショナリズムを利用した極右政策である。

（5）すべての反日行動は、中国民衆の自然発生的ナショナリズムから起こったものではなく、二〇一二年九月現在中国共産党中央政治局常務委員九名（同年一一月、七名に変更）を先頭とする「中共・中国政府・中国軍」が一体となって組織したものである。

（6）中国の挑発に単純に乗ることは回避しつつ、当面、基本的に海上保安庁による領海侵犯を許さない対策を強化することが必要である。日本の事前同意なしに中国海洋局監視船・漁業監視船などの公船が日本領海に入ること、中国航空機が日本領空を侵犯すること、自衛隊護衛艦に対して火器管制レーダーを照射することなどは、加盟国による「武力による威嚇・武力の行使」を禁じた国連憲章や日中平和友好条約（一九七八年）に違反する行為なのであり、それはすでに中国による日本侵略なのである。

（7）日本企業は、しばしば反日発作が起こるリスキーな「世界の工場」中国一辺倒から徐々に中国投資を縮小し、東南アジア・南アジアへの移転を進めて行くべき時期に入った。東南アジア・南アジアには二〇億人市場が成長しているのである。それでも中国に新規投資をする企業があれば、完全に自己責任となろう。もちろん、中国が反日発作病を克服できた段階ではその限りではない。

（8）日本の領土教育は不十分であり、「近代国家」の論理に則《のっと》り、適切な「国民」領土教育が必要であり、同時に現生人類史における「近代国家」の限界を認識すべきである。

（9）日本人は、悲惨な戦争体験から、戦後、平和主義を守っており、ナショナリズムは燃え上がっていないが、中国の軍事行動次第で改憲の可能性が生まれる。

（10）緊急課題

①中国による領海侵犯、領空侵犯を阻止する。

②中国政府に領海侵犯・接続水域への進入を一日も早くやめるよう強く求める。憲法九条を守りたいなら、これが、中心的なポイントである。これをしないで、憲法九条は守れない。

③国連・アメリカを含む国際社会に対し、中国が領海侵犯をやめるよう要求することを要請する。日本国およびわたしたち日本人は、七〇年近くにわたって平和主義を守ってきたが、それはこの間

に周辺諸国からの侵略の脅威・危険がほとんどなかったからである。しかし、軍事力の行使をふりかざして領土要求をする「大国中国」が出現した今日、平和主義者だからといって、戦争はいやだから取りたいものはどうぞ取ってください、どうぞ殺して下さい、抵抗はしません、というわけにはいかなくなった。そして、わたしたちも「近代国家」の枠内に生きている以上、「近代国家」病から自由ではないが、それを相対化する視点を持っていることが大切である。

現状の近代社会は、「寸土も譲らない」という「近代国家」病から逃れられないが、日本が日本領土と認識していながら他国の実効支配が成立している北方領土や竹島などの地域に対しては、「領海」侵犯もせず、軍事力も行使していないように、中国は軍事力をひけらかすことをやめ、領海侵犯をやめ、平和的交渉による解決をめざすべきである。「武力による威嚇、武力の行使」は、一九七八年日中平和友好条約違反なのである。中国がこの最低限の理性を一日も早く回復することを望みたい。

現在、日本だけが単独で「近代国家」の論理を否定するわけにはいかないが、長期展望として将来においては「近代国家」の論理・あり方を次第に変型させてゆき、国境の意味をレベルダウンさせてゆくなど、領土・領海をめぐる抗争が「現生人類」史のパースペクティブから解決・解消される日のあることを期待したい。

最後に蛇足気味ではあるが、『季刊中国』第一一三号（二〇一三年夏号）に発表することができた一文を再録する。日本の日中友好を願う善意の平和主義者への手紙である。

「提言：戦争を回避する道

日中関係は、一触即発の状態に入っている。日中国交樹立以来、最悪の事態だ。戦争を回避する唯一の道は、一方の側が自国の領土だと思っても、他国が実効支配している地域・海域・空域に入らないことである。日本は、北方領土・竹島を日本の領土だと確信しているが、決してそこに上陸したり、その「領海を侵犯」したりしていない。それをやれば、戦争になることがわかっているからである。中国当局者には、この最低限の常識を守ってもらう必要がある。

日本国憲法第九条は、周辺国がそれを尊重することが存続の条件である。周辺国から国連憲章・日中平和友好条約の禁ずる「武力による威嚇、武力の行使」が行なわれれば、憲法九条は存続の条件を失う。憲法九条を存続させたければ、まずやらなければならないことは領海侵犯・領空侵犯をやめさせることである。

そのためには、中国とのさまざまなレベルの交流を広げ、彼らにそれを理解してもらうことであり、とりわけすでに中国とのパイプを持っている人は今こそそれを活用すべき時なのである。

国際社会は、対岸の火事と見ているかもしれないが、戦争に突入すれば、国際社会にも重大な影響を及ぼすことになろう。領海侵犯・領空侵犯をやめさせることは、国際平和をまもることでもあるのである。国際社会に訴え、国際世論の力で平和を守らなければならない。

日中友好協会は、文化大革命以来最大の試練にさらされており、岐路に立っている。文革のとき、その評価をめぐって、協会は分裂した。わが協会が文革に追随しなかったのが正しかったことは、すでに歴史が証明した。中国の主張を何でも鵜呑みにすることが、日中友好なのではない。友人が誤りを犯したとき、それが誤りであることを直言できなければ、真の友人とは言えないだろう。(二〇一三年三月一五日)」

あとがき

尖閣諸島問題について、日本人は問題を正確にとらえることが必要である。しかし、マスコミの報道や「識者」の解説を見ていて、筆者は失望せざるを得なかった。

まず、「中国」が何をしようとしているのか、明確に説明するものがなかった。また、日本の報道から見ると尖閣諸島問題で中国人全体が「愛国心」に燃えて反日行動をしているように見えるが、中国国内の大多数の人々は実は尖閣諸島問題には無関心で、反日騒動に参加した人々を含めて尖閣諸島がどこにあるのかさえ知らないという実態があるという認識さえないようである。

また、少なからぬ尖閣論が発表されているが、学問的検証に耐えない非論理的な作がめだった。尖閣論には研究史・論争史があるのに多くの論者がこれを無視しているが、本書の検討によって研究史・論争史を押えることの重要性は明らかになったはずである。

本書Ⅲ・Ⅳ・Ⅴは二〇一二年一〇月に書いたものだが、一年近く経った今、まったく書きかえる必要を感じない。事態は、一年経っても変化しなかったのだ。これは同年一一月頃、某総合月刊誌に掲載をお願いしたが断られ、Ⅱ‐4は二〇一三年二月に日中友好系某紙に掲載を依頼したが、やはり断られた。本書は、これらを含め多少加筆したものである。

わたしは、本書で尖閣諸島問題に関する中国批判を行なった。わたしは、大多数の学者・マスコミが礼賛した中国文化大革命（一九六六～一九七六年）でも少数派批判者の側にいたが、その時もいまも中国が嫌いだから批判をしているわけではない。中国が、平和・民主主義・人権・弱者に目を向けた政治などでしかるべき役割を果たしてくれることを期待してきたからである。しかし、領土主張の根拠にもならぬ史料を証拠と強弁し、力ずくで領土を奪いとろうする横暴なふるまい、中国・中国共産党のこんなていたらくは見たくなかった。鄧小平は、かつて、「もし将来、中国が覇権主義的態度をとるようになったら批判して下さい」と言っていたが、いまが正にその時ではないか。

わたしは、中国国内にも理性ある人々が現に存在していることを知っている。残念ながら、彼らは今のところ中国社会を動かせる政治的影響力を持っていない。それは、中国に言論の自由がないからである。今後、中国の中の理性ある人々が社会の主流を占め、理性的な対話と討論が行なえるようになる日が訪れることを切に願っている。つまり、中国に民主主義が実現する日が尖閣問題が「解決」する日なのである。

本書原稿は、二〇一三年一月にはほとんど完成しており、十数社の出版社と出版交渉をしたがすべて断わられ、全滅した。屈辱の一年であった。「出版の自由」とは何であろうかと考えさせられた。

最後に創英社／三省堂書店水野浩志氏のご理解を得て日の目を見ることができることとなった。心から感謝したい（二〇一三年九月三〇日）。

Ⅵ　尖閣関連参考文献

1. 原田種成校閲・本田二郎『周礼通釈　上・下』（戦国時代以降の作。秀英出版　一九七七年七月）。〔清〕孫詒譲『周礼正義』（『四部備要』経部　中華書局　拠清光緒乙巳本校刊。台湾中華書局　一九六六年三月）。
2. 〔唐〕孔頴達等撰『尚書』（春秋時代の作。中華書局　一九九八年八月）。
3. 『隋書』（顕慶元年／六五六年。中華書局　一九七三年八月）。
4. 宇治谷孟『日本書紀（上）（下）　全現代語訳』（養老四年／七二〇年。講談社　一九八八年六月、八月）。
5. 李賢等奉勅撰、長沢規矩也・山根幸夫編『和刻本大明一統志　上巻・下巻』（天順五年／一四六一年。汲古書院　一九七八年一一月）。現存の『大明一統志』は、一四六一年刊本から一九六五年刊本まで八種ある。
6. 『順風相送』（推定一六世紀の作。向達校注『両種海道針経』所収　中華書局　一九六一年九月）。
7. 陳侃『使琉球録　夷語夷字付』（嘉靖一三年／一五三四年、拠明嘉靖刻本影印。線装本。国立北平図書館善本叢書第一集　商務印書館　一九三七年一月）。那覇市企画部市史編集室編集『那覇市

史　資料篇第一巻三』所収（那覇市役所　一九七七年三月）。陳侃（原田禹雄訳）『使琉球録』（榕樹書林　一九九五年六月）。
8. 鄭舜功『日本一鑑』（嘉靖三四年／一五五六年来琉。三年滞在、帰国後執筆）。『日本一鑑窮河話海』（線装本。民国二八年拠旧鈔本影印）。梅田信隆禅師退董記念出版刊行委員会企画『日本一鑑の総合的研究　本文編』（文殿閣本。棱伽林　一九九六年四月）。
9. 胡宗憲編・鄭若曾輯『籌海図編』（嘉靖四〇年／一五六一年。王雲五主持『四庫全書珍本五集籌海図編』）および『中国兵書集成15』所収（解放軍出版社　一九九〇年一〇月）。
10. 郭汝霖『重編使琉球録』（一五六一年）。那覇市企画部市史編集室編集『那覇市史　資料篇第一巻三』所収（抄。那覇市役所　一九七七年三月）。郭汝霖（原田禹雄訳）『重編使琉球録』（榕樹書林　二〇〇四年四月）。
11. 那覇市企画部市史編集室編集『那覇市史　資料篇第一巻三』所収（抄。那覇市役所　一九七七年三月）。蕭崇業・謝杰（原田禹雄訳）『使琉球録』（一五七九年。榕樹書林　二〇一一年三月）。
12. 那覇市企画部市史編集室編集『那覇市史　資料篇第一巻三』所収（抄。那覇市役所　一九七七年三月）。夏子陽（原田禹雄訳）『使琉球録』（万暦三四年／一六〇六年。榕樹書林　二〇〇一年八月）。
13. 胡靖『杜天使冊封琉球真記奇観』（崇禎六年／一六三三年。那覇市企画部市史編集室編集『那覇市史　資料篇第一巻三』所収　那覇市役所　一九七七年三月）。

14．羽地朝秀（向象賢）『琉球国中山世鑑』（一六五〇年。伊波普猷・東恩納寛惇・横山重編纂『琉球史料叢書　第五』井上書房　一九六二年七月）。
15．張学礼（原田禹雄訳）『使琉球紀・中山紀略』（康熙三年／一六六四年。榕樹書林　一九九八年七月）。
16．那覇市企画部市史編集室編集『那覇市史　資料篇第一巻三』所収（抄。那覇市役所　一九七七年三月）。汪楫（原田禹雄訳）『冊封琉球使録三篇』（康熙二二年／一六八三年。榕樹書林　一九九七年九月）。
17．程順則『指南広義』（康熙四七年／一七〇八年。王雲五主持『四庫全書珍本』所収、一九七四年）。〔琉球〕程順則撰『指南広義』（『傳世漢文琉球文獻輯稿第一輯』所収、海峡出版发行集団・鷺江出版社）。
18．那覇市企画部市史編集室編集『那覇市史　資料篇第一巻三』所収（那覇市役所　一九七七年三月）。徐葆光（原田禹雄訳）『中山傳信録』（康熙六〇年／一七一九年。榕樹書林　一九九九年五月）。
19．新井白石（原田禹雄訳）『新井白石　南島志』（一七一九年。榕樹書林　一九九九年五月）。
20．『欽定四庫全書』（上海古籍出版社　一九八七年）所収黄叔璥撰『臺海使槎録』。黄叔璥撰『臺海使槎録』（百部叢書集成　清光緒王灝輯刊幾輔叢書本景印　藝文印書館）。黄叔璥撰『臺海使槎録』（上海商務印書館　一九三六年）。

21.〔清〕張廷玉等撰『明史』（乾隆四年／一七三九年。中華書局　一九七四年四月）。
22.那覇市企画部市史編集室編集『那覇市史　資料篇第一巻三』所収（抄。那覇市役所　一九七七年三月）。周煌『琉球国志略』（乾隆二二年／一七五七年。商務印書館　一九三六年）。周煌（原田禹雄訳）『琉球国志略』（榕樹書林　二〇〇三年六月）。
23.林子平『三国通覧図説』（天明五年／一七八五年）。山岸徳平・佐野正巳編『新編林子平全集一〜五』（第一書房　一九七八年一〇月〜一九八〇年七月）所収。
24.那覇市企画部市史編集室編集『那覇市史　資料篇第一巻三』所収（那覇市役所　一九七七年三月）。李鼎元（原田禹雄訳）『使琉球記』（嘉慶七年／一八〇二年。榕樹書林　二〇〇七年四月）。
25.斉鯤・費錫章（原田禹雄訳）『続琉球国志略』（嘉慶一三年／一八〇八年渡琉。榕樹書林　二〇〇六年六月）。
26.趙新（原田禹雄訳）『続琉球国志略』（同治五年／一八六六年。榕樹書林　二〇〇九年六月）。
27.〔清〕和坤等奉勅撰『大清一統志』（乾隆二九年奉／一七六四年。線装本　光緒壬寅秋上海宝善斎石印、巻三三五）。『四庫全書』所収　上海古籍出版社　一九八七年六月）。
28.〔明〕郭汝霖・〔清〕徐葆光等撰、王菡『國家圖書館蔵琉球資料三編』（全二冊。北京圖書館出版社　二〇〇六年一二月）。
29.〔清〕孫爾準等修・陳壽祺纂・程祖洛等続修・魏敬中続纂『道光重纂福建通志』（道光一七年／一八三七年）。

30.『噶瑪蘭志略』（成文出版社有限公司　中華民国七二年／一九八三年）。
31.〔清〕陳壽祺等『重纂福建通志』（同治戊辰春鋐正誼書院蔵版。同治一〇年／一八七一年。国会図書館所蔵マイクロフィルム）。
32.『台湾地輿総図』（清・不著撰《せん》人、民国五二年台湾文献叢刊排印本。成文出版社有限公司一九八四年三月）。
33.西里喜行「琉球分割交渉とその周辺」（琉球新報社編『新琉球史―近代・現代編』琉球新報社一九九二年一二月）。
34.一八八五年九月六日『申報』。一九四七年一〇月二三日『申報』。
35.外務省編纂『日本外交文書』第一八巻（日本国際連合協会　一九五〇年一二月）。『日本外交文書』第二〇巻（日本国際連合協会　一九四九年一一月）。『日本外交文書』第二三巻（日本国際連合協会　一九五二年三月）。
36.那覇市役所総務部総務課那覇市史編集委員会編集『那覇市史　資料編第二巻上』（那覇市役所一九六六年一〇月）。『那覇市史　資料編第一巻三』「冊封使録関係資料（原文編）」（一九七七年三月）。『那覇市史　資料編第一巻三』「冊封使録関係資料（読み下し編）」（一九七七年三月）。
37.内閣官房局『明治二八年一月中官報目録』、『明治二九年三月中官報目録』。
38.齋藤道彦「中国から見た日露戦争」（『季刊中国』第七八号　二〇〇四年九月）。
39.島倉竜治『沖縄千年史』（日本大学　一九二三年六月）。

40．伊能嘉矩『台湾文化志』（刀江書院　上巻・中巻・下巻　一九三〇年九月）。
41．齋藤道彦「辛亥革命と現代中国」（『中央評論』第六四巻第一号　中央大学出版部　二〇一二年五月）。
42．齋藤道彦『五・四運動の虚像と実像――一九一九年五月四日北京』（中央大学出版部　一九九二年一月）。
43．ラナ・ミッター（吉澤誠一郎訳）『五四運動の残響　二〇世紀中国と近代世界』（岩波書店二〇一二年七月）。
44．趙爾巽等撰『清史稿』（一九二七年脱稿。中華書局　一九七七年一二月）。
45．臧励龢編『中国古今地名大辞典』（商務印書館　一九三一年五月）。
46．齋藤道彦「国民参政会と国共関係」（齋藤道彦編著『中国への多角的アプローチⅡ』所収　中央大学出版部　二〇一三年三月）。
47．資料「琉球群島人民反對美國佔領的鬥爭」（一九五三年一月八日『人民日報』）。
48．『季刊沖縄』第五一号（一九六九年一二月号）所収林司宣「尖閣列島周辺の大陸棚境界画定問題」。
49．『季刊沖縄』第五二号（一九七〇年三月号）所収奥原敏雄「尖閣列島の法的位置」。
『日本及日本人』第一四八一号（一九六九年一二月号）所収奥原敏雄「尖閣列島――歴史と政治のあいだ」。
50．楊仲揆「尖閣群島問題」（一九七〇年八月二二日、二三日『中央日報』）。

51. 中国の会『中国』第五二号（一九七一年二月号）所収月刊『明報』資料室「釣魚台列島はわれわれのもの」、『中国』第五六号（一九七一年六月号）所収勝連哲治「尖閣列島問題と沖縄」、奥原敏雄「尖閣列島の領有権と『明報』論文」。

52. 郭生「釣魚島的領土主權和油源開發問題」（『七十年代月刊』一九七一年三月號）。

53. 井上清①「釣魚列島（〝尖閣列島〟）等の島嶼は中国の領土である」（『日中文化交流』一九七二年二月一日号）、②「釣魚列島（尖閣列島等）の歴史と帰属問題」（『歴史学研究』第三八一号一九七二年二月号）。井上清③「釣魚諸島（「尖閣列島」など）の歴史とその領有権（再論）」（『中国研究月報』一九七二年六月号）。

54. 楊仲揆「釣魚台問題重要補充資料」（『祖国』一九七二年三月号）。

55. 一九七二年三月二〇日『朝日新聞』社説「尖閣列島」。

56. 「日本共産党の見解」（一九七二年三月三一日『赤旗』）。

57. 楊仲揆『中国・琉球・釣魚台』（香港　友聯書報発行公司　一九七二年五月）。

58. 井上清「釣魚列島（〝尖閣列島〟等）的歴史和帰属問題」（一九七二年五月四日『光明日報』）。井上清「釣魚列島（〝尖閣列島〟）等島嶼是中国領土」。

59. 『朝日アジアレビュー』通巻一〇号夏季号・一九七二年第二号。奥原敏雄「尖閣列島と領有権帰属問題」、高橋庄五郎論文、山田友二年表を含む。奥原論文は、インターネットでも読める。

60. 井上清④『釣魚諸島の史的解明――「尖閣」列島』（現代評論社　一九七二年一〇月）。同書の第

一部が同名で第三書館（一九九六年一〇月）から出ており、井上自身の「はしがき」が付いている。本書の引用頁数は、第三書館版による。

61．尾崎重義「尖閣諸島の帰属について」（国立国会図書館調査立法考査局『レファレンス』第二五九号、第二六一号、第二六二号、第二六三号、一九七二年八月、一〇月、一一月、一二月）。

62．園田直『世界　日本　愛』（第三政経研究会　一九八一年五月）。

63．『宜蘭県志』（成文出版社有限公司　一九八三年三月）。

64．緑間栄『尖閣列島』（ひるぎ社　一九八四年三月）。

65．『台湾地輿総図』（成文出版社有限公司　一九八四年三月）。

66．刘文宗「中国対钓鱼岛的主权不容辩驳」（一九九六年八月二日『法制日報』）。邦訳、一九九六年八月二〇日『北京周報』（日本語版）第三四号。

67．齋藤道彦「文化大革命と中国社会主義問題——『文革』批判勝利三〇周年記念」（『季刊中国』第四六号　一九九六年九月）。

68．钟严「论钓鱼岛主权归属」（一九九六年一〇月一八日『人民日報』）。邦訳、一九九六年一〇月二九日『北京周報』（日本語版）第四四号。

69．齋藤道彦『中国の政治・行政システムと地方「自治」』（東京都議会局　一九九九年七月）。

70．芹田健太郎『日本の領土』（中央公論新社　二〇〇二年六月）。二〇一〇年一二月中公文庫版あり。本書の引用頁数は文庫版による。

71. 浦野起央『【分析・資料・文献】尖閣諸島・琉球・中国――日中国際関係史』(三和書籍　二〇〇二年一二月)、『【増補版】【分析・資料・文献】尖閣諸島・琉球・中国――日中国際関係史』(三和書籍　二〇〇五年五月)。本書の頁数は【増補版】による。

72. インターネット村田忠禧「尖閣列島・釣魚島問題をどう見るか――試される二一世紀に生きるわれわれの叡知」、二〇〇四年二月六日。村田忠禧『尖閣列島・釣魚島問題をどう見るか――試される二十一世紀に生きるわれわれの英知』(日本僑報社　二〇〇四年六月)。

73. 山田吉彦『日本の国境』(新潮社　二〇〇五年三月)。

74. 齋藤道彦「中国の狂熱的民族主義と中国国内からの批判」(『季刊中国』第八二号　二〇〇五年九月)。

75. 原田禹雄『尖閣諸島　冊封琉球使録を読む』(榕樹書林　二〇〇六年一月)。

76. 齋藤道彦「東アジア共同体論の歴史的意味――帝国主義と民族主義の弁証法」(滝田賢治編著『東アジア共同体への道』所収　中央大学出版部　二〇〇六年三月)。

77. 齋藤道彦『日中関係・日韓関係』アンケート総合報告書』(中央大学共同研究「未来志向の日中関係学」　二〇〇八年二月)。

78. 齋藤道彦「歴史認識と現実認識――近現代日中関係史の問題点」(齋藤道彦編著『日中関係史の諸問題』所収　中央大学出版部　二〇〇九年二月)。

79. 石井明「中国の琉球・沖縄政策――琉球・沖縄の帰属問題を中心に」(『境界研究』No.1.

二〇一〇年)。
80. 齋藤道彦『アジア史入門　日本人の常識』(白帝社　二〇一〇年一〇月)。
81. 孫崎享『日本の国境問題——尖閣・竹島・北方領土』(筑摩書房　二〇一一年五月)。
82. 服部龍二『日中国交正常化』(中公新書　二〇一一年五月)。
83. 高橋和夫・川嶋淳司『一瞬でわかる日本と世界の領土問題』(日本文芸社　二〇一一年六月)。高橋和夫『いま知り学びたい日本の領土と領海』(日本文芸社　二〇一二年)は、二〇一一年版からの抜粋であろう。
84. 林恵玉「両岸関係の発展と中国における台湾企業の乗っ取り」(『中央大学経済研究所年報』第四二号　中央大学出版部　二〇一一年九月)。
84. 保阪正康・東郷和彦『日本の領土問題——北方四島・竹島・尖閣』(角川書店　二〇一二年二月)。同書からの引用は、すべて東郷からのものなので、「東郷　頁」とする。
85. 齋藤道彦「日本政治外交への新しい視座：『近代国家』視点から『現生人類』視点へ——思考の枠組をとらえ直す」(滝田賢治編著『二一世紀東ユーラシアの地政学』所収　中央大学出版部二〇一二年三月)。
86. 『六法全書　平成二四年版』(有斐閣　二〇一二年三月)。
87. 李理《〃収回琉球〃中的美国因素与钓鱼岛问题》(《清华大学学报》哲学社会科学版(京)二〇一二年第六期、《中国現代史》二〇一三年第二期再録による)。

88. 褚静涛《钓鱼岛与琉球归属》（《江海学刊》（南京）二〇一二年第六期、《中国現代史》二〇一三年第二期再録による）。
89. 中华人民共和国国务院新闻办公室《钓鱼岛是中国的固有领土》（二〇一二年九月二六日《人民日报》）。
90. インターネット外務省ホームページ「尖閣諸島に関するQ＆A」（日本語版、英語版、中国語版。日付不詳）。二〇一二年一〇月アクセス。
91. インターネット「『釣魚島』主權不屬――中華民國」（中国語正字〈繁体字〉、日付不詳。中に二〇一二年九月一三日の日付が見える）。二〇一二年一〇月アクセス。
92. インターネット「尖閣諸島問題」（日本語、日付不詳。中に二〇一二年九月一六日記事までの記載がある）。二〇一二年一〇月アクセス。
93. インターネット（標題不明。中国語正字、日付不詳）。二〇一二年一〇月アクセス。多数の地図・写真を収める。
94. インターネット「爲什麼釣魚台是日本的――一五四張不同時期有關釣魚島爭議問題的照片」（中国語正字、日付不詳）。二〇一二年一〇月アクセス。一五四枚の地図・写真を収める。http://blog.renren.com/GetEntry.do?id=730616174&owner=220865041。
95. インターネット「反腦保釣運動大本營」（中国語正字、日付不詳。中に二〇一二年九月二九日の日付が見える）。二〇一二年一〇月アクセス。多数の地図・写真を収める。

96. 大西広『中国に主張すべきは何か——西方化、中国化、毛沢東回帰の間で揺れる中国』（かもがわ出版　二〇一二年一〇月）。
97. 小西健・加藤直樹『決定版！尖閣諸島・竹島が日本の領土である理由がわかる本』（宝島社　二〇一二年一〇月）。
98. 張百新主編《釣魚島是中国的》（新華出版社　二〇一二年一〇月）。
99. 田川実「Q＆A　尖閣・竹島・千島——日本共産党はこう考えます」（『月刊学習』二〇一二年一一月号）。
100. 志井和夫『領土問題をどう解決するか　尖閣、竹島、千島』（新日本出版社　二〇一二年一一月）。
101. 豊下楢彦『「尖閣問題」とは何か』（岩波書店　二〇一二年一一月）。
102. 日中友好協会『日中関係の発展のために　中国は『脅威』か？』（二〇一二年一一月）。
103. 黄銘俊主編『規復釣魚台　従漢疆突撃隊出發』（台湾　菁典有限公司　二〇一二年一一月）。
104. 石平『尖閣問題。真実のすべて』（海竜社　二〇一二年一二月）。
105. 『文藝春秋』二〇一二年一二月号所収徳本英一郎「アメリカから見た尖閣『秘密のファイル』」。
106. 孫崎享『検証　尖閣問題』（岩波書店　二〇一二年一二月）。
107. 新崎・岡田・高原・東郷・最上『「領土問題」の論じ方』（岩波ブックレット八六一　二〇一三年一月）。

108. 横山宏章・王雲海『対論！日本と中国の領土問題』（集英社新書　二〇一三年一月）。
109. 矢吹晋『尖閣問題の核心　日中関係はどうなる』（花伝社　二〇一三年一月）。
110. 楊中美『中國則将開戰／中国新軍国主義崛起』（台湾　時報出版　二〇一三年二月）。
111. 日本国外務省「尖閣諸島についての基本見解」（二〇一三年三月）。
112. 『中央公論』二〇一三年四月号所収ジョセフ・ナイ「尖閣――日中危機とアメリカの苦境」。
113. 『季刊中国』第113号（二〇一三年六月）所収、丹羽宇一郎「巻頭言」、日本国外務省「尖閣諸島についての基本見解」、中華人民共和国駐日本国大使館「釣魚島問題の基本的状況」、大村新一郎「中国領説の論点について考える」、大西広「尖閣領有に関する外務省見解の国際法的検討」、上里賢一「尖閣諸島問題と沖縄」、「尖閣問題解決へむけて　私の提案」（新藤通宏／齋藤道彦／田川実／羽場久美子）。
114. 张海鹏・李国強《论《马关条约》与钓鱼岛问题（二〇一三年五月八日《人民日报》）。
115. 李国強・侯毅《论钓鱼岛及其附近海域自古以来就是中国疆域组成部分》（二〇一三年五月一〇日《人民日报》）。
116. インターネット鄭海麟「黄叔璥《台海使槎録》所記『釣魚台』及『崇爻之薛坡蘭』考」。二〇一三年九月一三日アクセス。

Ⅶ　尖閣関連資料

1.「沖縄県と清国との間に散在する無人島の儀に関し意見問合《といあわせ》の件」添付

「(付属書二)

別紙甲号

第三一五号

「久米赤島外二島取調の儀に付き上申」(一八八五年九月二十二日)

「本県と清国福州間に散在せる無人島取調の儀に付き先般在京森本県大書記官へ御内命相成候《あいなりそうろう》趣《おもむき》に依り取調致候処《ところ》概略別紙の通《とおり》に有之《これあり》候抑《そもそ》も久米赤島久場島及魚釣島は古来本県に於《おい》て称する所の名にして而《しか》も本県所轄の久米宮古八重山等の群島に接近したる無人の島嶼《とうしょ》に付《つき》沖縄県下に属せらるるも敢《あえ》て故障有之間敷《これあるまじく》と被存《ぞんぜられ》候得共《そうらえども》過日御届け及《および》候《そうろう》大東島本県と小笠原島の間にありとは地勢相違中山伝信録に記載せる釣魚台黄尾嶼赤尾嶼と同一なるときは既に清国も旧中山王を冊封する使船の詳悉せるのみならす夫々《それぞれ》名称をも付し琉球航海の目標と為《な》せし事明らかなり依《より》て今回大東島同様踏査直に国標取建候も如何《いかん》と懸念《けねん》仕《つかまつり》候《そうろう》間来《きたる》十月中旬両先島へ向け出帆の雇《やとい》汽船出雲丸の帰便を以て不取《とりあえず》実地踏査可及《およぶべく》御候条国標取建の義《ママ》尚《なお》御指揮を請《こいねがいたく》度此段兼《かね》て上申候也《そうろうなり》

明治十八年九月二十二日

沖縄県令　西村捨三

内務卿伯爵　山県有朋　殿」

（原文旧漢字は常用漢字に、カタカナはひらがなに改める。以下同じ。全文は『日本外交文書』第一八巻五七三～五七四頁、一九五〇年一二月。井上一〇五頁、浦野二二三頁などにも収録。井上の引用は候文を読み下し風にしてある）。

2．「山縣内務卿から太政大臣宛の書簡」（一八八五年一〇月九日　前掲**「沖縄県と清国との間に散在する無人島の儀に関し意見問合《といあわせ》の件」**添付）

「（付属文書一）

二三　雑件三一一

別紙乙号

太政官上申案

沖縄県と清国福州との間に散在せる無人島久米赤島外《ほか》二島取調の義《ママ》に付別紙之《の》通《とおり》同県令より上申申《もうし》候処《そうろうところ》右諸島の義《ママ》は中山伝信録に記載せる島嶼《とうしょ》と同一の如《ごと》く候《そうら》へ共只《どもただ》針路の方向を取りたる迄《まで》にて別に清国所属の証跡は少しも相見へ不申《もうさず》且《か》つ名称の如きは我と彼と各《おのおの》其唱《そのとな》ふる所を異《こと》にし沖縄所轄の宮古八重山等に接近したる無人の島嶼に有之候《これありそうら》へば同県に於《お》いて実地踏査の上《うえ》国標相建《あいたて》候《そうろう》義《ぎ》

差支《さしつかえ》無之《これなし》と相考《あいかんがえ》候間《そうろうあいだ》……」（『日本外交文書』第一八巻五七三頁）。

3.「〔一八八五年〕一〇月九日山県有朋より井上馨あて書簡」

「三一一　一〇月九日　山県有朋内務卿より井上馨外務卿宛」

「沖縄県と清国との間に散在する無人島の儀に関し意見問合の件

付属書一　右の島嶼へ国標設立に関する太政大臣宛上申案

二　沖縄県令より山形内務卿宛上申書写し

右の島嶼に就き取調書提出の件

付記　久米赤島久場島及魚釣島版図編入経緯概説

官房甲第三八号

沖縄県と清国との間に散在せる無人島取調の義に付別紙甲号の通同県令より上申候《そうろう》に付《つき》別紙乙号の如く其筋へ相伺度存候《あいうかがいたくぞんじそうろう》就《つい》ては御意見承知致度《いたしたく》此段及御照会候也《そうろうなり》

明治一八年〔一八八五年〕一〇月九日

内務卿伯爵　山県有朋

外務卿伯爵　井上馨殿

追て別紙取調書類は副書無之に付御回答の節御返付相成度《あいなりたく》候也」（『日本外交文書』第一八巻五七三頁）

4.「三一二　井上外務卿から山縣内務卿への書簡」（一八八五年一〇月二一日）

「右島嶼（尖閣諸島）の義は清国国境にも接近致《いたし》候《そうろう》曩《さき》に踏査を遂《と》け候《そうろう》大東島に比すれは周回も小さき趣《おもむき》に相見《あいみ》へ殊《こと》に清国には其《その》島名も付し有之候《これありそうろう》に就《つい》ては近時清国新聞等にも我《わが》政府に於《おい》て台湾近傍清国所属の島嶼を占拠せし等の風説を掲載し我国に対して猜疑を抱き頻《しきり》に清政府の注意を促し候ものも有之候際に付此際遽《にわか》に公然国標を建設する等の処置有之候《そうらい》ては清国の疑惑を招き候間差向《さしむけ》実地を踏査せしめ港湾の形状并《ならび》に土地物産開拓見込有無詳細報告せしむるのみに止め国標を建て開拓等に着手するは他日の機会に譲《ゆずり》候方可然存《しかるべくぞんじ》候間《あいだ》……」（『日本外交文書』第一八巻五七五頁）

5.「太政官上申案」（前掲**「沖縄県と清国との間に散在する無人島の儀に関し意見問合《といあわせ》の件」**添付）

（付属書一）

別紙乙号　太政官上申案

「沖縄県と清国福州との間に散在せる無人島久米赤島外二島取調《とりしらべ》之義に付別紙の通《とおり》同県令より上申候《そうろう》処右諸島の義は中山伝信録に記載せる島嶼と同一の如《ごと》く候へ共只《どもただ》針路の方向を取りたる迄《まで》にて清国所属の証跡は少しも相見え《あいみえ》不申且《もうさずか》つ名称の如きは我と彼と各其の唱《とな》ふる所を異《こと》にし沖縄所轄の宮古八重山等に接近したる無人の島嶼《とうしょ》に有之候《これありそう》へば同県に於《おい》て実地踏査の上国標相建候《あいたてそうろう》義差支無之《これさしつかえなし》と相考候間《あいかんがえそうろうあいだ》至急何分《なにぶん》の御詮議相成候様致度《あいなりそうろうよういたしたく》別紙相添《あいそえ》此段相伺候也《あいうかがいそうろうなり》

内務卿

太政官宛」（『日本外交文書』第一八巻五七三頁）

6．「八重山群島魚釣島の所管決定に関する件」（一八九〇年一月一三日）

「二四五　一月一三日　沖縄県知事より山県内務大臣宛

魚釣島外二島の所管決定に関し伺《うかがい》の件

甲第一号

管下八重山群島の内石垣島に接近せる無人島魚釣島外二島の義に付《つき》一八年一一月五日第三八四号伺《うかがい》へ対し同年一二月五日付を以て御指令の次第も有之《これあり》候処右は無人島なるより是迄《これまで》別に所轄をも不相定《あいさだまらず》其儘《そのまま》に致置候処昨今に至《いたり》水産取締の必要より所轄を被相定度旨八重山島役所より伺出候次第も有之旁此際《このさい》管下八重山島役所所轄に相定度《あいさだめたく》此段相伺候也《そうろうなり》

明治二三年一月一三日

知事

内務大臣宛」（『日本外交文書』第二三巻五三一頁）。

7．「内務大臣野村靖より外務大臣　陸奥宗光宛」（前記「魚釣島外二島の所管決定に関し伺《うかがい》の件」付記）

「（付記一）

『秘別第一三三号』

二七年一二月二八日接受

久場島魚釣島へ所轄標杭建設の義別紙甲号之通り沖縄県知事より上申候処本件に関して別紙乙号の通り明治一八年中貴省と御協議の末指令及《およ》ひたる次第も有之候得共《これありそうらえども》其当時と今日とは事情も相異候《あいことなりそうろう》に付別紙閣議提出の見込に有之《これあり》候条条一応及御協議候也

明治二七年一二月二七日

内務大臣子爵野村靖（印）

外務大臣子爵　陸奥宗光殿」（『日本外交文書』第二三巻五三一～五三二頁）。

8．「標杭建設の件」（前記「魚釣島外二島の所管決定に関し伺《うかがい》の件」に添付）

「（別紙）

沖縄県下八重山群島の北西に位する久場島魚釣島は従来無人島なれとも近来に至り該島へ向け漁業等を試むる者有之《これあり》か取締を要するを以て同県の所轄とし標杭建設致度《いたしたき》旨同県知事より上申有之《これあり》右は同県の所轄と認むるに依り上申の通り標杭を建設せしめんとす

右閣議を請ふ」（『日本外交文書』第二三巻五三二頁）。

9．「久場島及魚釣島へ所轄標杭建設の件」（前記「魚釣島外二島の所管決定に関し伺《うかがい》の件」付記）

「（別紙）

閣議提出案
別紙標杭建設に関する件閣議提出す
「　年　月　日
内務大臣
内閣総理大臣宛」（『日本外交文書』第二三巻五三二頁）。

10．「標杭建設決定を閣議に要請」（前記「魚釣島外二島の所管決定に関し伺《うかがい》の件」に添付）

「（別紙）
沖縄県下八重山群島の北西に位する久場島魚釣島は従来無人島なれとも近来に至り該島へ向け漁業等を試むる者有之之か取締を要するを以て同県の所轄とし標杭建設致度旨同県知事より上申友之右は同県の所轄と認むるに依り上申の通り標杭を建設せしめんとす
右閣議を請う
（付記二）
明治二八年一月一一日発遣
外務大臣子爵　陸《む》奥《つ》宗《むね》光《みつ》
内務大臣子爵　野　村　靖　殿
久場島及魚釣島へ所轄標杭建設の件

久場島及魚釣島へ所轄標杭建設の義に付《つき》沖縄県知事よりの上申及《および》明治十八年中同県への指令案相添《あいそ》へ客年十二月二十七日付秘別大一三三号を以て御照会の趣《おもむき》了承本件に関し本省に於ては別段異議無之《これなき》に付御見込の通り御取計相成可然《なるべくしかり》と存候依て右付属書類相添へ此段回答申進候也」（『日本外交文書』第二三巻五三二頁）。

11.「日本国憲法」（一九四七年五月三日）**第九条【戦争の放棄、戦力及び交戦権の否認】**

「①日本国民は、正義と秩序を基調とする国際平和を誠実に希求し、国権の発動たる戦争と、武力による威嚇又は武力の行使は、国際紛争を解決する手段としては、永久にこれを放棄する。

②前項の目的を達するため、陸海空軍その他の戦力は、これを保持しない。国の交戦権は、これを認めない。」（参86）

12.「サンフランシスコ平和条約」（一九五一年九月八日調印、一九五二年四月二八日発効）

「第二条（B）　日本国は、台湾及び澎湖諸島に対するすべての権利、権原及び請求権を放棄する。」

「第三条　日本国は、北緯二十九度以南の南西諸島（琉球諸島及び大東諸島を含む。）、孀婦岩の南の南方諸島（小笠原群島、西之島及び火山列島を含む。）並びに沖の鳥島及び南鳥島を合衆国を唯一の施政権者とする信託統治制度の下におくこととする国際連合に対する合衆国のいかなる提案にも同意する。このような提案が行われ且つ可決されるまで、合衆国は、領水を含むこれらの諸島の領域及び住民に対して、行政、立法及び司法上の権力の全部及び一部を行使する権利を有するものとする。」（文教局研究調査課編集『自一九四五年　至一九五五年　琉球史料　第一集』琉球政府文教局一九五六年六月）。

13．サンフランシスコ講和会議におけるダレス米国代表の発言関連部分（一九五一年）

「第三条は、琉球諸島及び日本の南及び南東の諸島を取扱っています。これらの諸島は、降伏以来合衆国の単独行政権の下にあります。若干の連合国は、合衆国主権のためにこれらの諸島に対する主権を日本が放棄することを本条約に規定することを力説しました。他の諸国は、これ等の諸島は日本に完全に復帰せしめられるべきであると提議しました。連合国のこの意見の相違にも拘らず、合衆国は最善の方法は、合衆国を施政権者とする国連信託統治制度の下にこれらの諸島を置くことを可能にし、日本に残存主権を許すことであると感じました」（日本外務省ＨＰ）。

14．「日本国とアメリカ合衆国との間の相互協力及び安全保障条約」（一九六〇年六月二三日。略称＝日米安全保障条約、日米安保）第五条

「各締約国は、日本国の施政の下にある領域における、いずれか一方に対する武力攻撃が、自国の平和及び安全を危うくするものであることを認め、自国の憲法上の規定及び手続に従って共通の危険に対処するように行動することを宣言する。」（参86）

15．岸信介総理大臣とアイゼンハワー大統領との共同コミュニケ関連部分（一九五七年）

「総理大臣は、琉球及び小笠原諸島に対する施政権の日本への返還についての日本国民の強い希望を強調した。大統領は、日本がこれらの諸島に対する潜在的主権を有するという合衆国の立場を再確認した」（日本外務省ＨＰ）。

16．「琉球諸島及び大東諸島に関する日本国とアメリカ合衆国との間の協定」（「沖縄返還協定」）第一条2

「この協定の適用上、『琉球諸島及び大東諸島』とは、行政、立法及び司法上のすべての権力を行使する権利が日本国との平和条約第三条の規定に基づいてアメリカ合衆国に与えられたすべての領土及び領水のうち、そのような権利が千九百五十三年十二月二十四日及び千九百六十八年四月五日に日本国とアメリカ合衆国との間に署名された奄美群島に関する協定並びに南方諸島及びその他の諸島に関する協定に従ってすでに日本国に返還された部分を除いた部分をいう」（『季刊沖縄』第五七号一九七一年七月）。

17．「沖縄返還協定　合意された議事録」第一条関連

「同条二に定義する領土は日本国との平和条約第三条の規定に基づくアメリカ合衆国の施政の下にある領土であり、千九百五十三年十二月二十五日付けの民政府布告第二十七号に指定されているとおり、次の座標の各点を順次に結ぶ直線によって囲まれる区域内にあるすべての島、小島、環礁及び岩礁である。」（日本外務省ＨＰ）

18．日中首脳会談（田中角栄総理／周恩来総理）（一九七二年九月二七日）】（外交記録公開済み）

「（田中総理）尖閣諸島についてどう思うか？私のところに、いろいろ言ってくる人がいる。

（周総理）尖閣諸島問題については、今回は話したくない。今、これを話すのはよくない。石油が出るから、これが問題になった。石油が出なければ、台湾も米国も問題にしない」（日本外務省ＨＰ）

19．日中首脳会談（福田赴夫総理／鄧小平副総理）（一九七八年一〇月二五日）（日中平和友好条約交渉時）（外交記録公開済み）

「（鄧副総理）（・・・思い出したような素振りで・・・）もう一点言っておきたいことがある。両国間には色々な問題がある。例えば中国では釣魚台、日本では尖閣諸島と呼んでいる問題がある。こういうことは、今回のような会談の席上に持ち出さなくてもよい問題である。園田外務大臣にも北京で述べたが、われわれの世代では知恵が足りなくて解決できないかもしれないが、次の世代は、われわれよりももっと知恵があり、この問題を解決できるだろう。この問題は大局から見ることが必要だ。（福田総理より応答はなし。）」（日本外務省ＨＰ）

20．【参考：上記首脳会談と同日の鄧小平氏記者会見（一九七八年一〇月二五日）】

「（記者）尖閣諸島は日本固有の領土で、先ごろのトラブルは遺憾と考えるが、副総理の見解は。

（鄧副総理）尖閣列島をわれわれは釣魚島と呼ぶ。呼び方からして違う。確かにこの問題については双方に食い違いがある。国交正常化のさい、双方はこれに触れないと約束した。今回、平和友好条約交渉のさいも同じくこの問題にふれないことで一致した。中国人の知恵からして、こういう方法しか考えられない。というのは、この問題に触れると、はっきりいえなくなる。確かに、一部の人はこういう問題を借りて中日関係に水をさしたがっている。だから両国交渉のさいは、この問題を避ける方がいいと思う。こういう問題は一時タナ上げしても構わないと思う。十年タナ上げしても構わない。われわれの世代の人間は知恵が足りない。われわれのこの話し合いはまとまらないが、次の世代はわれわれよりもっと知恵があろう。その時はみんなが受け入れられるいい解決方法を見いだせるだろう」（日本外務省ＨＰ）。

21．「尖閣諸島に対する日本政府の領有権の根拠」

「第二次世界大戦後、日本の領土を法的に確定した一九五一年のサンフランシスコ平和条約において、尖閣諸島は、同条約第二条に基づいて日本が放棄した領土には含まれず、同条約第三条に基づいて、南西諸島の一部としてアメリカ合衆国の施政下に置かれました。一九七二年発効の沖縄返還協定によって日本に施政権が返還された地域にも含まれています。

尖閣諸島は、歴史的にも一貫して日本の領土である南西諸島の一部を構成しています。即ち、尖閣諸島は、一八八五年から日本政府が沖縄県当局を通ずる等の方法により再三にわたり現地調査を行い、単に尖閣諸島が無人島であるだけでなく、清国の支配が及んでいる痕跡がないことを慎重に確認した上で、一八九五年一月一四日に現地に標杭を建設する旨の閣議決定を行って、正式に日本の領土に編入しました。この行為は、国際法上、正当に領有権を取得するためのやり方に合致しています（先占の法理）。尖閣諸島は、一八九五年四月締結の下関条約第2条に基づき、日本が清国から割譲を受けた台湾及び澎湖諸島には含まれません」（日本外務省ＨＰ）。

22.「日本が尖閣諸島を有効に支配している具体例」

「一八八四年ごろから尖閣諸島で漁業等に従事していた沖縄県在住の民間人から国有地借用願が出され、一八九六年に明治政府はこれを許可しました。この民間人は、この政府の許可に基づいて尖閣諸島に移民を送り、鳥毛の採集、鰹節の製造、珊瑚の採集、牧畜、缶詰製造、燐鉱鳥糞の採掘等の事業を経営しました。このように明治政府が尖閣諸島の利用について個人に許可を与え、許可を受けた者がこれに基づいて同諸島において公然と事業活動を行うことができたという事実は、同諸島に対する日本の有効な支配を示すものです。

また、第二次世界大戦前において、国又は沖縄県による尖閣諸島の現地調査等が行われていました。

第二次世界大戦後、尖閣諸島はサンフランシスコ平和条約第三条によって、南西諸島の一部として、米国の施政権下に置かれたため、その後一九七二年五月一五日に尖閣諸島を含む沖縄の施政権が日本に返還されるまでは、日本が尖閣諸島に対して直接支配を及ぼすことはできませんでした。しかし、その間においても、尖閣諸島が日本の領土であって、サンフランシスコ平和条約によって米国が施政権の行使を認められていたことを除いては、いかなる外国もこれに対して権利を有しないという同諸島の法的地位は、琉球列島米国民政府及び琉球政府による有効な支配を通じて確保されていました。

さらに、尖閣諸島を含む沖縄の施政権が日本に返還された後について、幾つかの例を挙げれば以下のとおりです。

（1）警備・取締りの実施（例：領海内で違法操業を行う外国漁船の取締り）。
（2）土地所有者による固定資産税の納付（民有地である久場島）。
（3）国有地としての管理（国有地である大正島、魚釣島等）。
（4）久場島及び大正島について、一九七二年以来、日米地位協定に基づき「日本国」における施設・区域として我が国から米国に提供。
（5）政府及び沖縄県による調査等（例：沖縄開発庁による利用開発調査（仮設ヘリポートの設置等）（一九七九年）、沖縄県による漁場調査（一九八一年）、環境庁によるアホウドリ航空調査の委託（一九九四年）」（日本外務省ＨＰ）。

23. 領土編入準備に関するその他の主要な関連事実

「【参考】日清戦争前における我が国の領土編入準備に関するその他の主要な関連事実としては、（1）一八八五年九月二二日及び同年一一月五日付の沖縄県令の内務大臣宛上申書によれば、沖縄県は内務省の命令により、尖閣諸島の調査を行い、特に同年一〇月下旬には日本郵船の出雲丸をチャーターして尖閣諸島の巡視取調を実施し報告書を政府に提出しているということ、（2）一八八七年の軍艦「金剛」の発着記録によれば、同艦は水路部測量班長・加藤海軍大尉を乗船させ、同年六月に那覇から先島群島（尖閣諸島方面）に向かっており、また、『日本水路誌』（一八九四年刊）等には一八八七年及び一八八八年の加藤大尉の実験筆記（実地調査に基づく記録）に基づくものとして魚釣島等の概況が記載されていることが挙げられる」（日本外務省ＨＰ）。

24. カイロ宣言、ポツダム宣言およびサンフランシスコ平和条約

「カイロ宣言やポツダム宣言は、当時の連合国側の戦後処理の基本方針を示したものですが、これらの宣言上、尖閣諸島がカイロ宣言にいう「台湾の附属島嶼」に含まれると中華民国を含む連合国側が認識していたとの事実を示す証拠はありません。

そもそも、戦争の結果としての領土の処理は、最終的には平和条約を始めとする国際約束に基づいて行われます。第二次世界大戦の場合、同大戦後の日本の領土を法的に確定したのはサンフランシスコ平和条約であり、カイロ宣言やポツダム宣言は日本の領土処理について、最終的な法的効果を持ち

得るものではありません」（日本外務省ＨＰ）。

25．サンフランシスコ平和条約関連

「サンフランシスコ平和条約締結に際し、尖閣諸島は日本の領土として残されましたが、主要連合国である米、英、仏、中国（中華民国及び中華人民共和国）のいずれも異議を唱えていません」（日本外務省ＨＰ）。

26．日華平和条約関連

「日本は当時承認していた中華民国（台湾）との間で日華平和条約を締結しました。同条約において、日本はサンフランシスコ平和条約第二条に基づき、台湾及び澎湖諸島等に対する全ての権利等を放棄したことが承認されていますが、同条約の交渉過程では、日本領として残された尖閣諸島については一切議論されていません。このことは、尖閣諸島が従来から日本の領土であることが当然の前提とされていたことを意味します」（日本外務省ＨＰ）。

27．「棚上げ」合意なし

「尖閣諸島が我が国固有の領土であることは、歴史的にも国際法上も疑いないところであり、現に我が国はこれを有効に支配しています。尖閣諸島をめぐり解決すべき領有権の問題はそもそも存在し

ていません。

このような我が国の立場は一貫しており、中国側との間で尖閣諸島について「棚上げ」や「現状維持」について合意したという事実はありません。この点は、公開されている国交正常化の際の日中首脳会談の記録からも明らかです。このような我が国の立場については、中国側にも幾度となく明確に指摘してきています。」（日本外務省ＨＰ）。

28. 日米地位協定

「また、米国は、日米安全保障条約第五条の適用に関し、尖閣諸島は一九七二年の沖縄返還の一環として返還されて以降、日本国政府の施政の下にあり、日米安全保障条約は尖閣諸島にも適用されるとの見解を明確にしています。

尖閣諸島の久場島及び大正島については、一九七二年の沖縄返還の際に、その時点で中国が既に独自の主張を始めていたにもかかわらず、日米地位協定に基づき『日本国』における施設・区域として我が国から米国に提供されて今日に至っています。」（日本外務省ＨＰ）。

さ

＜著者略歴＞

齋藤《さいとう》 道彦《みちひこ》

1943年　東京都出身
1972年　東京大学大学院人文科学研究科博士課程中国語中国文学専攻、単位取得満期退学
1972年　桜美林大学文学部専任講師
1975年　中央大学経済学部専任講師
1982年　中央大学経済学部教授
1985年～1987年　中華人民共和国・南開大学訪問研究
1999年９月～12月　NHKラジオ中国語講座講師

＜主　著＞

『五・四運動の虚像と実像 1919年５月４日北京』
（中央大学出版部 1992年３月）
『暮らしてみた中国 日常生活・大学・知識人』
（田畑書店 1992年６月）
『中国の政治・行政システムと地方「自治」』
（東京都議会議会局調査部国際課 1999年７月）
『アジア史入門　日本人の常識』
（白帝社 2010年11月）
『日本人のための尖閣諸島史』
（双葉社 2014年１月）

尖閣問題総論

2014年3月10日　初版発行

著者　齋藤道彦
発行／発売　創英社／三省堂書店
東京都千代田区神田神保町1-1
Tel. 03-3291-2295
Fax. 03-3292-7687
印刷／製本　日本印刷株式会社

ISBN978-4-88142-843-6 C3031